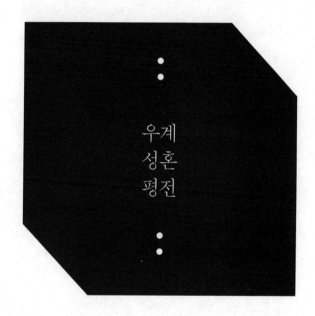

우계
성혼
평전

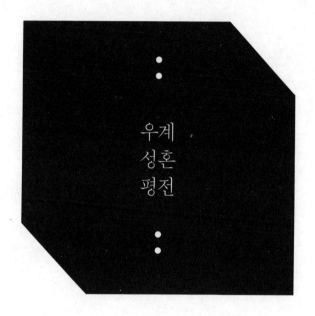

우계
성혼
평전

벼슬과 부귀를 멀리한 참선비

한영우

민음사

우리나라 선비로서 성균관과 향교의 문묘에 배향되어 만세토록 선비들의 추앙을 받은 인물은 모두 열여덟 명이다. 이들을 '동국18대 명현(東國十八大名賢)'으로 부르기도 한다. 그 가운데 두 명은 신라인으로 설총(薛聰)과 최치원(崔致遠)이고, 두 명은 고려인으로서 안향(安珦)과 정몽주(鄭夢周)이며, 나머지 열네 명은 조선 시대 인물이다.

문묘는 공자를 비롯한 중국 역대 성현(聖賢)과 우리나라 역대 명현들의 위패를 모신 곳으로 국가에서 제사를 드리는 곳이다. 따라서 문묘에 배향되는 것은 선비의 더없는 영광이며, 그 후손들도 국가로부터 특별 대우를 받았다. 하지만 문묘에 배향되는 것은 하늘의 별을 따는 것처럼 어려웠다. 무엇보다 만인의 사표가 될 만한 행실이 있어야 하고, 전국적인 선비 사회의 지지를 얻어야만 가능한 일이었다. 그래서 일부 선비가 상소를 올려 요청하더라도 임금은 선뜻 받아들이지 않고, 전국적인 여론의 지지가 있을 때까지 결정을 유보했다. 그렇기 때문에 문묘 배향의 결정은 짧아도 몇 년, 길면 몇십 년을 끌다가 결정되는 것이 관례였고, 여론의 지탄을 받아 중도에 낙마하는 경우도 비일비재했다.

당쟁이 일어난 조선 후기에는 문묘 배향이 더욱 어려워졌다. 아무리 훌륭한 행실과 업적이 있더라도 당색(黨色)이 조금이라도 보이면, 반대 당에서 극력으로 반대했기 때문에 더욱 힘들 수밖에 없었다.

열네 명의 조선 시대 배향자 가운데 당쟁이 없었던 조선 초기의 인물은 김굉필(金宏弼, 1454~1504년), 정여창(鄭汝昌, 1450~1504년), 조광조(趙光祖, 1482~1519년), 이언적(李彦迪, 1491~1553년), 이황(李滉, 1501~1570년), 김인후(金麟厚, 1510~1560년)로, 이들 여섯 명은 비교적 순탄하게 문묘 배향이 결정되었다. 그러나 당쟁이 일어난 이후의 인사인 이이(李珥, 1536~1584년), 성혼(成渾, 1535~1598년), 조헌(趙憲, 1544~1592년), 김장생(金長生, 1548~1631년), 김집(金集, 1574~1656년), 송시열(宋時烈, 1607~1689년), 송준길(宋浚吉, 1606~1672년), 박세채(朴世采, 1631~1695년)는 우여곡절 끝에 문묘 배향이 결정되었다. 이들 여덟 명 가운데 이이와 조헌, 성혼은 모두 서인(西人)에 속했으나 훗날 이이와 조헌은 노론(老論)의 추앙을, 성혼은 소론(少論)의 추앙을 더 받았다. 나머지 다섯 명 가운데서는 박세채만 소론에 속하고 그 외 네 명은 모두 노론에 속하는 인물이었다. 그래서 반대 당인 남인(南人) 측에서 문묘 종사를 적극 반대했다.

조선 후기 남인 인사 가운데 문묘 배향자가 한 사람도 없다는 것은 의아하기도 하고 아쉽기도 하다. 하지만 그럴 만한 이유가 있었다. 남인이 숙종 대에 잠시 집권한 이후로 단 한 번도 정권을 주도하지 못한 것이 첫째 이유다. 또 남인 중에는 유형원(柳馨遠)이나 이익(李

瀷), 이가환(李家煥), 이중환(李重煥), 채제공(蔡濟恭), 정약용(丁若鏞) 같은 뛰어난 학자들이 있었지만, 이들은 대부분 주자학(朱子學)을 비판적으로 바라보고 체제 개혁적인 실학(實學)을 발전시켰다. 게다가 천주교에 관련되어 있는 인사들이 적지 않아 학술계의 주류에서 밀려나 있었다. 이들은 현대에 와서는 크게 주목받고 있지만, 당시에는 전국적인 선비 사회의 추앙을 받는 위치에 있지 않았다.

이렇게 조선 후기에 선정된 문묘 배향자는 당색이 짙어, 모두 집권 당파에서 배출되고 반대 당에서 호된 비판을 받는 등 훼예(毁譽)가 엇갈렸다. 그 때문에 권위가 많이 실추된 것도 사실이지만 권력이라는 것도 결국 절대 다수의 지지 없이는 유지되기 어렵다. 또 문묘 배향 과정은 권력의 힘만으로 되는 일이 아니었다. 재야 선비들의 압도적인 지지가 뒷받침되지 않으면 선정되기 어려운 절차를 거쳐야 했기 때문에 학문적인 권위나 추종자 없이는 문묘에 배향될 수 없었다. 그런 점에서 볼 때 서인이나 노론의 지지자들이 가장 많은 배향자를 배출했다는 것은 역으로 그들의 학문이나 영향력이 그만큼 컸다는 것을 말해 준다. 좋고 나쁨을 떠나 조선 후기의 정치사와 학문사는 이들이 주도한 것이 사실이다. 어디에서 그런 힘이 나왔는가는 그 나름대로 큰 의미가 있다.

오늘날 우리나라 화폐에는 문묘 배향자 가운데 두 사람의 초상화가 들어 있다. 이황과 이이다. 이들도 주자 성리학자고, 당파에 따라 훼예가 엇갈리는 인물이다. 하지만 워낙 행실과 업적이 뛰어났기 때문에 문묘에 올랐고 지금까지도 한국인의 존경을 받고 있다. 이처럼 조선 시대 당쟁의 와중에 비판과 반대를 받았다고 해서 오늘날 우리가 그 영향 아래서 문묘 배향자를 평가할 필요는 없을 것이다. 중요한 것은 객관적으로 볼 때 그 인물이 국가와 백성을 위해서 좋은 일을 했는가 여부이지, 모든 당파의 추앙을 받는 것이 아니다.

문묘 배향자의 위상이 이렇게 중요하다면 당연히 그들의 행실과 업적에 대한 국민의 이해가 높아야 마땅하다. 그러나 이들에 대한 국민의 이해도는 매우 낮은 것이 현실이다. 그 이유는 이들 유학자들에 대한 연구가 주로 유학사를 연구하는 학자들에 의해 주도되어 온 것과 관련이 크다. 유학사 연구자들의 관심은 주로 이기설(理氣說)이나 유학도통론(儒學道統論)에 치우쳐, 그 인물의 총체적인 인간상을 부각시키는 데는 미흡한 점이 있었다. 그들이 살아온 생활 환경이나 가정 환경, 인간적 고뇌, 정치와 사회를 바라보는 시각과 같은 요소가 총체적으로 부각되지 못하다 보니, 일반 국민들의 눈에는 너무나 관념적인 세계에서 살았던 인물로만 비쳐지는 것이다.

나는 그동안 조선 시대 유학자의 평전을 총체적인 시각에서 새롭게 써야 한다는 문제의식을 가지고, 정도전(鄭道傳), 양성지(梁誠之), 이이, 이수광(李晬光), 한효순(韓孝純), 유수원(柳壽垣), 명성황후(明成皇后) 등 일곱 명의 평전을 쓴 바 있다. 명성황후를 제외하면 모두 유학자들이다. 나는 그들의 삶이 얼마나 치열했고, 나라와 백성을 위해서 얼마나 고뇌했는가를 총체적으로 부각시키려고 노력했다. 그리고 그들의 고뇌가 오늘을 살아가는 우리들의 보편적인 고뇌와 크게 다르지 않다는 것을 발견했다. 그들은 몇백 년의 시간을 뛰어넘어 우리 곁으로 다가왔고, 공간을 뛰어넘어 세계적인 공감을 불러일으킬 가능성도 확인했다.

위의 여러 평전 가운데 최근에 쓴 것이 『율곡 이이 평전』이다. 이 책에서는 이이가 과거에 아홉 번 장원 급제한 천재 학자이자, 기호 유학(畿湖儒學)의 종장(宗匠)이며, 총체적인 경장(更張)을 주장한 개혁가요, 양병설(養兵說)을 주장한 선각자였다는 것을 부각하는 데 초점을 맞추지 않았다. 오히려 이이가 그런 업적을 낼 수 있었던 배경에는 세상을 버리고 싶을 만큼 큰 좌절과 고뇌가 있었고, 이를 슬기롭게 극복하는 과정에서 위인으로 성장했음을 그리고 싶었다. 이이는 어머니를 여의고 19세에 금강산으로 들어가 승려가 되었고, 환속한 뒤에는 유생들로부터 배척당했다. 고뇌에 차 방황하는 청소년기 이이의 모습은 오늘날 우리 주변의 수많은 청소년의 모습과 너무나 닮았다.

그런데 『율곡 이이 평전』을 쓰면서, 이이와 실과 바늘처럼 붙어 다니는 또 한 사람을 만났다. 그가 바로 우계 성혼이다. 두 사람의 관계가 워낙 밀접하여, 이이를 알려면 성혼을 알아야 하고 성혼을 알려면 이이를 알아야 한다고 생각했다. 두 사람은 살아서도 한 몸 같았고, 죽은 뒤에도 숙종 대에 함께 문묘에 배향되었다. 이처럼 이이와 성혼은 쌍벽을 이루며 선비 사회에서 높이 추앙받았다. 그렇다면 성혼도 이이와 비슷한 모습으로 우리 곁으로 남아 있었어야 마땅하다. 그런데 성혼은 왜 이이만큼 친근하게 다가오지 않을까? 바로 이런 의문이 이번에 『우계 성혼 평전』을 쓰게 된 배경이 되었다.

그동안 성혼에 대한 학계의 연구가 없었던 것은 아니다. 그의 학문과 사상을 담은 단행본도 나왔고, 《우계학보》라는 학술지도 정기적으로 간행되고 있다. 성혼은 결코 학계에서 버림받은 외로운 인물이 아니다. 그럼에도 성혼이 우리에게 친근하지 않은 이유는 그에 대한 연구가 주로 유학사의 시각에서만 이루어진 까닭이다. 성혼은 이기설에 있어서 이른바 '주리주기설(主理主氣說)', 또는 '이기일발설(理氣 一發說)'을 주장하며, 독자적인 경지를 개척해 기호 유학의 한 갈래를 형성했다. 또 안향과 정몽주에서 시작된 성리학의 정통을 이어받아 조선 유학의 도통(道統)을 계승했다. 파주에 우계정사(牛溪精舍)를 세워 많은 후생을 길러냈고, 시인으로서도 두각을 나타냈다. 그리고 그의 학통이 사위 윤황(尹煌, 1571~1639년)을 거쳐 조선 후기 소론의 실용적 유학으로 계승되었다. 지금껏 성혼 연구에서 부각된 이런 요소들은 분명히 성혼의 평전에서도 주목해야 할 내용들이지만, 여기서만 그친다면 성혼의 인간적인 참모습을 찾기는 어려울 것이다.

성혼은 위대한 학자요, 교육자요, 선비이다. 그러나 그 이전에 가학(家學)의 전통이 있고, 의식주의 생활도 있고, 건강상의 문제도 있고, 희로애락의 감정도 있는 사람이다. 나이에 따라 생활 환경과 정치 환경이 무수히 바뀌면서 죽을 고비를 수도 없이 겪었다. 이러한 삶의 현장을 모르고서 성혼의 업적만을 주목한다면 성혼의 인간적인 모습이 우리 곁에 친근하게 다가오기 어려울 것이다. 평생을 병마와 싸우고, 종이로 옷을 지어 입고, 가난에 시달리면서도 선조 임금이 내린 벼슬을 수십 차례나 헌신짝처럼 거부하고 파주 우계(牛溪, 쇠내)의 오두막집에서 후학을 가르쳤다. 그리고 인근에 살던 이이, 송익필(宋翼弼, 1534~1599년) 등 학우와 교유하면서 참선비의 삶을 실천하다가 64세에 생을 마감했다. 그러나 이렇게 깨끗한 참선비인 성혼에게도 험악한 모함이 씌웠다. 임진왜란 초기에는 세자 광해군과 선조 임금의 부름을 받아 늙고 병들어 뼈만 남은 허약한 몸을 이끌고 호종하기도 했다. 성혼은 호종하며 평안도, 황해도, 강원도 등지를 전전하면서 추위와 배고픔, 병마의 고통 속에서 수많은 죽을 고비를 넘겼다. 명나라와 일본이 강화(講和)를 하여 휴전한 뒤에야 고향 파주로 돌아왔으나 집은 모두 불타 버리고 폐허가 되어 부근 사찰에서 밥을 얻어먹는 신세가 되기도 했다.

하지만 성혼을 더 크게 괴롭힌 것은 육체적 고통보다도 일부 동인들로부터 받은 비판과 모함이었다. 그가 받은 비판과 모함은 한두 가지가 아니었다. 한번은 이이가 병조 판서 시절에 실수를 저질러 동인의 거센 공격을 받을 때 성혼이 발벗고 나서 그를 구원하였다. 그러자 일부 동인은 성혼이 서인들과 작당하여 권력을 농단한다고 공격을 퍼부었다. 벼슬도 없이 시골에 파묻혀 있는 그에게 권력을 농단한다고 공격한 것은 지나친 일이었다. 두 번째 모함은 정여립(鄭汝立) 모반 사건이 터졌을 때 일어났다. 최영경(崔永慶)이라는 경상도 처사(處士)가 그 당여로 지목되어 감옥에 있다가 병사했는데, 이 사건을 처리한 중심인물은 성혼의 절친한 친구인 정철(鄭澈, 1535~1593년)이었다. 일부 동인들은 성혼이 정철에게 구명 운동을 하지 않아 최영경이 죽게 되었다고 공격했다. 그러나 실상 성혼은 정철에게 편지를 보내 구원을 요청하였고, 아들을 보내 최영경을 위로하기도 했다. 하지만 성혼은 실권이 없었을 뿐더러 최염경이 허무하게 병사할 것을 예견할 수도 없었다. 그런데도 그들은 성혼이 최영경을 죽였다고 두고두고 비판의 화살을 날렸다.

일부 동인의 줄기찬 모함과 비난에도 선조는 성혼과 이이에 대한 신뢰와 사랑을 잃지 않고 포용했다. 심지어 "나는 성혼과 이이의 당(黨)에 들어가고 싶다."라고 말할 정도로 두 사람에 대한 전폭적인 지지를 보여 주었다. 선조는 벼슬을 버리려는 이이를 극구 만류하고, 벼슬을 사양하는 성혼은 갖은 정성을 들여 불러들이려고 애썼다. 그러나 성혼을 뒤에서 후원하던 이이와 영의정 박순(朴淳, 1523~1589년) 등이 세상을 떠난 뒤로 서인 세력이 급속히 약화되고 동인 세력이 삼사(三司, 사헌부·사간원·홍문관)를 장악하였다. 성혼은 갈수록 외톨이가 되었고, 동인의 포화는 살아 있는 성혼과 죽은 이이에게 집중되었다.

성혼의 입장을 더욱 어렵게 만든 사건은 임진왜란 중에 일어났다. 선조가 밤중에 몰래 궁궐을 떠나 임진강을 건너 개성으로 피난할 때 임진 나루터에 이르러 "성혼의 집이 어디 있느냐?"라고 호종하던 신하 이홍로(李弘老)에게 물었다. 그러자 그 신하는 옆 동네를 가리키며 "저곳에 산다."라고 했다. 선조는 나와서 배알하지 않는 성혼을 매우 섭섭하게 여겼다. 그러나 성혼의 집은 임진 나루에서 20여 리 떨어진 곳에 있었을 뿐 아니라 임금이 언제 파천하는지도 알지 못하여 임금을 배알하지 못한 것뿐이다. 그런데 호종 신하가 임금에게 거짓말을 하여 성혼을 불충한 사람으로 보이게 만들었던 것이다.

성혼을 더욱 곤궁한 처지에 빠지게 한 것은 선조에게 명과 일본 사이의 강화를 주장한 이정암(李廷馣)을 충신이라고 말한 사건이었다. 선조는 명나라가 일본과 강화하는 것을 반대하고 적극적으로 싸워서 섬멸해 주기를 바라고 있었기에, 성혼이 강화를 찬성하는 듯한 태도를 보이자 크게 화를 내고 꾸짖었다.

선조의 섭섭함을 부추긴 또 하나의 사건은 성혼이 내심으로 선조가 세자 광해군에게 선위(禪位)하기를 기대했다는 소문이 퍼진 것이었다. 사실 성혼뿐 아니라 대개의 서인들이 개혁에 소극적인 선조에 실망하여 광해군이 집권하기를 기대했으나 선조는 그럴수록 세자를 싫어할 뿐이었다.

이렇게 성혼과 임금의 사이가 점점 멀어지면서 급기야 선조는 성혼의 모든 벼슬을 박탈하는 조처를 내렸다. 성혼은 가족들을 모두 평안도와 황해도에 남겨 둔 채 홀몸으로 파주로 돌아왔으나, 집은 모두 불타 폐허가 되고, 사찰에 가서 끼니를 얻어먹는 비참한 형편에 놓였다가 64세를 일기로 세상을 떠났다.

성혼의 정치 행적은 말년에 선조의 사랑을 잃고 미움을 받으며 끝나고 말았다. 하지만 성혼은 생전에 이이와 힘을 합하여 선조를 성군(聖君)으로 이끌고, 나라와 백성을 안정시키려는 노력을 한시도 저버리지 않았다. 경장을 촉구하는 「만언봉사(萬言封事)」를 수차례나 올리고, 혁폐도감(革弊都監)이라는 기구를 설치하여 과감하게 개혁할 것을 요청했다. 성혼의 주장은 이이의 개혁안과 기본적으로 일치하여 이이의 개혁 운동에 크게 힘을 실어 주었다. 그는 수없이 벼슬을 사양했지만 나라와 백성을 사랑하는 마음은 누구보다도 강렬했기에 끊임없는 상소를 통해 선조 시대의 정치에 신선한 충격을 주었던 것이다.

성혼과 이이를 흠모하고 따르는 후생들이 반대하는 세력보다 월등히 많았으므로, 이들이 문묘에 배향되는 것은 크게 어려운 일이 아니었다. 그럼에도 이이와 성혼의 문묘 배향이 근 100년이 지나서 숙종 대에 이루어진 것은 치열한 당쟁이 원인이었다. 동인과 그 후속 당파인 북인(北人)과 남인은 두 현인이 생전에 받았던 모함과 선조가 성혼의 관작을 삭탈한 것을 근거로 줄기차게 문묘 종사에 반대했다. 반면 이이와 성혼의 문묘 종사를 찬성하는 측에서는 두 사람에게 씌워진 비난이 모두 모함이고, 성혼이야말로 깨끗한 선비의 표상이요, 조선 도학(道學)의 정통을 계승한 인물이라 주장하며 치열하게 문묘 배향 찬성 운동을 벌였다.

마침내 서인이 독자적으로 집권한 1682년(숙종 8년)에 이르러 성혼과 이이는 함께 문묘에 배향되는 영예를 얻게 되었으나, 7년 뒤에 남인이 집권하자 문묘에서 폐출되는 비운을 맞이했다. 그러다가 5년 뒤인 1694년(숙종 20년)에 서인이 재집권하면서 문묘에 복향(復享)되어 왕조 말까지 이어지게 된 것이다.

성혼의 일생과 사후의 명성은 이이와 하나로 결속되어 우여곡절을 겪으며 오늘에 이르렀다. 이런 일들은 그 옳고 그름을 떠나 조선 후기 정치사의 한복판에 두 사람이 우뚝 서 있었다는 것을 말해 준다. 이렇게 본다면 성혼을 단순히 은둔한 유학자로만 바라보는 것은 매우 협소한 시각이라는 것을 알 수 있다. 또 그의 학문은 뒷날 사위 윤황을 매개로 윤선거(尹宣擧), 윤증(尹拯) 등으로 이어졌다. 그리하여 성혼이 소론파 학문의 종장으로 추앙되었다는 것도 그가 조선 후기 사상사에서 차지하는 위상이 만만치 않다는 것을 뜻한다.

이이와 성혼은 본래 한 몸처럼 살았으나, 그 후생들이 노론과 소론으로 갈라지면서 기호 유학의 물줄기가 둘로 나뉘어졌다. 따라서 성혼은 원래부터 소론의 성향이 있었고, 이이는 본래 노론과 같은 학풍이었다고 단정하는 것은 삼가야 할 것이다. 후생들이 바라보는 선생의 모습이 곧 스승의 참모습이라고 말하기는 어렵기 때문이다. 그래서 이 평전에서는 소론의 학문으로 성혼의 학문을 소급해서 해석하는 것은 피하려고 한다.

성혼의 평전을 넓은 시야에서 객관적으로 쓰기 위해서는 자료의 수집과 선별이 무엇보다 중요했다. 그의 문집인 『우계집』은 필수적인 자료이지만, 이것에만 의존하면 시야가 좁아진다. 그래서 『조선왕조실록』을 참고하는 것이 절대적으로 필요했다. 하지만 『선조실록』의 경우, 동인이 편집한 『선조실록』과 서인이 다시 편집한 『선조수정실록』의 기록들이 상반되는 점이 적지 않아, 이 둘을 모두 비교 검토해야 했다. 또 성혼의 문묘 종사 전개 과정을 알기 위해서는 광해군, 인조, 효종, 숙종 대의 실록을 모두 조사해야 했다. 이 평전은 이러한 과정을 거쳐서 완성된 것이다.

이 책에서 그려 낸 성혼은 부귀영화를 헌신짝처럼 버리는 강직하고 청렴한 성품과 폐인의 몸으로도 임금을 향해 목숨 걸고 직언을 토해 내며 백성과 나라를 근심하는 충성심, 이 둘로 똘똘 뭉친 참선비의 모습 그 자체다. 조선 왕조를 500년간 이끈 정신의 기둥은 바로 이런 참선비들이 뿌리고 키운 씨앗에서 왔음을 알아야 한다.

지금 성균관대학교 경내의 문묘(대성전)에는 성혼의 위패가 모셔져 있다. 일부 유림이 제사를 올리고 있으나, 일반 국민들은 눈길을 주는 사람이 거의 없을 것이다. 또 파주가 낳은 위인으로 이이가 있고, 이이의 제사를 모시는 자운서원(紫雲書院)이 법원읍 동문리에 있다는 것을 아는 사람은 적지 않을 것이다. 그러나 거기서 멀지 않은 곳에 성혼의 흔적이 있음을 아는 사람은 드물다. 파주 파평면 눌노리 쇠내(우계)에 성혼과 성혼의 아버지 성수침(成守琛), 그리고 성혼의 스승 백인걸(白仁傑)을 모신 파산서원(坡山書院)과 성혼이 살던 집터, 그리고 우계서실(牛溪書室)의 터가 남아 있다. 이제 이이의 분신이 성혼이요, 성혼의 분신이 이이라는 것을 알았다면 쇠내 개울가에도 눈길을 돌리는 사람이 많아지기를 기대한다.

끝으로 이 책에서는 인용한 자료가 너무 많아 일일이 각주를 붙이지 않고, 중요한 대목에서만 자료를 소개했다는 것을 밝힌다. 또한 이 책의 집필을 지원해 준 경기문화재단과 사진 자료 등을 제공해 준 우계기념사업회 관계자 여러분에게 고마운 뜻을 전한다.

2016년 12월
관악산 호산재에서
한영우

文簡公牛溪成渾先生像

庚寅申月　石川　尹汝洙　敬寫

우계 성혼 영정

성혼 묘소

1598년(선조 31년) 6월 6일, 성혼은 64세를 일기로 세상을 떠났다. 성혼의 장례는 3개월 장을 치러 8월 19일에 파주 향양리에 있는 아버지 성수침 묘 뒤에 동향으로 안장되었다.

우계기념관

2011년, 파주 향양리에 있는 성혼 묘역에 세워졌다. 현재 성혼 묘역에는 우계기념관 외에 성혼 사당, 성수침의 묘갈, 성혼의 묘비, 성혼의 신도비 등이 함께 남아 있다.

파산서원과 사당

1568년(선조 원년) 백인걸과 이이, 그리고 파주 일대 유생들이 발의하여 파산서원을 건립하고, 성수침의 위패를 모셔 제사를 지냈다. 1628년(인조 6년)에 성혼의 위패를 추가하였고, 1650년(효종 원년)에는 사액서원이 되었다. 현재는 위패를 모신 사묘(祠廟)만 남아 있으며, 경기도 문화재자료 제10호로 지정되어 있다. 사묘에는 성수침을 주벽(主壁)으로 하고 좌우에 성수종, 백인걸, 성혼을 배향하고 있으며, 매년 봄, 가을에 제사를 지낸다.

우계서실 유허비

1570년(선조 3년), 36세 때 성혼은 고향 파주의 본가 동편에 3칸 남짓한 기와집을 세워 우계서실이라 이름했다. 그리고 이듬해 봄에는 우계서실의 학도들이 지켜야 할 학규인 「서실의(書室儀)」를 만들었다. 이는 율곡 이이가 세운 은병정사와 그 학규보다 7~8년 앞선 것이다. 현재 파산서원 경내에 옛터가 있다.

송익필 유허비

성혼은 20대부터 한 살 위인 구봉(龜峯) 송익필(宋翼弼)과 활발히 교유했으며, 40대에 이르러서는 가장 많이 편지를 주고받기도 했다. 송익필은 성혼이 성리학과 예학, 자신의 거취 등에 대해 가장 격의 없이 의논할 수 있는 학우였다. 송익필의 유허비는 현재 파주 심학산에 있다.

파주 용미리에 있는 석장군(石將軍, 일명 쌍미륵)

1588년(선조 21년) 어느 날, 53세의 성혼은 집에 돌아오는 길에 길가에 있는 석장군을 보고 시를 읊었다.

푸른 절벽이 석장군으로 변하니	蒼崖化出石將軍
만고의 것 사라지고 너만 홀로 남았구나	萬古鎭沈獨有君
부러워라 너는 티끌세상 일에 관심이 없어	却羨無心塵世事
산머리 해 질 녘 한가로운 구름과 짝하고 있구나	山頭斜日伴閑雲

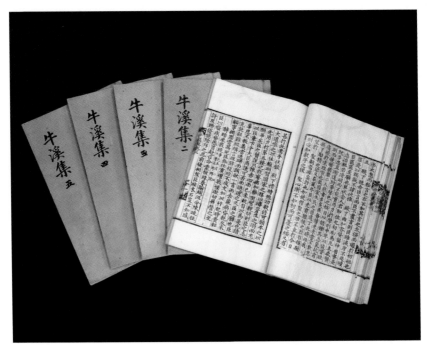

『우계집』

『우계집』은 1621년(광해군 13년)에 초간되었으며, 1809년(순조 9년)에 후손 성긍주(成肯柱)에 의해 간행되었다. 원집 6권과 속집 6권으로 구성되었으며, 시(詩)·장소(章疏)·간독(簡牘)·잡저·연보가 수록되어 있다.

『해동명필첩(海東名筆帖)』중 성혼이 쓴 칠언시

성혼이 북송(北宋) 왕안석(王安石, 1021~1086년)의 시를 쓴 행서이다.(국립중앙박물관 소장)

용주서원과 백인걸 유허비

17세가 되던 1551년(명종 6년) 겨울, 성혼은 아버지 성수침의 권유로 휴암(休菴) 백인걸 (白仁傑)을 찾아가 학문을 배우기 시작했다. 조광조 문인의 한 사람이었던 백인걸은 파주에서 머물며 성혼, 이이 등 거물학자들을 키웠고 파주 지역을 성리학의 요람으로 만드는 데 크게 기여했다. 파주 덕은리에 있는 용주서원은 백인걸의 학문과 덕행을 추모하기 위해 세운 것으로 그의 유허비도 이곳에 있다.

차례

머리말   5

들어가면서
　이이를 알아야 성혼을 알고, 성혼을 알아야 이이를 안다   21

1_ 학문과 도덕을 겸비한 가풍   41
　성혼의 직계 조상   41
　위기지학의 처사, 아버지 성수침   46

2_ 청년 시절, 평생의 지우를 만나다   53
　백인걸 문하로 들어가다   53
　율곡 이이, 구봉 송익필과 벗이 되다   56

3_ 우계서실을 세우고 학문도 깊어지다   65
　여섯 차례 벼슬을 거부하다   65
　이이와 사단칠정을 토론하다   78
　최영경, 정인홍, 심예겸 등과 교유하다   94

4_ 불러들이는 선조, 은거를 고집한 성혼   101

동서 분당의 와중에 「기묘봉사」를 올려 직언하다   101

정구, 송익필, 이제신 등과 교유하다   110

임금을 만나 「신사봉사」를 올리다   122

경연에 참여하고, 정3품 당하관을 거부하다   135

이이를 위기에서 구하다   141

동서 갈등의 격화 속에 이조 참의와 참판에 제수되다   152

자신을 반성하는 묵암병사의 자성록   162

5_ 벗과의 이별, 미증유의 전란   173

30년 지기 이이와의 사별   173

동인의 공격이 갈수록 거세지다   178

송익필과 생이별하다   189

스스로 묘지명을 짓다   201

정여립 사건으로 동인이 몰락하고 서인이 재기하다   212

「경인봉사」를 올리다   219

세자 책봉 사건으로 서인이 몰락하다   227

왜란 중에 「시무편의」를 올려 난국의 정책을 제시하다   234

의주에서 임금을 만나다   247

처참한 전란의 피해   260

해주 석담에서 머물며 이이의 문인들을 만나다   270

6_ 쓰라린 삶을 뒤로하고 영면하다   275

    비변사 당상으로 「시무 14조」를 올리다   275

    강화 문제로 임금의 미움을 받다   282

    황해도 연안으로 낙향하다   289

    회갑에 파주로 돌아오고 가족이 모두 모이다   296

    정유재란의 혼란과 곤궁 속에 눈을 감다   305

7_ 관작 삭탈과 명예 회복   317

    북인의 공격으로 관작이 삭탈되고, 서인이 몰락하다   317

    광해군 대 신원 운동   321

    인조 대에 이르러 명예를 되찾다   330

8_ 문묘에 종사되다   335

    문묘 종사 청원 운동이 일어나다   335

    효종 대의 문묘 종사 청원 운동   342

    현종 대의 문묘 종사 청원 운동   349

    숙종 8년 경신환국으로 문묘에 종사되다   357

    숙종 15년 기사환국으로 문묘에서 폐출되다   363

    숙종 20년 갑술환국으로 문묘에 다시 종사되다   366

9_ 조선 후기 정치에 성혼이 미친 영향　　　　　　　371

　영조 대의 성혼 추앙　　　　　　　　　　　371

　정조 대의 성혼 추앙　　　　　　　　　　　374

　헌종, 철종 대 성근묵의 등용　　　　　　　376

　노론, 소론 분당 이후 성혼에 대한 평가　　377

나가면서

　종과 횡으로 들여다본 성혼의 삶과 학문　　381

주　　　　　　　　　　　　　　　　　　391

연보　　　　　　　　　　　　　　　　　399

찾아보기　　　　　　　　　　　　　　　415

이이를 알아야 성혼을 알고, 성혼을 알아야 이이를 안다

우계 성혼은 어떤 인물인가? 성혼의 정체성을 이해하는 지름길은 율곡 이이와 비교해 보는 것이다. 이이는 성혼과 같은 고장인 파주에 살면서 30년간 가장 절친한 학우였고 선조 대의 붕당 갈등 속에 고락을 함께했다. 그리고 죽은 뒤에는 공자(孔子)를 제사 지내는 성균관 문묘에 동시에 배향되어 선비 사회의 우뚝한 사표가 되었다. 두 사람은 비슷한 점이 많고 서로 영향을 주고받아 후세 사람들은 이들을 우율(牛栗)이라 부르기도 하고, 그 후학들을 '우율학파'로 부르기도 했다. 그만큼 두 사람은 실과 바늘처럼 가까우며, 쌍벽을 이루는 거물이었다.

두 사람의 공통점은 성리학(性理學)의 가르침을 따라 요순시대의 이상 사회를 이 땅에 건설하여 백성들이 편안하고 도덕이 꽃피는 나라를 만들려고 평생을 바쳤다는 점이다. 그래서 정치, 경제, 사회, 문화의 여러 분야에서 자신이 처했던 시대를 무너지는 가옥과 병든 사람에 비유하여 시급한 경장의 필요성을 임금 선조에게 역설하고, 그 뜻이 관철되지 않으면 미련 없이 벼슬을 내던지고 고향으로 돌아가기를 반복했다. 바로 그 점이 권세나 녹봉에 연연하던 보통 선비들과 확연히 다르다.

이이는 20대에 과거에 급제했기 때문에 성혼보다 먼저 벼슬길에 올랐다. 이후 엘리트 코스에 해당하는 사헌부, 사간원, 홍문관 등 청요직(淸要職)을 거치면서 『동호문답(東湖問答)』(1569년), 「만언봉사(萬言封事)」(1574, 1585년), 『성학집요(聖學輯要)』(1575년) 등을 지어 선조에게 바쳤다. 그리고 경연(經筵)에서 임금을 만날 때마다 성인(聖人)을 본받아 시급히 경장하지 않으면 머지않아 나라가 망할 것이라고 압박했으나 뜻을 이루지는 못했다. 그 결과가 임진왜란의 참변으로 나타난 것이다. 이이가 수많은 경장 사상 가운데 가장 중요하게 여긴 것은 현자(賢者)를 등용하여 정치를 맡기라는 것, 민생 안정을 위해 공납제도(貢納制度)를 개선하라는 것이었다. 또한 경장을 추진하는 데 필요한 임시 기구로 경제사(經濟司) 설치를 건의했는데, 성혼도 같은 생각을 하고 있었다.

처음부터 벼슬에 뜻을 두지 않았던 성혼은 과거 시험도 외면하고 오직 학문과 교육 사업에만 전념했다. 34세부터 학행(學行)으로 천거되어 여러 번 벼슬이 내려왔으나 받지 않다가 47세 되던 1581년(선조 14년)에 종묘서 령(宗廟署令, 종5품)과 내섬시 첨정(僉正, 종4품)에 천거되었을 때 처음으로 선조 임금을 만났다. 그는 임금에게 경장의 필요성을 역설하고, 이를 실행하는 임시 기구로 혁폐도감(革弊都監)의 설치를 건의했는데, 선조는 그 말을 듣고 이이와 생각이 비슷하다고 말했다.

이때 성혼은 자신이 이이와 친구이므로 생각이 비슷한 것은 당연하다고 답했다. 그런데 이이가 경제사 설치를 건의한 것은 이해 10월이고, 성혼이 혁폐도감 설치를 건의한 것은 이해 4월로서 성혼이 6개월 먼저 개혁 기구의 설치를 건의한 셈이다. 개혁 기구의 이름은 다르지만, 내용은 같아 두 사람이 평소 이 개혁 기구의 설치에 대해 합의가 이루어진 것으로 보인다.

그런데 사실은 성혼이 임금을 만나기 전에 임금에게 무엇을 말할지 이이에게 자문을 구했던 것이다. 그만큼 두 사람은 지기가 서로 통하는 사이였고, 이이는 성혼의 천거를 배후에서 적극 도와주었다.

하지만 성혼이 이이에게 도움만 받은 것은 아니었다. 1583년(선조 16년), 말년의 이이가 병조 판서로 있을 때였다. 니탕개(泥湯介)가 이끄는 2만 명의 여진족이 함경도에 침입하자 이를 막아 내기 위해 이이가 임금의 재가도 받지 않고 군마(軍馬)를 바치는 군인에게 전장에 나가는 것을 면제시킨 것이 문제가 되었다. 동인들이 들고 일어나 이이에게 '무군오국(無君誤國)' 즉 '임금을 무시하고 나라를 그르쳤다.'라는 죄명을 씌워 맹렬히 탄핵했다. 이이는 매우 어려운 처지에 놓였다. 이때 이이의 행동을 변명하는 장문의 상소를 올려 그를 위기에서 구해 준 사람이 바로 성혼이었다. 이때부터 성혼은 동인들에게 미움의 대상이 되었고 동인들은 성혼과 이이를 동류로 묶어 공격하기 시작했다.

성혼과 이이는 이렇게 서로 영향을 주고받으면서 비슷한 행보를 많이 보였지만, 적어도 교육 사업에 관한 일은 성혼이 이이보다 항상 앞서갔다. 후학을 가르치는 학교인 우계서실(또는 우계정사(牛溪精舍))을 세운 것이 이이의 은병정사(隱屛精舍)보다 앞섰고, 학생들의 교육 지침

서로 『위학지방(爲學之方)』을 편찬한 것도 이이의 『격몽요결(擊蒙要訣)』
보다 몇 년이 앞섰다.

두 사람은 경장의 필요성을 공감하고, 정치적 행보를 함께하면
서 운명 공동체를 이루었다. 그런데 이이가 먼저 세상을 뜬 뒤에는
서인 세력이 약화되고 동인 세력이 커지면서 이들의 공격이 성혼에
게 집중되어 큰 고초를 겪었다.

성혼과 이이의 친교 관계가 얼마나 두터웠던가를 보여 주는 또
하나의 사례는 성혼이 죽기 직전까지 이이의 제자들과 함께 이이의
문집을 편집하는 데 온 힘을 기울였다는 것이다. 성혼은 문집의 완성
을 보지 못하고 세상을 떠났지만, 큰 틀을 잡는 데 결정적인 역할을
담당했다. 그는 이이를 '존선선생(尊先先生)'이라는 극존칭으로 불렀으
며, 평소에 "살아서는 율곡과 생사를 같이하고, 죽어서는 함께 열전
(列傳)에 오르겠다."라며 이이와 자신이 일심동체임을 강조했다. 100년
뒤에 성혼이 문묘에 배향될 때 이이와 함께 배향된 것은 결코 우연한
일이 아니었음을 알 수 있다.

○○ 도덕은 성혼, 학문은 이이

성혼과 이이가 유교적 이상국가의 꿈을 함께 꾸고, 정치적 행보
를 같이하면서 고락을 나누었으며, 죽어서는 문묘에 함께 배향되는
운명 공동체였음을 살펴보았다. 그러나 두 사람은 이렇게 비슷한 점
만 공유하고 있었던 것은 아니었다. 학풍이나 기질에 있어 적지 않은

차이점을 보였다.

　두 사람의 차이점은 누구보다도 본인들이 잘 알고 있었고, 서로 상대방의 장점은 취하고 단점은 보완하기를 주저하지 않았다. 벗의 단점을 솔직하게 지적하여 착한 길로 인도하는 것은 붕우 간의 의리로서, 유교에서는 이를 책선(責善)이라고 불렀다. 두 사람은 서로 사랑하고 존경하기에 책선도 결코 게을리하지 않았다. 상대방의 잘못이 보이면 주저없이 지적하여 고치라고 권고했다. 바로 그런 보완적 자세가 두 사람의 학문과 인격을 높이는 데 적잖이 기여했다.

　그런데 두 사람의 관계를 이야기할 때 빼놓으면 섭섭해할 학우가 또 있었다. 파주의 구봉(龜峰, 지금의 파주 교하읍 심학산) 아래 살던 송익필이다. 그래서 세상 사람들은 세 사람을 묶어서 '삼현(三賢)'으로 부르기도 했다. 기이하게도 세 명 모두 파주 사람이고, 나이도 엇비슷하여 송익필이 1534년생, 성혼이 1535년생, 이이가 1536년생으로 각각 한 살 차이였다. 그런데 세상을 떠난 나이는 이이가 49세, 성혼이 64세, 송익필이 66세였으니, 출생 순서와는 정반대 순서로 세상을 떠난 것이다. 가장 오래 살았던 송익필은 죽던 해에 아들에게 부탁하여 세 사람이 주고받은 편지를 모아 『삼현수간(三賢手簡)』이라는 책자를 만들었다. 세 사람의 교우 관계를 정리한 이 책에서 '삼현'이라는 말이 유래한 것이다.

　동시대에 한 고장에서 세 사람의 우뚝한 학자가 배출되어 서로 책선과 격려와 경쟁을 통해 자신들의 학문을 키웠다. 더욱이 수많은 후학들을 키워 내어, 조선 후기를 이끌어 가는 중추적 정치 세력과 학파를 형성하도록 만들었다. 조선 후기 문묘에 배향된 인물이 대부분 이들 삼현의 학통을 이은 기호학파(畿湖學派)에 속한다는 사실이 이를 입증한다. 이것은 정말 특이한 현상이다.

당시 파주의 삼현이 배출한 후학들은 어림잡아 수백 명에 이르렀다. 삼현 가운데 가장 많은 후학을 길러 낸 인물은 벼슬을 사양하고 고향에 서실(書室)을 세워 40여 년간 후학을 양성한 성혼이었다. 하지만 삼현이 모두 가까운 곳에 살았기 때문에 대부분의 후학들은 이들을 두루 찾아다니면서 배웠고, 이를 통해 더 큰 학덕을 키울 수 있었다. 그래서 기호학파 성리학자들의 진원지가 이곳이 된다. 성리학을 일보 전진시킨 조선 후기 실학의 진원지도 따지고 보면 이 지역에서 출발하여 서울을 거쳐 한강 이남으로 이동한 것이다.

성리학의 중심지로서 파주와 비교될 만한 지역이 있다면 파주보다 조금 앞서 퇴계 이황이 후학을 길러 낸 경상도 안동(安東) 지역을 들 수 있을 것이다. 물론 이황의 학문과 행실은 이이와 성혼에게도 크게 영향을 미쳤고, 삼현의 학문도 영남학인에게 영향을 미쳤기 때문에 두 지역 간에는 적지 않은 교류가 있었다. 그러나 안동 지역에서는 동시대에 삼현이 출현하지는 않았다. 또 이황의 영향을 받은 영남학파에서도 유성룡(柳成龍)을 비롯한 우수한 성리학자들이 배출되었지만, 그 힘이 기호학파의 위세를 압도하지는 못했다. 이황 이후로 영남학파 가운데 문묘에 배향된 인물이 단 한 사람도 없다는 것이 이를 입증한다.

파주의 삼현이 이렇듯 삼두마차처럼 뭉쳐 있었지만, 송익필의 경우는 그 결속력이 다소 제한되어 있었다. 외조모가 안돈후(安敦厚)의 비첩(婢妾)이라는 신분 문제로 아버지 송사련(宋祀連)과 안씨 집안 사이에 심각한 갈등이 일어나서 송익필 3형제가 모두 안씨 집안의 노비로 전락하는 사건이 발생했다. 아버지의 잘못에 연좌되어 갑자기 노비가 된 송익필은 너무도 억울하고 부끄러워 고향을 떠나 3년간 도피 생활에 들어가고, 뒤에 다시 신분이 환원되었지만 동인의 미움을 받아 북방으로 유배당하는 고통을 치렀다. 유배가 풀린 뒤에는 의탁할 곳이 없어 이곳저곳 제자의 집에 의탁하면서 방랑하다가 세상을 떠났다.

이렇게 기구한 삶을 산 송익필은 벼슬길에 나간 적이 없다. 정치 생활을 통해 동고동락하지 않은 만큼, 성혼과 이이처럼 밀접하지는 못했다. 그래서 삼현 가운데 양현(兩賢)을 중심에 두고 두 사람의 차이와 개성을 비교하고자 하는 것이다.

성격상으로 보면 이이와 성혼은 판이하게 달랐다. 이이가 명석하고 개방적이며 활달하고 자신만만한 외형적 기질을 가졌다면, 성혼은 세심하고 근엄하면서도 겸손한 내향적인 기질을 지녔다고 할 수 있다. 이이의 외향적 성향은 오만하고 겸손하지 못한 것으로 비쳐져 주변의 질투와 미움을 사는 경우가 적지 않았다. 반면 성혼은 겸손하고 자중자애한 도사(道士)의 모습을 지녀 후학들의 존경을 많이 받았다.

이런 차이는 천부적인 것일 수도 있지만 환경의 영향도 없지 않은 듯하다. 이이는 성장 과정에서 어머니와 외조부 등 외가의 영향을 크게 받았다. 친족인 덕수 이씨(德水李氏) 집안의 가풍은 오히려 그의 삶에 걸림돌이 되는 면이 있었다. 방계 친족인 이기(李芑, 1476~1552년)는 명종 때 윤원형(尹元衡, ?~1565년)과 손잡고 을사사화(1545년)를 일으켜 사림들에게 떼죽음을 안긴 인물이었으며, 아버지 이원수(李元秀, 1501~1561년)도 어머니 신사임당이 '웬쑤'라고 불렀다는 풍설이 나돌 만큼 조신한 선비가 아니었다. 그래서 이이는 친가보다는 어머니와 외조모, 그리고 기묘명현(己卯名賢)의 한 사람인 외조부 신명화(申命和, 1476~1522년)를 더 존경했다. 아마 이런 가정 환경이 이이로 하여금 한층 저항적인 외향성을 높이게 했는지도 모른다.

한편 성혼은 창녕 성씨(昌寧成氏) 가문의 가풍에 큰 영향을 받았다. 아버지 성수침(成守琛, 1493~1564년)은 조광조(趙光祖)의 문인으로서 일평생 파주의 은일처사(隱逸處士)로 살아왔고, 종숙부인 성운(成運, ?~1528년)은 속리산으로 들어가 완전히 세상을 등진 방외처사(方外處士)로 살았다. 먼 친족으로 사육신의 한 사람인 성삼문(成三問, 1418~1456년)과 생육신의 한 사람인 성담수(成聃壽, 생몰년 미상)가 있는데, 이들 역시 의리를 위해 목숨을 바친 인물들이다. 성혼은 의리와 지조를 존중해 온 성씨 집안의 가풍에서 완전히 자유로울 수 없었던 것으로 보이며, 특히 아버지의 영향은 더욱 직접적일 수밖에 없었다. 이러한 환경이 그로 하여금 인격의 완성을 추구하는 종교인의 모습을 만들었다고도 볼 수 있을 것이다.

이이와 성혼의 기질상 차이는 학풍에 있어서도 분명한 차이를 만들었다. 두 사람은 주자학을 유일한 정학(正學)으로 받아들이고 유교적 이상 국가를 추구한다는 점은 같지만, 성혼은 주자학을 절대적인 기준으로 보았다. 그는 주자학에 이론(異論)을 제기하거나 토(吐)를 다는 것을 불경스럽게 생각했고, 오직 주자학의 본질을 체득하여 실천하는 것을 가장 중요한 과업으로 여겼다. 성혼은 국내에서는 주자학을 가장 충실히 따르고 실천하는 인물로 34세 연상인 이황을 꼽고, 그에 대한 무한한 신뢰와 존경을 보였다.

그러나 이이의 생각은 달랐다. 대국적으로 보아 주자학이 정학 (正學)인 것은 사실이지만, 주자학이 이기설(理氣說)을 비롯한 형이상학 의 모든 문제를 충분히 해결한 것이 아니라고 생각했다. 또 주희(朱熹. 주자)의 가르침이 모두 우리 현실에 맞는다고 보지도 않았다. 그래서 주자학이 아닌 선가(禪家)나 노장사상(老莊思想), 제자백가(諸子百家)의 사상까지도 넓게 공부하면서 주자학의 약점을 보완하려는 태도를 취 했다.

그래서 주희가 증손(增損)한 『여씨향약(呂氏鄕約)』도 우리 현실에 맞지 않는 점이 있다고 보고, 이를 수정하여 여러 종류의 향약을 독 자적으로 만들었던 것이다.[1] 『성학집요』를 편찬한 것도 제왕학(帝王學) 의 교과서인 진덕수(眞德秀)의 『대학연의(大學衍義)』가 우리 현실에 맞 지 않는 점이 있다고 생각해 보완했다.

특히 이이의 이기설(理氣說)은 매우 독창적인 학설이었다. 이(理) 와 기(氣)를 분리하지 않고 하나로 보면서 "기가 발하면 이가 올라탄 다."라는 이른바 기발이승(氣發理乘)을 주장했다. 그리하여 선악이 겸 비된 기가 발동하면 반드시 순선(純善)한 이가 올라탄다고 보았기 때 문에 사단(四端, 인의예지(仁義禮智))의 도덕적 가치나 칠정(七情, 희로애락애 오욕(喜怒哀懼愛惡欲))과 같은 인간의 감정에 대한 해석도 딴판으로 달 라졌다. 다시 말해 사단이나 칠정 모두 기가 발동하여 생기고 이가 올라탄 것이기 때문에, 사단 속에도 선악이 있고, 칠정 속에도 선악 이 있다고 보았다. 바꿔 말하면 사단 속에도 칠정이 있고, 칠정 속에 도 사단이 있으므로 인간의 보편적인 감정인 칠정을 버리고 사단으 로 가야 한다는 강박 관념이 희박하다. 이이의 언행이 자유분방하고 활달하며 감성적인 모습을 보이는 이유도 아마 여기에 있을 것이다.

이이의 이기설은 이황의 이기호발설(理氣互發說)과는 매우 달랐다. 이기호발설은 이와 기가 따로따로 발동한다는 이론으로, 사단은 이가 발동한 것으로 선(善)한 것이고, 칠정은 기가 발동한 것으로 보아 선하기도 하고 악하기도 하다고 생각했다. 따라서 사람은 가능한 한 칠정에서 벗어나서 사단으로 돌아가야만 지극한 선을 얻을 수 있다는 결론이 나온다. 이황의 학문이 마치 종교처럼 엄숙하고, 감정을 극도로 억제하면서 도덕 수양인 수기(修己)에 치중한 이유가 여기에 있다.

이이는 이황의 이기호발설은 논리적으로 모순된다고 보았다. 왜냐하면 기는 형이하(形而下)의 형체를 가진 실체로서 움직이는 것이기 때문에 발동하지만, 이는 형이상(形而上)의 형체가 없는 것으로 움직이는 존재가 아니기 때문에 이발(理發)이라는 말 자체가 틀렸다는 것이다. 이와 기를 이렇게 형이상과 형이하로 구분하는 한 이이의 해석이 이황의 이론보다 한층 논리적인 것이 사실이다.

그런데 성혼은 사단과 칠정의 해석에 있어 이황의 학설을 신봉했다. 성혼은 이황의 학설이 주자학의 본질에 맞는다고 생각하여 이황을 비판한 이이와 치열한 논쟁을 벌였다. 특히 사단칠정에 관한 논쟁은 30대의 젊은 시절에 일어났기 때문에 두 사람이 모두 신념에 찬 모습으로 임해, 논쟁은 상당 기간 평행선을 이어 갔다. 그러나 논쟁이 이어질수록 성혼은 이이의 논리를 조금씩 받아들이는 모습을 보였다. 성혼이 긴 논쟁 끝에 도달한 결론은 이와 기가 한꺼번에 발한다는 이른바 '이기일발설(理氣一發說)' 또는 '주리주기설(主理主氣說)'이었다. 이 주장은 이황의 '이기호발설'과 이이의 '기발이승설'의 중간 쯤에 서 있다고 볼 수 있다. 그러니까 성혼은 이이의 주장을 부분적으로 받아들였을 뿐 완전히 승복하지 않은 것이다.

그런데 성혼의 문집인 『우계집(牛溪集)』에는 논쟁 후반부의 기록이 보이지 않는다. 문집을 편찬하는 과정에서 편찬자들이 뺀 것으로 보인다. 하지만 이이가 세상을 떠난 뒤에 성혼이 이이의 이기설이 매우 독창적이고 탁월하여 자신의 스승이 되었다고 토로한 것으로 보아, 만년에는 이이의 이기설에 상당 부분 동조한 듯하다.

청년 시절의 성혼은 이이의 명석한 이론에는 항상 경탄을 보내면서도 다른 한편으로는 걱정스럽고 아쉬운 감정을 가졌는데 이런 우려는 송익필과 주고받은 편지에 잘 나타나 있다. 성혼이 우려한 것은 논리의 문제라기보다는 하늘같이 믿고 따르는 선현(先賢)의 학설이 아직 원숙하지 않은 30대의 젊은 후학에 의해 비판받는 것 자체였다. 주희나 이황의 권위가 손상당하는 것은 바로 자신의 종교에 가까운 신앙이 무너지는 것을 의미하기 때문에 마음속으로 받아들이기 어려웠던 것 같다. 이이의 명쾌한 이론에 머리로는 승복하면서도 가슴으로는 승복할 수 없었던 이유가 여기에 있었을 것이다.

성혼은 제자를 가르칠 때나 사람을 대할 때 근엄함과 단정함, 겸손함을 잃지 않았다. 경전(經傳)을 읽을 때에도 이를 학구적으로 따지는 것보다는 성인의 말을 깊이 사색하면서 실천하는 것을 중요하게 여겼다. 성혼이 따로 자신의 학설이나 주장을 담은 저서를 내지 않은 이유도 여기에 있었다. 성혼은 공자의 '술이부작(述而不作)'의 태도를 옳은 것으로 보았다. 술이부작은 '성현의 말씀을 가르칠 뿐 독자적인 의견은 내지 않는다'는 것이다. 그래서 성현을 능가할 수 없는 후학은 성현의 말을 전달하는 전달자의 역할에 그쳐야 한다는 것이다.

성혼은 성현의 말을 전달할 때, 지나치게 말을 많이 하여 듣는 사람이 지루함이나 피곤함을 느끼게 하는 것을 극도로 경계했다. 그는 매일 일기를 쓰면서 자신이 남에게 말을 많이 하여 폐를 끼친 것을 반성했다. 반면에 다른 사람이 성혼의 약점을 지적하면 상대가 제자라도 절을 하면서 받아들였다. 자신의 단점과 부족함을 항상 걱정하고 반성하는 성혼의 시각에서 보면 자기 주장이 강하고 성현의 약점을 거침없이 비판하며 자기 주장을 담은 저술을 내는 이이의 행태가 매우 위험한 일로 보이는 것이 당연했다. 성혼은 이이의 이런 행동이 그의 실천적 학문이 발전하여 성현의 경지로 올라가는 데 방해가 된다고 여겼다.

이이는 이미 30대에 『동호문답』, 「만언봉사」 등을 내고, 40세에는 제왕학의 교과서인 『대학연의』를 대체하기 위해 『성학집요』를 편찬하는 등 발빠른 저술 행보를 보이며 이름을 떨쳤다. 그러나 성혼의 눈에 비친 젊은 이이의 저술 활동은 술이부작의 정신과는 너무나 동떨어진 행위였다.

성혼은 이이의 두뇌가 비상한 것을 경탄하면서 동시에 이를 경계하기도 했다. 성혼 역시 다른 사람과 떠들고 담소를 나누면서도 경전(經傳)을 순식간에 읽어 치우고, 그 뜻을 명확하게 이해하는 이이의 재능을 놀랍게 여겼다. 그러나 주자학에만 전일(專一)하지 않고, 제자백가를 비롯하여 도가(노장)나 불교(선학) 등에 대해 넓게 관심을 갖는 것을 병이라 생각했다. 성혼이 이이와 학우가 된 것이 바로 이이가 금강산으로 들어가 승려가 되었다가 환속한 20세부터이니, 이이가 자 칫하면 이단(異端)에 빠질지도 모른다는 우려가 있었을 것이다. 그래 서 직접 편지를 보내 쓸데없는 일에 몸을 혹사하면 반드시 오래 살 지 못할 것이라고 경고하기도 했다. 고사(故事)를 보더라도 재주 있는 사람은 대부분 오래 살지 못한다는 예를 들고, 이이가 그렇게 되지 않기를 바란다고 호소했다. 그런데 애석하게도 성혼의 걱정은 그대로 현실이 되어 이이는 49세에 요절하고 말았으며, 반대로 고질병을 가 진 성혼은 64세까지 장수를 누렸던 것이다.

이 밖에 젊은 시절의 이이에 대한 성혼의 걱정은 또 있었다. 바 로 이이의 벼슬살이였다. 17세에 사마시(司馬試, 생원 및 진사 시험)의 초시 에 급제한 뒤 과거 응시를 완전히 포기한 성혼은 자신의 학우나 제 자들이 벼슬길에 나가는 것을 환영하지 않았다. 간혹 벼슬길에 나간 동료나 후학이 있으면 편지를 보내 이욕을 추구하는 속류의 벼슬아 치가 되지 말라고 간절히 타이르고, 수령이 된 이에게는 '백성을 보 기를 상처를 보듯하라(視傷)'는 당부를 잊지 않았다. 벼슬아치는 백성 을 돌보는 일에만 전념하고, 개인의 이욕을 추구해서는 절대로 안 된 다는 뜻이다.

이렇게 벼슬을 기피한 성혼의 눈에 이이의 과거 응시는 바람직 하지 않았다. 그래서 걱정 어린 편지를 보내 나무랐다. 이이는 가족 들의 생계를 위한 어쩔 수 없는 선택임을 호소했다. 실제로 이이는 자기 가족뿐 아니라 4형제의 가솔들까지도 껴안고 살았기 때문에 100여 명에 이르는 식구를 거느리고 있어서 심각한 경제적 압박에 시달렸다. 이이는 선조와 뜻이 맞지 않아 수시로 벼슬을 버리고 향촌으로 돌아갔지만, 임금이 부르면 사양하지 않고 지체 없이 달려갔다. 이러한 처사도 성혼의 눈에는 선비답지 못한 행위로 비쳐졌다. 성혼은 이이에게 가정 형편을 이유로 벼슬하면 언젠가는 이욕에 매달리는 타락한 선비가 될지도 모른다고 경고했다.

성혼은 일평생 출사(出仕)와 낙향을 수없이 반복하는 이이의 처신에 대해서도 불만을 드러냈다. 임금과 뜻이 맞지 않아 물러났으면 돌아가지 말아야 하고, 돌아가더라도 벼슬을 사양하는 상소를 올리지도 않고 벼슬을 선뜻 받는 것은 선비답지 못하다고 타일렀다. 이에 대해 이이는 뜻이 맞지 않는 임금을 선도하려면 오래도록 끊임없이 설득하는 것이 온당하지 한 번 해서 안 된다고 임금을 영원히 버리는 것은 온당치 못하다고 답했다. 물론 이이도 처음에는 자신의 거취를 어떻게 하는 것이 옳은지 몰라 이황이 살아 있을 때 자신의 진퇴에 대한 고견을 묻기도 했다. 이때 이황은 벼슬을 그만두고도 살 수 있으면 물러나고, 그렇지 않으면 그대로 벼슬하라고 일러 주기도 했다. 이황이 성혼보다는 현실적인 처신을 가르쳐 주었고, 이이는 이황의 조언을 따른 셈이다.

벼슬살이에 관한 한 성혼은 이이와 다른 길을 걸어갔다. 과거도 일찍이 포기했을 뿐 아니라 34세에 학행으로 천거된 뒤 죽을 때까지 30년간 수십 차례 벼슬을 받았으나, 실제로 복무한 것은 모두 합쳐 1년도 되지 않았다. 그 1년도 정식으로 관청에서 근무한 것은 몇 달 안 되고, 대부분은 성혼의 사퇴를 임금이 일방적으로 허용하지 않아 명목상으로만 벼슬한 것이었다.

성혼이 처음 받은 벼슬은 종9품의 참봉(參奉)이었는데, 벼슬을 사양할 때마다 품계가 높아져서 마지막에는 종2품 참판(參判)과 정2품의 참찬(參贊)에까지 올랐다. 문과도 거치지 않은 그가 재상의 반열에 오른 것은 엄청난 특혜다. 이이가 29세에 문과에 장원 급제했시만 그가 마지막에 받은 벼슬은 정2품 판서(判書)를 거쳐 종1품인 찬성(贊成)에 그쳤으니, 성혼이 받은 혜택이 얼마나 큰가를 알 수 있다. 하지만 성혼이 나이가 들면서 비록 짧은 기간이지만 벼슬길에 나아간 것은 자신의 고집을 꺾고 이이의 충고와 강권을 받아들인 것을 의미한다. 비록 이이의 권고를 받아들여 잠시나마 벼슬에 나아갔지만 성혼이 평생 벼슬을 멀리한 것은 사실이다. 선비는 벼슬을 탐해서는 안 된다는 소신이 있었고 건강 문제도 이유였지만, 한편으로는 선조가 겉으로는 선비를 우대해도 속으로는 선비의 말을 존중하지 않는다는 것을 이이의 경험을 통해 알았기 때문이었다. 그런 상황에서 벼슬을 하는 것은 결과적으로 이욕과 명예를 추구하는 행위로 끝나기 때문에 자신의 지조와 신념에 어긋난다고 본 것이다. 바로 이 점에서 성혼과 이이는 비슷하면서도 달랐다.

그런데 성혼이 선비의 지조를 끝까지 지킬 수 있었던 것은 그의 정신력의 소산이지만, 경제 환경의 차이도 무시할 수는 없을 듯하다. 성혼의 경제력이 어느 정도인지 정확히 알 수는 없으나, 파주의 우계에 있는 본가는 안채와 사랑채(서재)가 나뉘어진 몇 칸짜리 초가(草家)로, 손님이 며칠씩 묵어갈 수 있는 정도의 공간이 있었다고 한다. 또 죽우당(竹雨堂)으로 불리는 서재가 있었다고 하는데, 이 방은 원래 아버지 성수침이 사용하던 사랑채였다. 집 주변에는 약간의 농토가 있어서 몇 명의 종(노비)을 데리고 직접 농사일을 하기도 하고 물고기를 잡으러 다니기도 했다. 36세가 되던 1570년(선조 3년)에는 죽우당의 동쪽에 3칸 정도의 우계서실을 지었는데 기와집이었다고 한다. 전라도 순창(淳昌)에도 몇 이랑의 토지가 있어, 송익필이 노비가 되어 유랑할 때 그곳에서 수확한 곡식 몇십 두를 가져다준 일도 있다. 임진왜란 중의 기록을 보면, 이 땅을 팔아서 서울 근교의 여러 곳에 땅을 사겠다고 말한 기록이 보인다. 이 밖에 황해도 배천(白川)에도 노비가 살고 있어 그 도움을 받았다. 이렇게 외지에 있는 땅은 외거 노비(外居奴婢)가 농사를 지었을 것이다.

이 밖에도 성혼은 조상의 선영(先塋, 조상의 무덤)이 있는 파주의 향양리(向陽里)에도 가끔 머물렀는데, 이곳에는 재실(齋室)과 제전(祭田)이 있었다. 그러나 아버지가 관직에 오른 적 없으니 가세가 넉넉할 리 없다. 환곡(還穀)을 받지 않으면 봄철을 넘기기 어려울 정도였으며, 항상 생활에 곤궁을 느끼고 살았다고 하니 겨우 겨우 자립하는 정도의 경제력이었던 것으로 보인다. 다만 이이처럼 많은 가솔을 거느리지는 않았다. 성혼 자신이 외아들이므로 조카들이 없고, 슬하에 2남 2녀를 두었다. 딸은 시집가서 외인이 되고, 두 아들 가운데 장남 문영(文泳)은 19세에 요절했다. 둘째 아들 문준(文濬)만이 남아 있었으므로 가솔은 비교적 단출하여 이이처럼 심한 압박감을 느끼지는 않았을 것이다.

성혼의 생활 환경도 이렇게 곤궁했지만, 이이보다는 나았던 것으로 보인다. 이이는 부모의 재산을 5남매가 똑같이 분배하여 나누어 가졌기에 물려받은 재산이 극히 적었다. 친구들이 학문을 강론하기 위해 집에 모일 때에도 이이의 집은 좁아서 모이지 못하고 성혼의 집에 모이는 경우가 많았다. 또 이이는 가난하여 파주에는 후학을 가르치는 서실을 세우지 못하고 처가의 재산이 있던 해주(海州)에 가서 서실을 세웠다.

이렇게 성혼의 경제력이 이이보다는 조금 나은 편이었지만, 임진왜란을 만난 이후 성혼의 만년은 처참할 정도로 곤궁했다. 집도 불타고 먹을 양식도 없었다. 입을 옷이 없어서 종이로 만들어 입는가 하면 관직에 있는 친구들에게 옷을 보내 달라고 부탁하는 편지를 여러 차례 보내기도 했다. 고향에 돌아온 뒤에는 절에서 밥을 얻어먹기도 했다.

이이는 전쟁을 경험하지 못하고 예견하는 데 그쳤지만, 성혼은 전쟁의 참혹함을 몸소 체험하면서 더 많은 것을 깨달았다. 그러면서 이이의 저서와 언동에 드러난 나라와 백성을 걱정하는 마음에 더욱 감동을 느꼈다. 시간이 지날수록 이이의 단점보다는 장점이 더 많이 보였고, 그의 학설이 가진 우수성에 머리를 숙이게 되었다. 그래서 성혼은 이이를 단순한 동류 학우로 보지 않고 선생으로 존경했다. 특히 이이가 세상을 떠난 뒤에는 살아 있을 때보다 한층 적극적으로 이이를 높여 '존선선생'으로 부르면서 그의 문집 편찬에 혼신의 힘을 기울였다. 이이의 학문을 후세에 남겨야 한다는 사명감을 갖기에 이른 것이다.

지금까지 살펴본 성혼과 이이의 학문과 기질의 차이를 한마디로 정리하면 학문은 이이가 성혼보다 뛰어나고, 도덕은 성혼이 이이보다 뛰어났다고 말해도 좋을 것이다. 이 점은 두 사람이 서로 인정하는 바다. 일찍이 성혼이 학행으로 천거받을 때 선조가 이이에게 성혼이 어떤 사람이냐고 묻자, 이이는 "만약 견해의 경지를 가지고 논한다면 제가 다소 나은 점이 있겠으나, 조행(操行)의 독실함은 제가 성혼에게 미치지 못합니다."라고 대답했다. 이 평가야말로 두 사람의 차이점을 스스로 정확하게 지적한 것이라고 할 수 있다. 또 이이는 선조에게 성혼의 재주에 관해 이렇게 말하기도 했다.

사람마다 재주가 똑같지 아니하여 홀로 경세제민(經世濟民)의 책임을 맡을 수 있는 자가 있고, 선(善)을 좋아하여 여러 사람의 재주를 쓸 수 있는 자가 있습니다. 성혼의 재주로 홀로 경세제민의 책임을 맡을 수 있다고 말한다면 지나치지만, 사람됨이 선을 좋아하니 선을 좋아하는 것은 천하를 다스리는 데에도 충분합니다. 이 어찌 쓸 만한 재주가 아니겠습니까?

그러니까 성혼은 경세제민을 이루기에는 부족하지만, 선을 추구하는 도덕성은 매우 높다는 것이다. 다시 말해 치인(治人)의 재주보다는 수기(修己)의 덕성이 높다는 말이다.

이렇듯 성혼과 이이는 각기 독특한 개성과 장점을 가졌고, 그 장점은 약점으로 작용하기도 했다. 하지만 이를 서로 책선하면서 보완해 갔기에 두 사람의 인생행로가 충돌하지 않고 비슷한 길을 갈 수 있었던 것이다. 더욱이 두 사람은 죽은 뒤에 오히려 결속이 더욱 강화되어 항상 한 쌍으로 엮여져서 문묘 배향 운동이 추진되었고, 드디어 숙종 대에 이르러 함께 문묘 배향이 이루어졌으나 함께 폐출되고, 또 함께 복향되는 기이한 운명 공동체가 되었다.

다만 두 사람이 후세의 당쟁에 미친 영향을 살펴보면, 불행하게 도 두 당파로 갈리는 모습을 보였다. 숙종 때 서인이 노론과 소론으로 갈라지면서 이이는 노론의 추앙을 더 많이 받고, 성혼은 소론의 추앙을 더 받았다. 이는 성혼의 외증손자 윤증(尹拯)이 소론의 영수가 된 것이 계기였다. 하지만 이념상으로 보면 명분보다 실리를 존중하는 소론의 정책과 성혼의 이념에는 많은 차이가 있다. 성혼이 실리를 존중하는 듯한 모습을 보인 것은 왜란 중에 선조보다는 광해군에 기대를 걸었던 점과, 일본과의 강화론자로 몰린 것뿐이다. 그런데 이는 대외 관계의 현실성을 고려한 것으로, 본질적으로 보면 성혼은 결코 실리주의자가 아니었다. 성혼의 직제자들이 대부분 벼슬을 포기했거나 벼슬을 하다가도 향리로 은퇴하여 지조를 지키다가 세상을 떠난 인사가 많다는 것이 이를 입증한다.

비록 그들의 후학이 노론과 소론으로 나뉘어 대립했지만, 노론과 소론 모두 성혼과 이이를 동시에 존경했던 것만은 분명하다.

1 학문과 도덕을 겸비한 가풍

○○ 성혼의 직계 조상

성혼의 씨족인 창녕 성씨는 고려 후기 창녕 지방 향리(鄕吏)의 우두머리인 호장(戶長)을 지내면서 중윤(中尹)이라는 하위 문산계(文散階)를 받은 성인보(成仁輔)를 시조로 한다. 그 뒤 사족(士族)으로 상승했는데, 명문 대족으로 등장한 것은 조선 건국 이후부터다. 그러니까 고려 말기 신흥 사족(新興士族)에 해당한다.

시조 성인보의 4대손인 성여완(成汝完, 1309~1397년)은 고려 말 충숙왕 때 문과에 급제하여 벼슬이 정당문학(政堂文學, 종2품)에까지 올랐다. 조선 왕조가 개국할 때는 나이가 이미 84세에 이르러 포천의 계류촌(溪流村)에 은거하고 있었다. 이성계가 적극적으로 회유하며 원로로 대접하여 명예직인 검교문하시중(檢校門下侍中)과 창성 부원군(昌城府院君)에 봉했는데, 1397년(태조 6년)에 89세로 세상을 떠났다. 죽은 뒤에 쌀과 콩 100두를 하사하여 예장(禮葬)을 치러 주었으며, 문정(文靖)이라는 시호를 내렸다. 『태조실록』의 졸기(卒記, 죽은 사람의 경력을 적은 글)[1]를 보면, 그는 성품이 간결하여 화려한 것을 좋아하지 않았으며 아들을 가르치는 데도 법도가 있었다고 한다.

성여완에게는 네 아들이 있었는데, 모두 고려 말에 문과에 급제하여 요직에 있다가 조선 왕조에 들어와서도 엘리트 관료로 큰 활약을 보였다. 큰아들 성석린(成石璘, 1338~1423년)은 공민왕 때 20세로 문과에 급제했다. 공민왕의 지우를 입어 벼슬이 왕명을 출납하고 군기(軍機)를 총괄하는 밀직제학(密直提學, 정3품)에 이르렀으며, 우왕 때에는 순천(順天) 지방에 들어온 왜구를 소탕하는 데 큰 공을 세우고 대사헌(大司憲, 종2품)에 올랐다. 이성계와 더불어 우왕을 폐하고 공양왕을 옹립하는 데 협력하여 공신이 되었으며, 조선 왕조가 개국하자 지금의 서울 시장에 해당하는 판한성부사(判漢城府使, 정2품)이 되었다. 태종 때 좌명공신(佐命功臣)이 되어 벼슬이 영의정에 이르렀다가 부원군(府院君)으로 은퇴했는데, 세종 초에 86세로 세상을 떠났다. 시호는 문경(文景)이며, 평소 생활이 검소하고 시율(詩律)을 잘 지었다.

성석린의 아우 성석용(成石瑢, 1352~1403년)은 우왕 때 문과에 급제하여 밀직제학을 지내다가 조선 왕조 개국 후 원종공신이 되었다. 벼슬이 대사헌, 보문각 대제학(大提學, 정2품), 개성 유후(留後, 정2품)에 올랐고, 태종 3년에 세상을 떠났다. 『태종실록』에 실린 그의 졸기를 보면, 그는 성품이 순실(純實)하고 단아하여 말이 적고, 마음을 다하여 봉직했다고 한다. 시호는 문숙(文肅)이며, 글씨를 잘 썼다고 한다.

성석용은 세 아들을 두었는데, 성달생(成達生, 1376~1444년), 성개

(成槪), 성허(成栩)이다. 큰아들 성달생[2]은 무과에 급제해 벼슬이 지중추원사(知中樞院事, 정2품)에 이르렀다. 명나라에 두 번이나 사신으로 다녀왔는데 1444년(세종 26년)에 세종을 따라 충청도에·행차하던 중 세상을 떠났다. 둘째 아들 성개는 문과에 급제하여 벼슬이 참판에 이르렀는데, 그의 손자가 생육신의 하나인 성담수(成聃壽)이다. 셋째 아들 성허는 벼슬이 판관(判官, 종5품)에 이르렀다.

성석린의 셋째 아우는 성석인(成石因, 1357~1414년)으로 성혼의 6대조이다. 그는 우왕 때 문과에 급제하였고, 조선 개국 후 대사헌(종2품)과 여러 판서(정2품)를 거쳐 태종 14년에 수문전(修文殿) 대제학(정2품)으로 세상을 떠났다. 죽은 뒤에 우찬성(右贊成, 종1품)에 추증되었으며, 시호는 정평(靖平)이다. 성석린의 넷째 아우는 성석번(成石璠)[3]으로 고려 말에 낭장(郎將, 정6품 무관직)을 지냈다.

성석인은 두 아들을 두었는데, 큰아들은 성엄(成揜)[4]이고 둘째 아들이 성억(成抑, 1386~1448년)이다. 성억은 음보(蔭補)로 벼슬길에 나아가 세종 때 집현전 부제학(副提學, 정2품)과 공조 판서(工曹判書, 정2품)를 거쳐 의정부 좌찬성(左贊成, 종1품)에 이르렀다. 그의 딸이 태종의 넷째 아들 성녕 대군(誠寧大君, 세종의 아우)에게 출가하여 경령 옹주(敬寧翁主)로 봉해졌는데, 성녕 대군이 혼인한 지 4년 만에 세상을 떠났다. 이를 애통하게 여긴 태종이 성억 집안을 공신으로 대우하라고 특별히 명하여 성억의 출세에 도움을 주었다. 1448년(세종 30년)에 성억이 세상을 떠나자 의정부 좌의정(左議政, 정1품)에 추증하고, 희정(僖靖)이라는 시호를 내렸다.

성억은 두 아들[5]을 두었는데, 큰아들 성득식(成得識)은 성혼의 고

조이다. 성억의 집안을 공신으로 대우하라는 태종의 당부에 따라 성
득식은 과거를 거치지 않고 음보로 벼슬길에 올랐다. 세종 때 첨지중
추원사(僉知中樞院事, 정3품), 문종 때 이조 참의(吏曹參議, 정3품), 세조 때
는 중추원부사(中樞院副使, 종2품)로서 상호군봉조청(上護軍奉朝請, 정3품 당
하관)의 녹봉을 받았다. 문종 때 이조 참의에 오를 때는 대간(臺諫)은
그가 음보 출신임을 이유로 반대했으나 문종은 따르지 않았다. 시기
는 확실치 않으나 한성부 좌윤(左尹, 종2품)에 오르기도 했다.

성득식의 아들 성충달(成忠達)은 성혼의 증조이다. 성충달 역시
음보로 벼슬에 올랐다. 세조 때 왕실의 채소 재배와 공급을 담당하
던 침장고(沈藏庫)의 별좌(別坐, 정5품)를 거쳐 사헌부 감찰(監察, 정6품)에
제수되었는데 실직을 거치지 않았다는 이유로 대간이 반대하여 취소
되었고 김포 현령(縣令, 종5품)이 되었다. 벼슬은 낮았으나 개국공신 조
반(趙胖)의 후손인 조원수(趙元壽, 첨지중추부사)의 딸을 아내로 맞이하여
배천의 명족과 인척을 맺었다. 죽은 뒤에 아들 성세순이 재상이 되
자 이조 판서에 추증되었다.

성충달은 네 아들[6]을 두었는데, 그 가운데 넷째 아들 성세순(成
世純, 1463~1514년)이 성혼의 할아버지다. 성종 때 문과에 급제하여 청
요직인 홍문관 직제학(直提學, 정3품 당하관)과 승정원 승지(承旨, 정3품 당
상관)에 올랐다. 연산군 때에는 이조 참판(吏曹參判, 종2품), 호조 참판(戶
曹參判, 종2품), 중종 때에는 지중추부사(知中樞府事, 정2품), 이조 참판, 대
사헌에 올랐고, 1514년(중종 9년)에 52세로 세상을 떠났다.『중종실록』
의 졸기에 따르면, 그는 "용모가 단정하고 진중하며, 사람을 접대함에
진실했다. 이조 참판에 있을 때에는 벼슬을 구하러 오는 자가 없었으

며, 그가 죽던 날 김안국(金安國, 1478~1534년)은 '조정은 한 양좌(良佐)를 잃었다'고 탄식했다." 한다. 그는 명신이던 정광필(鄭光弼), 신용개(申用漑)와 교유했다. 죽은 뒤에 사숙(思肅)이라는 시호를 받았으며, 파주 향양리(向陽里)에 안장되었다.

성세순은 좌의정 김국광(金國光)의 손녀를 아내로 맞이하여 4남 1녀를 두었는데, 장남이 성수근(成守瑾), 차남이 성수침(成守琛, 1493~1564년), 3남이 성수종(成守琮, 1495~1533년), 4남이 성수영(成守瑛, 1507~1560년)이다. 그 가운데 장남 성수근은 벼슬이 가장 낮은 창릉 참봉(종9품)이었고, 슬하게 1남 5녀를 두었다. 3남 성수종은 기묘사화(己卯士禍)가 일어난 1519년(중종 14년)에 문과에 급제했다. 그러나 이해 조광조가 몰락하면서 그가 조광조의 문인이라는 이유로 문과 급제가 취소되어 벼슬을 얻지 못한 가운데 39세로 요절했다. 성수종은 훗날 기묘명현의 한 사람으로 추앙받았다. 4남 성수영은 1남 4녀를 두었다. 선공감 부정(副正, 종3품)을 지냈는데, 문과 출신이 아니므로 음보로 얻은 벼슬인 듯하다.

성세순의 차남 성수침이 바로 성혼의 아버지로 아우 성수종과 함께 조광조 문인이었고, 일평생 벼슬을 하지 않고 72세로 생을 마감했다. 『명종실록』에는 어느 고관대작의 졸기보다도 더 길고 아름다운 찬사로 가득찬 졸기가 실려 있다. 그가 선비 사회에서 얼마나 존경을 크게 받은 인물이었던가를 단적으로 보여 준다.

창녕 성씨의 시조부터 성혼의 할아버지까지의 가계를 통틀어 살펴보면, 창녕 성씨는 고려 시대 창녕 지방의 향리직을 세습해 오다가 고려 후기에 벼슬아치 집안으로 상승한 신흥 사족에 속한다. 특히 시조 성인보의 4대손인 성여완과 성여완의 네 아들이 모두 엘리트 관료로서 조선 왕조 개국에 직접 혹은 간접적으로 협력하여 탄탄한 출세의 길이 열렸다. 이들은 모두 재상의 반열에 올랐는데, 주목할 만한 것은 이들이 모두 높은 자리에 있으면서도 학문과 도덕을 겸비하여 세상 사람들의 칭송을 받았다는 사실이다.

성혼의 직계 조상은 성석인으로 연결되어 있는데, 성석인의 아들(성억), 손자(성득식), 증손(성충달) 3대가 모두 성석인의 음덕으로 벼슬길에 나가고, 특히 성억의 딸이 태종의 넷째 아들인 성녕 대군의 부인이 되면서 공신 대우를 받아 힘들이지 않고 벼슬길에 나가게 되었는데, 이것이 엘리트 가문의 전통에 약간의 손상이 되었다. 그러다가 성혼의 조부 성세순의 학문과 행실이 뛰어나 청요직인 홍문관에 오래 봉직하고, 대사헌의 벼슬을 받으면서 다시금 엘리트 가문의 명예를 회복하게 되었다. 그 전통을 이은 것이 둘째 아들인 성수침과 셋째 아들인 성수종이었다. 이 두 사람은 모두 중종 때의 개혁파인 조광조의 문인이 되어 벼슬을 포기하고 깨끗한 재야 선비의 길을 걸었다. 그리고 가풍을 이어 간 것이 바로 성수침의 아들 성혼이었다.

○○ 위기지학의 처사, 아버지 성수침

성혼의 아버지 성수침은 재야 처사로 일생을 마쳤음에도 『명종실록』에는 길고도 아름다운 찬사로 가득찬 그의 졸기가 실려 있다. 원래 졸기는 당상관 이상의 고관이 죽었을 때 실어 주는 것이 관례임에도 벼슬이 없는 처사의 줄기를 넣은 것은 매우 이례적이다. 그만큼 그가 선비 사회에서 큰 존경을 받았다는 것을 뜻한다. 줄기에는 그의 생애와 언행이 매우 자세하게 소개되어 있는데, 이 글과 다른 기록들을 합쳐 성수침의 일생을 정리하면 다음과 같다.

성수침은 아름다운 자질을 갖고 태어나 어릴 때부터 마치 어른처럼 의젓했으며 효성이 지극하여 사람들이 '효아(孝兒)'라고 불렀다. 22세 때 아버지 성세순이 세상을 떠나자 아우 성수종과 함께 지극히 슬퍼하였고, 죽을 마시면서 삼년상을 치렀다. 어떤 나그네가 무덤 옆의 여막(廬幕)을 지나다가 두 아들의 효성에 감동하여 시를 지어 던져 주고 가기도 했다.

두 형제가 모두 조광조 문하에서 공부하여 명성이 대단했는데, 아우 성수종은 청결하고 영특했으나 악한 것을 지나치게 미워한 데 반해, 성수침은 혼후(渾厚)하고 독실(篤實)하여 진중하고 굳세면서도 온화하고 순실했다. 중종 14년 무렵 조정에서 지치(至治)를 일으키자 상종하던 선비들 가운데 명성이 너무 큰 사람이 있어 성수침이 그 사람을 먼저 걱정했는데, 사화(士禍)가 발생하고 말았다고 한다.

27세 되던 해(1519년, 중종 14년)에 기묘사화로 수많은 선비들이 떼죽음을 당하는 것을 본 그는 이런 세상에서 살아갈 수 없음을 깨닫고 벼슬길을 포기했다. 경복궁 뒤 백악산(白岳山) 아래에 있는 집 뒤에 두어 칸짜리 집을 짓고 '청송당(聽松堂)'이라는 현판을 달았다. 솔바람 소리를 들으면서 살겠다는 뜻이다. 지금은 그 집이 청운중학교 경내로 들어가 없어지고, '청송당'이라는 글자를 새긴 바위만이 학교 뒤편에 남아 있다. 지금 이곳은 서울 종로구 창성동 158번지에 해당하며, 조선 시대에는 북부 순화방(順化坊)으로 불렸던 곳이다. 그는 청송당에 홀로 앉아 문을 닫고 날마다 성인의 가르침을 외우고, 「태극도(太極圖)」에서부터 정자(程子, 정호와 정이 형제)와 주희의 책에 이르기까지 직접 손으로 베껴 가면서 의리를 탐구했다.

49세 되던 해(1514년, 중종 36년)에 그는 재야의 숨어 있는 선비, 곧 유일(遺逸)로 천거되어 후릉(厚陵, 정종의 능)을 지키는 참봉(종9품)에 제수되었으나 은혜에 감사한다는 인사만 하고 벼슬은 받지 않았다. 그는 52세 되던 해 9월에 어머니 김씨[7]를 모시고 파평산(坡平山) 아래 우계 부근에 별업(別業, 별장)을 정하여 귀향했는데, 이때 성혼은 열 살이었다. 우계는 '쇠내'로 불리는 작은 하천으로서 지금은 파주시 파평면 눌노리에 해당한다. 이곳을 별업으로 정한 이유는 선영이 있는 파주 향양리에서 거리가 그다지 멀지 않을 뿐 아니라, 아내 파평 윤씨의 처가가 있는 지역이기도 했기 때문이었다.

벼슬이 없는 성수침의 삶은 곤궁하여 종종 식량이 떨어질 정도로 가난했으나 어머니만은 정성으로 봉양했다. 파주에 온 뒤로 그는 자신의 호(號)를 '파산청은(坡山淸隱)'이라고 했다가 뒤에는 '우계한민(牛溪閑民)'이라고 바꿨다. '청은'은 '깨끗한 은자(隱者)'를 뜻하는데 사람들이 자기를 그렇게 불러 주지 않을지도 모른다고 여겨 겸손하게 '한민' 곧 '한가한 백성'이라고 고친 것이다. 이 밖에 서재 이름을 죽우당(竹雨堂)으로 불러 이를 호로 사용하기도 했다. 하지만 세상 사람들은 대부분 그를 전처럼 '청송 선생'이라 불렀다.

60세 되던 해(1552년, 명종 7년)에는 조식(曺植, 1501~1572년), 이희안(李希顔), 성제원(成悌元), 조욱(趙昱) 등과 함께 6품 내자시 주부(主簿)와

예산 현감(禮山縣監)을 잇달아 받았으나 역시 나아가지 않았다. 이 무렵 모친이 사망하자 슬픔을 이기지 못하여 병을 얻었는데 발병하면 기절하는 증세가 생겼다.

1560년(명종 15년) 7월에 임금은 68세가 된 성수침을 종이를 만드는 관청인 조지서(造紙署)의 사지(司紙, 종6품)에 임명했으나 이 또한 거절했다. 『명종실록』을 편찬한 사신(史臣)이 논평하기를, 재식과 덕행이 뛰어난 그를 임금이 정성으로 부르지 않고 그저 형식적으로 불렀기 때문에 군자가 멀리 산림에 숨었다고 했다. 말하자면 6품 정도의 한직에 그를 부른 것이 너무나 무성의했다는 것이다.

성수침은 몇 년 동안 풍병(風病)을 앓다가 72세 되던 해(1564년, 명종 19년) 1월에 생애를 마감했다.[8] 30세의 아들 성혼이 넓적다리를 베어 낸 피를 약에 섞어서 올리는 등 지극정성을 다했으나 효험이 없었다. 죽은 뒤에는 장례를 치를 비용과 인력이 없어서 국가에서 관, 곡식, 인력, 장례 도구들을 보내 도와주었다. 묘소는 아버지 성세순이 안장된 파주 향양리에 모셨다.

1566년(명종 21년)에 사헌부 집의(執義, 종3품)에 추증되었으며, 뒤에는 좌의정으로 추증되고, 문정(文貞)이라는 시호를 받았다. 1568년(선조 원년)에는 백인걸과 이이, 그리고 파주 일대 유생들이 발의하여 파산서원을 건립하고, 성수침의 위패를 모셔 제사를 지냈다. 이 서원은 1628년(인조 6년)에 성혼의 위패를 추가하고, 1650년(효종 원년)에는 임금의 액자(額字)를 받아 사액서원(賜額書院)이 되었다. 그 뒤로 1705년(숙종 31년)에는 백인걸의 위패를 추가했으며, 1785년(정조 9년)에는 기묘명현으로 추앙받은 성혼의 아우 성수종의 위패를 또 추가했다. 이 서원은 1871년(고종 8년)에 대원군이 전국의 사액서원을 철폐할 때에도 살아남은 47개 서원 가운데 하나가 되었다.[9]

성수침은 키가 훤칠하고 풍골(風骨)이 빼어났다. 요즘 말로 하면 풍채 좋은 호남이란 뜻이다. 여기에 몸에서 풍기는 품격이 높아서 누가 보아도 덕성 있는 군자로 보였다. 그는 특별히 즐기는 오락 없이 오직 마음 다스리는 공부에만 몰두했지만, 산중 생활을 표현한 시를 잘 지었고, 도연명(陶淵明)의 시를 좋아했다. 술을 즐기지는 않았으나 약간 취하면 맑고 큰 목소리로 시를 읊어 집 안에 화기가 가득찼다. 그는 비단옷 같은 것은 몸에 걸치지도 않았으며, 보통 사람들이 견디기 어려운 일도 오히려 낙으로 삼았다. 친척 가운데 곤궁한 사람이 있으면 재산을 기울여 구원해 주고, 벗과 형제들에게 노비까지 나누어 주면서도 조금도 어려워하는 기색이 없었다. 남의 착한 일을 보면 언제나 감탄하고 사모하면서 잊지 않았으며, 남의 과실을 보면 곧바로 배척하지 않고 은미한 뜻만을 보여 스스로 깨닫게 했다. 이렇게 언행이 모나지 않았지만 의리의 시비를 판단할 때는 명확하고 엄격했다.

성수침의 모나지 않은 은미한 성품을 보여 주는 일화가 있다. 어떤 서생이 조상의 묘갈문(墓碣文)을 써 달라고 요청하자, 성수침이 잠자코 글을 훑어보더니 "이것은 이계전(李季甸)이 지은 것이다."라고 했다. 그 사람이 "이계전은 어떤 사람입니까?" 하고 묻자, 성수침은 "허후(許詡)의 전기(傳記)에 있는 사람이다."라고 대답했다. 그 사람은 비로소 성수침의 뜻을 깨닫고 다시 청하지 않았다고 한다. 여기서 '허후의 전기'란 남효온(南孝溫)이 지은 것으로 수양 대군에게 반발하다가 죽은 허후에 대한 기록이다. 이계전은 바로 허후를 귀양 보내자고 주장한 사람이었다. 성수침은 이계전을 나쁜 사람이라고 직접 지적하지 않고 '허후의 전기'로 에둘러 표현한 것이다.

성수침은 일찍이 학자들에게 "도(道)라는 것은 큰길과 같다고 성현이 말씀하셨는데 어찌 알기가 어렵다고 하는가? 가장 고귀한 것은 힘써 배운 지식을 실행하는 것이다. 언어만의 학문은 일을 이룰 수 없다. 공자 문하에 총명하고 영특한 사람이 많았지만 끝내 그 도(道)를 전한 사람은 어리석고 둔한 증자(曾子)뿐이다."라고 말하면서, 항상 수신의 큰 뜻을 담은 『소학(小學)』을 사람들에게 권했다.

성수침은 항상 책이 가득 찬 방에 혼자 거처하며 오로지 수신에만 몰두하고 세상일에는 무관심한 듯 보였지만 사실은 그렇지 않았다. 진심으로 정치에 격분하고 나라를 걱정했다. 그는 나라를 경륜할 만한 식견을 가지고 있었지만 재주를 펼 수 있는 시대를 만나지 못한 것이다. 그 점에서 성수침은 세상을 완전히 등지고 신선처럼 사는 방외 처사와는 달랐다.

그는 젊었을 때 8세 연하인 지리산의 처사 조식과도 친교가 있었다. 뒷날 조식이 임금에게 올린 사직 상소의 말투가 너무 격렬한 것을 보고는 "오랫동안 조식을 만나지 못했는데, 이제는 원활해졌는가 했더니 지금 이 상소에 가시가 너무 드러난 것을 보매 아직도 공부가 무르익지 못한 듯하다. 실천의 진도를 알 것 같다."라고 말했다. 성수침을 가장 아낀 인사는 재상 상진(尚震)과 조광조, 동료였던 김안국이었다.

성수침의 외아들 성혼은 어려서 아버지로부터 가훈을 배우고 유학 교육을 받았으나, 성혼이 17세 되던 해에는 파주에 내려와 성리학을 공부하던 백인걸에게 성리학을 배웠다. 그래서 청소년기 성혼의 학문은 아버지와 백인걸 두 사람의 영향을 받으면서 성장했다.

2 청년 시절, 평생의 지우를 만나다

○○ 백인걸 문하로 들어가다

우계 성혼은 1535년(중종 35년) 6월 25일에 할아버지와 아버지가 살던 서울의 북부 순화방 자택에서 출생했다. 바로 청송당이 있던 그 집이다. 현재 종로구 청운동 청운중학교 부근에 있었다. 이곳은 백악산 기슭으로 경치가 좋아 조선 후기 진경산수의 대가인 정선(鄭敾)이 그린 그림도 남아 있다. 어머니는 파평 윤씨 판관(判官) 윤사원(尹士元)의 딸이다. 윤사원은 성종의 계비인 정현 왕후(貞顯王后) 윤씨(윤호(尹濠)의 딸)의 조카이므로 왕실의 외척이기도 했다. 성수침은 비교적 고령인 43세에 아들을 얻었는데, 슬하에 딸이 한 명 더 있을 뿐 아들은 성혼뿐이었다.

성혼은 10세가 될 때까지 이곳에서 살면서 아버지 성수침에게 교육을 받았다. 성혼이 6세 되던 때, 성수침은 숨어 있는 선비를 벼슬아치로 천거하던 관례에 따라 유일(遺逸)로 천거되어 후릉(厚陵, 정종 대왕릉)을 지키는 참봉에 제수되었으나 임금에게 사은(謝恩)만 하고 받지 않았다. 벼슬에 뜻이 없기도 했지만 이런 말단직은 그에게 어울리지 않았다. 그 뒤에도 여러 차례 내려진 벼슬을 모두 사양하는 아버지 성수침의 모습을 보면서 성혼은 저절로 선비의 처신을 배웠을 것이다.

10세 되던 해에 성수침이 처가가 있는 파주로 이사하면서 성혼도 아버지를 따라 파주로 가서 농촌 소년으로 바뀌어 갔다. 그러나 아버지의 가르침을 받아 15세에는 이미 경학(經學)과 사학(史學)에 통달했고, 행실이 바른 소년으로 사람들의 칭송이 자자했다. 당시 정승을 하고 있던 상진(尙震)은 성수침에게 편지를 보내 "자제가 순수하고 바르며, 문장을 잘하니 참으로 기남자(奇男子)이다. 그대에게 복이 있음을 축하한다."라고 했다.

성혼은 17세가 되던 1551년(명종 6년) 7월에 당시 순천 군수(順川郡守)로 있던 신여량(申汝樑)의 딸을 아내로 맞이했다.[1] 이이가 22세에 혼인한 것과 비교하면 빠른 편이다. 부인 신씨는 성혼보다 네 살 위인 26세였다. 아마도 외아들이므로 후사를 빨리 갖고 싶었던 부모의 소망 때문이었을 것이다. 이해 그는 생원과 진사를 뽑는 감시(監試)에 응시하여 초시에 급제했으나 2차 시험인 복시에는 응시하지 않았다. 그리고는 오로지 학문에만 전념했는데 그 이유는 두 가지였다. 첫째는 건강이 좋지 않은 것이고, 둘째는 과거 시험 응시자들에게 문이 아닌 구멍을 통해 시험장에 들어가게 하는 것을 부끄럽게 여겼기 때문이었다.

과거 응시를 단념한 성혼은 이해 겨울에 아버지의 권유로 백인걸을 찾아가 학문을 배우기 시작했다. 백인걸은 사림을 탄압하던 소윤파(小尹派) 윤원형의 미움을 받아 안변(安邊)에 유배되었다가 풀려나자 고향인 파주의 촌장(村庄, 현 파주시 월롱면 덕은리)으로 돌아왔다. 백인걸은 조광조 문인의 한 사람이었으므로 성수침과 친교가 있었다. 성혼은 이이도 이곳에서 만났다. 이이가 19세에 금강산에 들어가 승려가 되었다가 1년 뒤에 환속하자 백인걸 문하에서 성리학을 공부했기 때문이다. 이 밖에 백인걸 문하의 동문으로는 김행(金行, 1532~1588년)이 있었는데 성혼은 그와도 평생 친구로 가까이 지냈다. 김행이 세상을 떠나자 제문(祭文)도 지어 주었다.

백인걸은 권신 윤원형이 몰락한 뒤 다시 벼슬길에 올라 대사간(大司諫, 정3품), 대사헌, 우참찬(右參贊, 종1품) 등의 벼슬을 받았으나 선조 때 동서 분당을 조정하다가 서인으로 몰렸다. 이이, 성혼 등과 뜻이 맞아 활동한 것이 동인들의 눈에는 서인으로 보인 것이다. 또 선조에게 누차 개혁을 주장했으나 받아들여지지 않자 다시 파주로 돌아가기를 반복하다가 1579년(선조 12년)에 83세로 세상을 떠났다. 백인걸은 파주에 머문 약 20년 동안 이이와 성혼 등 거물 학자들을 키웠다. 또 그들의 문하에서 무수한 인재들이 양성되었으므로 백인걸이 파주 지역을 성리학의 요람으로 만드는 데 기여한 공로가 매우 크다고 할 수 있다.

성혼은 혼인한 지 2년이 지난 19세에 첫 아들 성문영을 낳았는데, 아깝게도 열아홉 어린 나이에 요절했다. 25세에 낳은 둘째 아들 성문준이 성혼이 세상을 떠난 뒤에 종통을 이어 갔으며, 진사를 거처 벼슬길에 올라 인조 때 현감을 지냈다. 아버지의 영향을 받아 학문이 높고 글씨를 잘 썼다.

○○ 율곡 이이, 구봉 송익필과 벗이 되다

성혼의 일생에서 또 한 번의 전환기를 맞이한 것은 한 살 아래인 율곡 이이와의 만남이었다. 이이는 외가가 있던 강릉에서 유년기를 보내고 그 뒤 아버지를 따라와 서울에서 살았다. 17세에 어머니 신사임당(申師任堂)을 서울에서 여의고, 19세에 금강산으로 들어가 승려가 되었다. 성혼이 이이와 친교를 맺었을 때 20세였다고 하므로, 아마도 이이가 금강산에 들어가기를 전후해 파주에 들러 성혼을 만난 것으로 보인다. 이이는 1년간의 승려 생활을 마치고 환속한 뒤로 자신의 승려 생활을 반성하는 「자경문(自警文)」을 쓰고는 본격적으로 유학 공부에 들어가 서울에서 과거 시험을 준비하기 시작했다. 가끔 고향인 파주에 내려와 백인걸 문하에 드나들고, 성혼과 송익필 등과의 교유가 본격적으로 이루어진 듯하다.

이들의 교유는 직접 만남과 대화로만 이루어진 것은 아니었다. 이들은 직접 만나지 않더라도 수시로 편지를 주고받으면서 소식을 전하고 의견을 나누며 교유했다. 편지는 주로 인편으로 보냈는데, 집안의 종(노비)을 보내기도 하고, 지인을 통하기도 했다. 이렇게 편지를 활용한 것은 교통의 불편 때문이기도 하지만, 자신들의 교유를 분명하게 기록으로 남기고자 하는 뜻이 매우 컸다. 그래서 주고받은 편지는 항상 잘 보관하여 두었고 죽은 뒤에 문집을 편찬할 때 가장 중요한 자료로 활용되었다. 이런 교유 방식은 조선 시대 선비 사회의 공통된 행태였다. 이런 문화 덕분에 후세인들이 그들을 평가하는 데 필요한 자료를 얻을 수 있게 된 것이다.

성혼은 21세 무렵에 큰 병을 앓고 나서 비위(脾胃)가 허약해져 고질병이 생겼다. 늘 음식을 잘 먹지 못하여 몸이 말라 뼈만 남고 현기증이 심하고 토혈을 하기도 했으며 겨울에도 땀이 많이 나는 등의 증상을 친구들에게 호소했고, 벼슬을 사양할 때도 임금에게 고질병을 이유로 들었다. 이정귀(李廷龜)가 쓴 「우계행장(牛溪行狀)」을 보면 "선생은 젊어서부터 질병이 많아 몸이 수척하고 얼굴이 검게 타서 옷 무게를 감당하지 못할 듯했으나, 정신이 안정되고 눈동자가 빛났으며, 언제나 책을 읽다가 뜻에 맞는 부분에 이르면 낭랑한 목소리로 글을 읽어 쇳소리가 나는 듯했다."라고 썼다. 현대 의학상으로 무슨 병인지는 확실히 알 수 없으나 아마도 위장을 비롯한 소화기 계통의 병으로 보인다. 병이 생긴 이유에 대해 집안사람들은 아버지의 병간호를 하느라 어린 나이에 너무 몸을 혹사한 것이 원인일 것이라고 말했다. 아버지 성수침은 집안이 가난한데도 마치 손님인 듯 관심이 없었다고 한다. 그래서 성혼이 집안일을 전담하여 농사짓고 고기 잡고 사냥을 하여 맛있는 음식으로 부모를 봉양하기를 항상 부족함이 없게 했다는 것이다.

성혼이 64세로 세상을 떠날 때까지 수많은 높은 벼슬을 거부한 것은 아버지처럼 자신의 마음을 연마하는 '위기지학(爲己之學)'으로 일생을 마치겠다는 신념 때문이었지만, 벼슬을 감당하기 어려운 자신의 건강도 중요한 이유였다.

본인도 그리 건강하지 않았지만, 성혼은 가장 아끼는 친구 이이의 건강과 학문하는 태도에 대하여 걱정하는 편지를 여러 차례 주고받았다. 그 가운데 수천 자에 달하는 장문의 편지가 남아 있어 보는 이의 심금을 울린다. 이이가 공부에 지나치게 몰두하여 위장병이 날로 심해지고 이이 부인의 건강마저 좋지 않은 것을 걱정하며, 이러다 혹시 이욕에 물드는 세속의 선비가 될지도 모른다는 우려를 담은 우정 어린 편지다. 이 편지를 보낸 시기는 정확하지 않지만, 아버지 성수침의 병환이 위독하다는 내용이 담긴 것으로 보아 성수침이 세상을 떠나기 직전인, 성혼의 나이 28~29세 무렵으로 보인다.

편지의 요지는 이이가 총명한 재주가 많고 요순(堯舜)의 도(道)에 돌아갈 수 있는 자질을 지니고 있지만, 성리학에 전일하지 않고 여러 가지 학문을 함께 받아들이며 쓸데없고 박잡한 문장을 지어 언어로 자랑한다는 것이다. 또 과거에 급제하기 위해 장구(章句)를 외우고, 많은 지식을 탐하고 넓게 보는 데 힘쓰고 있다고도 했다. 그러다 보니 몸을 혹사하게 되고, 자칫하면 의(義)와 이(利)를 구별하지 못하고 세속의 무리들과 득실을 다투게 될지도 모른다고 걱정했다. 게다가 예로부터 제1등에 속하는 인물들은 대부분 일찍 죽는 이치가 있는데, 제1등의 인물이면서 하등에 속하는 사람들의 행위를 따른다면 학문도 성공하지 못하고 장수도 누리지 못할 것이라고 경고하기도 했다.

이이는 성혼의 걱정에 대하여 자신이 벼슬을 꿈꾸는 이유를 "집이 가난하고, 어버이(할머니)가 늙어 부득이하다."라고 설명했다. 그러나 성혼은 그런 학문이야말로 "가난을 구제하기 위한 학문"에 지나지 않는다고 비판하고, 그럴 바에는 차라리 품을 파는 노동자가 되거나 장사꾼이 되는 것이 낫다고까지 극언했다.

성혼의 지나친 걱정에 대하여 이이는 "4서 6경(四書六經)을 읽어 옛 도를 훤히 알아 시무(時務)에 통달한다면 나아가서는 벼슬과 지위를 얻을 수 있고 질병을 요양할 수도 있을 것이며, 물러나서는 딴마음을 품지 않으면 몸과 마음을 다스릴 수 있다."라고 변명하기도 했다. 이이는 실제로 자신이 목표한 길을 충실히 걸어갔다. 벼슬에 나가서는 임금에게 피맺힌 충언을 올려 경장을 역설하는 충신의 역할을 다하고, 임금이 이를 받아들이지 않으면 미련 없이 벼슬을 버리고 낙향하여 학문에 몰두하여, 학문과 정치에 모두 뛰어났던 것이다. 말하자면 자신이 목표로 한 두 마리 토끼를 모두 잡은 셈이다.

청년 이이의 이러한 생각은 성혼에게는 매우 위험하게 보였을 것이다. 그래서 우정 어린 충고를 보낸 것인데, 아마도 성혼의 충고가 약이 되어 이이가 두 마리 토끼를 다 잡을 수 있었을 터이다. 그런 면에서 보면 이이를 위대한 인물로 만드는 데 성혼의 공헌이 적지 않다는 것을 알 수 있다. 또한 좋은 친구의 책선이 인간 성장에 얼마나 중요한가도 일깨워 준다.

편지의 마지막 부분에서 성혼은 이이가 부디 마음을 수양하는 위기지학(爲己之學)에 힘쓸 것을 다시 한 번 당부한다. 또 자신이 이런 편지를 보낸 것은 이이의 과거 응시 자체를 반대하는 것이 아님을 밝히며 "나는 아버지의 병환 때문에 자포자기하는 사람이 되어 훌륭한 일을 할 사람이 못 되지만, 오직 자질이 아름다운 고명(高明)께서는 잘못됨이 없이 잘 배워서 사문(斯文, 성리학)을 전승하는 중임을 맡으시기를 바랄 뿐입니다. 나의 이 말은 병을 삼가라고 권고하는 것이지, 과거에 응시하지 말라고 권하는 것은 아닙니다."라고 썼다.

성혼은 20대에 또 한 사람의 학우로서 나이가 한 살 위인 구봉 송익필과의 교유도 활발히 이어갔다. 구봉은 지금 파주시 교하면의 출판단지 부근에 있는 심학산의 별칭으로, 산 이름을 따서 호를 삼은 것이다. 당시 송익필은 파주에서 부모님을 모시고 살면서 공부하고 있었는데, 그와 성혼이 주고받은 편지는 학문에 관한 것이 주 내용이었다. 송익필은 신분에 문제가 있어 처음부터 벼슬을 단념하고 학문에만 열중했기에 성혼의 입장에서 보면 이이와 달리 벼슬 문제를 가지고 걱정할 필요가 없는 상대였다.

여기서 송익필의 신분을 자세히 알아보기로 한다. 송익필의 아버지는 관상감 판관(判官, 종5품)을 지낸 송사련인데, 송사련의 어머니는 성균관 사예(司藝, 정4품)를 지낸 안돈후의 천첩(賤妾, 비첩(婢妾)) 소생인 감정(甘丁)이었다. 그러니까 송사련은 안돈후의 서얼 외손자가 된다. 안돈후의 아들 안당(安瑭, 1461~1521년)은 외종 조카인 송사련을 박대하지 않았으며, 그 아들 안처겸도 이종사촌인 송사련을 친형제처럼 대했다. 안당은 기묘사화 때 우의정으로 있으면서 사림을 보호하려 노력한 인물로서 선비 사회의 존경을 받았다. 이런 인물이었기에 송사련을 천대하지 않았던 것이다.

그러나 송사련은 항상 자신의 미천한 신분을 한탄했다. 그러던 중 자신의 사주를 보니 운수가 대통하고, 안씨 집안의 사주는 죽고 망할 운명이라는 것을 알게 되었다. 그래서 이종사촌 형인 안처겸이 반역을 도모했다고 거짓 고발하여 처형당하게 만들었다. 그러나 그뒤

1586년(선조 19년)에 안씨 집안에서 송사(訟事)를 일으켜 재판한 결과 안처겸의 역모는 송사련의 모함이었다는 것이 드러났다. 송사련의 모든 집안사람들이 느닷없이 안씨 집안의 노비로 귀속되었다. 이렇게 되자 송익필을 비롯한 송사련의 세 아들들이 모두 도망하여 도피 생활에 들어갔다. 이때 송익필은 53세의 고령이었다. 3년 뒤에 정여립 사건으로 그를 시기하던 동인들이 몰락하자 노비 신분이 풀렸으나, 그 뒤 동인 이산해(李山海)의 미움을 받아 평안도 희천(熙川)으로 유배되었다가 1593년(선조 26년)에 다시 풀려났다. 그러나 왜란 중에 갈 곳이 없어 이곳저곳 제자들 집을 찾아다니며 전전하다가 1599년(선조 32년)에 66세를 일기로 세상을 떠났다.

이렇게 말년에 기구한 삶을 살고 간 송익필이었지만, 노비가 되기 이전에 송익필은 파주 구봉산 아래에 서재를 세우고 후학들을 가르치던 독실한 학자였다. 특히 그는 예학(禮學)에 조예가 깊어 김장생(金長生), 김집(金集) 부자, 정엽(鄭曄), 서성(徐渻), 정홍명(鄭弘溟), 강찬(姜澯), 김반(金槃), 허우(許雨) 등이 그의 문하에서 성리학자로 성장했다. 또 그는 시와 문장에도 뛰어나 이산해, 최경창(崔慶昌), 백광훈(白光勳), 최입(崔岦), 이순신(李純信), 윤탁연(尹卓然), 하응림(河應臨) 등과 함께 선조 대 '8문장가'로 불리기도 했다.

송익필은 자신의 신분적 약점 때문에 도리어 자기의 재능에 대한 자부심이 강하여 시기를 많이 받았다. 그러나 성리학 발전에는 크게 이바지한 인물이었으며, 정치 감각이 뛰어나 서인 세력의 막후 실력자로 알려지기도 했다.

성혼과 송익필과 나눈 편지 가운데 성혼이 26세 되던 해 10월에 보낸 편지가 남아 있다. 이 편지는 이이가 송익필한테 받아 성혼에게 가져다준 편지에 대한 답장이다. 편지의 내용은 주로 사단에 관한 것이었다. 사단을 처음 말한 것은 맹자(孟子)인데, 맹자는 오직 사단이 선하다는 것만을 말했다. 그런데 주희가 나와서 사단 가운데에도 절도(節度)에 맞는 것이 있고, 맞지 않는 것이 있다고 부연 설명했다. 성혼은 송익필이 처음에는 맹자의 말을 빌려 사단을 설명했는데, 지금은 주희의 말에 따라 사안을 설명한다면서 이는 예전의 말과 다른 것이 아니냐고 지적했다. 그리고 맹자의 말은 성선설(性善說)의 입장에서 사단이 처음 발동할 때의 마음을 지적한 것이고, 주희의 말은 사단의 부차적인 뜻을 여론(餘論)의 형식으로 제시하여 맹자의 말을 보완한 것으로 해석하는 것이 옳다고 주장했다.

그런데 사단에 대한 논쟁은 여기서 끝난 것이 아니었다. 뒷날 사단과 칠정을 함께 묶어 이이와 치열한 논쟁을 벌이기 때문이다. 이 문제는 뒤에 다시 소개하기로 한다.

성혼은 30세 되던 1564년(명종 19년) 1월에 아버지 성수침의 상을 당했다.[2] 지병인 풍병(風病, 중풍)을 이기지 못하고 세상을 떠난 것이다. 성혼은 잠시도 곁을 떠나지 않고 밤낮으로 아버지를 간호했다. 성수침은 아들이 병이 날까 걱정하여 밤이 깊으면 물러가 쉬게 했으나, 성혼은 "예, 예." 하고 대답하고 나와서는 방문 밖에서 기다리면서 아버지가 이 사실을 알지 못하게 했다. 어머니는 이미 3년 전에 작고하고 여동생은 출가했으므로 병간호를 책임질 사람은 외아들 성혼뿐이었다. 물론 부인과 두 아들, 그리고 집종들이 있었지만 이들에게 간호를 미루지 않았고 아들들은 병간호하기에는 아직 어렸다.

성혼의 어머니 파평 윤씨는 1561년(명종 16년) 12월에 세상을 떠났다. 성수침은 아내를 떠나보내고 나서 3년 만에 세상을 하직했는데, 상주인 성혼은 어머니 상복을 벗자마자 또 아버지 상복을 입게된 것이다. 성혼은 선영이 있는 파주 향양리에 아버지를 안장하고, 무덤 옆에서 3년간 여묘(廬墓) 살이를 했다. 삼년상을 마친 뒤에는 궤연(几筵, 신주를 모신 나무집)을 모시고 우계로 돌아와 어머니 신주를 함께 모시고 제사를 지냈는데, 모든 의식은『주자가례(朱子家禮)』를 따랐다. 그뒤 1566년(명종 21년) 12월 21일, 국가에서 성수침의 학덕을 기려 사헌부 집의(執義, 종3품)라는 높은 벼슬에 추증했다.

성혼은 아버지가 세상을 떠나던 해 8월에 아버지의 제문과 행장(行狀)을 친구 이이에게 부탁했는데, 당시 이이는 29세로 이제 막 문과에 급제한 청년에 불과했다. 이이의 학문에 대한 성혼의 신뢰가 얼마나 컸던가를 보여 준다. 또 1567년(명종 22년)에는 호남 유학자 기대승(奇大升, 1527~1572년)에게 묘지(墓誌)를 부탁하고, 선조 2년(1569년)에는 당시 성리학의 거목이던 퇴계 이황에게서 묘갈명(墓碣銘)을 받았다. 그런데 이황은 성수침이 조광조의 문인으로 기묘년에 올바르게 대처했지만 몸이 허약하다는 이유로 평생 은둔한 것을 '명철보신(明哲保身)'했다고 썼다. 하지만 성혼은 아버지가 병 때문에 은둔한 것이지 명철보신한 것은 아니라고 주장하여 약간의 견해 차이를 보였다.

성혼은 친부모의 제사뿐 아니라 외가의 제사에도 신경을 썼다. 외조부인 판관(判官) 윤사원이 본처에게서 아들을 얻지 못해 제사가 끊어질 형편에 놓이자 성혼이 외조모에게 청하여 서자(庶子)가 제사를 받들도록 했다. 그런데 그 서자도 후사 없이 죽자 성혼은 외가의 신주를 아예 집으로 모셔 왔다. 그리고 가묘(家廟) 뒤에 따로 사당(祠堂)을 세워 제사를 지냈는데, 사당 앞에 3층 계단과 제물을 보관한 창고도 따로 만들었다고 한다. 외손자가 외조부의 제사를 지내는 일은 그리 흔한 일이 아니었다. 지금도 성혼의 후손들이 윤사원의 묘소를 관리하면서 제사를 지내고 있다고 한다.

서자에게 제사 상속권을 준 것은 이이도 마찬가지였다. 처가에 적자가 없자 서자에게 제사 상속권을 주도록 조처하고, 자신이 죽을 때에도 적자가 없자 서자에게 제사 상속권을 주었다. 물론 이런 조처는 『경국대전』의 규정에 있는 것이지만, 양자를 들여서 제사 상속권을 주던 관례와는 다른 것이다.

3 우계서실을 세우고 학문도 깊어지다

○○ 여섯 차례 벼슬을 거부하다

27세에 어머니를 여의고, 30세에 아버지까지 여읜 성혼은 6년 간 어버이를 추모하는 일로 세월을 보냈다. 아버지의 삼년상을 마치고 외롭게 파주 산골에서 지내고 있을 때 집으로 찾아와 평생 친구가 된 이가 안민학(安敏學, 1542~1601년)이었다. 안민학의 아버지 안담(安曇, 찰방)과 성혼의 아버지 성수침은 서울에 살 때 한동네에서 마치 형제처럼 지내던 사이였는데, 뒤에 성수침은 파주로 이사 가고, 안담은 충청도 홍주 신평(新平)으로 낙향하여 교유가 끊어졌다.

성혼과 안민학은 서로 이름만 알고 있을 뿐 만난 일이 없었는데, 안담이 홍주에서 세상을 떠나자 상을 치른 안민학이 처음으로 서울에 왔다가 성혼이 파주에 살고 있다는 것을 알고 찾아온 것이다. 똑같이 삼년상을 마친 두 집의 아들들이 서로 만나게 되자 성혼은 저도 모르게 눈물을 흘리면서 안민학을 안방으로 맞아들였다. 그때부터 안민학은 성혼을 형으로 부르고, 성혼은 안민학을 아우로 부르기 시작했다. 의형제를 맺은 것이다. 당시 성혼은 32세, 안민학은 25세였다.

안민학은 아버지를 따라 홍주의 농촌에서 살다가 아버지를 여읜 뒤 서울에 와서 살면서도 과거에는 뜻을 두지 않고 경학, 사학, 제자백가 등을 널리 공부했다. 25세 때 박순(朴淳)과 사제 관계를 맺고, 이이, 정철, 이지함(李之菡), 고경명(高敬命) 등과 교류를 나누기 시작했는데, 그 과정에 성혼을 찾아온 것이다.

성혼은 그와 더불어 개성의 천마산(天磨山)을 유람하고 서경덕이 살던 집도 탐방하는 등 친형제처럼 지냈다. 그러나 안민학은 어버이를 봉양하는 문제로 차츰 벼슬에 관심을 두어 1580년(선조 13년)에는 이이의 추천으로 희릉 참봉(종9품)이 되었다. 이어 사헌부 감찰에 오르고 여러 고을의 현감직을 두루 거쳤으며, 임진왜란 때에는 전라도의 군대를 모집하는 소모사(召募使)가 되어 군량미와 전마(戰馬), 정예 군사들을 모아 유성룡 휘하에 넘겨주기도 했다. 왜란이 끝난 뒤에는 사도시 첨정(僉正, 종4품)의 벼슬을 받았으나 이를 거절하고 고향 홍주로 내려가 은거하다가 세상을 떠났다. 저서에『풍애집(楓崖集)』이 있다.

성혼은 안민학이 벼슬길에 나간 뒤로 점차로 세속의 선비로 변해 가는 것을 목도하면서 수시로 편지를 보내 부디 '백성을 보기를 상처를 돌보듯이 사랑하라(視民如傷)'는 맹자의 말을 잊지 말라 당부했다. 수령의 임기가 끝나면 고향으로 가서 깊은 산속으로 들어가 책을 읽으면서 세상과 인연을 끊으라고 충고하기도 했다. 과연 그는 말년에 성혼의 충고를 그대로 따르다가 세상을 떠났다.

성혼의 사회 활동이 다시 시작된 것은 34세 이후부터이다. 바로 이해부터 그는 학문과 도덕이 뛰어난 재야의 선비로 인정받아 임금의 부름을 받기 시작했다. 아버지가 걸어갔던 길을 그대로 따라가기 시작한 것인데, 성수침의 아들이라는 점이 그의 후광으로 작용하여 아버지보다 더 높은 대우를 받게 되었다.

성혼이 최초로 받은 벼슬은 34세 되던 1568년(선조 원년) 2월에 받은 전생서(典牲署) 참봉(종9품)이다. 전생서는 왕실의 제사에 사용할 양이나 돼지 등 가축을 기르던 관청으로 참봉은 가장 낮은 벼슬이다. 하지만 유일로 천거된 사람은 참봉부터 시작하는 것이 오랜 관례였다. 처음에 이런 낮은 벼슬을 주는 것은 문과 급제자의 벼슬과 차등을 두기 위함이었다. 성혼을 천거한 사람은 경기도 관찰사 윤현(尹鉉)이었다.

그런데 성혼의 천거를 막고 나선 것은 바로 이이였다. 이때 이이는 사헌부 지평(持平, 정5품)에 있었는데, 사람을 통해 윤현을 만류하기를 "성혼은 학자입니다. 일찍이 가정의 가르침을 받아 행실이 순수하고 잡되지 않으며 학문은 날로 진전하는데 갑자기 명예를 얻으면 어찌 수치가 아니겠습니까?" 하였다. 또 어떤 사람이 "성혼은 왜 오지 않는가?" 하고 물으니, 이이는 "성혼은 질병이 많아 벼슬에 종사할 수 없다."라고 대답했다. 그런데 이때 이황이 벼슬을 그만두고 물러나려 하자 이이는 이황에게 머물 것을 청했다. 그러자 이황은 "그대는 어찌하여 성혼에게는 후하게 대하면서 나에게는 이렇게 박하게 대하는가?"라고 말했다. 이이는 "그렇지 않습니다. 성혼을 미관말직에 봉직하게 한다면 국가에 무슨 보탬이 되겠습니까? 하지만 선생이 경연

의 자리에 계신다면 유익함이 매우 클 것입니다."라고 대답했다. 이
이야기들을 종합해 보면, 이이가 성혼의 벼슬을 반대하고 나선 본심
은 미관말직에는 나갈 필요가 없다는 것이었다. 그러나 윤현은 이이
의 말을 듣지 않고 임금에게 건의하였다. 결국 성혼에게 벼슬이 내려
졌으나 그는 이이의 뜻대로 벼슬을 받지 않았다.

　　벼슬을 사양한 성혼은 같은 해 5월 이이와 편지를 통해 '지선(至
善)', '중(中)', '격물치지(格物致知)', '성의정심(誠意正心)' 등 성리학의 중요
한 주제를 놓고 토론을 벌였다. 이이와 의견이 맞지 않자 송익필에게
중재를 요청하기도 했지만, 송익필은 이이의 의견을 받아들였다.

　　이해 가을 성혼은 서울에 거주하고 있는 이황을 찾아가 인사를
올렸다. 이황은 중종 때 문과에 급제한 뒤로 여러 청요직을 거쳤으
나 병약함을 이유로 여러 차례 귀향하기를 반복했는데, 선조가 즉위
하자 그를 다시 불러 의정부 우찬성(종1품)과 대제학(정2품) 등의 높은
벼슬을 내리고 경연에 참석하게 했다. 이황은 1569년(선조 2년)에 필생
의 노작인 『성학십도(聖學十圖)』를 임금에게 바쳐 임금이 성리학을 도
표를 통해 쉽게 공부하도록 했다. 당시 이황은 69세의 노학자로서 최
고의 성리학자로 명성을 떨치고 있었기에 젊은 이이와 성혼도 그에
대한 존경심이 대단했다. 이이는 이미 23세 때 성주 목사로 있던 장
인을 만나러 갔다가 돌아오는 길에 예안(禮安)의 도산(陶山)에 있던 이
황을 찾아가 인사를 드리고 올라왔는데, 이황은 35세 연하인 이이를
만나보고 "후생이 두렵다." 하면서 그의 재능을 극찬했다.

　　성혼은 34세에 처음으로 이황을 만났지만 이황의 학문에 대한
숭상은 이이보다 한층 강했다. 이이는 나이가 들면서 이황의 이기설

(理氣說)이나 학문이 독창성이 부족하다고 여겨 비판하고 나섰지만, 젊은 시절의 성혼은 이황을 학문과 언행이 정주학의 정맥을 이은 최고의 학자로 바라보고 있었다. 1572년(선조 5년)에 38세의 성혼과 37세의 이이가 여러 차례 편지를 주고받으면서 이기설에 대한 치열한 논쟁을 벌인 것도 따지고 보면 이황의 학설을 따르려는 성혼과 그것을 비판하려는 이이의 입장 차이가 바탕에 있었다. 그런데 논쟁이 필요 이상으로 길어진 이유는 이기설에 대한 견해 차이라기보다는 이황의 막강한 권위에 대한 신뢰를 무너뜨리려는 젊은 이이의 도전 자체를 성혼이 감정적으로 선뜻 받아들이기가 어려웠기 때문이었다.

이황을 지극히 존경하고 사모했던 성혼은 제자들에게 항상 "마음을 고르게 간직하고 간략히 수습하는 것은 바로 심법(心法)의 요체이다."라고 말하면서 이황의 심법을 존중했다. 처음으로 벼슬을 거절한 다음 해인 1569년(선조 2년)에 성혼은 이황이 시골로 돌아간다는 소식을 듣고 서울에 가서 전송하려 했다. 그러나 그가 이미 출발했다는 소식을 중도에 듣고 우계로 돌아와서 시를 지었다.

기사년(선조 2년) 늦은 봄에	己巳春暮月
퇴계께서 홀연히 고향으로 가셨네	退溪浩然歸
서울에는 우러를 분 적어지고	京城少宗仰
선비는 의지할 곳 잃었네	士子失所依
대로(大老)께서 복이 없으시니	大老也無福
천운이 쇠미한 때가 되었네	皇天時運衰
산중에서 부질없이 탄식하며	山中空竊嘆

35세 되던 이해에 성혼은 또 한 사람의 친구를 얻었다. 송강(松江) 정철이다. 이이와 동갑이고, 성혼보다 한 살 아래인 정철은 서울에서 말을 타고 우계로 찾아와서 이틀 밤을 묵고 간 뒤로 절친한 친구가 되었다.

정철은 전라도 담양(潭陽) 출신으로 누이가 명종의 후궁이 되고, 막내 누이가 성종의 셋째 아들인 계성군의 아들 계림군(桂林君)에게 시집가서 왕실의 외척이 되었다. 그러나 명종 대 을사사화 때 계림군이 연루되어 죽임을 당하면서 당시 대표적인 외척 권신인 윤원형의 소윤파와는 사이가 좋지 않았다. 정철은 일찍이 문과에 장원 급제하여 홍문관 교리 등 청요직을 지내고, 32세 때 이이와 함께 독서당(讀書堂)에서 함께 공부하기도 했던 엘리트 선비였다. 문과에 급제하기 전에는 담양에서 김인후, 송순(宋純), 기대승 등에게서 학문을 배우고, 벼슬하여 서울에 올라온 이후에는 이이, 성혼 등과 절친한 친구가 되었다.

정철을 처음 만난 성혼은 관직에 있는 정철을 떠나보내면서 "천리(天理)와 인욕(人欲)은 양립할 수 없으니 순수한 마음으로 의리를 독실히 좋아하여 마음속에 흡족하게 한다면 저것들을 굳이 공격하지 않아도 저절로 사라진다."라고 당부했다. 여기서 저절로 사라질 것이라고 말한 저것들이 누구를 말하는지는 알 수 없으나 아마도 이 무렵 기묘사림에 대한 평가를 놓고 조광조를 비판한 김개(金鎧) 등 윤원형 잔당을 가리키는 것으로 보인다. 어쨌든 성혼은 정철에게 이욕을 좇지 말고 의리를 지키는 벼슬아치가 되기를 당부한 것이다.

정철은 뒤에 고관이 되어 서인의 영수가 되고 위관(委官)이 되어 정여립 사건을 다스리면서 동인의 적이 되었다. 정철은 성혼처럼 마음을 다스리는 조신한 선비가 아니라 술을 좋아하고 시문(詩文)을 잘하며 성격이 직선적이고 호방한 예술인 기질을 지니고 있었기에 언행에 실수가 잦고 적이 많은 것이 사실이었다. 그러나 권력과 부를 탐하는 세속의 선비는 아니었다.

성혼과 정철의 교우 관계는 주로 시문을 주고받으면서 선비로서의 정치적 자세를 잃지 않으려는 수준에서 지속되었으며, 성리학의 깊은 주제를 가지고 토론하는 관계는 아니었다.

정철을 만나던 해 8월에 성혼은 다시 목청전(穆淸殿) 참봉에 제수되고 12월에는 장원서(掌苑署)의 장원(掌苑, 정6품)으로 승진되었으나, 임금에게 사은만 하고 벼슬을 받지는 않았다. 목청전은 개성에 있는 태조 이성계의 옛집으로 태조의 영정을 모신 곳이고, 장원서는 궁중의 정원을 관리하는 기관으로 성혼이 맡기에는 하찮은 벼슬이었다.

성혼은 36세 되던 1570년(선조 3년) 6월에 네 번째 벼슬로 적성현감(積城縣監, 종6품)에 제수되었는데,[1] 역시 임금에게 사은만 하고 곧바로 고향으로 돌아왔다. 그러나 선조는 다음 달에야 성혼을 체직시켜 그는 한 달 정도 근무도 하지 않고 벼슬한 셈이 되었다. 성혼은 돌아온 직후 예안으로 물러나 있던 이황에게 편지를 올려 어떻게 처신하는 것이 좋을지를 가르쳐 달라고 부탁하기도 했다. 그러나 이황은 병중에 있었고, 이해 11월 8일 향년 70세로 생애를 마감하였으므로 답장을 했는지 여부는 알 수 없다.

성혼은 39세가 되던 해인 1573년(선조 6년)에도 두 차례에 걸쳐 벼슬을 받았다. 이해 2월에는 공조 좌랑(工曹佐郞, 정6품)을 받았는데 6조의 실무 관료인 낭관(郎官)의 벼슬이다. 그리고 같은 해 7월에 다시 전에 받았던 장원서 장원에 또다시 제수되었는데, 모두 사양하고 받지 않았다. 이 무렵 이이는 임금에게 학행이 뛰어난 사람을 등용하려면 정치를 비판하는 자리인 사헌부의 관헌으로 임명하는 것이 좋다고 아뢰었다. 다른 사람들 역시 이에 동의를 표하자, 임금이 그 말을 듣고 이해 12월에 성혼에게 사헌부 지평(持平, 정5품)으로 벼슬을 승급하여 내렸으나 모두 받지 않았다.[2] 모두 일곱 차례 벼슬을 사양한 셈이다.

이보다 앞서 36세 때인 1570년(선조 3년)에 적성 현감을 사양하고 고향으로 돌아온 성혼은 후학 교육에 힘을 쏟기로 결심했다. 그리고 돌아온 직후에 본가 동편에 3칸 남짓한 기와집을 따로 지어 우계서실이라고 불렀다.[3] 본가 사랑채에도 아버지 성수침이 책을 쌓아 놓고 공부하던 죽우당이라는 서재가 있어서 성혼도 이 방을 공부방으로 사용하며 손님을 맞이하고 있었지만, 공간이 좁아 많은 사람을 받아들이기에는 부족했다. 이미 30세 무렵부터 성혼의 학행을 듣고 조헌(趙憲, 1544~1592년)을 비롯한 원근의 학도들이 찾아와서 가르침을 청하고 있었다. 이런 이들이 많아지자 본격적으로 후학을 양성하기 위해 따로 학교를 세운 것이다. 자신은 초가집에 살면서 기와집으로 학교를 지은 것은 후생들에게 숙식하면서 공부할 수 있는 안락한 공간을 제공하려는 뜻이 담긴 듯하다.

이이도 자주 벼슬을 버리고 파주로 귀향하여 후학들을 가르치기 시작했다. 성혼의 우계서실이 세워지던 해 10월에는 처가가 있는 황해도 해주 야두촌(野頭村)으로 내려가 복거(卜居)할 터전을 마련했다. 고향인 율곡리의 임진강 나루터에서 해주까지는 뱃길이 있어서 그리 먼 곳이 아니었고, 처가가 부자여서 그 경제력을 빌릴 수 있는 곳이기도 했다. 그뒤 1578년(선조 11년)에는 경치가 좋은 야두촌의 석담(石潭) 계곡에 학교를 세워 은병정사라고 했는데, 우계서실보다는 8년이 늦었다. 그러나 우계서실은 이황이 1560년 예안에 세운 도산서당(陶山書堂)보다는 10년이 늦은 것이다.

우계서실이 만들어진 뒤에 많은 학도들이 몰려들자, 이듬해인 1571년(선조 4년) 봄에는 학도들이 지켜야 할 공동생활의 규칙 곧 학규(學規)를 만들어 「서실의(書室儀)」라고 불렀다. 성균관 유생들이 지켜야 할 「학령(學令)」도 참고하고, 주희가 제자 위원리(魏元履)와 장자(長子)에게 만들어 준 학규도 아울러 참고하여 22개조로 나누어 만들었다. 이이가 1578년(선조 11년)에 제정한 「은병정사학규」보다 7년이 앞선 것이었다. 그 내용을 소개하면 다음과 같다.

1　서실에 들어온 자는 먼동이 틀 때 일어나서 스스로 침구를 개어 정돈해야 한다.

2　나이 어린 자가 빗자루를 들고 방 안을 깨끗이 청소해야 한다.

3　차례로 세수하고, 머리 빗고, 의관을 바르게 해야 한다.

4　각자 독서하는 곳에 나아가서 서책을 정돈하고 책상 앞에 단정하게 무릎 꿇고 앉아서 조용히 읽고 외우되 어지러운 생각을 하지 말고 딴 일을 돌아보지 말아야 한다. 남들과 잡담을 나누지 말고 제멋대로 출입하거나 일어나 움직이지 말아야 한다.

5　밥을 먹을 때에는 나이 순서대로 앉아서 조용히 정돈할 것이요, 희롱하고 장난하며 음식을 다투지 말아야 한다.

6　식사가 끝나면 나이 순서대로 나가 밖에서 산보하다가 잠시 후에 다시 서실로 들어와 책자를 정돈하고, 선생을 불러 가르쳐 주기를 기다려야 한다.

7　이 사이의 여가에는 글씨를 쓰든지〔해서(楷書)로 써야 한다.〕 의리를 강론하든지 해야지, 게으르고 방자하여 제멋대로 안일하게 하지 말아야 한다.

8　글을 배운 뒤에는 독서하는 곳에 각자 나아가 오똑하게 단정히 앉아서 종일토록 책을 읽으며, 조금이라도 의심나는 부분이 있으면 곧 와서 질문하되 재삼 반복할 것이요, 조금이라도 그대로 치나치지 말며, 조금이라도 한가롭거나 나태하지도 말아야 한다.

9　저녁밥을 먹을 때 식사하기를 위와 같이 하며, 식사가 끝나면 시냇가에 나가서 한가로이 산보하거나 서실 안에 들어와서 책을 보고 문장을 논하고 습자(習字, 글씨 쓰기)를 한다.

10　날이 어두워지면 등불을 밝히고 책을 읽으며 밤이 깊어지면 취침한다.

11　잠을 잘 때에는 여자 종을 불러 잠자리를 마련하게 하고 취침하되 손을 가지런히 하고 발을 거두며 엉뚱한 생각을 하지 말아야 한다.

12　날마다 거처할 때에는 반드시 공경할 것이요, 거만하고 방자하며 태만하지 말아야 한다.

13　말하는 것은 반드시 꼭 해야 할 말만 하고, 장난치거나 웃고

떠들지 말아야 한다.

14 　기거(起居)하고 앉고 서는 것은 되도록 단정하고 엄숙하게 할 것이요, 기대거나 태만하게 하지 말아야 한다.

15 　출입할 때에는 걸음걸이를 편안하고 진중하게 할 것이요, 뛰거나 달려 가볍게 하지 말아야 한다.

16 　출입할 때에는 나이 순으로 걸어가되, 혹은 어깨를 나란히 할 것이요, 빨리 걸어서 어른보다 먼저 가지 말아야 한다.

17 　온화함과 겸손함으로 스스로를 기르고, 화목함과 공경함으로 남을 대해야 한다.

18 　특별한 사유가 없으면 출입하지 말아야 한다.

19 　모든 일은 반드시 겸손하고 공손하고 신중하게 할 것이요, 기세를 올려 남을 능멸하지 말아야 한다.

20 　아침저녁으로 자주 자신이 익히는 학업을 스스로 점검하고 의리를 사색하며 몸으로 받아들이고 실천해서, 조금이라도 마음이 방만하고 안일해지지 않도록 해야 한다.

21 　반드시 '부지런함(勤)'과 '삼가함(謹)' 두 글자를 가슴에 새겨 잠시라도 어기지 않아야 한다.

22 　관(冠)을 쓴 사람이 출입하면 나이 어린 자는 반드시 모두 일어서야 한다.

　위 22개 조항은 서실에 들어온 자가 서로 준수하여 각자 명심해야 할 것이니, 혹시라도 약조를 어기고 게으르고 방자하여 독서를 부지런히 하지 않거나, 떠들썩하게 남을 조롱하고 업신여겨 함부로 대하면서 자기를 잃고 남에게 피해를 주거나, 어른과 벗들을 공경하지 않고 남의 타이름을 받아들이지 않으며, 노여워하고 스스로 방자해서 어린아이 같은 마음을 고치지 않는 자가 있으면 여러 학생들이 즉시 의논하여 와서 알려 주도록 한다.

성혼이 만든 「서실의」의 내용을 한 마디로 정리하면 몸가짐은 경건함을 존중하는 거경(居敬)을 근본으로 하고, 공부의 방법은 의리를 탐구하는 궁리(窮理)를 목표로 하고 있다. 또 앉을 때의 석차(席次)는 나이 순으로 하고 있는데, 이는 신분 차별을 두지 않는다는 뜻이다. 실제로 성혼의 문도들은 노비를 제외하고는 신분 차별을 두지 않고 있다. 이 학칙을 이이가 8년 뒤에 해주에 은병정사를 세우고 만든 「은병정사학규」와 비교해 보면 22개 조항으로 이루어진 것은 「서실의」와 같고, 내용상으로도 서로 같은 점이 많다. 하지만 「은병정사학규」는 내용이 한층 구체적인 점이 다르다.[4]

우계서실의 생활 규범으로 「서실의」를 만든 성혼은 같은 해 가을에 학생들이 알아야 할 공부의 지침서로서 『위학지방』이라는 교재를 만들었다. 이 책은 『주자대전(朱子大全)』과 『주자어류(朱子語類)』에서 직접 아동 교육에 필요한 자료들을 뽑아 만든 것인데, 책머리에 "공부하는 사람들은 반드시 먼저 이것을 읽고 기본을 세워야 하므로 꼭 읽지 않으면 안 된다."라고 당부했다. 이 책은 뒤에 이름을 『주문지결(朱門旨訣)』로 바꿨는데, 1577년(선조 10년)에 이이가 지은 초학자 지침서 『격몽요결』보다 6년이 앞선다. 이렇게 본다면 교육에 관한 한 이이는 성혼의 영향을 많이 받은 것이다. 다만 『위학지방』과 『격몽요결』의 내용이 어떻게 같고 다른지는 『위학지방』이 남아 있지 않아서 자세히 알 수 없다.

성혼은 임진왜란 때 고향을 떠난 기간을 제외하고 죽을 때까지 우계서실에서 약 24년간 후학을 가르쳤다. 그 문도들에 대해서는 뒤에 다시 자세히 설명하겠지만, 그 수효는 대략 90여 명에 이른다. 그러나 그 밖에 이이와 성혼의 두 문하에서 공부한 학도가 대략 27명, 송익필 등 또 다른 학자들에게 함께 가르침을 받은 학도가 대략 18명, 그리고 『사우록(師友錄)』에 올라 있지 않거나, 신원이 확실치 않은 문인들이 80명에 이른다. 이를 모두 합하면 대략 216명이다.[5]

성혼의 문도 가운데에는 높은 벼슬을 받은 이가 적지 않다. 그러나 정엽이나 윤황처럼 학식과 덕망으로 이름을 떨치거나 성리학을 발전시킨 인사가 있고, 김장생, 김집처럼 낮은 벼슬을 했거나 재야의 처사로 살면서 학문에 침잠하여 성리학을 전수한 인사들도 적지 않다. 김장생과 김집은 성혼처럼 성균관 문묘에서 제사를 받는 영광을 누리기도 했다. 또 이귀(李貴, 1557~1633년)처럼 인조반정을 주도했거나, 조헌이나 김덕령(金德齡), 양대박(梁大樸)처럼 왜란 때 의병에 참여한 충신도 적지 않다. 그 가운데 조헌은 문묘에 배향된 인물이다. 그 밖에 문묘에 배향된 송준길(宋浚吉), 송시열, 박세채 등도 성혼에게 직접 배우지는 않았지만 그 학통을 이은 학자들이다. 이렇게 보면 조선 후기 6명의 문묘 배향자가 성혼의 학통을 이은 인물들이다. 그러나 정여립처럼 스승을 배반하고 반역에 가담한 인물도 있고, 인조 때 반정 공신이던 김자점(金自點)처럼 반역죄로 처형된 인물도 있다.

○○ 이이와 사단칠정을 토론하다

성혼이 38세 되던 1572년(선조 5년)의 여름은 한국 성리학의 역사를 뜨겁게 달군 여름이었다. 성혼과 이이가 성리학의 가장 큰 철학적 주제인 사단(인의예지)과 칠정(희로애구애오욕)의 성격, 그리고 인심(人心)과 도심(道心)의 성격을 둘러싸고 여섯 차례의 편지를 통해 치열한 논쟁을 벌였다. 이때 이이는 병으로 홍문관 부응교(副應敎, 종4품)를 그만두고 파주에 내려가 있었으므로 학문적 토론을 할 만한 여유가 있었다.

사단칠정이 조선 중기 성리학자 사이에 뜨거운 논쟁의 대상이 된 이유는 당시의 양심적인 성리학자들이 사화를 일으킨 권신(權臣)과 척신(戚臣)의 횡포와 비리를 목도하면서 성인을 목표로 한 위기지학의 필요성을 절감한 데 있다. 이들이 무엇이 선이고 무엇이 악인가에 대한 가치 기준을 세우려면 반드시 우주와 인간의 본질에 대한 이해가 필요했기 때문이었다. 주희는 이 문제에 대해 이와 기를 가지고 개략적인 언급만 했을 뿐 깊이 있는 답을 내놓지 않았다. 그래서 이 문제를 상세히 파고드는 학문이 16세기 중엽의 조선에서 전개된 것이다. 이것은 세계 철학사에서도 일찍이 없던 심오한 철학 논쟁이었다.

사단과 칠정은 인간 본성의 문제와 직결된 것이었다. 일찍이 맹자는 성선설을 주장하면서 사단을 착한 것의 표준으로 내세웠다. 그 뒤 주희가 나와 사단을 이와 기를 가지고 설명하고, 아울러 인간의 또 다른 감정인 기쁨(희(喜)), 노여움(로(怒)), 슬픔(애(哀)), 두려움(구(懼)),

78

사랑(애(愛)), 미움(오(惡)), 희망(욕(欲)) 등 칠정도 이기를 가지고 설명하게 되었다. 여기서 사단은 이(理)가 발(發)한 것이고, 칠정은 기(氣)가 발한 것이라고 설명하기도 하고, 본연지성(本然之性)과 기질지성(氣質之性)으로 나누어 설명하기도 했다. 이런 이론은 이는 매우 순수하고 착한 것이며, 기는 좋기도 하고 나쁘기도 하므로 기를 버리고 이로 돌아가야 한다는 실천 의지를 내포하고 있었다.

그런데 조선의 이황은 주희의 설을 따라 사단은 이가 발하는 것이고 칠정은 기가 발하는 것이라고 하면서 이기는 서로 섞이지 않는다고 주장했는데 이를 이기호발설이라고 한다. 그런데 이황의 설을 비판하고 나선 것이 26세 연하 선비인 호남 유학자 고봉 기대승이었다. 이황과 기대승 사이의 논쟁은 1559년부터 1566년까지 8년간 계속되었는데, 노학자와 젊은 학자의 논쟁은 진지함의 극치를 이루면서 이기설에 큰 발전을 가져오는 계기가 되었다.

두 사람 사이의 논점의 차이는 기본적으로 주희의 시각에 따라 이와 기를 분리해서 보려는 이황의 입장과 이와 기를 분리하지 말아야 한다고 보는 기대승의 입장에서 비롯된 것이다. 이황은 사단은 순선한 이에서 발한 것이므로 순선(純善)하고 칠정은 기에서 발했으므로 선악을 겸비했다고 해석했다. 그러나 기대승은 칠정 밖에 사단이 따로 있는 것이 아니므로 사단은 칠정에 통일시켜야 한다고 주장했다. 그리고 이황의 설을 따라 이에서 발하는 선과 칠정에서 발하는 선악 가운데의 선을 서로 다르게 보는 것은 선을 이원적으로 보는 문제가 있다고 지적했다.

기대승의 지적에 이황은 한 걸음 물러나서 "사단은 이에서 발하나 기가 따르고 칠정은 기에서 발하나 이가 올라탄다.(四端 理發而氣隨 之 七情 氣發而理乘之)"라고 수정했다. 이를 다시 풀이하면, 사단은 이가 주도하지만 기가 부수적으로 따라오고 칠정은 기가 주도하지만 그 안에는 이가 작용한다고 보는 것으로, 이것이 바로 '이기호발설'이다. 이황은 이런 수정안을 내놓으면서, 고봉의 주장을 따르면 이가 무력해지는 이허설(理虛說)에 빠질 위험이 있다고 경고했다.

기대승은 이황의 수정과 경고를 받아들이면서 자신의 견해를 약간 수정하여 "정(情)이 발할 때에는 혹은 이가 동하면서 기가 갖추어지기도 하고, 혹은 기가 감하면서 이가 올라타기도 한다.(情之發也 或 理動而氣俱 或氣感而理乘)"라고 새로운 주장을 폈다. 이황은 기대승의 새로운 견해로 두 사람의 견해가 좁혀진 것을 기뻐하면서 더 이상 논변을 계속하지 않았다.

그러나 그 뒤 기대승은 이황에게 편지를 다시 보내 "사단은 순수하게 선하고 칠정은 선악을 겸한다고 하면 두 개의 선이 서로 다르다는 뜻인데 여기에는 동의할 수 없다."라고 말했다. 그러나 이에 대해 이황은 두 사람의 차이는 "근본은 서로 같고, 말단이 서로 다를 뿐"이라고 하면서 큰 문제가 없다는 결론을 내렸다.

결과적으로 두 사람의 의견은 상당 부분 좁혀졌지만, 이의 우위를 인정하려는 이황의 시각과 기의 능동성을 더 존중하려는 기대승 사이의 시각 차이는 합의에 이르지 못했다. 여기서 누구의 견해가 타당한지를 따질 문제는 아니다. 다만 논리적으로 볼 때 이는 움직이는 실체가 아님에도 이황이 이가 발한다고 주장한 것은 모순이라고 볼 수 있고, 기대승이 이가 발하지 않고 움직인다고 말한 것도 발(發)과

동(動)의 차이점이 애매하다. 또 '무위(無爲)'로 알려진 이가 움직인다고 본 것도 이의 본질과는 다르다.

그러나 이렇게 논리적으로 두 사람의 견해에 모두 문제점이 있다고 해서 논쟁이 무의미한 것은 결코 아니다. 중요한 것은 두 사람의 철학 논쟁의 바탕에 있는 실천 감각이 다르다는 점이다. 이황은 이가 순수하게 선하며 이가 발하여 생기는 사단의 가치를 높여야 도덕적 기준이 확립된다고 생각하는 실천적인 문제의식이 강하다. 반면에 기대승의 시각은 사단의 가치나 칠정의 감정을 반대 개념으로 보지 않음으로써 사단과 칠정을 어느 정도 동등하게 보고자 하는 뜻이 있다고 하겠다. 다시 말해 이황은 마치 종교인에 가까운 도덕적 엄격주의를 선호했고, 기대승은 인간의 자유분방한 감성을 좀 더 존중하려는 문인 예술가적 감각이 컸다고 할 수 있다.

실제로 시인이나 예술가들의 시각에서 보면 칠정을 지나치게 부정적인 정서로 보는 것은 문학이나 예술을 어렵게 만들고 폄하하는 결과를 가져올 수 있는 것이다. 문학과 예술의 주제는 대부분 사랑, 분노, 증오, 슬픔, 기쁨, 두려움, 희망 등 사람의 솔직한 본능적 정서를 다루고, 그런 본능적 감정을 반드시 나쁘게 보는 것이 아니기 때문이다.

또 사단과 칠정에 대한 시각 차이는 모든 사람을 성인과 같은 도덕군자로 만들려는 시각과, 도덕군자는 아닐지라도 평범한 서민의 희로애락의 감정 속에서 아름다움과 선을 찾으려는 시각의 차이를 반영한다고도 볼 수 있다. 이렇게 본다면 성리학 논쟁을 민생에 아무 도움이 안 되는 부질없는 공론(空論)이라고 보는 것은 큰 잘못이다.

이황이 세상을 떠난 지 2년이 지나고 기대승이 세상을 떠난 해에 일어난 성혼과 이이의 사단과 칠정을 둘러싼 이기 논쟁은 기본적으로 이황과 기대승 사이의 논쟁을 심화시킨 논쟁이었다. 성혼은 이황의 설에서 출발하고, 이이는 기대승의 설에서 출발했기 때문이다. 다시 말해 이와 기가 섞일 수 없고, 이와 기가 함께 발한다는 이황의 이기부잡설(理氣不雜說) 및 이기호발설을 따르려는 것이 성혼의 출발점이었다면, 이와 기는 천지 만물의 원리로서는 분리되어 있더라도 사단이나 칠정 같은 인간의 심성에는 분리되어 나타나지 않는다고 보는 기대승의 이기불리설(理氣不離說)을 따르려는 것이 이이의 출발점이었다. 그러니까 두 선현의 미진한 부분을 보완하겠다는 뜻이 담긴 논쟁이다.

성혼은 그전에는 기대승의 이론을 지지하고 이황의 이론에 회의를 품고 있어서, 기대승의 설을 선호하던 이이와 의견이 다르지 않았다. 그런데 시간이 지나면서 성혼의 견해가 이황의 이기호발설로 점차 기울었다. 그러자 이이와 의견이 갈리기 시작하여 먼저 논쟁을 걸었다. 다만 성혼은 이황이 기대승과 논쟁하면서 자신의 견해를 수정하여 사단에 기가 따른다든지(氣隨之), 칠정에 이가 올라탄다(理乘之)는 주장을 한 것은 명분과 사리에 맞지 않는다고 보았다. 그래서 이것을 수정하여, "성(性)이나 정(情)이나 이와 기가 동시에 발하는데 이가 주도하여 발할 때는 사단이 되고 기가 주도하여 발할 때는 칠정이 된다. 다만 기가 발할 때 절도에 맞지 않아 너무 지나치거나 미치지 못하면 악으로 흐른다."라고 주장했다.

성혼의 주장을 다시 정리하면, 이와 기는 동시에 발하는데 어느 것의 비중이 큰가에 따라 '이가 주도하는(主理)' 경우도 있고, '기가 주도하는(主氣)' 경우도 있다고 본 것이다. 이러한 성혼의 새로운 설은 주리주기설 또는 이기일발설이라고도 볼 수 있다.

주리와 주기를 나누어 설명하는 성혼의 수정안에 대해 이이는 처음에는 동의하지 않았다. 성혼의 주리주기설이나 이기일발설은 궁극적으로 이와 기를 둘로 나누어 보는 이원론(二元論)의 한계를 극복하지 못하고 있다는 것이다. 이이는 이와 기는 하나이면서 둘이요, 둘이면서 하나라는 이원적 일원론(二元的 一元論)을 끝까지 포기하지 않았다. 이는 항상 기에 올라타고 있고, 기는 이가 없으면 의지할 데가 없기 때문이다.

그러면 이와 기의 차이는 무엇이며, 둘의 관계는 구체적으로 어떠한가? 이이의 주장을 따르면, 이는 본래 눈에 보이지 않는 형이상의 존재로서 순수지선(純粹至善)한 것이지만, 기는 눈에 보이는 형이하의 존재로서 천차만별의 차이를 지니고 있다. 그런데 이는 이러한 기에 올라타고 있기 때문에 기의 작용으로 이도 다양한 모습을 지니게 된다. 다만 천지(天地, 우주)는 기 가운데 가장 바르고 가장 통(通)한 기를 가지고 있어 정성(定性)을 지니고 변하지 않는다. 이렇게 좋은 천지의 기를 '호연지기(浩然之氣)'라고 부른다. 그러나 만물(萬物)은 치우치고 막힌 기를 받았기 때문에 역시 정성이 있어서 변하지 않는다. 오직 사람만은 바르고 통한 기를 받았지만, 맑고 탁하고 순수하고 잡박한 차이가 많다. 하지만 사람의 마음은 허령(虛靈, 신령스러움)하고 통철(洞徹, 막힘이 없이 환하게 통함)하여, 만 가지 이치가 갖추어져 있어 탁한 것을 맑게 하고 잡박한 것을 순수하게 만들 수가 있다. 그래서 사람만이 수양을 통해 천지가 만물을 기르는 착한 기(호연지기)에 도달할 수 있다는 것이다.

그런데 사람이 천지의 이치에 도달하기 위해 따져야 할 문제가 사단과 칠정이다. 이이는 이 문제도 이기 이원론으로 해석해서는 안 되고, 이기 일원론으로 해석해야 옳다고 보았다. 곧 '기발이승'의 시각에서 해석한다. 그래서 사단이나 칠정이나 모두 기가 발하고 이가 올라타는(氣發理乘) 데서 발생하기 때문에 본질적으로 사단과 칠정은 반대 개념이 아니다. 칠정 가운데에도 사단이 있는데, 다만 칠정 가운데 선한 것만 추려서 말할 때 사단으로 부르는 것뿐이다. 또 사단 가운데에도 칠정과 유사한 것이 있다. 이황도 기대승과 논쟁하는 가운데 기발이승을 인정했지만, 그 앞에다 '이발기수(理發氣隨)'를 붙여 "이가 발하면 기가 따른다."라고 했기 때문에 이이의 시각과는 달랐다.

이이는 칠정 속에 사단이 포함되어 있다는 것을 좀 더 구체적으로 설명했다. 예를 들면 칠정 가운데 기쁨(喜), 슬픔(哀), 사랑(愛), 좋은 것을 추구하는 희망(欲)은 인(仁)의 단서가 되고, 노여움(怒), 미워함(惡)은 의(義)의 단서가 되며, 두려움(懼)은 예(禮)의 단서가 되고, 칠정의 시비를 아는 것은 지(智)의 단서가 된다고 한다. 반대로 사단 가운데에도 칠정이 들어 있다. 예를 들어 사단의 측은한 마음(仁)은 칠정의 슬픔(哀)에 속하고, 사단의 부끄러워하는 마음(義)은 칠정의 미움(惡)에 속하고, 사단의 공경하는 마음(禮), 곧 사양하는 마음은 칠정의 두려움(懼)에 속하고, 시비를 가리는 마음(智)은 지(知)에 속한다.

도심(道心)과 인심(人心)의 차이에 대한 문제도 성리학의 주요 논쟁 대상이었는데, 이이는 사단을 도심으로, 칠정을 인심으로 대비시켜 도심을 선한 것, 인심을 그렇지 못한 것으로 해석하는 통설에 반대했다. 이이는 도심이나 인심은 모두가 같은 천성(天性)에서 나오는 것인데, 인의예지로 나타나는 것을 도심이라 부르고, 배고플 때 먹고 싶고 추울 때 옷 입고 싶고 목마를 때 물 마시고 싶고 눈으로 보기 좋은 색을 원하고 귀로 좋은 소리를 듣고 싶어 하며, 사지(四肢)가 편안해지기를 바라는 마음을 인심이라고 했다. 다만 도심은 눈에 잘 띄지 않지만, 인심은 눈에 잘 띄기 때문에 위험한 것처럼 보이는 것이다. 하지만 인심이 모두 악한 것만이 아니고 선한 것도 있는데, 지나치거나 미치지 못하면 악으로 흐르는 경우가 있는 것이다. 도심이 생기는 원인은 성명(性命)이 마음속에 있기 때문이고, 인심이 생기는 이유는 혈기(血氣)가 형체를 이루기 때문이다. 그러므로 도심은 이가 발하고, 인심은 기가 발한다는 주장은 잘못이다. 또한 사단, 칠정과 도심, 인심과의 관계를 알아보면, 사단은 곧 도심을 말하고, 칠정은 도심과 인심을 합친 것이라 했다.

이이의 일관된 주장에 대하여 성혼은 이황의 이기호발설이 주희나 진순(陳淳, 북계 진씨(北溪陳氏))의 말과도 일치된다고 거듭 주장하여 굽히지 않았다. 이이는 주희가 모든 문제를 정확하게 다 설명한 것은 아니고, 오히려 정자나 나흠순(羅欽順) 또는 주돈이(周敦頤)의 주장이 자신의 주장과 가깝다고 말했다.

성혼은 자신의 이기일발설을 입증하기 위해 낚시터 이야기에 비유하기도 했다. 낚시터에 나가서 보니 물이 아래로 흐르는데 손바닥으로 물을 쳤더니 물이 위로 튀어 올랐다. 여기서 물이 아래로 흐르는 것은 이(理)이고, 충격을 가해서 물이 튀어 오른 것이 바로 기(氣)

가 하는 일이다. 그래서 이가 홀로 작용하기도 하고 기가 홀로 작용하기도 한다고 말할 수 있다는 것이다. 또 기의 작용을 이가 주재하지 않는다면 오늘날 일월(日月)이 빛을 잃고 천지가 추락한 지 오래되었을 것이라고도 말했다.

성혼의 낚시터 이야기에 대해 이이는 해석을 달리했다. 물이 아래로 흘러내리는 것도 이(理)이지만, 손바닥으로 쳐서 물이 위로 튀어 오르는 것도 이(理)다. 다만 이 경우의 이는 모두가 기(氣)를 타고 있는 이다. 이이는 더는 자세한 설명을 하지 않았지만 제3자의 입장에서 풀이하자면, 물이 아래로 흐르는 것은 물이 스스로 그렇게 하는 것이 아니라 땅에 높은 곳과 낮은 곳이 있기 때문에 그 형기(形氣)의 차이에 따라서 물이 낮은 곳으로 흐른다고 본 것이다. 또 손바닥으로 물을 쳤을 때 물이 튀어 오르는 것도 물리적 충격, 곧 기가 작동했기 때문에 물이 튀어 오른 것이지 물 스스로 튀어 오른 것은 아니라는 뜻이다.

이이는 나아가 이와 기의 관계를 그릇에 담긴 물에 비유하기도 했다. 곧 물은 무위(無爲)의 이(理)이고, 그릇은 유위(有爲)의 기(氣)에 해당한다는 것이다. 그래서 물은 반드시 그릇이 움직여야 움직이고 스스로 움직이지 못한다. 그러나 그릇이 움직이고 나서 물이 움직이는 것이 아니라, 그릇이 움직이면 동시에 물이 움직이는데, 이것은 이와 기가 서로 떨어질 수 없기 때문이다. 또 물은 본래 깨끗한 것이지만 그릇이 더러우면 물도 더러워진다. 이것은 기의 차이에 따라 이가 변한다는 것을 의미한다. 깨끗하고 착한 이도 기의 작용에 따라 악으로 흐를 수도 있다. 그렇다고 물이 원래 탁하다고 말해서는 안 된다.

그런데 만약 이기일발설을 따른다면 물이 먼저 움직이자 그릇이 따라서 움직이고 그릇이 먼저 움직이자 물이 따라서 움직인다는 논리이니 천하에 이런 이치는 없다고 했다.

또 이이는 이와 기를 사람이 말에 탄 것에 비유하기도 했다. 사람은 성(性=理)이고 말은 기(氣)인데, 말은 양순하기도 하고 거칠기도 하다. 그래서 문을 나설 때 말이 사람의 뜻을 따라 나가는 경우도 있고, 혹 사람이 말이 가는 대로 맡겨 두고 나가는 경우도 있다. 이때 말이 사람의 뜻을 따라 나가는 것은 사람이 주가 되므로 도심(道心)이고, 사람이 말이 가는 대로 맡겨 두고 나가는 것은 말이 주가 된 곧 인심(人心)이다. 그리고 사람이 말을 타고 문을 나서기 전에는 사람이 주가 될지 말이 주가 될지 그 단서를 모르므로 도심과 인심을 미리 알 수 없다. 그래서 도심과 민심은 처음부터 나뉜 것이 아니다. 또 성인(聖人)도 도심만 있는 것이 아니라 인심도 있다. 성인도 배고프면 먹고 싶고, 목마르면 물을 마시고 싶고, 추울 때는 옷을 입고 싶어 한다. 그래서 인심이 과도하지 않으면 인심도 도심과 다를 것이 없다고 했다.

본연지성(本然之性)과 기질지성(氣質之性)에 대한 해석도 달리했다. 이이는 이것이 대립한다고 보지 않았다. 본연지성은 성(性)이 아직 발하기 이전의 중(中)의 상태를 말하는 것으로 순수하고 착하지만, 선과 악을 겸비한 기질지성이 이미 그 안에 내재되어 있으므로 성이 발할 때 본연지성이 선으로 흐르기도 하고 악으로 흐르기도 한다는 것이다.

한편 성혼은 이기설을 가지고 인간 사회를 설명하기도 했다. 예를 들어 사화(士禍)를 일으켜 많은 선비의 목숨을 앗아간 이기(李芑) 같은 악한 인물이 천수(天壽)를 다한 것을 볼 때 기(氣)가 작용하여 천도(天道=理)가 무너진 것이라고 해석했다. 이런 해석에 대해 이이는 의견을 달리했다. 맹자가 말하기를 "작은 것이 큰 것에 부림을 당하고 약한 것이 강한 것에 부림을 당하는 것은 천리(天理)이다."라고 했는데, 덕이 아니라 형세를 가지고 논할 때에는 강한 자와 큰 자가 약한 자와 작은 자를 지배하는 것은 천리로 보아야 한다는 것이다. 따라서 악한 이기가 승리하여 천수를 다한 것은 본연의 이(理)는 아니지만, 기(氣)가 홀로 그렇게 만들고 이(理)가 없다고 말하는 것은 잘못이다. 다시 말해 악한 자의 승리도 기와 이가 합쳐져서 생긴 현상이다.

성혼과 이이는 수차례의 편지를 통해서 이기론과 사칠론 그리고 인심도심설을 토론했으나, 성혼은 여전히 주희와 이황이 말한 이기호발설을 버리지 못하고 계속해서 질문을 던져 이이를 안타깝게 만들었다. 이이는 답답함을 느끼고 다섯 번째 편지에서는 답장 대신 시를 한 수 지어 보냈다.

원기(元氣)가 어디에서 비롯되었나?	元氣何端始
무형(無形)이 유형(有形) 가운데 있다오	無形在有形
근원을 찾으면 본래 합쳐져 있음을 알고	窮源知本合
유파(流派)를 거슬러 올라가면 뭇 정(情)을 볼 수 있네	沿派見群精
물은 그릇을 따라 모나고 둥글며	水逐方圓器
공간은 병을 따라 작고 커지네	空隨小大瓶
그대여 두 갈래에 미혹되지 말고	二岐君莫惑

그리고 이이는 시문 뒤에 한마디 덧붙였다. "형질(形質) 가운데 이(理)와 기(氣)가 있는데, 그 가운데 이(理)만을 떼어서 말할 때 '본연 지성'이라고 말하는 것입니다. 그러나 '기질지성'도 이미 그 가운데 있으므로 본연지성이 따로 있는 것은 아닙니다. 다만 자사(子思)와 맹 자는 본연지성을 말했고 정자와 장자(張子, 장재(張載))는 기질지성을 말 했는데, 실상은 하나의 성(性)이나 주장하여 말한 것이 다를 뿐입니 다. 그런데도 그 주장의 뜻을 알지 못한 채 성이 둘이라 말하고 정 (情)에 이발(理發)과 기발(氣發)의 구분이 있다고 말한다면 어찌 이를 알고 성을 안다고 할 수 있겠습니까?"

이이의 다섯 번째 편지를 받은 성혼은 비로소 서로의 의견이 하 나로 귀착되는 느낌이 있다면서 그러나 아직도 미흡한 점이 있다고 고백했다. 그 이유는 기발이승의 이이설이 어느 선현의 말에도 보이 지 않기도 하지만, 자신과 선현이 주장하는 이기호발설을 이이가 잘 못 이해하고 있기 때문이라고 말했다. 즉 이기호발설은 이와 기가 각 각 나온다는 뜻이 아니고, 이와 기가 동시에 나오는데 다만 이(理)가 주도할 경우도 있고 기(氣)가 주도할 경우도 있다는 뜻이다. 이런 점 에서 성혼은 이황이 "이가 발하면 기가 따르고, 기가 발하면 이가 올 라탄다."라고 말한 것도 잘못이라고 보았다. 그래서 성혼은 이황의 이 기호발설에서 출발했으나 이이와의 논쟁을 거치면서 이이의 주기설 과 이황의 주리설을 절충하여 이황과도 다르고 이이와도 다른 '주리 주기설' 또는 '이기일발설'을 내세우게 되었던 것이다.

이이는 성혼의 편지를 받고 여섯 번째 답장을 보냈다. 먼저 성혼의 주장은 앞뒤가 서로 맞지 않아 어떤 말은 이이의 견해와 일치하고, 어떤 말은 이황의 호발설을 끌어오고 있다고 지적했다. 예를 들어 "미발(未發)일 때에는 이와 기가 각각 발용(發用)하는 묘맥(妙脈)이 없다."라든가 "한길에서 나아가 그중 한쪽을 취하여 주리(主理) 또는 주기(主氣)라고 말한다."라는 것은 이이의 뜻과 다르지 않다고 했다.

그러면서 이이는 이와 기의 관계에 대하여 좀 더 보완된 설명을 했다. 그것이 곧 이통기국(理通氣局)과 기발이승(氣發理乘)이다. 그러면 '이통' 즉 이가 통한다는 것은 무엇인가? 이(理)는 형태도 없고(無形) 행위도 없고(無爲) 선후(先後)도 없고 본말(本末)도 없으므로 통(通)이라고 한다. 그러나 이는 기를 타고 돌아다니기 때문에 기가 치우치면 이도 치우치고 기가 온전하면 이도 온전하다. 그래서 깨끗하고 더럽고, 순수하고 잡박한 것 가운데에도 항상 이(理)가 들어 있어 '본연의 성(性)'이 된다. 하지만 이의 순수하고 착한 묘리(妙理)는 그대로 남아 있다.

다음에 '기국' 즉 기가 치우친다는 것은 무엇인가? 기의 본체는 원래 맑게 한 덩어리를 이루고 맑게 텅 비어 있으며(湛一淸虛), 우주에 넓게 퍼져 있어 '호연지기'로도 부른다. 호연지기가 천지에 가득하면 이(理)가 조금도 가려지지 않으므로 이러한 본연의 기를 키우는 양기(養氣)가 성인(聖人)의 학문에 필요하다. 맹자가 양기를 강조한 이유가 여기에 있다. 하지만 기에는 유형(有形), 유위(有爲), 본말(本末), 선후(先後)가 있기 때문에 천태만상의 변화를 가져오는데, 본체를 잃을 때도 있고 잃지 않을 때도 있다. 이 점은 이가 본연의 묘리를 그대로 간직하고 있는 것과 다르다.

그다음 '기발이승'이란 무엇인가? 우주의 근원인 태극(太極)은 '본연의 묘한 이(理)'인데, 태극 안에 음양(陰陽)의 기(氣)가 있어 음은 움직이지 않고 양은 움직인다. 그래서 양이 움직이면 이(理)가 따라서 움직이고 음이 움직이지 않으면 이도 따라서 움직이지 않는데 이것은 이가 기를 타고 있기 때문이다. 주희가 "태극은 본연의 묘리이고, 동정(動靜)은 이것이 타는 기기(氣機)이다."라고 말한 것도 같은 뜻이다. 다만 양과 음이 움직이고 움직이지 않는 소이(所以, 까닭)는 이(理) 때문이다. 다시 말해 이(理) 자체가 동정하는 것이 아니라, 이(理)라는 존재가 있기 때문에 음양이 동정한다는 말이다.

한편 주돈이는 "태극이 움직여서 양을 낳고, 움직이지 않아서 음을 낳는다."라고 말했는데, 이 말은 그렇게 되기 이전(未然)의 근원을 말한 것이다. 다시 말해 태극에는 근원적으로 움직이는 양이 있고 움직이지 않는 음이 있다는 뜻이지, 태극 자체가 움직이고 움직이지 않는다는 뜻이 아니라는 것이다. 이에 비해 주희의 말은 이미 그렇게 된 이후(已然)의 상태를 보고서 말한 것으로 주돈이의 뜻과 서로 같다. 따라서 기발이승이라는 말은 기가 이에 앞선다는 말이 아니고, 기가 움직일 때 이가 저절로 기에 올라타서 한 몸이 된다는 뜻이다.

이이는 인심과 도심에 대해서도 미진한 부분을 보완해서 설명했다. 곧 도심과 인심은 모두 기가 발하는 것인데, 기가 '본연의 이(理)'에 순(順)한 것이 있으면 기 또한 '본연의 기'이므로 이(理) 역시 '본연의 기'를 타서 도심이 되는 것이며, 기가 '본연의 이'에서 변한 것이 있으면 '본연의 기'도 변하므로, 이(理) 또한 변한 바의 기를 올라타서 인심이 되어 지나치기도 하고 미치지 못하기도 한다는 것이다. 하지만 막 발할 때 도심이 인심을 제재하여 지나침과 미치지 못함이 없게 하기도 하고, 인심의 지나침과 미치지 못함이 있은 뒤에 도심이 이를 제재하여 '중(中)'으로 나가기도 한다. 특히 성인은 기가 이의 명령을 듣지 않음이 없어서 인심이 곧 도심이 된다.

주희는 "마음(心)의 허령지각(虛靈知覺)은 하나일 뿐인데, 성명(性命)의 바른 데에 근원을 두기도 하고, 형기(形氣)의 사사로움에서 나오기도 한다."라고 말했는데, 여기서 마음은 곧 기(氣)이므로 기가 발한 것이 마음이다. 그런데 마음의 기(氣) 가운데 이(理)가 올라타고 있는 것을 성(性)이라고 하는데, 마음이 발하면 자연히 성도 발한다. 따라서 주희가 말한 것 가운데 "마음이 성명의 바른 데에 근원을 두기도 한다."라고 한 것은 이(理)의 무거운 쪽을 가지고 말한 것이며, "마음이 …… 형기의 사사로움에서 나오기도 한다."라고 말한 것은 기의 무거운 쪽을 가지고 말한 것이다. 따라서 "기가 발하면 이가 올라탄다."라는 말과 주희의 말은 서로 어긋나는 것이 아니다.

지금까지 소개한 것은 1572년(선조 5년) 여름, 성혼이 38세, 이이가 37세일 때 여섯 차례에 걸친 왕복 편지를 통해 이루어진 토론의 요지이다. 『우계집』을 보면 그 뒤에도 6년에 걸쳐 7차, 8차, 9차의 토론이 이루어졌는데 편지가 산일되어 수록하지 못했다고 한다.

그러나 위에 소개한 여섯 차례의 토론을 정리해 보면 토론이 진행될수록 두 사람의 의견이 서로 좁혀지고 있는 것을 볼 수 있다. 성혼은 이황의 이기호발설에서 출발했으나 이이의 비판을 받으면서 호발설을 버리고, 이기(理氣)가 한길에서 발하는데 다만 이가 주도할 때도 있고 기가 주도할 때도 있다는 주리주기설로 수정했다. 한편 이이는 처음에는 기발이승을 내세워 기의 능동적 역할을 강조하다 보니 이의 존재 가치를 지나치게 무시하는 데로 흘렀는데, 성혼의 지적을 받으면서 때로는 이가 중하고 때로는 기가 중하다는 성혼의 주리주기설을 긍정하면서 기발이승설을 보완한 셈이다. 따라서 지금 기록이 보이지 않는 7~9차의 토론도 대략 위에 소개한 범주에서 크게 벗어나지 않았을 것으로 짐작된다.

성혼과 이이의 이기 논쟁에서 어느 쪽이 옳고 어느 쪽이 그르냐는 누구도 판단할 수 없고, 또 판단할 필요도 없다. 다만 우리가 주목해야 할 점은 두 사람의 출발점이 다르다는 것이다. 이이는 우주를 존재론-본체론의 시각에서 바라보고 그 연장선상에서 인간의 본성을 해석하는 반면, 성혼은 인간의 윤리적 당위성에서 출발하여 우주의 원리를 역으로 해석하고 있다는 점이다. 바꿔 말하면 이이의 접근 방법은 오늘날의 과학 철학에 가깝고, 성혼의 접근 방법은 윤리 철학에 가깝다고 말할 수 있다. 그리고 이런 철학적 차이는 현실을 살아가는 행동 양식에 있어서도 다른 모습을 보여 준다. 그것은 곧 '형이하'의 물질세계에서 선(善)을 추구하려는 자세와 도덕적 수양을 통해 선을 추구하려는 행동 양식의 차이라고도 말할 수 있다. 이이는 전자에 속하고, 성혼은 후자에 속한다.

그런데 성혼과 이이의 이기 논쟁이 과연 죽을 때까지 이런 차이를 견지했는지도 한번 되돌아볼 필요가 있다. 이이가 세상을 떠난 직후에 성혼이 이이의 이기설에 대하여 다음과 같이 언급한 대목이 보이기 때문이다.

율곡은 도체(道體, 도의 몸체)에 대하여 큰 근원을 밝게 보았다. 이른 바 '천지의 조화가 두 근본이 없다'는 것과 '인심(人心)의 발(發)함이 두 근원이 없다'는 것과 '이기(理氣)가 서로 발(發)할 수 없다'는 등의 말씀은 모두 실제로 보고서 안 것이니, 참으로 나의 스승이다. 진실 로 산하(山河)의 뛰어난 기운을 받고 태어난 인물이요, 삼대(三代, 하 나라 우왕(禹王)·은나라 탕왕(湯王)·주나라 문왕(文王)과 무왕(武王)) 이전의 훌륭한 인물인데, 이러한 세상에 큰일을 하지 못하고 뜻만 품고서 별세하셨으니, 애통하다.

이 글을 읽어 보면, 성혼이 이기일원론을 주장한 이이를 자신의 스승으로 받아들였다고 했는데, 그렇다면 젊었을 때 이이와 벌인 이 기 논쟁에서 주장한 자신의 주리주기설이나 이기일발설을 만년에는 거두어들인 것이 아닌가 느껴지기도 한다. 하지만 위 글이 그저 고인 을 추모하는 마음에서 칭찬한 것이라면 성혼이 만년에 시각을 바꾼 것이라고 단정하기도 어렵다. 따라서 이 문제는 반신반의하는 선으로 남겨 두는 것이 좋을 듯하다.

○○ 최영경, 정인홍, 심예겸 등과 교유하다

성혼이 30대에 새로 사귄 인물 가운데 최영경(崔永慶, 1529~1590년)

과 심예겸(沈禮謙, 1537년~?)이 있다. 경상도 출신의 최영경은 벼슬하는 아버지를 따라 서울에 거주하고 있었는데, 성혼이 6세 연상인 그를 만난 것은 39세 되던 1573년(선조 6년) 여름이었다.[6] 당시 최영경은 벼슬길을 포기하고 학문에만 몰두하고 있었다. 학행으로 이름을 날려 참봉과 주부 등의 벼슬을 받았으나 모두 거부하고 문을 닫고 살았다.

성혼의 연하 친구이자 동생처럼 아끼던 안민학은 최영경의 명망을 듣고 찾아가 정철을 한번 만나보라고 권했으나 단호하게 거절당했다. 그뒤 안민학이 성혼을 찾아가 최영경의 비범함을 이야기하자 성혼이 먼저 그를 찾아갔다. 성혼이 최영경을 직접 만나보니, 태도가 맑고 근엄하며 서로 마음이 통했다. 이때부터 최영경은 선비들로부터 주목을 받아 자주 파주를 왕래했다.

2년 뒤에 최영경은 경상도 진주로 내려가서 조식(曺植, 1501~1572년)의 문하에서 공부하면서 정구(鄭逑, 1543~1620년), 김우옹(金宇顒, 1540~1603년), 오건(吳健), 조종도(趙宗道) 등 명유들과 교유했다. 1575년(선조 8년) 이후로 사림이 서인과 동인으로 분열하자 조식과 이황의 문인들은 대부분 동인에 속했는데 최영경도 마찬가지였다. 최영경과 성혼의 사이가 서먹해진 것은 성혼이 이황과 조식의 학문을 비교하면서 이황을 조식보다 높게 평가한 것이 계기가 되었다. 성혼이 평하길 이황은 주희의 종지(宗旨)를 충실히 따르지만, 조식은 절개는 높으나 언론과 풍지에 문제가 있다고 했는데, 최영경은 이에 동의하지 않았다.

1581년(선조 14년)에 조식의 문인 정인홍(鄭仁弘, 1535~1623년)이 사헌부 장령(掌令, 정4품)이 되어 심의겸(沈義謙, 1535~1587년)을 공격하려고 하자 대사헌 이이가 만류했는데, 이때 최영경은 정인홍의 입장을 지지하는 상소를 올려 이이와 성혼의 처지를 어렵게 만들었다. 최영경이 서인과 분명하게 갈라서게 된 것은 1589년(선조 22년)에 기축옥사로 불리는 정여립 모반 사건이었다. 이 사건을 조사하는 과정에 길삼봉(吉三峰)이라는 정체불명의 인물이 관련되어 있었는데, 누군가 길삼봉이 바로 최영경이라고 무고하여 억울하게 옥고를 치르다가 병으로 죽었다.

당시 정여립 사건을 처리하던 책임자인 위관(委官)은 서인에 속하는 우의정 정철이었다. 정여립과 연관된 동인 세력이 큰 타격을 입게 되자 정철에 대한 동인의 감정이 매우 나빠졌다. 그 여파로 정철과 사이가 가까운 성혼도 동인들의 원망을 샀고, 심지어는 성혼이 최영경을 죽였다고 극언하는 이도 있었다. 성혼이 정철에게 편지를 보내 선처를 요구했다면 최영경이 옥에서 풀려났을 텐데, 적극 구원하지 않았기 때문에 그가 죽게 되었다는 것이다. 그런데 사실 성혼은 최영경이 옥에 갇혀 있을 때 아들 성문준을 보내 위문한 일이 있었다. 하지만 최영경에게 죄가 있는지 없는지를 모르고, 또 아무 벼슬도 없이 시골에 있던 성혼이 함부로 옥사(獄事, 재판)에 간여하기도 어려운 처지였음을 고려할 때 동인들의 공격은 지나친 바가 있었다. 어쨌든 최영경이라는 인물 때문에 성혼은 살아서나 죽어서나 동인들에게 공격의 표적이 되었다. 이 일로 죽은 뒤에 관직이 삭탈당하고, 문묘에 배향될 때에도 줄기찬 반대에 부딪쳐 100년 뒤에야 비로소 문묘에 배향되는 우여곡절을 겪게 되었다.

조식의 수제자인 정인홍도 동서 분당이 일어나기 이전에는 성혼과 친교가 있었다. 1573년(선조 6년)에 학행으로 천거되어 현감에 제수된 그는 임금에게 사은숙배하기 위해 서울에 올라왔는데, 이어 파주로 가서 동갑인 성혼을 만났다. 성혼은 그를 보고 훌륭한 선비라고 적극 칭찬했다. 그런데 훗날 성혼이 조식을 이황보다 낮게 평가하자 정인홍이 편지를 보내 항의하는 일이 생겼다. 성혼은 이에 대해 사과하는 답장을 보냈다. 정인홍의 처남 양홍주(梁弘澍)도 아버지가 파주 목사가 되자 파주에 사는 성혼을 찾아가 문하에 들어가고 이이와도 교유했다. 정인홍 역시 성혼이 조식을 비판하는 말을 듣고 언짢아했다. 그러나 그는 동인에 속하지는 않고, 1603년(선조 36년)에 매부 정인홍이 실권을 잡고 성혼 등 서인을 비판하자 도리어 정인홍을 탄핵하는 상소를 올려 노선이 엇갈렸다. 그는 모든 벼슬을 거부했으며 임진왜란 때에는 의병을 일으키고 집안 재산을 모두 털어 무기를 사서 의주에 있는 임금을 찾아가 바쳤다.

성혼이 39세 때 사귄 또 한 사람의 친구는 심예겸이었다. 이해 11월에 두 살 연하인 심예겸이 먼저 파주 성혼의 집을 방문했다.[7] 심예겸은 이이의 문인이기도 했는데, 생원으로서 아직 벼슬을 얻지 못한 처지였다. 성혼은 그에게 편지를 보내 적막한 산 고을을 찾아 준데 고마움을 먼저 표시하고 나서 독서를 중지하고 말고, 군자들을 가까이하여 고고(孤高)한 의표(儀表)로 세상에 알려지는 것을 두려워하지 말고, 백척간두(百尺竿頭)에서 한 걸음 더 전진하길 바란다고 당부했다.

심예겸은 성혼의 편지에 답장을 보냈는데 성혼에게 "입을 조심하라."라고 당부했다. 이에 성혼은 그 답서를 다시 보내 "비루한 사람이 경망스러워서 …… 백성들의 이해와 인물의 현부(賢否)를 들으면 서글퍼져 번번이 …… 걱정하고 한탄합니다. 이 때문에 초야에 있는 지위를 벗어난 말이 많고, 말로 인한 죄가 많으니, 이는 비단 덕을 손상시킬 뿐 아니라 형벌과 화를 당할 것에 대한 두려움이 있습니다. 손가락을 깨물며 명심하고, 타일러 주신 은혜에 깊이 감사드립니다.”라고 말했다. 심예겸은 문과 출신이 아니기 때문에 한 번도 청요직을 맡지 못하고 지방 수령직인 도사(都事, 종5품), 한산 군수(종4품)를 거쳐 임진왜란 중에는 성천 부사(成川府使, 종3품)를 지내기도 했는데, 성혼은 여러 차례 그에게 편지를 보내 이욕을 탐하는 세속의 벼슬아치가 되지 말고 '백성을 상처를 돌보듯 하라'고 당부하기를 잊지 않으면서 우정을 이어 갔다.

성혼은 다음 해인 1574년(선조 7년) 1월에도 심예겸에게 편지를 보냈다. 친구인 이이가 다시 조정에 들어갔고, 안민학도 어버이를 위하여 뜻을 굽히고 벼슬하니, 초야에 남아 있는 자신만이 문을 닫고 홀로 있어 한탄스럽다는 말을 하면서, 이럴 때 한번 찾아와서 닭을 잡고 기장밥을 지어 먹으면서 흉금을 터놓고 하고 싶은 말을 다 하자고 제안했다. 그래도 아직 벼슬길에 나아가지 않은 심예겸을 외로움을 달랠 수 있는 친구라고 생각한 듯하다.

여기서 심예겸의 신원을 좀 더 살펴보면, 그는 바로 심의겸의 아우이며, 동인 김효원(金孝元)과 더불어 이조 낭관의 자리를 다투었던 심충겸(沈忠謙)의 형이기도 하다. 특히 심의겸은 누이가 명종의 왕비 인순 왕후(仁順王后)였기에 왕실의 외척이었지만, 일찍이 이황의 문하에서 학문을 배운 깨끗한 선비로서 명종 때 사림을 탄압한 외숙 이양(李樑)을 탄핵하여 사림의 칭송을 받은 인물이었다.

심의겸의 직계 조상은 태조 때 좌의정을 지낸 심덕부(沈德符)로부터 화려한 역사가 시작되었다. 심덕부의 아들 심온(沈溫)은 딸이 세종의 왕비(소헌 왕후)가 되고 본인은 영의정을 지냈다. 심온의 아들 심회(沈澮)는 소헌 왕후의 동생으로 세조 때 영의정에 올랐고, 심회의 아들 심원(沈湲)은 음보로 내자시(內資寺) 판관으로 있다가 세조 대 이시애(李施愛)의 난 때 함경도에 가서 점마별감(點馬別監)의 일을 하다가 죽었다. 심원의 아들 심순문(沈順門)은 문과에 급제하여 벼슬이 연산군 때 사헌부 장령에 이르렀는데, 임금의 옷소매가 좁다고 지적한 것이 죄가 되어 1504년(연산군 10년)에 사형을 당할 만큼 강직한 인물이었다.

심순문의 아들은 심연원(沈連源, 1491~1558년)인데 명신 김안국의 문인으로 명종 초 을사사화를 거친 뒤에 영의정에 올랐다. 그의 아들 심강(沈鋼, 1514~1567년)은 딸이 명종 비 인순 왕후(仁順王后)가 되었으므로 부원군이 되고, 음보로 오위도총부 도총관에 올랐는데, 권신 이양을 제거하는 데 앞장섰다. 집은 부유했으나 사림의 존경을 받았다. 심강은 아들을 여덟 두었는데, 이름에 인의예지신충효제(仁義禮智信忠孝悌)라는 글자를 넣을 만큼 깨끗한 선비로 키우려는 마음이 있었다. 8형제 가운데 심의겸이 둘째이고, 심예겸이 셋째, 심충겸이 여섯째였다. 심의겸은 청백리(淸白吏)로 녹선될 만큼 청렴한 인물이었다.

이처럼 조선 초기 청송 심씨(靑松沈氏) 가문은 명문 대족의 하나였다. 심연원의 아우 심통원(沈通源, 1499년~?)처럼 사림의 비판을 받은 인물도 있었고, 직계 조상은 왕실의 외척이 되고 높은 벼슬을 받아 현달했지만, 대부분 선비 사회에서 존경을 받는 인물들이었다. 그러나 1575년(선조 8년)에 동서 분당이 일어났을 때 동인들은 심의겸을 훈척 세력인 동시에 서인의 영수로 지목하고, 그와 가까운 인물들을 모두 서인으로 몰아 공격했다.

성혼이 심예겸과 교유했음은 앞에서 설명했지만, 동갑인 심의겸과도 교유가 있었다. 바로 그 점 때문에 성혼도 서인의 영수로 공격을 받는 계기의 하나가 되었으나, 이들이 모두 선비 사회의 존경을 받던 인물임에는 틀림없었다.

4 불러들이는 선조, 은거를 고집한 성혼

○○ 동서 분당의 와중에 「기묘봉사」를 올려 직언하다

성혼은 40세가 되던 1574년(선조 7년)에도 계속해서 임금의 부름을 받았다. 승지 유전(柳琠), 경연관 김우옹(金宇顒), 교리 조정기(趙廷機), 승지 이이 등이 성혼을 적극 천거하고 나섰다.

성혼은 1573년(선조 6년) 12월에 사헌부 지평(持平, 정5품)의 벼슬을 받았으나, 다음 해 1월에 관찰사를 통해 사직소를 올려 체직되었다. 그러나 계속되는 신하들의 건의를 받은 임금이 1월부터 2월에 걸쳐 다시 벼슬을 내렸는데, 처음에는 의식을 집행하는 통례원(通禮院)의 인의(引儀, 종6품), 다음에는 6조의 낭관인 공조 정랑(工曹正郎, 정5품), 제사용 가축을 기르는 전생서(典牲署)의 주부(主簿, 종6품), 언관인 사헌부 지평 등을 차례로 내렸다. 그러나 성혼은 이 모든 직책을 사양하고 나오지 않았다.

임금은 벼슬을 내리면서 친구인 이이에게 성혼이 어떤 사람인
지를 자세히 물었다. 이이는 그가 성수침의 아들로서 가훈의 영향을
받아 자질이 순수하고 착하며, 뛰어난 재주는 없지만 포용하는 도량
이 있어 다른 사람의 계책을 잘 쓸 수 있는 인물이라고 평했다. 다만
병 때문에 사헌부 지평 같은 격무는 감당하기 어려우므로 한관(閑官)
으로서 경연직(經筵職)을 겸하게 하자고 청했다. 성혼이 깊은 병을 얻
었지만 죽지 않고 있는 것은 마음을 다스리는 학문을 했기 때문이라
는 말도 덧붙였다.[1]

임금은 성혼이 문과 출신이 아니라는 이유로 경연직을 주는 것
에 난색을 표하자, 홍문관 수찬(修撰, 정5품)으로 경연관이었던 김우옹
이 이이의 의견에 적극 찬성하고 나섰다.『경국대전』에서 문과 출신
이 아닌 자에게는 경연직을 주지 않도록 한 것은 문음 출신을 말하
는 것이지 학행으로 천거된 사람을 가리키는 것은 아니라고도 했다.
김우옹은 경상도 성주(星州) 출신으로 조식의 문하에서 공부하여 뒤
에 동인에 속한 인물이었다. 하지만 그때는 아직 동서 분당이 이루어
지기 전으로 성혼의 학행을 개인적으로 높이 평가하고 있어서 이런
제안을 한 것이다.

이해 3월에 임금은 다시 공조 정랑에 제수하고 불렀으나, 성혼
은 사직소를 올리고 나아가지 않았는데, 벼슬을 받지 않는 이유로
두 가지를 들었다. 하나는 폐질(廢疾) 때문이고, 다른 하나는 재주가
없다는 것이었다. 그러나 임금은 사직을 받아들이지 않고 한번 만나
보고자 한다고 답했다. 이이도 성혼에게 임금이 일곱 차례나 불렀으
니, 임금을 한번 만나 보고 사은(謝恩)하고 돌아가라고 일렀다. 그래

서 성혼은 4월에 선조에게 사은하기 위해 길을 나서 고양(高陽)에 이르렀다. 그때 마침 임금이 불사(佛事)에 쓰기 위해 황랍(黃蠟) 500근을 궁 안으로 가져오라고 하자 당시 대사간으로 있던 이이가 황랍의 사용처를 밝히라고 다섯 번이나 항의하였고 이에 임금이 크게 노하는 일이 벌어졌다. 이 소식을 들은 성혼은 사은을 포기하고 고양에서 사직소만 올리고 돌아갔다. 40세의 성혼과 23세의 선조의 만남은 이렇게 무산되고 말았다. 그러나 임금은 공조 정랑직을 회수하지 않고 그대로 두었다.

이이 등 신하들은 성혼에게 한직을 주되 경연관을 겸직하게 하여 임금의 정책을 자문하도록 하자고 줄기차게 주장했다. 그럼에도 임금은 계속하여 문과 출신이 아니라는 이유로 경연관 겸직을 받아들이지 않고, 그 대신 5~6품직을 계속 내렸다. 성혼이 41세 되던 1575년(선조 8년) 6월에는 공조 정랑직을 그대로 지니고 있던 그에게 사헌부 지평을 다시 내렸으나 성혼이 서울로 올라가 사직소를 올리고 받지 않자 임금은 내의원(內醫員)에게 명하여 성혼을 진찰하게 하고 약을 지어 보내 주는 후의를 베풀었다.

임금은 이어 이해 7월에 공정정랑을, 8월에는 사헌부 지평을, 그 뒤 공조 정랑을 연이어 제수했으며, 성혼이 42세 되던 1576년(선조 9년)에도 10월에 사헌부 지평과 통례원 인의를 잇따라 내렸으나 받지 않았다. 하지만 이렇게 벼슬을 받지 않았어도 임금이 윤허하지 않고 그대로 둔 경우가 적지 않았다. 예를 들면 8월에 공조 정랑을 사직했음에도 임금이 윤허한 것은 이해 12월이었으니, 법적으로는 4개월간 벼슬한 셈이었다.

이렇게 성혼이 계속 벼슬을 받지 않자 그다음 해인 1577년(선조 10년)에는 아무런 벼슬을 내리지 않았다. 이해 이이는 개혁을 강력하게 요구하다 선조의 미움을 받아 벼슬을 그만두고 해주 석담으로 내려가 은거하고 있었으므로 성혼을 지원할 사람도 없었다. 이이의 은퇴는 이듬해인 1576년(선조 11년)에도 계속되었다. 이이는 5월에 파주에서 「만언봉사」를 올려 거듭 경장의 시급함을 역설했으나 임금은 받아들이지 않았다.

이이가 은퇴하고 있던 1578년(선조 11년) 5월에 임금은 또다시 성혼에게 사헌부 지평과 조지서 사지의 낮은 벼슬을 내리고, 8월에도 똑같은 벼슬을 내렸으며, 11월에도 사헌부 지평과 예빈시 판관(종5품)을 내렸으나 받지 않았다. 이 무렵 동서 분당은 갈수록 심해졌다. 이미 1575년(선조 8년)부터 문관의 인사권을 가진 이조 정랑(吏曹正郎) 자리를 놓고 심의겸과 김효원 사이에 갈등이 생겨, 선비들이 심의겸을 따르는 서인과 김효원을 따르는 동인으로 갈라져 있었다. 시간이 흐를수록 갈등은 더욱 심화될 뿐이었다. 이이는 그 갈등을 조정하기 위해 다시 관직에 나가려고 했지만 성혼이 반대했다. 성혼은 도(道)가 이미 무너진 상태에서 싸움을 말리기 위해 벼슬하는 것은 선비의 의리가 아니라고 보았다. 그래서 이이는 성혼의 말을 따라 벼슬을 포기하고 다시 해주로 낙향했던 것이다. 이런 상황에서 성혼이 벼슬을 받을 리 만무했다.

성혼이 45세 되던 1579년(선조 12년)에도 벼슬은 계속 내려졌다. 이해 2월에 사헌부 지평이 제수되고 받지 않자 이어 종묘서 령(宗廟署 令, 종5품)을 제수했다. 종묘서 령은 종묘의 제사를 관리하는 실무 책임자로서 처음 받는 벼슬이었지만 역시 받지 않았다. 이때 이이는 아직도 서울로 돌아오지 않았는데, 당시 참판으로 있던 성혼의 스승 백인걸이 성혼을 천거했기 때문에 벼슬이 내려진 것이다. 임금은 다시 4월에 사헌부 지평을, 5월에는 장흥고(長興庫) 주부를, 7월에 사헌부 지평과 광흥창(廣興倉, 녹봉을 저장하던 창고) 주부를 내렸는데, 성혼은 모두 받지 않았다. 그가 사헌부 지평을 제수받은 것은 1574년(선조 7년) 이후로 이때가 열두 번째였다.

그런데 성혼은 광흥창 주부를 사양하면서 처음으로 개혁을 요청하는 긴 문장의 사직소를 올렸다. 이를 「기묘봉사(己卯封事)」(1579년)로 부르기도 한다. 자신과 손발을 맞출 수 있는 이이를 멀리하는 임금에 대한 불만이 크게 작용했다. 당시 의정부 참찬 백인걸은 상소를 올려 동인과 서인에 대해 논한 내용을 담았는데, 백인걸이 너무 늙어서 이이에게 윤문을 부탁한 일이 있었다. 이 일은 크게 문제될 만한 것이 아니었으나, 이에 대해 동인 계열의 대간들이 이이가 정직하지 못한 사람이라고 비난하면서 탄핵하고 나섰다. 바로 이런 시점에서 이이를 구원하기 위해 성혼이 봉사를 올린 것이다. 조정에서 가장 존중받아야 할 이이가 곤궁에 빠지는 것을 성혼은 그냥 바라만 보고 있을 수 없었다.

「기묘봉사」에서는 먼저 선조 임금의 정치가 잘못된 것을 솔직하게 지적했다.

수년 이래 정치하는 규모가 정해지지 못하고, 정치하는 체제도 진작되지 못하니 …… 백성들의 희망이 막혀서 근심과 원망이 도로에 가득하여, 상하가 군색하여 쇠미한 모습이 드러나고 있습니다. 그리하여 성상께서는 낙심하여 물러나 다시는 크고 바르고 장구한 계책으로 힘쓰지 아니하고 백성들도 날마다 곤궁과 굶주림의 도탄에 빠져 있으니, 이는 어째서입니까?

이렇게 현실의 정치가 잘못 돌아가고 있는 것을 가감 없이 지적한 다음, 그 원인을 이렇게 진단했다.

군주가 선언(善言)을 따르는 것이 부족한 이유는 기뻐하거나 노여워하는 감정 때문이기도 하고, 이해에 얽매이기 때문이기도 하며, 스스로 고명(高明)하다고 독단하여 홀로 한 세상을 다스리며 선비들을 경시하고 자신의 생각만을 써서 인심이 따르지 않기 때문이기도 하고, 사사로운 뜻을 따라 조정의 의논과 승부를 겨루듯이 하는 태도 때문이기도 하며, 또는 남의 말을 존중하고 믿으면 군주의 위엄이 실추된다고 생각하여 얼굴빛과 말을 온화하게 하지 않기 때문입니다.

그러면 이러한 폐단을 바로잡기 위해서는 어떻게 해야 하는가? 성혼이 내놓은 그 답은 이렇다. 사서(四書, 논어·맹자·중용·대학)를 배워서 그 안에 담긴 '정일집중(精一執中)' 곧 정신을 한데 모아 중(中)을 잡고, '극기복례(克己復禮)'로 자신을 극복하여 예(禮)를 회복시키고, 지인용(智仁勇)의 삼덕(三德)을 갖추고, 구경(九經)을 실천해야 하는데, 구경은 곧 수신(修身, 몸과 마음을 수양함) 존현(尊賢, 어진 이를 존중함), 친친(親親,

친한 사람과 친함), 경대신(敬大臣, 대신을 우대함), 체군신(體群臣, 여러 신하를 몸처럼 아낌), 자서민(子庶民, 백성을 자식처럼 사랑함), 내백공(來百工, 여러 기술자들이 모여듦), 유원인(柔遠人, 변방에 있는 사람들을 달램), 회제후(懷諸侯, 제후들을 회유함)를 거쳐 『중용』에서 말한 다섯 가지 문(門)으로 들어가야 덕에 이를 수 있다는 것이다. 여기서 다섯 가지 문은 박학(博學, 넓게 배움), 심문(審問, 일을 살피고 모르는 것을 물음), 신사(愼思, 생각을 신중하게 함), 명변(明辯, 시비의 판단을 분명히 함), 독행(篤行, 행동을 성실하게 함)을 말한다. 이렇게 하는 것이 바로 인욕을 버리고 천리로 돌아가는 길이고, 왕도 정치(王道政治)이며, 백성을 위한 정치를 펼치는 일이라고 했다.

성혼은 또 배움의 중요성을 이렇게 풀이하기도 했다.

사람의 마음은 배워야 자신의 잘못을 알고, 자신의 잘못을 알아야 부족한 것을 알고, 부족한 것을 알아야 옳게 하고자 하는 마음이 생겨서 털끝만 한 인욕도 물리칠 수 있습니다. …… 나라가 흥하려면 위정자가 스스로 부족하게 여겨야 합니다. …… 임금과 신하 사이에는 비록 높고 낮은 지위의 차이는 있지만, 이치와 형세로 보면 서로 필요로 하여 군주는 신하에게 구하고 신하는 군주에게 경계의 말을 하여, 군주의 도(道)가 아래로 행해지고 신하의 도(道)가 위로 도운 뒤에야 덕업이 이루어지고 정치와 교화가 나오니, 이는 변하지 않는 진리입니다.

성혼의 말을 따르면, 삼대(三代)의 이상 시대에는 임금과 신하의 관계가 스승과 친구 같았고 아버지와 아들 관계와도 같아서 서로 존중하고 가까이하고 높은 체하지 않았다. 그러다가 진(秦)나라 이후로 군주만 높이고 신하를 억누른 결과 신하들이 군주에게 아첨하는 풍토가 생기면서 어진 사람들이 정치를 멀리하고 숨어 버렸다는 것이다.

성혼의 상소를 본 임금은 '지론(至論)'이라고 칭찬했는데, 마음속으로도 그렇게 생각했는지는 알 수 없다. 하지만 선조의 총애가 옮겨 가는 듯한 분위기를 간파한 벼슬아치들은 이이를 멀리하고 성혼에게 아첨하면서, 임금에게 성혼을 천거하는 이가 많아졌다. 한번은 어떤 선비가 성혼을 찾아와 이이를 헐뜯고 비방했다. 그러자 성혼은 "나는 살아서는 율곡과 죄를 함께하고, 죽어서는 함께 열전에 오르겠다."라고 말했고, 그 선비는 대경실색해서 떠나갔다. 성혼은 평생 한 번도 이이를 배신하지 않았으며, 둘 사이가 벌어진 일도 없었다.

성혼의 상소문을 칭찬한 임금은 이해 8월에 전생서 주부(종6품)를 제수했는데, 이 벼슬은 이미 옛날에 제수한 것으로 다시 부를 때 벼슬을 높이는 관례를 무시한 것이다. 이런 것을 보면 임금이 진정으로 성혼을 존중한 것인지 의심스럽기도 했다.

성혼이 46세 되던 1580년(선조 13년) 9월에 조정 분위기가 바뀌었다. 1576년(선조 9년)부터 파주와 해주를 오가면서 은거하고 있던 이이가 이해 9월에 홍문관 부제학에 다시 등용되고, 12월에는 사간원 대사간으로 승진했다. 거의 5년 만에 관직에 복귀한 것이다. 이이는 7월에 심한 수재를 만나 해주 석담의 집 앞에 있던 3칸짜리 정자가 떠내려가고 농사를 망쳐 가을에는 굶주릴 형편이 되었다. 아마 이런 절박한 상황이 이이의 마음을 다시 벼슬길로 돌린 것으로 보인다.

이이가 조정으로 돌아올 무렵이던 이해 8월에 임금은 성혼에게 사헌부 장령을 제수했는데, 처음으로 4품의 청요직을 받게 된 것이다. 성혼은 임금에게 사은하기 위해 서울로 가다가 도중에 두통, 치통, 이질이 한꺼번에 발생하여 부득이 고양군에 사직소를 바치고 고향으로 돌아왔다. 임금은 장령을 거두고 한직인 장악원(掌樂院) 첨정(僉正, 종4품)을 제수했다가 12월에 다시 장령을 제수했다. 성혼이 병을 이유로 사양했으나 임금은 윤허하지 않고 날씨가 추우니 말이 끄는 가마를 타고 천천히 오라고 명했다.

이때 이이가 대사간에 취임하여 임금에게 물었다. "성상께서 성혼에게 내리신 은혜와 예우는 근래 드문 일인데, 이 사람을 등용하시려는 것입니까? 아니면 한번 보고 마시려는 것입니까?"라고 물었다. 임금은 "성혼이 어진 것을 내 이미 들어서 알고 있으나 그의 재주가 어떤지 모르겠다."라고 대답했다. 이에 이이는 "사람의 재주는 똑같지 아니하여 혼자서 경륜을 맡을 수 있는 자가 있고, 선을 좋아하여 다른 사람의 재주를 쓸 수 있는 사람이 있습니다. 성혼의 재능이 천하를 경륜할 만하다고 할 수는 없으나 그 위인이 본디 선을 좋아하므로 선을 좋아하면 천하를 다스릴 수 있습니다. 다만 몸에 고질병이 있어서 사헌부 관원의 직책은 감당할 수 없을 것이니, 한가한 자리에 붙인 뒤에 때때로 경연에 입시하게 하면 착한 도를 개진하는 데 도움이 될 것입니다."라고 했다.

이이는 성혼이 한관(閑官)으로서 경연관을 겸하기를 임금에게 요청하고, 성혼에게도 그러기를 권했다. 그러나 성혼은 자신의 거취를 어찌할지 몰라 친구 송익필에게 여러 차례 편지를 보내 가르쳐 달라고 부탁하고, 나아가 자신이 임금을 만나게 되면 반드시 관례에 따라 허심탄회하게 여러 가지를 물어볼 터인데 어떻게 답변해야 좋을지를 자세히 기록하여 가르쳐 달라고 신신당부했다. 송익필은 성혼에게 벼슬을 받으라고 권했다. 송익필은 이이와 마찬가지로 성혼이 벼슬길에 나가기를 바랐다.

성혼이 47세가 되던 1581년(선조 14년)에 드디어 벼슬을 받고 임금을 만나게 된 것은 가장 가까운 친구인 이이와 송익필의 권고에 따른 것이었다.

○○ 정구, 송익필, 이제신 등과 교유하다

임금의 잇따른 부름에도 응하지 않았던 성혼은 고향에 있으면서 새로운 벗을 사귀기도 하고, 평소의 벗들과 부단히 편지를 주고받으면서 안부를 물었다. 관직에 있는 벗들에게는 백성을 사랑할 것을 당부하고, 자신의 거취에 관해 의논하기도 했다.

성혼은 성리학자로 명성을 떨치고 있던 한강(寒岡) 정구(鄭逑, 1543~1620년)를 새로운 벗으로 사귀었다. 성혼이 41세 되던 1575년(선조 8년) 2월 한식(寒食)에 선영에 제사하기 위해 파주 향양리에 갔다가 경상도 성주(星州) 출신 정구를 만났다. 정구는 영남 성리학의 대가인 이황과 조식의 문하에서 성리학을 배운 학자로서 당시 32세였다. 이때 정구는 경기도 장단(長湍)에 있는 선영에 제사하기 위해 올라왔는데, 장단에서 가까운 지역에 사는 성혼을 만나보기 위해 편지를 보내 초청했다. 이에 성혼은 "질병 때문에 장단에 갈 수 없으니, 가까운 이곳으로 왕림해 주시면 다행이겠다."라고 답서를 보냈다. 정구는 이에 흔쾌히 응하여 하룻밤을 유숙하고 돌아갔다.

이해 12월에 성혼이 노비 편에 편지를 보내 정구의 안부를 물었다. 이에 정구가 답장을 보내 은근한 정을 표하며 "함양하는 공부는 경(敬)으로 해야 하고, 학문에 나아가는 것은 치지(致知, 격물치지)에 달려 있다."라는 말을 평생 함께 받아들이자고 하면서 격려했다. 그러고는 명나라 학자 설선(薛宣)이 쓴 『독서록(讀書錄)』이 학문하는 데 가장 간절한 교훈이 된다고 하면서 천곡서원(川谷書院)에서 새로 간행한 『독서록』 한 질을 보내 주었다. 정구는 뒤에 동인 쪽에 가까운 인물이 되었다. 동서 분당이 생기기 이전에는 서인 계열과 동인 계열의 학자들이 아무런 장애가 없이 서로 교유한 것을 알 수 있다. 조식의 문인인 김우옹의 경우도 마찬가지다.

한편 40대의 성혼이 가장 많은 편지를 주고받은 사람은 송익필이었다. 당시 벼슬을 단념하고 파주와 이웃 지역인 안협(安峽, 강원도 이천(伊川))을 오가면서 학문에 몰두하고 있던 송익필은 성리학과 예학, 그리고 자신의 거취에 대해 가장 격의 없이 의논할 수 있는 학우였다.

먼저 41세 되던 여름에 주고받은 편지에서는 이이의 학문에 대한 이야기를 많이 나누었다. 송익필이 먼저 이이의 학문이 지닌 병통을 염려하는 편지를 성혼에게 보냈는데, 성혼은 송익필의 지적에 탄복하면서 이이가 이를 받아들일 가능성이 적다고 걱정했다. 나아가 이이가 학우들과 멀리 떨어져 있고, 지금 만나는 사람들이 모두 이이보다 못한 인물들이라는 것 또한 걱정했다. 성혼이 지적한 이이의 병

통 가운데 하나는 이황과 서경덕(徐敬德)의 학문에 대하여 함부로 평
가한다는 것이었다. 이이는 평소 말하기를 "이황의 학문은 한결같이
선유(先儒)를 계승하여 전해 주었으므로 극도로 삼가서 감히 채워서
넓히고 발양(發揚)하지 않아 구애됨이 많고, 화담의 학문은 바로 자
신의 소견이기 때문에 그 말이 활발하여 허탄함에 흐른다."라고 했는
데, 이 말을 송익필에게 전해 송익필이 이이의 학문을 걱정하게 되었
다는 것이다.

　또 편지에서는 이이에 대해 이런 말도 했다. "율곡의 명민함은 천
품에서 얻은 것입니다. 남들과 담소를 나누면서도 책을 펼쳐 놓고 대
충대충 훑어보아 폭풍처럼 빨리 지나쳐도 이미 대의(大義)를 터득하는
데, 그런 뒤에는 비록 마음을 가라앉혀 깊숙히 음미하더라도 의미가
심장하지 않다 하니, 이는 그가 스스로 말한 것입니다." 그리고 이이
의 뛰어남은 동류들이 따라갈 수 없으나 오늘날 이미 저술(著述)하는
사람으로 자처하니 지금은 비록 세상에 큰 식견을 가진 사람이 없어
서 그가 자신하고 있다 하더라도 끝내 그 장점 때문에 함양하고 실천
하는 공부를 달갑게 여기지 않을까 걱정된다고 말했다. 요컨대 이이
의 학문은 힘써 탐구하고 찾아서 터득한 것이 아니라 총명과 재주로
엿본 것이므로 도가 밝아지지 못하고 행해지지 못한다고 보았다. 여
기서 이이가 저술가를 자처하고 있다는 말은 이이가 34세 때 『동호문
답』을 써서 임금에게 바치고, 39세 때 「만언봉사」를 올리고, 40세 되
던 바로 이해 여름에 『성학집요』 같은 엄청난 성리학 저서를 낸 것을
염두에 두고 한 말인 것 같다. 학문은 총명과 재주로 하는 것이 아니
라 공부를 깊이 하고 실천하는 가운데 체득한 것이 중요한데 이이는

자신의 주견을 담은 저서를 너무 쉽게 쓰고 있다는 뜻이다.

이이에 대한 성혼과 송익필의 걱정은 비단 이번만이 아니었고, 또 이이에게도 항상 그런 걱정을 솔직하게 직언해 왔다. 이러한 충고가 결과적으로 이이의 학문과 인격을 높이는 데 긍정적으로 기여했다는 점에서 친구의 진정한 책선의 면모를 볼 수 있다. 하지만 이이의 입장에는 성혼과 송익필의 시각이 지나치게 기존 학설에 얽매여서 성리학을 더 이상 독창적으로 발전시키지 못한다고 여겼을 것이다. 세 사람의 학문 가운데 성혼과 송익필은 선유의 학설을 충실히 따르면서 몸으로 실천한 도덕적 우등생이라고 한다면, 이이는 도덕적 우등생은 아니지만 기존의 성리학을 독창적으로 발전시켰다는 점에서 학술적 우등생이라고 할 수 있을 것이다.

성혼이 이이의 실천 행위를 미덥지 못하게 여겼다는 한 가지 예가 있다. 이이가 1574년(선조 7년)에 우부승지(右副承旨, 정3품)에 임명되었을 때 이이는 사양하는 상소를 올리지 않고 취임하여 주위 사람들의 비방을 들었다. 성혼은 그 일을 지적하면서 벼슬을 피하고 조심하는 모습을 보이지 않은 것이 잘못이라고 지적했다. 그러면서 "이렇게 하찮은 일을 훌륭한 분에게 말씀드리는 것은 깊이 사랑하고 사모하는 마음에서 나온 것이니, 스스로 우스우나 말씀드리지 않을 수 없으니, 한번 보고 웃으셨으면 합니다."라고 끝을 맺었다. 사실 벼슬을 받을 때마다 사직소를 올리는 것이 선비의 미덕이고, 이이도 그렇게 한 것이 한두 번이 아니었다. 하지만 때로는 사직소를 올리지 않고 벼슬을 받기도 했는데, 성혼처럼 모범적인 도덕군자의 눈으로 보면 이이의 그런 모습이 선비답지 못한 것으로 여겨졌던 것이다. 바로 이런 것이 성혼과 이이의 차이점이었다.

성혼은 42세 되던 1576년(선조 9년)에는 송익필에게 편지를 보내 그가 추진하고 있던 서실 설립에 관한 의견을 나누었다. 송익필은 자신이 세우고자 하는 서실을 도굴(道窟)이라고 불렀다. '도를 닦는 소굴'이라는 뜻인데 이것이 공식 명칭은 아니다. 성혼은 서실이 세워지면 젊은 후생들이 사방에서 모여들겠지만 이이도 때때로 찾아와서 참여하게 하고, 자신도 참여하여 말석에서 문답하는 사람이 될 것이라고 격려했다.

이듬해 2월에는 다시 송익필에게 편지를 보내 도굴을 짓기 위해 토지를 바꾸겠다는 말을 들어 기쁘다는 말을 전하고, 이어 송익필이 도굴을 짓고 독립하려는 의지를 머슴살이에 비유하여 격려했다. 농사꾼이 남의 땅을 경작할 때에는 정성을 쏟지 않고 그럭저럭 흉내만 내면서 하루하루를 보내어 한 해를 마친다. 그러다가 분가(分家)하여 자기 집을 갖고 농사하게 되면 새벽에 일찍 일어나는데 그 모습이 정성스럽고, 밭을 바라보고 가는 발걸음이 바쁘니 농사일이 잘 이루어진다. 그리하여 마을 사람들이 그를 보고 예전의 농사꾼이 아님을 알게 된다. 오늘날 군자들이 학문하는 것도 큰 집의 농사꾼과 같다. 이 말은 비루하고 속되어 올릴 만한 말이 아니지만, 송익필과 그 제자인 김장생이 모두 알았으면 한다고 격려했다.

같은 해인 1577년(선조 10년) 4월, 성혼은 이이가 제사를 지낼 때 서모(庶母)를 너무 우대하는 것은 예에 맞지 않는다고 걱정하는 편지를 송익필에게 보냈다. 이이의 서모는 비첩이고, 비첩은 제주(祭酒)보다 윗자리에 설 수 없다. 이이는 해주 석담에 부모의 사당을 세우고 형수(兄嫂)인 곽씨로 하여금 신주(神主)를 받들고 와서 거처하게 했는데, 삭망(朔望)의 제사를 올릴 때 주부(主婦)인 형수의 윗자리에 서모를 모시려고 했다. 이는 서모를 정(情)으로 대하는 것으로 예(禮)에는 어긋난다는 것이다. 송익필은 예학의 대가이므로 당연히 성혼의 입장에 동의했다. 그런데 성혼은 이해 12월에 보낸 편지에서는 좀 다른 해석을 내렸다. 즉 며느리는 서모를 '작은 시어머니'로 부르고, 서모의 복(服)도 입는다. 또 제사의 음복(飮福)과 잔치는 온 가족이 모여 화합하는 자리이므로 이이가 말한 대로 서모를 우대할 수 있을 듯도 한데 송익필의 의견은 어떤지를 다시 물었다.

여기서 성혼과 이이의 예학의 차이점이 드러난다. 예를 중시하는 성혼과 정을 중요시하는 이이의 차이점이 그것이다. 이이가 사단칠정을 논할 때 사단을 칠정 속에 포함시켜 칠정을 존중하는 주장을 내세운 것은, 다른 말로 하면 예보다 정을 중요시하는 이이의 인성론(人性論)과 관련이 없지 않다. 하지만 성혼의 생각은 이이와 토론을 거치면서 점차로 의견이 좁혀지고 있었다.

한편 윤8월에 성혼은 또 송익필에게 편지를 보냈다. 이이가 지금 임진 나루(율곡)에 머물고 있는데 그 집이 좁아 집이 다소 더 넓은 자신의 집에서 4~5일간 문회(文會)를 열고 『대학』과 『논어』의 음(音)과 해석(解釋)을 강론하고자 하니, 송익필도 율곡으로 가지 말고 우계로 곧바로 오면 영광으로 여기겠다는 내용이다. 이 편지를 보면 이이가 살던 집보다는 성혼의 집이 그래도 조금 더 컸던 모양이다.

이해 12월에는 『논어』의 '민신(民信)'에 관한 송익필의 해석에 대해 이의를 제기하는 편지를 보냈다. '민신'에 관한 해석은 두 가지가

있는데, 하나는 "백성이 윗사람에게 신의를 지킨다.(信於上)"라는 해석
이고, 다른 하나는 "백성이 윗사람을 믿는다.(信其上)"라는 해석이다.
이에 대해 송익필은 후자의 해석이 맞다고 했는데, 대주(大註)에는 전
자를 따르고 있다는 것이다.

　　사실 '민신'을 어떻게 해석하느냐에 따라 유교의 정치사상이 달
라질 수 있다. 『논어』를 보면 어떤 제자가 공자에게 정치란 어떻게
하는 것이냐고 묻자 공자가 세 가지라고 대답했다. 첫째 족식(足食),
둘째 족병(足兵), 셋째 민신지(民信之)가 그것이다. 여기서 족식은 백성
들의 먹을 것을 넉넉하게 해 주는 것이고, 족병은 군대를 튼튼하게
만드는 것이다. 그런데 이 세 가지 가운데 어떤 것이 가장 중요하냐
고 다시 묻자, 공자는 '민신지'라고 대답하면서 '민신지'가 안 되면
'족식'과 '족병'도 되지 않고, 정치가 서지 못한다고 답했다. 여기서
'민신지'를 '백성이 임금에게 신의를 지킨다.'라고 해석하는 것과, '백
성들이 정치를 믿게 만든다.'라고 해석하는 것은 상당한 차이가 있는
데, 공자가 말한 뜻은 후자다. 정치는 백성들이 윗사람을 믿게 만드
는 것으로, 그래야 족식과 족병도 가능하다고 본 것이다. 이렇게 보
면 대주의 해석은 잘못된 것이고, 송익필의 해석이 맞는다고 볼 수
있다.

　　44세가 되던 해(선조 11년) 6월에 보낸 편지에서는 이이가 큰 문제
가 아닌 것을 문제 삼다가 벼슬을 그만두어 물자와 양식이 이미 고
갈되었는데, 임진 나룻가에 머물면서 더위까지 먹어 병이 들어 걱정
스럽다고 했다. 또 이황과 조식의 문인인 이순인(李純仁, 1533~1592년)도
멀리 사람을 보내 안부를 묻는다고 하면서 이런 청류(淸流)의 사람(율

곡 이이)을 잘 붙들어서 벼슬을 떠나지 않게 해 달라고 송익필에게 부탁했다.

이듬해 송익필에게 보낸 편지에도 벼슬을 버리고 낙향한 이이에 대한 걱정이 담겨 있었다. 이이가 지나치게 변통(變通)을 주장하여 적을 많이 만들고 있는 것이 걱정이라는 것이다. 그 뒤에 보낸 편지에는 주로 상제례(喪祭禮)에 관한 질문이 많았지만 이이에 대한 이야기도 빠지지 않았다. 예컨대 "뜻(志)이 집중되면 기(氣)를 움직이고, 기가 집중되면 뜻을 움직인다."라는 선현의 말씀에 대하여, 이이는 "『춘추』에서 기린을 잡은 것은 뜻이 집중되어 기운을 움직인 것이고, 성현도 질병을 앓아 마음이 편치 않은 것은 기가 뜻을 움직인 것이다."라고 해석했는데, 이 말이 그럴 듯하지만 뜻과 기가 움직일 때에는 선과 악이 다 있음을 고려해야 한다고 말했다. 또 성혼이 사헌부 장령의 벼슬을 받았을 때에는 어떻게 처신해야 좋을지 물으며, 임금을 만나게 되면 무슨 말을 해야 되는지 상세히 가르쳐 달라는 부탁도 잊지 않았다.

또 다른 친구인 심예겸과의 교유는 성혼 39세 때 심예겸이 우계를 방문한 데서 시작되었음을 앞에서 이미 설명했는데, 40세 되던 해에도 몇 차례 편지가 오갔다. 1574년(선조 7년) 1월에 보낸 편지에서 성혼은, 나이가 이미 마흔이 되었는데 이 정도까지 살 것으로 기대도 하지 않았다면서, 그동안 아무것도 이룬 것 없이 병치레만 하고 살았는데 벼슬을 제수하는 명을 계속 받아 명성을 도둑질하고 세상을 속이고 있다고 탄식했다. 그러면서 이이도 이미 벼슬길에 나아갔고, 안민학도 어버이를 위하여 벼슬길에 나갔는데 자신만 홀로 초야의 초

라한 몸이 되었다고 한탄하며, 심예겸이 한번 찾아온다면 전에 약속한 대로 닭을 잡고 기장밥을 지어 먹으면서 흥금을 털고 이야기하자고 제안했다. 아직 벼슬을 하지 않고 있는 심예겸을 동병상련의 대상으로 보고 있는 것이다.

심예겸은 그 후 도사(都事, 종5품)라는 지방관을 하게 된 것으로 보인다. 이해 8월에 심예겸이 성혼에게 편지를 보내 자신이 점점 세속에 젖어 든다고 한탄하자, 성혼은 백성을 사랑하고 국가를 받들지 않고 호의호식하고 처자식이나 사랑하고 자기 주머니만 채우는 자들과는 함께 말을 할 수 없으니 부디 학문에 정진하라고 당부했다. 그로부터 석 달이 지난 11월에 성혼은 다시 편지를 보내 개성 천마산의 아름다운 수석(水石)이 너무 그리워 다시 찾고자 하는데 돌아오는 길에 심예겸의 집에 들르고 싶다고 청했다. 성혼은 37세 때 천마산을 여행하며 서경덕의 유허(遺墟)를 탐방하고 산수의 아름다움과 화담의 학덕에 무한한 감동을 느끼고 온 바 있다.

그런데 1575년(선조 8년)에 동서 분당이 일어난 뒤에는 심예겸과의 왕래가 잠시 끊겼다. 그의 형 심의겸이 동서 분당의 중심인물로 떠올랐기 때문에 피차 오해를 불러올 것이 두려워 교유를 자제한 것으로 보인다. 하지만 43세 되던 1577년(선조 10년)부터 다시 왕래가 이루어졌다. 이때 심예겸이 성혼을 방문하여 열흘간 머물고 돌아갔다. 심예겸도 당시 벼슬 없던 처지에 산골에서 외롭게 지내는 성혼과 만나 서로를 위로하기 위해 방문한 것이다. 성혼은 그의 방문에 감사의 뜻을 표했다. 그리고 심예겸은 세상일을 완전히 포기하지도 않고 공부를 착실하게 하는 것도 아니어서 이리저리 표류하고 있는데, 앞으로는 세상일은 자연에 맡기고 몸과 마음을 고요한 데 두고서 공부에 몰입하면 의(義)와 이(利)가 분명해져서 말년의 일이 확고해질 것이라고 충고했다. 그 후 심예겸은 군수를 거쳐 임진왜란 때 성천 부사를 지냈고, 편지를 주고받으면서 교유를 이어 갔다. 심예겸은 깨끗한 선비의 모습을 끝까지 지켰다.

40대 시절의 성혼은 청강 이제신(李濟臣, 1536~1583년)과도 가까운 사이였다. 성혼보다 한 살 아래인 양평 출신의 이제신은 명종 때 문과에 급제하여 벼슬이 사간원 정언을 거쳐 사헌부 지평에 있었는데, 성혼이 41세 되던 1575년(선조 8년) 9월에 이제신에게 보낸 편지가 남아 있다. 이 편지에서 성혼은 자신이 벼슬(공조 정랑)을 받아 도성에 80일간 머물면서 아무것도 하는 것이 없어 수치스럽게 살고 있다면서, 이제신은 자기 같은 사람을 본받지 말고 학문을 심오하게 하여 통달한 관리가 되라고 권고했다.

성혼이 44세이던 1578년(선조 11년)에 이제신은 진주 목사(晉州牧使)였는데, 이해 3월에 성혼이 그에게 충고하고 격려하는 편지를 보내 이렇게 말했다. 옛날 선비들은 자신의 역량과 학문을 헤아려서 직책을 맡을 수 있다고 여겨지면 사양하지 않고 나갔으나, 만일 학문과 역량이 미치지 못한다고 생각하면 예를 갖추어 사양하고 물러났다. 그런데 요즘 선비들은 명망이 낮을 때에는 겸손하고 온화한 선비 같다가 명망이 높아지면 태연히 지위에 올라 부귀영화를 누리는 것을 본래 소유했던 것처럼 여긴다. 가만히 그들의 행적을 살펴보면, 처세를 잘하여 자리를 차지한 것이지 나아가고 물러나는 선비의 도리가 없다. 이제신은 풍력과 도량, 재주와 문학이 뛰어나서 당대의 현자들이 따를 수 없고, 처사가 명백하고 곧아서 우뚝한 절조를 다른 사람들이 범할 수 없다. 그러나 학문이 자신할 만한 경지에 이르지 못했는데 욕심을 갖고 조급하게 벼슬길에 나아가기를 좋아하는 사람이 되지 말아야 한다고 충고한 것이다.

성혼은 이듬해에도 진주 목사를 하고 있던 이제신에게 여러 차례 시와 편지를 보내면서 우정을 나누었다. 그 시 가운데 하나를 소개하면 이렇다.

천심(天心)을 닮아 인(仁)을 본성으로 간직하니 　克肖天心性此仁
몸에 가득한 것은 모두 호생(好生)의 봄이라오 　滿腔都是好生春
벽에 써 붙인 여상(如傷)의 글자 보기 부끄러우니 　壁間愧視如傷字
서(恕)를 미루어 나가려면 '차마 못하는 마음' 가져야지 　推恕須從不忍人

이 시는 생명을 사랑하는 호생의 인을 가지고 '백성을 사랑하기를 상처 돌보듯이 해야(視民如傷)' 하며 '차마 못하는 마음(不忍人之心)'으로 너그러운 정사를 펴야 한다는 뜻으로, 수령이 지켜야 할 덕목을 강조한 글이다. 시라기보다는 도덕적 교훈이라고 할 수 있다. 성혼은 수령으로 나가는 친구나 제자들에게는 반드시 이런 부탁을 했는데, 이는 성혼이 백성의 행복과 불행이 수령의 손에 좌우된다는 것을 얼마나 중요하게 여겼는지를 잘 보여 준다.

이제신은 진주 목사 시절(선조 11년 3월)에 몸에 차고 있던 병부(兵符, 신분증)를 도둑맞은 일이 있었는데, 성혼은 이 소식을 듣고 편지를 보내 병부를 도둑맞은 사실을 위로하면서 도둑들 가운데 억울하게 연루된 자들을 너그럽게 용서하여 비방을 줄이고, 고을 사람들에게 너무 엄격하여 정이 부족하다는 비방을 듣지 않도록 하라고 당부했다. 그러고 나서 마지막에 "제가 형을 깊이 흠모하는 마음이 없다면 어찌 감히 이런 말을 올리겠습니까? 사람은 잘하는 일이 있으면 반드시 지극하지 못한 점도 있는 법입니다."라는 말을 덧붙여 깊은 우정과 신뢰를 표시했다. 앞에 소개한 시에서 '백성을 사랑하기를 상처 돌보듯이 하라.'라는 구절도 같은 맥락에서 한 말이다.

4월에 이제신이 탄핵을 받아 서울로 올라오자 성혼은 또 편지를 보내 이제신을 위로하며 이렇게 말했다. 옛말에 세상에 뜻대로 되지 않는 일이 열 중에 일고여덟이며, 사람들의 마음은 내 마음과 똑같지 않다고 했다. 세상 이치가 이러한 것을 깨닫고 남을 원망하지 말라고도 일렀다. 그리고 "중요한 일에 나처럼 의견이 합치되는 사람도 드물 것"이라면서 다시 한번 우정을 보여 주었다.

이제신은 성혼의 편지를 받고 5월에 답장을 보내, 성혼의 걱정이 지나치고 근거가 없음을 들어 섭섭하게 생각한다는 뜻을 표하면서 "잘못한 것이 있으면 고치고, 없으면 더욱 힘쓰겠다."라고 했는데, 성혼은 그 편지를 받고 부끄럽고 경솔했다고 사과를 했다. 다만 그런 말을 한 것은 "도리가 그렇다."라는 뜻이라고 변명했다.

이제신은 성혼과 같은 좋은 친구를 두어서 그랬는지 벼슬이 부사(府使)와 함경도 병마절도사(兵馬節度使, 종2품)에까지 올랐다. 1584년(선조 17년)에 49세로 세상을 떠났는데 『선조실록』의 졸기를 보면 "이제신은 몸가짐에 청렴한 지조가 있어 죽은 뒤에는 집에는 한 섬의 저축도 없었다."라고 기록되어 있다.[2] 그는 『청강쇄어(清江瑣語)』라는 수

필집을 저술했으며, 우리나라의 풍속과 습관, 문물 제도의 연혁 등을
수록한 명저로 알려져 있다.

○○ 임금을 만나 「신사봉사」를 올리다

47세가 되던 1581년(선조 14년)은 성혼이 처음으로 임금을 직접
만났고, 여러 가지 개혁안을 올리기 시작한 해였다. 이미 10여 년 전
부터 임금이 수많은 벼슬을 내려 주었지만, 임금을 직접 만난 일은
없었다.

이해 1월 임금은 정4품직인 사헌부 장령을 다시 제수했다. 그러
나 성혼은 서울로 올라가 대궐 아래에 가서 은혜에 감사하는 절을
올리고(謝恩肅拜), 1월 10일부터 세 번에 걸쳐 병으로 사직을 청하는
소를 올렸다.[3]

이 무렵 이이는 사간원 대사간을 맡고 있으면서 임금에게 경장
을 촉구하고 현자를 우대하라는 상소를 잇달아 올리고 있었다. 경연
관으로 있던 김수(金晬)와 김우옹도 잇달아 성혼을 우대하여 한가한
직책을 주되 경연에 자주 입시하게 하자고 거듭 임금에게 청했다. 임
금은 성혼의 세 번에 걸친 사직소를 받아들여 해직시키는 대신 서울
에 머물러 병을 치료하라고 명하고, 이어 내의에게 명하여 병을 간호
하고 약을 지어 주라고 일렀다. 아울러 서울 생활이 궁핍하므로 특별
히 쌀과 콩 등 식량을 내려 주었다.

이해 2월에 임금이 다시 한직에 속하는 종묘서 령을 내리자, 성

혼은 대궐에 나아가 사은숙배했다. 그러자 임금은 경복궁 사정전(思政殿)으로 그를 불러들여 직접 만났다. 30세의 임금과 47세의 성혼이 첫 대면을 한 것이다. 임금이 학행으로 천거된 인물을 처음 만날 때에는 정치의 대도(大道)를 물어보는 것이 관례였다. 성혼은 전부터 송익필과 이이에게 물어 준비해 둔 말을 길게 개진하고, 이어 사직을 청하는 소를 올렸다.

성혼이 처음 임금 앞에 나아가 엎드려서 말하자, 임금이 "얼굴을 보고 싶으니 부복하지 말라."라고 말하여, 성혼이 일어나 앉았다. 임금은 다시 "나를 덕이 부족하고 자질이 둔하고 어리석다 여기지 말고, 머물러 있으면서 나의 과실을 바로잡아 달라."라고 말했다. 이는 성혼에게 경연에 입시하기를 부탁한 것이다. 경연이란 임금이 학문이 높은 홍문관 관원이나 학자들과 유교 경전을 함께 읽으면서 정치를 토론하는 제도를 말한다.

선조가 성혼에게 질문한 내용은 크게 네 가지였다. 대도의 요체, 치란(治亂, 정치를 잘한 것과 잘못한 것)의 역사, 시정(時政)의 득실, 그리고 민생을 위한 방책이다. 이에 대해 성혼은 임금 앞에서 준비한 말을 일단 개진했지만, 그 자리에서 미처 다 표현하지 못한 내용을 다시 정리하여 4월에 거의 만 자에 달하는 긴 글을 올렸다. 이 상소를 신사년에 올렸다 하여 후세인들은 「신사봉사(辛巳封事)」라고 부른다. 그런데 임금은 2월에 성혼이 종묘서 령을 거부하자, 3월에 다시 내섬시 첨정을 제수했다. 내섬시는 궁전에 음식 재료를 바치는 공상(供上)과 2품 이상의 고관 및 왜인과 야인(野人)에게 줄 술, 그리고 직조(織造)를 관장하던 관청이다. 따라서 「신사봉사」를 올린 4월은 내섬시 첨정을 제수받았을 때였다.

「신사봉사」를 올리기 전에 성혼은 이이에게 "내가 상소하여 품은 생각을 아뢰고 떠나고자 하는데, 어떻게 생각하는가?"라고 물었다. 이에 이이는 "형은 시골에 사는 선비로 비상한 은혜를 받았으니, 할 말을 다하고 숨기지 말아 성상의 마음을 감동시켜야 할 것입니다. 성상께서 다행히 받아들이신다면 사직(社稷)의 복이요, 불행히 받아들이지 않으시거든 작별하고 벼슬을 그만두면 부끄러움이 없을 것입니다."라고 했다. 그래서 성혼은 상소문을 작성했다. 이이는 상소문을 읽고는 "세상에 이러한 의논이 반드시 있어야 하니, 한번 읽어 보기만 해도 사람의 마음을 상쾌하게 한다."라며 칭찬했다. 상소문은 임금이 질문한 순서에 따라 '대도의 요체', '고금의 치란', '시정의 득실', '백성들의 곤궁한 생활' 등 네 가지 조목으로 나누어 차례로 의견을 개진했다.

먼저 대도의 요체에 대한 대답은 이미 2년 전에 올린 「기묘봉사」에서 말한 것과 중복되는데, 한마디로 정리하면 대도의 요체는 하늘의 이치를 따라 하는 정치라는 것이다. 하늘은 모든 생명체를 사랑하여 낳아 주고 길러 주는 마음을 지니고 있는데, 그것이 바로 인(仁)이다. 비유하자면 우주의 헌법(憲法)은 바로 인이라는 말이다. 그런데 인의 정치를 하려면 무엇보다 임금이 마음을 깨끗하게 수양하는 것이 가장 중요하다. 그 방법을 성리학적으로 표현한 말이 '정일집중'과 '극기복례'이다. 정일집중은 마음을 비우고 정신을 정성스럽게 한곳에 모아 어느 한쪽에 치우치지 않는 중(中)을 잡는다는 뜻이고, 극기복례는 자신의 사사로운 욕심과 싸워서 이겨야 예로 돌아갈 수 있다는 뜻이다. 임금이 이렇게 마음을 비우고 순수해지면 신하들이 임금의 잘못을 비판하더라도 꺼리거나 싫어하지 않고 받아들이게 되고, 그래야 정치가 깨끗해지고 올바르게 되며 백성이 편안해진다는 것이다. 그리고 임금이 이렇게 마음을 다스리려면 하루도 쉬지 않고 성학(聖學) 곧 성리학을 공부해야 한다. 공부하지 않고 성인이 될 수는 없기 때문이다.

치란의 역사는 정치가 잘되었던 시대와 잘못되었던 시대가 언제이며, 왜 생기는가의 문제이다. 정치가 잘된 치세(治世)는 바로 위에서 말했듯이 임금이 성인이 되어 마음을 비우고 겸손하게 어진 신하를 등용하여 그에게 정치를 맡기고, 어진 신하들의 언로(言路)를 크게 열어 좋은 말을 거침없이 받아들이는 정치를 말한다. 역사적으로 보면 요순시대와 하은주(夏殷周) 삼대(三代)가 여기에 해당한다. 요즘 말로 하면, 민주적인 정치를 가장 잘한 시대가 치세이고 이상 시대이다. 치세의 반대가 되는 것이 난세(亂世)이다. 난세가 오는 이유는 군주가 사사로운 욕심을 가지고 정치를 독단하면서 어진 이를 등용하거나 말을 듣지 않고, 권력과 이욕을 추구하는 아첨배를 가까이하여 백성을 괴롭히는 시대이다. 요즘 말로 하면 지배층이 사욕만을 채우는 독재 시대를 말한다. 이런 시대는 주나라가 망하고 나서 진나라가 천하를 통일한 뒤에 나타났는데, 한당송(漢唐宋) 시대 사이사이에 치세가 간혹 있긴 했으나, 상고 시대의 이상을 보여 주지는 못했다고 본다.

사실 정치의 대요와 치란에 대한 해석은 비단 성혼만이 주장하는 것이 아니고 유자(儒者)라면 누구나 하는 말이다. 다만 말로만 떠들고 실천을 하지 않는 것이 문제이다. 또 이런 말을 하는 사람이 먼저 모범적인 모습을 보여 주고 있어야 설득력을 갖는데, 성혼은 바로 그러한 도덕군자였던 까닭에 같은 말이라도 무게가 실리게 되는 것이다.

세 번째로 논한 시정의 득실은 먼 옛날이야기가 아니라 바로 오늘의 정치가 잘되고 있는가 못되고 있는가를 말하는 것이므로 가장 예민한 문제이기도 했다. 잘못하면 임금의 미움을 크게 사는 대목이기도 했다. 여기서 성혼은 임금이나 아첨꾼의 미움을 각오하고 솔직하게 속마음을 털어놓았다. 벌이나 죽음을 받을 각오가 되어 있지 않으면 임금 앞에서 바른말을 할 수 없기 때문이다.

성혼은 지금 조정에 어질고 강직한 군자와 이욕을 탐하고 아첨하는 소인이 뚜렷하게 구분되어 있는 것은 아니지만, 어질고 강직한 신하보다는 임금에게 잘 보이려고 아첨하거나 무사안일로 세월을 보내는 신하들이 많다고 지적했다. 그러면서 이렇게 국가 기강이 무너진 책임은 임금이 현자를 등용하여 국사를 맡기지 않은 데 있다고 보았다. 정치는 임금 혼자서 하는 것이 아니고 신하의 도움을 받아서 함께하는 것이므로 인재를 어떻게 등용하느냐가 가장 중요하다. 옛말에 "인재는 다른 시대에서 빌려 올 수 없는데, 하늘이 한 세상 사람을 낳으면 반드시 한 세상을 다스릴 수 있다."라는 말이 있다. 지금 이 나라에는 인재가 없는 것이 아닌데도 정성으로 찾지 않고 있는 것이 문제라는 것이다.

또 어진 인재를 얻었다 하더라도 그 사람의 말을 듣지 않고, 아첨꾼들의 고분고분한 말을 좋아하면 그것은 곧 좋은 인재를 스스로 버리는 일이다. 그런데 선조 임금은 어떠했는가? 성혼의 말을 직접 들어 보자.

전하께서는 착한 무리를 좋아하면서도 그들이 괴이한 것을 좋아한다고 의심하시고, 악한 자를 미워하면서도 그들이 순종하는 것을 사랑하시어, 인재를 등용할 때 모나지 않고, 무르고 잘 따르며, 침묵을 지키는 무능한 자들을 뽑아 발탁하고 총애하십니다. 이런 무리들이 높은 자리와 중요한 지위에 가득 찼기 때문에 매양 벼슬을 내리는 특명이 있을 때마다 유식한 사람들은 모두 걱정하고 한탄합니다. 서울 사람들은 "아무개는 사주를 잘 타고나서 벼슬이 날로 높아진다."라고 말할 뿐 절대로 그 사람이 덕이 있어 발탁되었다는 말을 들어보지 못했습니다.

전하께서 인정하고 발탁하는 자들은 매번 인망(人望) 밖에서 나오니, 이러고서야 백성들의 마음을 어떻게 복종시키며, 여러 업적이 무너지지 않을 수 있겠습니까? 전하께서는 '선비들은 괴이한 것을 좋아하여 과격하고 우활한 병통이 있으니, 이들을 등용하면 반드시 나라가 안정되지 못할 것이다. 유속(流俗)의 사람들은 옛것을 잘 따르고 규칙을 잘 지켜 부리기가 쉬워서 일을 이룰 수 있으며, 과격한 병폐가 없으니 이들이 차라리 낫다.'라고 생각하실 것입니다. 그러나 이것은 정치가 인물을 얻는 데 있음을 알지 못하시는 것이니, 인재를 얻지 못하고 나라가 다스려지는 이치는 없습니다.

유속의 사람들은 고상한 뜻이 없이 오직 관작(官爵)만을 좋아하여 정사를 할 때 문서를 대조하고, 옛날부터 해 온 고사(故事)를 따라 자신의 벼슬자리를 잃지 않으려고 할 뿐입니다. 이 때문에 인사권을 맡기면 사욕을 앞세우고 국가를 뒤로하며, …… 옥사를 주관하게 하면 오직 청탁에 따라 판결하고, 병폐를 논하게 하면 지난날의 규칙을 지킬 뿐이지 국가의 안위나 백성이 좋아하고 싫어함을 대수롭지 않게 여겨 관심 두지 않습니다. 전하의 국사(國事)가 한 자, 한 치도 앞으로 나아가지 못하고, 날로 퇴보하고 실패하여 수습할 수 없는 지경에 이르게 한 것이 모두 이들의 소행입니다. 그런데도 전하께서는 이들을 크게 예우하고 소중히 대하여 마치 바람이 불어 풀이 넘어지는 형세로 몰아가고 있습니다.

전하께서는 병통의 뿌리가 어디에 있는지를 밝히지 않으시고, 단지 국사가 날로 잘못되는 것만을 걱정하시니 …… 지금 그 병통을 모르는 사람이 없는데도 유독 전하만이 듣지 못하시는 이유는 지금 조정에 국가를 걱정하는 자가 적기 때문입니다. 모두 이 말을 입 밖에 내어 전하께서 이것을 깨닫게 되시면 자신들의 권세와 이익을 잃을까 두려워하는 이뿐이니, 누가 이것을 말하고 싶어 하겠습니까? …… 신은 차라리 말씀을 드렸다가 죄를 받을지언정 차마 말씀드리지 아니하여 전하를 저버릴 수는 없습니다.

성혼은 임금의 실덕(失德) 가운데 가장 나쁜 것이 자신의 과오를 듣기 싫어하는 것이라고 했다. 과오에 대해 듣기를 싫어하면 충언(忠言)을 하는 자들은 날로 물러가고 아첨 떠는 소인배들이 날로 진출하여 정치가 문란해지고, 나라가 위험하고 망하는 길로 나아가게 된다고 말했다. 또한 좋은 말을 듣고 싶어 하면서도 도량이 넓지 못하여, 면대하여 바른말을 하거나 간쟁하여 마음에 거슬리는 것이 있으면 좋지 않은 기색을 보이기도 하고 크게 진노하기도 하므로 신하들이 두려워서 말을 하지 못하고 있으며, 그래서 임금에게 충언하는 신하들이 없어졌다고 했다. 신하들이 정사의 득실을 논하면 묵묵히 듣고 대답을 하지 않으며, 경연에서도 경전의 뜻을 강론하면서도 도를 찾으려는 마음이 없으며, 신하들이 좋은 계책을 올려도 이를 시행하는 것을 볼 수가 없다고 했다.

성혼은 결론적으로 재위 15년이 되는 선조 정치의 실패를 이렇게 정리했다. 임금이 먼저 떨쳐 일어나지 않기 때문에 임금을 사랑하고 국사에 몸 바치려는 뜻을 지닌 자들은 늘 근심과 비탄에 잠겨 충성하고 싶어도 할 수가 없다. 반면 지위를 탐내고 녹봉만을 좋아하여 의리와 염치가 없는 무리들은 뜻과 기운이 가득 차서 순서대로 자급(資級)을 거쳐 고관의 자리에 오른다. 이 때문에 현명한 자와 우매한 자의 지위가 거꾸로 되어 모든 공적이 땅에 떨어지고 있다.

성혼은 잘못된 정치의 일차적인 책임은 임금에게 있지만, 당시 대신(大臣, 정승)에게도 문제가 많다고 쓴소리를 했다. 대신 가운데 한두 사람은 인망이 있는 사람들이지만, 경국제세(經國濟世)할 만한 인물이 아니고, 일을 담당할 뜻이 없어서 단지 얌전히 삼가며, 가끔 조그만 유익함을 바칠 따름이니, 이런 사람들이 세상의 어려움을 바로잡고 구제할 수는 없다. 나머지 고관들로서 이 뒤에 대신이 되기를 바라는 자들도 인망 있는 자가 없다고 했다. 그러니 위아래가 모두 잘못되고 있다는 것이다.

끝으로 곤궁한 민생을 안정시키는 방도에 대해서는 "백성들의 곤궁하고 피폐한 상황에 대해서는 신이 (초야에서) 직접 경험하고 고통을 겪어 보아서 그 실정을 자세히 알고 있다."라고 전제했다. 이어 우리나라는 산천과 숲이 국토의 10분의 7을 차지하고 있어 물산이 풍부하지 못하고 인구가 희소하므로 인민이 가난한 나라인데 근래 풍속이 사치스러워져 국가와 개인의 재정이 날로 낭비되어 자급자족이 불가능한 상태에 있다고 했다. 특히 국가의 군역(軍役)과 토산물을 바치는 공납(貢納)이 고르지 못하며, 이를 피해 도망가면 이웃과 친척에게 부담시킨다. 이로 인한 백성의 원망과 고통이 심하며, 특히 공납은 농민을 괴롭히는 가장 큰 악법이라고 했다. 원래 국초의 법은 간략하고 번거롭지 않았는데, 연산군 때에 이르러 황음무도한 임금이 가렴주구를 일삼은 것이다. 그런데 그 뒤로 70여 년을 계승하며 마치 선왕(先王)의 성법(成法)인 양 개혁할 수 없는 것으로 여기고 있는 것이 애통스럽다고 했다.

성혼은 농민들이 부역(賦役)으로 고통받고 있는 모습을 경험을 통해 "우리 집에서 가까운 이웃집에서 밥 짓는 연기가 끊어진 지 오래되었는데도 부역을 독촉하는 소리가 들린다는 말을 들을 때마다 가슴이 뭉클해지고 한숨이 나온다."라고 진달했다. 그런데 근래 부역의 폐단을 언급하는 신하들이 간혹 있으면 임금은 성법을 거울 삼고 개혁을 신중히 하며, 또 개혁할 경우 용렬한 사람들이 소요를 일으킬까 염려하여 항상 그 말을 좋아하지 않는 듯이 말한다고 지적했다. 그러나 성법이 아무리 좋더라도 백성들에게 피해를 주는 것은 반드시 고쳐야 하므로 '혁폐도감'이라는 임시기구를 설치하여 백성들을 이롭게 하는 법을 시급히 새로 만들어야 한다고 강조했다.

부역의 폐단을 시정하는 방법도 함께 제시했다. 우선 국가의 1년 경비를 줄여서 회계(會計)하고, 수입에 따라 지출하는 양입위출(量入爲出)로 하며, 매년 수입의 일부를 저축하여 비상사태에 대비하고, 공물을 비롯한 세금은 호구(戶口)와 농토(農土)의 많고 적음, 그리고 현지 물산(物産)의 있고 없음을 고려하여 현물로 고르게 바치게 해야 한다. 그러니까 성혼은 공물을 대납하는 방납제도(防納制度)에 반대한 것이다. 그 밖에 작은 현은 큰 현에 합병시키고, 쓸데없는 관직인 용관(冗官)을 혁파하면 백성의 부담에서 10분의 5~6은 제거될 것이라고도 했다. 이렇게 해서 백성들이 도망가지 않게 해야 군정이 제대로 되어 국방도 안정될 것이라고 말했다.

또 백성들이 가장 두려워하는 것은 죽음인데, 그냥 앉아서 죽지 않고 반드시 서로 빼앗고 잡아먹는 지경에 이르러 큰 난리가 일어날 것이다. 백성들이 "우리 백성들을 어루만져 주면 우리의 군주이고, 우리 백성들을 학대하면 우리들의 원수이다."라고 말하는 것은 필연적 이치라고 덧붙였다.

역사를 살펴보면 왕조 중엽에는 나라가 쇠미해지는 현상이 나타나는데, 이럴 때 중흥(中興)하는 임금이 나와서 개혁해야 민심이 돌아오고 국운이 신장된다. 이것은 만고불변의 진리이다. 만약 우국충정으로 하는 말을 가지고 일을 좋아하는 부류라고 배척하여 위망(危亡)이 닥쳐오기를 앉아서 기다린다면 재앙이 사방에서 일어날 것이다. 성혼은 이렇게 심각한 민생 문제를 진단하고 나서 마지막으로, "인심이 이반되면 천심도 알 수 없는데, 혹시 전란이 밖에서 일어나고 도적이 안에서 일어난다면 산이 무너지듯 나라가 망할 것이니, 그때에는 후회해도 이미 때가 늦을 것입니다."라고 경고했다.

만 언(萬言)에 가까운 성혼의 「신사봉사」에 담긴 개혁안은 그동안 이이가 기회 있을 때마다 되풀이해서 임금에게 진언해 온 내용과 대동소이한 것이었다. 이이는 성혼보다도 조금 더 강경하고 더 세밀한 내용을 담은 경장을 촉구하고, 이를 거부하는 임금을 호되게 나무라면서 벼슬을 버리고 떠나기를 반복했다. 이이도 세금 제도를 개혁할 임시 기구로 '경제사'를 설치하자고 이해 10월에 주장한 바가 있는데, 이는 성혼이 제안한 혁폐도감과 이름만 다를 뿐이지 내용은 똑같다. 이런 모습을 보면 적어도 현실 정치의 위급성과 경장의 필요성을 절감하고 있던 점에서는 이이와 성혼은 한 치의 견해 차이도 없었음을 알 수 있다. 그러나 간절한 호소가 번번이 받아들여지지 않아 실망한 이이가 벼슬을 버리고 낙향하도록 만든 것이 바로 선조 임금이었으니, 성혼의 호소도 마찬가지로 허공의 메아리로 끝나고 말았다.

선조는 형식적으로는 학행이 뛰어난 어진 선비를 우대한 임금으로서 벼슬을 주는 데는 은혜와 정성을 보여 이황을 비롯하여 많은 재야인사를 초빙했고, 성혼도 그런 은혜를 크게 입은 것이 사실이었다. 하지만 막상 선조는 개혁에 대해서는 항상 거부 반응을 보여 어진 선비들이 실망하여 벼슬을 버리고 떠나게 만들었다. 그러니까 선조는 어진 신하들을 관작과 녹봉으로 우대할 뿐이고, 그들의 경륜과 정책을 우대한 것은 아니었다. 그것이 바로 선조의 무능함과 정치적 한계였고, 그 결과 이이와 성혼이 예언한 대로 임진왜란이라는 참혹한 국난을 초래하는 원인이 되었던 것이다.

성혼의 「신사봉사」에 대하여 임금은 "지론을 듣게 되어 매우 가상스럽다. 내가 불민하지만 마땅히 가슴속에 새기지 않을 수 있겠는가?"라고 짐짓 칭찬했다. 그러나 승정원이 그 상소의 내용에 큰 공감을 표하면서 대신들에게 보여 시행하자고 말하자 임금은 반대했다.

임금은 "상소에서 학문과 시폐(時弊)를 논한 것은 내가 스스로 살필 것이다. 하지만 조정을 비평하면서 공경(公卿)들이 인물다운 사람이 없다고 했고, 온 나라의 제도를 모두 변경시키려고 했으니, 이것은 온당치 못한 것으로 참으로 지나쳤다."라고 말했다. 승정원이 다시 이전의 의견을 거듭 주장하자 임금은 크게 화를 내면서, "한 선비를 불러오자마자 어쩌면 이토록 말이 많은가?"라고 했다. 그래도 홍문관과 사헌부에서 계속 그 상소문을 대신들에게 보여 주어 논의하자고 요청하자, 임금은 마지못해 대신과 6조 판서들에게 보여 주라고 명했다.

성혼의 글을 읽은 영의정 박순, 좌의정 노수신(盧守愼, 1515~1590년), 우의정 강사상(姜士尙, 1519~1591년) 세 정승은 "초야의 선비로서 성명(聖明)을 만났으므로 충정을 다 바치려고 속마음에서 나온 간곡한 말뿐이니, 아름답게 여겨 받아들여 시행하소서. 그리고 성혼에게 지방관을 주고 경연을 겸하게 하여 고문에 대비토록 하소서."라고 아뢰었다. 이 세 정승 가운데 박순과 노수신은 적극적으로 이이나 성혼을 비롯한 선비들을 적극 추천하면서 선조를 보필했다. 그러나 성격이 부드러워 이이나 성혼처럼 개혁을 위한 날카로운 직언을 서슴지 않는 인물들은 아니었다. 성혼이 「신사봉사」에서 대신들을 비판한 이유가 여기에 있었다. 하지만 그런 비판을 읽고도 성혼을 두둔하고 나섰으며 그를 경연관으로 대우하자고 적극 추천했으니, 역시 부드럽고 너그러운 인물들이었다. 그러나 임금은 "지방관이 경연을 겸직하는 일은 새 규정을 만들 수 없으니 뒷날 그를 다시 만나 보겠다."라고 대답했다.

임금은 성혼의 상소문이 몹시 마음에 걸렸다. 그래서 시신(侍臣)들에게 말하기를 "성혼의 상소는 이이의 어법과 비슷하다."라고 말하기도 했다. 임금은 다음 달에 이이를 만나자 "성혼의 상소 내용은 대사간(이이)의 상소와 같은 점이 있었다."라고 했다. 그러자 이이는 "평상시 의사가 같았기 때문에 논의도 같았던 것입니다."라고 대답했다. 이 말은 이이의 어법이 날카로운데 성혼도 이이를 닮았다는 뜻이다. 말하자면 선조는 성혼이 또 한 사람의 이이라고 생각한 것이다. 이이야말로 선조가 겉으로는 가장 우대했지만 속으로는 가장 꺼려한 인물이었다. 이이의 어법을 보면 마치 스승이 어린 제자를 호되게 훈계하는 모습을 연상시키는데, 그에 비하면 성혼의 어법은 한층 부드러운 편이었다.

성혼이 올린 「신사봉사」는 승정원과 대신들의 공감을 크게 받았다. 하지만 임금이 '대도의 요체' 부분만 받아들이고, 나머지 개혁안은 거부했기 때문에 뜻있는 신하들에게 실망감을 안겨 주었다. 이에 성균관 유생들과 사간원의 관원들이 성혼의 상소를 채용하라는 상소를 올리려 했다. 이때 이 소식을 들은 대사헌 이이는 "국가의 위망에 관계된 일이 아니면 상소를 해서는 안 된다."라고 만류하고, 사간원의 관원들에게도 "성상의 마음에 극심한 고뇌를 끼칠 것이 있겠는가?"라고 하면서 만류했다.

성혼은 「신사봉사」와 사직 상소를 함께 올렸으므로 임금의 윤허를 기다렸으나 임금은 다시 만나고 싶으니 낙향하지 말고 서울에 남아 있으라고 하면서 호조에 명하여 쌀과 콩을 하사했다. 그러나 성혼은 봉직하지 않는 신하가 구휼을 받을 수 없다고 생각하여 임금이 하사한 곡식을 봉해 두고 쓰지 않았다. 임금은 이해 6월에 의원을 보내 약을 하사하기도 했다.

○○ 경연에 참여하고, 정3품 당하관을 거부하다

47세 되던 1581년(선조 14년) 1~4월에 사헌부 장령, 종묘서 령, 내섬시 첨정을 모두 사양했으나 임금의 명령 때문에 서울을 떠나지 못하고 있던 성혼에게 8월 임금이 풍저창 수(豊儲倉守, 곡물, 깔개용 풀, 종이 등을 관리한 기구, 정4품)의 한직을 제수하면서 경연에 들어오라고 명했다. 그리하여 성혼은 창덕궁 선정전(宣政殿)에서 임금을 또 만났다.⁴ 성혼이 경연에 참여한 것은 이때가 처음으로, 문과 출신이 아닌 사람이 경연에 참여하는 것은 불가하다고 주장했던 임금이 드디어 여러 신하들의 요구를 받아들인 것이다.

성혼은 경연에 계속 참여하는 것을 사양하고, 다만 자신의 정상을 말씀드리고 물러나서 죽겠다고 말했다. 임금이 "그동안 서울에 오랫동안 머물면서 나의 잘못을 보지 못했는가?"라고 묻자, 성혼은 "신은 전하의 잘못을 본 것이 없어서 감히 아뢰지 못합니다."라고 대답했다. 임금이 앉아서 말하라고 이르자, 성혼은 앉아서 말했다.

이날 성혼이 임금에게 한 말은 4월에 올린 「신사봉사」의 내용과 거의 비슷한데, 몇 가지 새로운 내용이 담겨 있었다. 인재를 등용할 때 서울 사람들은 과거에 급제하여 녹봉과 이익만을 추구하는 것이 몸에 배어 있으므로 어진 사람이 드무니 경계하라는 것과, 붕당을 두려워하지 말라는 것이었다. 군자는 군자끼리 모이고 소인은 소인끼리 모이므로, 임금은 신하들이 붕당으로 뭉쳐 있는 것을 걱정하지 말고, 오직 누가 군자인가를 판단하는 데 힘써야 하며, 신상필벌(信賞必罰)을 통해 어진 이를 장려하고 소인배를 징계해야 한다고도 말했다.

성혼은 정치를 개인적으로 하는 시대는 지났다고 보면서 일종의 정당 정치를 옹호한 셈이다. 그리고 군자가 모인 당은 서인이라는 점을 은근히 암시하고 있었던 것이다.

세금 제도에 관해서도 새로운 제안을 했다. 「신사봉사」에서는 주로 공납을 완화하는 문제를 거론했는데, 이번에는 공물을 낮추는 대신 국가 수입을 늘리기 위해 전세율(田稅率)을 높일 것을 제안했다. 전세는 원래 10분의 1세가 이상적인데, 우리나라는 너무 가볍다고 했다. 예를 들어 1등전 1결에서 30두를 받고 있는데, 비옥한 땅에서는 1년 수확량이 100석(1500두)을 밑돌지 않는다. 그러니 전세율은 2퍼센트에 불과하다. 토지가 가장 나쁜 하(下)의 하(下)에 해당하는 6등전 1결에서도 수확량이 70~80두가 되는데 세금은 4두에 지나지 않으니, 세율은 약 5퍼센트에 해당한다. 그 밖에 하(下)의 중(中)은 6두이고 하(下)의 상(上)은 8두이니, 8두를 세금으로 낸다 해도 이는 60분의 1(1.7퍼센트) 또는 70분의 1(1.4퍼센트)에 지나지 않는다. 세금이 이렇게 가벼운 경우는 옛날에는 없던 일이라고도 했다.

따라서 앞으로 토지를 6등급으로 나누는 제도(전분육등(田分六等))를 그 이전의 3등급제로 바꾸고 전세를 올려 공납에서 줄어든 국가 수입을 전세로 보충하자고 주장했다. 그러나 임금은 "그대의 말이 옳지만 조종조의 법을 함부로 고칠 수 없다."라고 하면서 거부했다. 사실 전세를 올리자는 주장은 일찍이 이이도 제안한 바 있었으나 임금이 받아들이지 않았다. 그러나 이런 제안은 왜란 중에 작미법(作米法)으로 바뀌고, 그뒤 다시 대동법(大同法)이 시행되어 공납을 토지세에 합치면서 상당 부분 해결되었다.

성혼이 경연에서 임금과 대화를 나눈 뒤 네 차례에 걸쳐 사직소를 올리자, 임금은 이해 9월에 더욱 한직에 속하는 전절사 수(典設司守, 장막을 관리하는 기구, 정4품)를 제수했다. 한직에 있으면서 병을 치료하고 경연에 나오라는 뜻이다. 그러나 성혼은 병으로 집에 누워 있으면서 녹봉을 훔쳐 먹는 것은 죄악이라면서 사직소를 올렸다. 그러나 임금은 사직을 윤허하지 않았다. 성혼은 어떻게 처신해야 좋을지를 몰라 이이와 송익필에게 편지를 보내 의견을 물었는데 두 사람 모두 물러나지 말라고 일렀다.

이 무렵 이이는 사헌부 대사헌에 있었는데, 조식의 문인으로 동인에 속했던 정인홍이 학행으로 천거되어 사헌부 장령이 되었다. 정인홍은 곧바로 서인의 영수 심의겸과 그가 당여로 지목한 정철을 탄핵하려다가 여의치 않자 자신이 물러가겠다고 말했다. 정인홍의 행동은 서인과 동인 간의 갈등을 더욱 조장하는 행위였다. 이이는 동서를 보합하기 위해 차라리 본인이 물러나고자 했으나, 성혼이 만류하여 그대로 주저앉았다. 이이와 송익필은 이렇게 궁지에 몰리고 있는 서인들을 위해서라도 성혼이 물러나지 않는 것이 좋다고 판단한 것으로 보인다.

하지만 성혼이 전에 하던 대로 전설사 수의 자리를 사양하는 사직 상소를 올리자, 임금은 이를 받아들이고 이해 11월에 다시 명예직인 사직(司直, 무반의 산직(散職), 정5품)을 제수하고 경연에 출입하라고 명했다. 이 자리는 아무 일도 하지 않으면서 녹봉을 받는 자리였다. 성혼은 또 이 자리를 사양하는 사직소를 여섯 번이나 올렸는데, 임금은 그가 서울의 객사(客舍)에서 겨울철에 고생하고 있다는 말을 듣고 시골로 돌아가게 허락할 뜻을 비쳤다.

　그런데 이 소식을 들은 영의정 박순을 비롯한 대신들은 임금에게 그를 쉽게 돌려보내서는 안 된다고 하면서 그에게 한가한 무반직을 주되 직급을 승진시켜서 당상관(堂上官, 3품 통정대부 이상의 자리)에 해당하는 경연 참찬관(經筵參贊官)의 벼슬을 겸하게 하라고 청했다. 이 요청은 그동안 한직을 가지고 있으면서 아무런 직급도 없이 경연에 나오도록 한 것과는 다르다. 대신의 청을 들은 임금은 "인물을 등용하는 것은 내가 참작함에 달려 있는데, 이처럼 번거롭게 말하는 것을 가장 싫어한다. 국가의 관작은 순서가 있으니, 정5품의 낭관을 갑자기 당상관으로 올려 주는 것은 온당치 못하다."라고 하면서 성혼에게 서반 산직인 용양위 상호군(上護軍, 정3품 당하관)을 제수하여 경연에 참석하도록 하고, 추운 객사에 있는 그에게 땔감과 숯을 주라고 명했다. 정5품을 정3품으로 올려 준 것은 파격적인 승진이지만, 대신들이 요청한 경연 참찬관의 벼슬은 내리지 않았다.

　하지만 성혼의 고집은 여전했다. 상호군의 벼슬과 경연 참여를 거부하는 상소를 올리고, 임금을 만나지도 않고 11월 28일에 서울을 떠나 고향으로 갔다. 가는 중에 고향에 전염병이 돌고 있다는 소식을 듣고 서울 교외의 영서역(迎曙驛, 양주)에 있는 촌사(村舍)로 가서 임시로 머물렀다. 그런데 예를 갖추어 전송하고 싶으니 다시 서울로 올라와 임금을 만나고 가라는 어찰(御札, 임금의 편지)이 왔다. 이에 성혼은 12월 8일에 말을 타고 서울로 와서 11일에 창덕궁 선정전에서 임금을 만나 다시 고향으로 가게 해 달라고 간청하여 윤허를 받았다. 임금은 "병을 잘 치료하고 내년 봄에 다시 오라." 하고 일렀다.

성혼이 서울에서 고향 파주로 돌아온 것은 거의 1년 만이었다. 그동안 그가 제수받은 직책은 1월에 사헌부 장령, 2월에 종묘서 령으로 임금 면담, 3월에 장령, 이어 4월에 내섬시 첨정으로 경연에 참석하여 「신사봉사」를 올리고, 6월에 풍저창 수, 8월에 경연 참석, 9월에 전설사 수, 11월에 충무위 사직과 용양위 상호군 등으로 이어지면서 몇 차례 임금을 만나 자신의 개혁안을 말과 글로써 남김없이 임금에게 털어놓았다. 실제로 벼슬을 사양하고 객사에 머물러 있어서 직책을 수행하지는 않았지만, 임금이 윤허하지 않고 곡식을 공급하고 있었다. 본인이 녹봉을 거부했기에 임금은 선비를 구휼한다는 명분으로 식량을 내려 주었다.

고향으로 내려온 성혼은 홀가분하고 허탈한 자신의 마음을 달래는 한 편의 시를 지었다.

궁궐에서 처음 배알한 초야의 선비	天墀初拜草萊臣
궁궐을 나오자 곧 야인이 되었네	纔出脩門卽野人
미나리를 올렸으나 효험이 없어 부끄럽고	自愧獻芹無寸效
게로기(풀)를 먹으니 남은 봄이 있음을 알겠네	也知啖薺有餘春
산에는 가을 단풍 깊어 사랑스럽고	遙憐嶽面秋容老
사립문에는 달빛 새로워 기쁘구나	猶喜柴門月色新
동자가 옷자락을 끌고 와서 말하기를	童子牽衣前致語
시냇가 높은 선비 웃고 또 찡그린다네	隔溪高士笑還嚬

이 시에 "미나리를 올렸으나 효험이 없다."라는 표현은 자신이

목숨을 걸고 올린 「신사봉사」가 임금에게 받아들여지지 않아 미나리만큼의 효험도 없게 된 허탈한 감정을 표현한 것이다. 성혼이 원한 것은 벼슬이나 구휼이 아니라 자신의 우국충정이 담긴 개혁안을 임금이 받아 주는 것이 아닌가? 이이는 성혼에게 시를 보내 위로했다.

좋은 세상 천 년 만에 만났는데	盛際千年會
세상 걱정하여 한 몸 병들었네	憂時一病身
원컨대 산골로 돌아와 늙다가	願回巖穴老
끝내 비궁(匪躬, 몸을 돌보지 않는 충신)의 신하가 되리	終作匪躬臣

하늘의 뜻은 응당 사직(社稷)을 붙들 것이니　　　天意定應扶社稷

사안(謝安, 동진의 명재상)이 어찌 창생을 구할 책임 면하리

　　　　　　　　　　　　　　　　　　謝安寧免濟蒼生

그대의 흰 망아지는 어느 빈 골짜기에 매어 놓았는가?

　　　　　　　　　　　　　　　　　　白駒何處維空谷

서쪽으로 임진 나루 바라보니 고목이 평안하네　西望津關古木平

이해 12월 성혼은 송익필에게 편지를 보내 그간 임금을 만난 사정을 이야기하고, "도성문을 나오니 기쁘고 상쾌하나, 마음속에서는 생각을 잊지 못해 초야에 있을 때만 못하니 가소롭습니다. 숙헌(叔獻, 이이의 자(字))은 근래 공사 간의 격무에 시달린 탓에 몸이 허약해져서 어지럼증이 재발하여 출사하지 않고 있다고 합니다. 형께서 수시로 경계하고 꾸짖는 말씀을 내려 시류를 따르는 재상이 되지 않도록 하

시면 매우 다행일 것입니다."라며 이이에 관한 소식을 전했다. 성혼은
송익필에게 편지를 보낼 때마다 이이의 건강과 처신에 대한 걱정을
항상 접지 않고 있었다.

○○ 이이를 위기에서 구하다

    파주로 돌아온 다음 해인 1582년(선조 15년) 2월에 임금은 성혼에
게 사헌부 집의(執義, 종3품)를 제수하고 불렀다. 성혼의 나이 48세였
다. 집의는 대사헌 바로 아래 자리의 높은 청요직으로서 문과 출신
의 엘리트 관원이 맡는 자리다. 성혼이 사양하자 3월에 궁중의 음식
을 관장하는 사옹원(司饔院)의 책임자인 정(正, 정3품 당하관)을 제수했으
나, 역시 사양하여 체직되었다. 5월에 사옹원 정을 다시 제수하고 불
렀으나 사양하자 임금은 윤허하지 않고 올라오기를 기다리겠다고 말
했다.

    임금의 부름에 응하지 않고 파주에 머물고 있던 성혼은 이해 여
름에 함경도 병마절도사에 임명된 친구 이제신과 몇 차례 편지를 주
고받았고, 이해 7월에는 그 전해 8월에 임금으로부터 하사받은 『농
사직설(農事直說)』의 뒤에 발문을 쓰기도 했다. 이 책은 세종 때 정초
(鄭招) 등이 왕명으로 편찬한 우수한 농서(農書)였다. 성혼은 앞으로
이 책을 읽으면서 이웃집 늙은이들과 함께 동쪽과 북쪽 언덕에 뽕나
무를 가꾸고 삼(麻)을 기르는 방법을 이야기하며, 쟁기 자루를 들고
들로 나가겠다고 했다.

이해 이이는 1월에 이조 판서, 8월에 형조 판서, 9월에 의정부 우찬성을 거쳐 12월에 병조 판서에 올라 일생 중 가장 중요한 요직을 차지하고 있었다. 임금의 신임이 가장 높았던 시기로서 성혼이 어진 이를 등용하라고 촉구한 「신사봉사」도 어느 정도 영향을 미친 듯하다. 성혼은 친구 이제신에게 보낸 편지에서 이이가 이조 판서의 높은 자리에 있을 때 걱정스럽고 한스럽고 애처롭다고 말했다.

이이는 다음 해 병조 판서로 맹활약을 하다가 조그만 실수로 동인의 맹렬한 공격을 받아 잠시 벼슬을 그만두었다. 9월에 판돈녕부사(종1품)와 이조 판서에 다시 올랐으나, 이듬해 1월에 49세로 세상을 떠나고 말았다.

이이가 우찬성에 오른 9월에 성혼에게는 사옹원 정의 벼슬이 세 번째로 제수되고, 이어 사재감 정(司宰監正, 정3품 당하관)에 제수되었는데 받지 않았다. 사재감은 왕실의 어물, 육류, 소금, 땔나무, 횃불 등에 관한 일을 맡던 기관으로 그 기관장이 바로 사재감 정이다. 비교적 한직에 속하지만 높은 벼슬이었다.

이렇게 48세 한 해 동안 벼슬을 멀리하며 파주를 떠나지 않고 1년을 보낸 성혼은 49세가 되던 다음 해(1583년, 선조 16년)에도 또다시 벼슬 제수에 시달렸다. 이해 1월에 임금은 지난해 2월에 내렸던 사헌부 집의를 또 내리고, 2월에는 사섬시 정(司贍寺正, 정3품 당하관)을 내렸으나 성혼은 모두 응하지 않았다.

그런데 이해 3월에 임금은 비변사 당상들에게 인재를 추천하라고 명했는데, 영의정 박순, 병조 판서 이이, 우의정 정지연(鄭芝衍) 등이 모두 첫머리에 성혼을 추천했다. 임금은 대신들의 추천을 받은 성혼을 특지로 병조 참지(兵曹參知, 정3품 당상관)에 제수했다. 참지는 지금으로 치면 차관 다음의 실장급 벼슬이다. 성혼이 당상관에 제수된 것은 처음이었다. 당상관이란 정3품 통정대부 이상의 품계를 가진 벼슬아치를 말하는데, 이들은 임금을 조회할 때 당상(堂上)에 오를 수 있는 자격이 있어서 당상관으로 불렀다.

당시 이이가 병조 판서였으므로 이이와 함께 병조의 일을 맡으라는 임금의 뜻이 담겨 있었다. 이 무렵 여진족의 국경 침범이 빈번히 일어났는데, 특히 6월에는 니탕개가 2만여 명의 병력을 이끌고 함경도 종성(鐘城)을 포위하는 사태가 일어났다. 그래서 국방 강화의 필요성이 커지자 이런 조치를 취한 것이다.

성혼은 4월에 사직소를 올렸으나 윤허를 받지 못하자 직접 대궐에 가서 사직을 요청하기로 마음먹고, 파주를 떠나기 전에 먼저 조상의 사당에 가서 고유문(告由文)을 올렸다. 고유문이란 조상에게 사유를 알린다는 뜻이다. 벼슬이 당상관에 올랐으므로 관례에 따라 아버지 성수침에게도 이조 참의의 관직이 추증되었는데, 이를 조상에게 먼저 알릴 필요가 있었던 것이다.

고유문을 알린 성혼은 대궐로 가서 임금을 만났다. 임금은 "지금은 날씨도 따뜻하니 병을 조리하고 올라올 수도 있다. 누워서 계책을 올려도 좋다. 내가 그대를 기다리는 것은 굶주리고 목마른 사람의 심경과 같은데 …… 더구나 지금의 병조 판서는 그대의 친구가 아닌가? 지금 그대를 발탁하여 참지로 삼은 것이 어찌 뜻이 없겠는가? 마음도 같이하고 덕도 같이해야 할 날이 바로 오늘인데, 그대는 어찌하여 자리를 비워 놓고 기다리는 나의 기대에 부응하지 않는가?

…… 그대가 만약 세상에 나오지 않는다면 창생들은 어찌하란 말인가? 비록 나 한 사람은 돌아보지 않는다 하더라도 조종(祖宗)을 생각하지 않을 수 있겠는가?"라고 말했다. 이 말은 임금이 예전에 한 말보다는 가장 간절한 말이었다.

그러나 성혼은 네 번에 걸쳐 사직소를 올렸다. 그리고 이이와 송익필의 의견을 물었다. 두 사람은 모두 벼슬에 나가기를 권했다. 하지만 성혼은 끝내 벼슬을 사양했는데, 5월 22일에 임금은 특지로 이조참의를 제수하고, 은대(銀帶, 은으로 만든 허리띠)를 하사했다. 그러나 성혼은 또 세 번이나 상소하여 사양하고 은대도 받지 않았다. 임금은 "『예기』를 보면 '어른이 주는 물건은 젊은 자나 미천한 자가 감히 거절할 수 없다.'라고 했는데, 더구나 임금이 주는 물건을 어찌 거절할 수 있는가? 마땅히 은대를 띠고서 준 것에 대하여 답배(答拜)해야 하니, 이것이 예법에 합당하다."라고 말했다. 성혼은 하는 수 없이 붉은색과 자주색의 관복을 입고 궁궐문에서 엄숙히 사은숙배한 뒤 물러났다.

성혼의 고집을 꺾지 못한 임금은 할 수 없이 6월에 이조 참의를 체직하고, 무반 산직인 호군(護軍, 정4품)[5]을 제수하면서 경연관을 겸직하라고 명했다. 무반 산직은 아무것도 하는 일은 없으나 녹봉을 받는 자리였다.

성혼이 이렇게 당상관의 고위직까지 극구 사양한 것은 이유가 있었는데, 6월에 송익필에게 보낸 편지에서 그 까닭을 밝혔다. 당시 조정의 권력은 완전히 이조 낭관들의 손아귀에 있어 나쁜 사람들을 끌어들여 요로에 가득히 포진해 두었기 때문이라는 것이다. 이는 당시 이조 낭관이 인사 추천권을 가지고 있어서 동인 계열의 젊은 선비들을 추천하여 언론 삼사 등 청요직에 앉힌 것을 말한 것이다. 그래서 정승이나 판서직은 서인들이 장악하고 있었지만 낭관직과 언론직에는 반대 세력인 동인들이 포진하여 끊임없이 서인들을 비판하고 있었다. 이이는 이런 폐단이 많은 낭천권을 폐지하려고 했으나 언관의 반대로 뜻을 이루지 못했다.

특히 이해 6월에는 병조 판서 이이가 일생 중 가장 어려운 처지에 빠져 있었다. 앞에서 말한 여진족 니탕개가 2만여 명의 무리를 이끌고 함경도 종성을 포위하는 사태가 벌어진 것이다. 이보다 앞서 이이는 이해 2월부터 연속적으로 임금에게 국방과 민생을 위한 여러 가지 개혁을 강력하게 요청하는 소를 올렸다. 어질고 능력 있는 신하의 등용, 군대의 강화와 민생을 위한 공납 개혁, 국가재정의 안정, 국경 경비의 강화, 전마의 비축, 교화(敎化)의 진작, 서얼 허통, 군현 통폐합 등이 그것이다. 특히 국방 강화의 필요성을 절감하여 정예 군사와 전마를 시급히 길러야 한다고 주장했다. 이른바 '10만 양병설'이 이 무렵에 나온 것으로 보이는데, 정확한 날짜가 기록에 없어 실제로 10만 양병설은 허구라는 주장도 있다.

그런데 이 개혁안에 대해 임금이 부정적인 태도를 취하고, 반대 당인 동인들도 이이의 개혁안에 찬성하지 않았다. 훗날 임진왜란 때 큰 공을 세웠던 동인 지도자 유성룡 같은 이도 당시에는 이이가 주장한 양병에 대해 '양병은 곧 화(禍)를 키우는 양화(養禍)'라고 하면서 반대했다. 만약 이때 동인들이 이이의 주장에 동조하여 일을 추진했다면 왜란의 참화가 그토록 크지 않았을지도 모른다.

이렇게 개혁이 반대에 부딪쳐 실의에 빠진 상황에서 니탕개의 침범을 막아야 할 책임은 이이에게 맡겨져 있었다. 사태가 너무 급박한 데다 임금이 모든 권한을 그에게 위탁한 처지였으므로 이이는 임금의 사전 재가를 받지 않은 가운데 전마를 바치는 군사는 전쟁터로 가는 것을 면제하는 조치를 취했다. 이 사건이 알려지자 동인 측 언관들은 벌 떼처럼 들고 일어나 이이에게 "임금을 무시하고 나라를 그르쳤다(無君誤國)"는 큰 죄를 씌워 탄핵하고 나섰다. 이 기회에 이이를 권력에서 밀어내려 한 것이다.

이이가 위기에 빠진 것을 알게 된 성혼은 송익필에게 편지를 보내 "내가 만약 이런 사이에 끼어 있으면서 말을 한번 하게 되면 곧 격노하여 큰 싸움이 벌어질 것인데, 병들어 폐인이 된 몸으로 무익한 자리에 나아가 시험할 수 있겠습니까? …… 양사(사헌부와 사간원)에서는 지금 숙헌을 심하게 공격하여 '임금을 무시하고 정권을 독단했으며, 군주의 명령을 가벼이 보고 방기했다.'라는 죄목으로 탄핵하고 있습니다. 세상에 어찌 이처럼 놀랄 만한 일이 있겠습니까? …… 이제 나가서 사은숙배하고 사직하는 소를 올려 체직된 다음에 소장(疏章)을 올려 대략 시폐를 아뢰고 돌아가려 합니다. 숙헌은 지금 어지럼증 때문에 집에 누워 있는데, 큰 홍수를 만나 생활이 더욱 곤궁하고 우환이 이처럼 심하니 걱정스럽습니다."라고 하소연했다.

성혼이 이조 참의를 사양한 이유도 벼슬에서 물러나서 야인의 몸으로 이이를 구원하는 상소를 올리기 위함이었다. 그래서 벼슬을 사양하는 대신 시폐를 알리는 상소문을 만들어 놓고 나서 송익필에게 의견을 묻는 편지를 또 보냈다.

저는 다만 사직하고 돌아가려 했는데, 숙헌의 일이 갑자기 일어나니 놀라움을 이루 다 말할 수 없습니다. 저는 벌써 상소문을 초하여 숙헌에게 딴마음이 없었음을 밝히려 하는데, 내용이 조금의 회피함도 없이 너무 직설적이면 저들을 크게 격노시켜 숙헌을 해롭게 하며, 세도(世道)에 유익함이 없고, 다만 화를 얻을까 깊이 우려됩니다. 또 저와 같은 사람은 산야의 미천한 선비로 물러나는 것을 의리로 삼고 있는데 …… 갑자기 간사한 무리를 지극히 논하여 세상의 화를 무릅쓰고자 한다면 말하고 침묵하는 절도에 어떨지 모르겠습니다. …… 부디 가르쳐 주십시오. …… 만약 군주를 무시한다는 죄목을 숙헌에게 가한다면, 저는 반드시 그와 함께 죽을 것입니다. 다시 무슨 말을 하겠습니까?

성혼의 편지를 받은 송익필이 어떤 답변을 했는지는 알 수 없으나, 어떤 친구가 성혼에게 "그대가 이미 서울에 와 있는 이상 한마디 말로써 간사함과 정직함을 분변하지 않을 수가 없다."라고 하니 성혼이 그 말이 옳다고 여겨 상소를 하게 되었다고 한다. 뒤에 동인들은 그 친구가 바로 영의정 박순이라고 말했다.

위 편지를 보면 이이에 대한 성혼의 신뢰가 어느 정도인지를 짐작할 수 있을 뿐 아니라, "이이가 만약 군주를 무시한다는 죄목으로 죽게 된다면, 그와 함께 죽을 것이다."라는 대목에서는 의리를 위해서는 함께 목숨을 바칠 수도 있다는 결연한 선비 정신이 보인다.

이이를 탄핵한 삼사의 관원은 대사헌 이기(李墍)와 대사간 송응개(宋應漑, 1536~1588년), 성균관 전적 허봉(許篈, 1551~1588년), 도승지 박근원(朴謹元, 1525~1584년) 등이었는데, 성혼은 이를 반박하는 상소를 7월 15일에 올렸다.[6] 그 요지는 이렇다.

신이 이이의 사람됨을 살펴보건대, 막힘없이 통하고 명민하며 타고 난 자질이 매우 고명합니다. 젊어서부터 도를 구하려는 뜻을 품고 분발하여 학문에 힘쓰니, 옛것만을 고집하는 학자나 바르지 못한 선비처럼, 앉아서 장구만을 따지는 속된 선비들과는 다릅니다. 군주를 사랑하고 나라를 걱정하는 마음이 지극한 정성에서 나와 오직 나라가 있음만을 알고 자신이 있음을 알지 못하며, 세상을 구제하는 데 급급하여 일신의 부귀영화를 생각하지 않습니다. 그렇긴 하지만 기질이 그러한 까닭에 병통 또한 있습니다. 재주가 트였기 때문에 경솔한 병통이 있어서 침착하고 치밀한 기풍이 부족하고, 성품이 분명하고 곧으며 우활하고 성실하기 때문에 겉모습을 꾸며 남의 뜻에 맞추려는 태도가 없습니다. 뜻이 크다 보니 미세한 일에는 소홀하며, 자신감에 넘치는 관계로 세속을 따르지 않습니다. 그래서 그를 좋아하는 사람은 매우 드물고 비웃는 자가 많으며, 걱정해 주는 자는 적고 미워하는 자가 많습니다. 그리고 시론(時論)과 맞지 않게 여러 번 상소하여 시폐를 깊이 거론하여 현실에 저촉되었으므로 더욱 미움을 받았습니다. 또 정철을 천거하여 더욱 사람들의 마음에 부합하지 못했습니다. ……

탄핵한 내용 중에 "말(馬)을 바치게 하고 변방에 나가는 것을 면제시켜 주었다."라는 내용의 곡절은 이렇습니다. 이이는 일찍이 을묘왜변 때 전쟁터로 가는 병사가 서울에서 말을 노략질하는 것을 보고는 난이 일어날 것을 매우 걱정하고 있었습니다. 그래서 그 일을 임금께 계청(啓請)하려고 했으나 말을 바칠 자가 있을지 없을지를 예측할 수 없어서 미처 계청하지 못했던 것입니다. 그러다가 말이 모이고 군사가 길을 떠나게 되었으므로, 말을 나누어 주고 곧바로 아뢰었던 것이니, 이는 급박한 상황에서 잘못 처리한 결과로, 이런 죄를 짓게 된 것은 참으로 이이의 죄입니다. 그러나 그것을 가지고 "나라의 권력을 마음대로 행사했다."라고 한다면, 그것은 그의 죄가 아닙니다. 승정원에 나아가서 아뢰지 못한 것도 현기증이 재발했기 때문인데, 이를 가리켜 교만하여 임금을 무시했다고 하는 것은 실정에 맞지 않습니다. ……

삼사의 의논은 작은 죄를 가지고 "군주를 무시하고 나라를 그르쳤다."는 죄명을 가했고, 또 이 죄명으로 장차 법에 의거하여 처벌할 것을 청하고자 하니, 이는 기어이 사지(死地)에 둔 뒤에야 그만두려는 것입니다. 전하께서는 이 글을 대신들에게 내려 반드시 충(忠)과 사(邪)를 분별하여 붕당을 지어 모함하는 화가 오늘날에 일어나지 않게 한다면 종묘사직의 복이 될 것입니다. ……

지금 외환(外患)과 내우(內憂), 천재(天災)와 시변(時變)이 한꺼번에 일어나고 있어 나라의 형세가 곧 위망이 닥쳐올 것처럼 급급한데, 신하 된 자로서 이를 걱정하지 아니하고 기껏 서로 배척할 계책이나 빚어내어 충성을 다해 나라에 몸 바치려는 신하를 발붙일 곳이 없게 만들고, 죄까지 만들어 내어 "무군오국"으로 몰아붙이고 있으니, 일찍이 성명의 세상에는 이런 일이 없었습니다. 전하께서 만약 옳고 그름과, 충성과 간사함을 끝까지 추구하여 분명하게 가려내는 것을 급하게 여기지 않으시고, 그저 어물어물 두 쪽이 다 옳은 것처럼 용납하시는 데만 힘쓰신다면 앞으로 권선징악에 표준이 없어져서 간사한 무리들이 조금도 거리낌이 없이 저들만의 붕당을 심고 권세를 독차지함으로써 항상 숫자의 많고 적은 세력을 가지고 충현(忠賢)을 공격하여 몰아낼 것입니다. ……

지금 이이는 자기 몸을 잊고 원망을 가로맡아 가면서 고굉의 힘을 다하고 있는데, 하루아침에 중상(中傷)을 받아 장차 여생을 보전할 수 없게 되었으니, 다른 날 위급한 일이 있을 때 누가 전하를 위해 일을 맡으려 하겠습니까?

이 상소를 받은 임금은 "상소문의 내용은 충성스러운 분노가 격렬하니, 만약 간사한 자들이 이것을 듣는다면 충분히 간담을 서늘하게 할 것이다. 참으로 군자의 말 한마디가 나라를 위해 큰 비중을 차지한다는 것을 알겠다. 그리고 이미 서울에 왔으니, 병을 조리하고 경연에 출입하여 덕이 부족하고 몽매한 이 사람에게 좋은 말을 아뢸 것이요, 대번에 물러날 계책을 하지 말라."라고 이르고, 영의정 박순과 좌의정 김귀영(金貴榮)을 불러 말하기를 "내가 덕이 부족하고 몽매하여 …… 시비와 충사(忠邪)를 분간하지 못했다. 그래서 지난날 경들에게 물었던 것인데, 경들은 어물어물 넘기고 말았다. 내 그때 경들의 마음을 환하게 알았지만 뒤에 형편에 따라 처리할 것이라고 말했던 것이다. 그런데 지금 성혼의 상소를 보니, 대신이 군주를 섬기는 도리가 과연 그래도 된다는 말인가? 당초 이이가 배척한 자로서, 붕당을 지어 간사한 짓을 하는 무리들이 누구인가? 이들을 분변하여 아뢰도록 하라."라고 했다.

사실 임금도 이이의 우국충정이 높다는 것을 평소에 알고 있었고, 이번의 실수도 사심(私心)을 가지고 한 것이 아님을 잘 알고 있었다. 하지만 삼사의 탄핵이 워낙 강경하여 이이를 구제할 명분을 찾지 못하고 있었고, 대신들마저 애매한 태도를 취하여 실망하고 있던 차에 성혼의 상소는 가뭄에 단비를 만난 듯이 반가웠던 것이다. 하지만 성혼의 상소가 준엄하고 강직하여 동인들에게는 강력한 정적(政敵)으로 비쳐졌다. 이는 훗날 당화(黨禍)의 소용돌이 속에 이이와 성혼이 한 몸으로 빠져드는 계기가 되었다.

그러면 이이를 미워하여 '무군오국'의 죄를 뒤집어 씌워 곤경에 빠뜨린 송응개, 박근원, 허봉은 어떤 사람들인가?

먼저 송응개는 바로 명종 초 소윤파 윤원형이 을사사화를 일으켜 사림을 탄압할 때 이에 가담하여 위사공신(衛社功臣)이 되어 부귀를 누렸던 송기수(宋麒壽)의 아들이다. 아버지와 함께 을사사화에 가담하여 위사원종공신이 되었는데, 뒤에 위훈(僞勳)이 삭제되어 외직으로 강등되어 나갔다. 그러나 동인에 아부하여 대사간의 지위에까지 올라갔다. 이이는 그를 싫어하여 학우들에게 여러 번 말했다. 그런데 어떤 사람이 그 말을 송응개에게 전하면서 "이이가 송응개를 가리켜 대대로 악(惡)을 조성한다."라고 말하니, 송응개가 크게 원한을 품고 복수심을 키웠던 것이다.

허봉은 허엽(許曄, 1517~1580년)의 맏아들로서 허균(許筠)의 형이며 여류 시인 허초희(許楚姬, 호 난설헌(蘭雪軒))의 오빠이다. 허엽은 서경덕의 문인으로 조광조의 신원을 주장했던 사림파 선비였는데, 선조 때 김효원과 가까워 동인의 영수가 되었다. 이이는 그의 이론과 문장이 모순되는 점이 많다고 비판했다. 허봉은 글과 시를 잘 지어 재주가 빛났으며 성리학에 밝고 이이의 『성학집요』에도 큰 관심을 가졌다. 아버지 허엽이 상주(尙州)에서 죽을 때 그는 기생을 끼고 술에 취해 누워 자며 임종을 지키지 못했다고 하여 사람들의 비난을 받았으나 이이는 그의 재주를 아껴 보호하려고 했다. 그러나 허봉은 아버지를 따라 동인에 속하여 이이와 정치적으로 대립했다. 이조 낭관이 그를 홍문관 전한(典翰, 종3품)에 후보자로 올리려 하자 이이가 이조 판서로 있으면서 중지시킨 것이 원인이 되어 이이에게 좋지 않은 감정을 품게 되었다.

도승지 박근원은 을사사화의 원흉인 윤원형의 악행을 비판하는 등 사림의 존경을 받는 인물이었다. 그러나 이조 낭관으로 있을 때 비리를 많이 자행하여 이이가 탄핵하여 체직시킨 일이 있어 좋지 않은 감정을 품고 있었다.

이렇게 세 사람은 이이에게 개인감정을 품고 있다가 이이가 실수하는 일을 보이자 엄청난 죄를 씌워 공격했던 것인데, 이이는 성혼의 구원 운동으로 위기를 벗어나게 되었던 것이다.

○○ 동서 갈등의 격화 속에 이조 참의와 참판에 제수되다

이이에게 '무군오국'의 엄청난 죄명을 씌워 비판한 송응개, 허봉, 박근원 등의 탄핵에 정면으로 맞서 이이를 변호하는 소를 올렸던 성

혼의 노력이 임금과 대신들의 호응을 얻게 되자, 송응개 등은 이에 승복하지 않고 이이와 성혼의 과거를 들추고 없는 비리까지 만들어 내며 더욱 과격한 대응에 나섰다. 그러자 이이와 성혼을 따르던 문도들이 분개하여 들고 일어나 맞대응을 하면서 동인과 서인의 갈등은 큰 싸움으로 증폭되었다.

1583년(선조 16년) 7월 16일에 대사간 송응개는 사직 상소를 올리면서 이이와 성혼을 이렇게 비난했다. 이이와 성혼은 심의겸과 대대로 밀착하여 서로 보호해 주고 이끌어 주면서 살아왔는데, 특히 이이와 심의겸은 골육보다도 가까웠다고 말했다. 또 이이는 중(승려)으로서 임금과 어버이를 버리고 인륜에 죄를 지었고, 환속한 뒤에는 권문 심의겸 집안과 영의정 박순에 빌붙어 커 왔으며, 인사를 담당하면서 전국 각지에서 뇌물을 받았다고 했다.

한편 성혼은 박순 및 이이와 골육처럼 가까운 사이로 지난번 상소에서 경상(卿相)들을 모두 헐뜯고, 조정의 신하들을 모두 소인배로 몰고, 오직 박순과 이이에게 권력을 맡기려고 했다는 것이다. 임금은 그 상소를 보고 "비록 네 말이 모두 옳다고 해도 이제 와서 말하는 것은 불충(不忠)"이라고 질책했다.

다음 날인 7월 17일에는 송응개에 이어 사간원 정언 이주(李澍)가, 7월 18일에는 사간원 사간 성낙(成洛)과 정언 황정식(黃廷式)이 잇달아 송응개를 두둔하고 나섰다. 특히 7월 19일에는 사헌부, 사간원이 합계하여 박순, 이이, 성혼을 함께 묶어 공격했다. 성혼을 추천한 영의정 박순은 원래 그릇이 작은 인물로서 글을 조금 잘할 뿐 간사하고 교활하며, 심의겸의 지시를 받아 권력을 농단했으므로 그를 파직시키라고 요구했다. 또 이이와 성혼은 심의겸의 문객이며, 특히 성혼은 정인홍이 심의겸을 탄핵하려 하자 심의겸을 구원하기 위해 무진 애를 썼다. 성혼은 산중에 살면서 부랑 잡배들을 떼거리로 모아 놓고 경상들을 헐뜯고, 한 시대의 사람들을 속류라고 비웃었다고 했다.

이렇게 동인과 서인의 대립이 격화되자 대사성(大司成, 정3품 당상관) 김우옹이 중재에 나섰다. 그는 조식의 문인으로서 동인에 가까운 인물이었지만 덕망이 높은 학자였으므로 객관적으로 이이와 성혼을 평가하고 나섰다. 그는 이이와 성혼의 좋은 점과 나쁜 점을 동시에 지적하면서, 송응개가 성혼은 심의겸의 파당이라고 말한 것도 지나치다고 지적했다. 이이는 뜻이 크고 학문이 명민하고 지식이 해박하지만 자기 소견에 집착하여 공론을 무시하는 편협성이 있다고 평가했다. 성혼은 이이의 본심만 지적하고 삼사의 탄핵이 잘못된 점만 지적했으면 좋았을 것을, 조정 전체를 비판한 것이 잘못이라고 말했다. 이이나 성혼은 본심은 나쁘지 않은데 행동이 지나쳤다는 것이 김우옹의 지적이었다.

이이와 자신에 대한 삼사의 탄핵이 이어지자 성혼은 7월 19일 서울을 떠나 파주로 돌아왔다. 이이도 벼슬을 버리고 8월에 해주 석담으로 낙향했다. 그러나 탄핵의 전선은 더욱 확대되어 그 뒤에도 계속되었다. 7월 21일에는 홍문관이, 7월 22일에는 사헌부와 사간원에서 합계했는데, 특히 양사의 합계에서는 영의정 박순의 죄를 열 가지로 나열했다. 그 가운데 하나는 성혼에게 상소를 하라고 부추긴 죄였다. 열 가지 죄목에는 비리나 부정에 대한 것은 없고, 오직 이이 및 성혼과 뜻을 같이했다는 내용뿐이었다.

그런데 7월 한 달 동안 탄핵하는 상소가 조정의 여론을 주도했다면, 8월에 들어가서는 반대로 이이와 성혼을 옹호하는 상소가 주류를 이루었다.

먼저 선조의 왕자인 임해군과 광해군의 스승이었던 하낙(河洛)이 8월 5일에 박순, 이이, 성혼을 옹호하는 상소를 올렸다. 이이는 외로운 몸으로 안으로 정사를 깨끗하게 닦고, 밖으로 외적을 물리치려는 충신이었으나 계책이 소홀한 것이 약점이었으며, 성혼은 산림의 은일(隱逸)로서 털끝만큼도 세속의 이욕을 탐하는 사람이 아님은 그가 수많은 벼슬을 거부한 데서 드러난다고 말했다. 그러므로 그가 조정의 신하들을 비판한 것은 선비들을 일망타진하려는 권력욕에서 나온 것이 결코 아니라는 것이다. 또 박순은 깨끗하고 단아하고, 아래 선비들을 사랑하는 사람인데 마치 그를 윤원형이나 이기처럼 간교한 사람으로 몰아가는 것은 천만부당하다는 것이다. 앞으로 만약 박순, 이이, 성혼 세 사람이 조정을 떠난다면 그들이야 한 수레에 몸을 싣고 사이좋게 가겠지만, 임금은 고립되어 말하는 자가 없을 것이니, 그야말로 탄핵한 자들이 말한 대로 '일망타진하여 나라를 비게 만드는 것'은 바로 그들이라고 했다. 임금은 그 상소를 보고 "그대의 뜻을 충분히 알았다."라고 답했다.

하낙의 상소가 올라간 8월 5일에는 성균관 유생 유공진(柳拱辰) 등 362명이 이이와 성혼이 어진 사람이라고 옹호하는 상소를 연명으로 올렸다. 임금은 그 상소를 보고 "지금 상소 내용을 보니 충성스러운 마음이 격렬하다. 그대들의 의기(義氣)가 이러한데 내가 왜 나랏일을 걱정하겠는가?"라고 답했다.

이렇게 세 사람을 옹호하는 상소가 잇달아 올라오자 이를 반박하는 상소가 또 올라왔다. 앞서 탄핵을 했던 도승지 박근원이 8월 5일에 하낙의 상소문을 반박했다. 하낙이 이들에게 아첨하여 출세를 도모하는 인물이라고 했다. 임금은 박근원에게 승지들이 임금의 귀와 눈을 막으려 한다고 질책했다. 또 성균관 유생 이정우(李庭友) 등 몇 사람이 상소하여 유공진 등의 상소는 한 사람이 제창하자 다른 한 사람이 화답하여 만들어진 것으로 공론과는 관계가 없다고 반박했다. 임금은 "그대들의 상소는 시비가 모호하고 입론이 올바르지 않다."라고 질책했다.

이이와 성혼을 옹호하는 상소는 지방으로까지 확산되었다. 시골의 유학(幼學) 신급(申礏)은 8월에 상소하여 "이이와 성혼은 사림의 영수요 사문(斯文)의 뿌리로서 우리의 도가 그들 때문에 실추되지 않고, 학자들이 그들에 의지하여 중하게 되었습니다. …… 신은 차라리 이이, 성혼과 함께 같은 날 죽겠습니다."라고 말했다.

8월 19일에는 전주에 있는 경기전(慶基殿, 태조의 영정을 모신 사당)의 참봉 변사정(邊士禎)이 상소하여 "행장을 꾸려 서울로 오면서 길에서 들으니, 지극히 미천하고 어리석은 나그네나 걸인들까지도 서로 탄식하며 눈물을 흘리고 …… 한 가닥이라도 사람의 마음을 갖고 있는 자들은 팔을 걷어붙이며 격분하지 않는 사람이 없으니 …… 이이와 성혼이 진실로 소인이라면 어찌 세상 사람들로부터 이렇게까지 신임을 받을 수 있겠습니까? …… 지금 삼사와 승정원은 …… 혹시라도 공론이 격발될까 두려워 대간이 아들이나 조카들의 친구들을 몰래 성균관에 보내 유생들이 상소하지 못하도록 협박하고, 심지어는 서리

(胥吏) 두세 명을 명륜당에 보내 살펴보게 하고, 논의를 주도한 유생들의 이름을 기록하게 했습니다. …… 신은 먼 시골에 있는 선비로서 이이나 성혼과는 일면식도 없습니다."라고 하여 세상 사람들의 여론을 그대로 전하고, 삼사나 승정원이 공론을 막기 위해 성균관 유생들을 협박하고 있는 사실까지 폭로했다. 임금은 그 상소를 보고 "옛날의 강직한 선비라도 이보다 나을 수는 없다. 매우 가상히 여긴다."라고 격려했다.

변사정에 이어 이이와 성혼을 옹호하는 상소가 또 올라왔다. 전라도 유생 서태수(徐台壽) 등이 올린 집단 상소였다. 그 내용은 동인에 모인 사람들은 옳고 그름을 따지지 않고 "동인은 옳고 서인은 나쁘다."라는 말에 동조하는 사람은 무조건 모아들이고 서인을 공격한다. 이이는 이 점을 우려하여 동서를 조화시키려고 노력했고, 성혼도 이를 따랐는데, 동인들이 이에 앙심을 품고 사소한 잘못을 트집 잡아 두 사람을 곤경에 빠뜨리게 되었다는 것이다. 그러나 이이는 성현을 목표로 학문하는 사람이고, 성혼도 출처의 정도(正道)를 잃지 않고 살아 왔기 때문에 선비들은 두 사람을 태산북두(泰山北斗)보다도 더 높게 추앙하고 있다는 것이다. 또 사간원 정언 이주는 아들을 시켜 성균관에서 큰 소리로 "오늘 이런 논의를 주장하는 유생은 멸족(滅族)의 화(禍)를 당할 것이다."라고 협박하고, 간신 송응개는 성균관 박사인 사위를 시켜 유생 100여 명의 과거 응시를 막았다고 했다.

전라도 유생들의 상소에 이어 황해도 유생 유대춘(柳大春) 등 수백 명이 또 상소하여 간신들을 처벌할 것을 강력히 촉구하면서, 이이가 뇌물을 받았다는 송응개의 상소는 사실과 다르다고 해명했다.

이렇게 이이와 성혼을 옹호하고 간신들을 비판하는 상소가 답지하자 임금은 8월 28일 대신들의 의견을 묻고, 송응개, 허봉, 박근원 등 세 사람을 귀양 보내기로 결정했다. 사람들은 이를 '계미삼찬(癸未三竄)'이라고 불렀다.

계미삼찬이 단행된 이후 이해 9월 초에 사간원은 상소를 올려, 귀양간 세 사람이 탄핵한 내용이 사실에 맞지 않는 것이 많아 죄를 지은 것은 사실이지만, 그렇다고 언책을 맡은 신하를 귀양 보내는 것은 지나치다고 주장했다. 또 9월 3일 이조 좌랑 김홍민(金弘敏)이 상소하여 이이와 성혼을 배척했다. 그러자 임금은 "만일 군자라면 당을 이루는 것을 걱정하지 않고, 그 당이 적은 것을 걱정해야 하니, 나는 주희의 말씀을 본받아 이이와 성혼의 당에 들어가기를 원한다. 지금 이후로 너희들은 나를 이이와 성혼의 당이라고 말해도 좋을 것이다. 만일 이이와 성혼을 비방하고 배척한다면 반드시 처벌하고 용서하지 않겠다."라고 단호하게 말했다. 임금이 스스로 이이와 성혼의 당이라고 말한 것은 두 사람에 대한 신뢰가 어느 정도인가를 말해 준다.

임금은 탄핵 사건이 어느 정도 마무리되자 이해 9월에 이이와 성혼을 다시금 관직에 복귀시켰다. 이이에게는 판돈녕부사를 제수했다가 9월 8일에 이조 판서(정2품)에 제수하고, 9월 6일에는 성혼에게 하교하여, "내가 그대를 정성으로 대우하지 못하여 비방하는 말이 있게 된 것이니 나의 잘못이 크다. 그대는 잡된 말에 개의치 말고 역마(驛馬)를 타고 서울에 올라오라."라고 하면서 이조 참의를 제수했다. 그러니까 문반의 인사권을 이이와 성혼에게 부여할 테니 두 사람이 힘을 합쳐 좋은 인사를 하라는 뜻이었다. 지난해 두 사람에게 병조 판서와 병조 참지를 제수한 것과 비슷하지만, 이번에는 그보다 더 중요한 자리를 준 것이다. 하지만 성혼은 늘 하던 대로 다섯 번에 걸쳐 사양하는 상소를 올렸다. 첫 번째 상소에서는 이런 말을 했다.

신이 병든 사람임에도 천거되어 관직을 얻은 것이 15~16년이고, 지금까지 받은 크고 작은 벼슬이 50~60개에 이르렀으나, 신은 단 하루도 벼슬을 맡지 않았습니다. 이것은 폐질 때문에 벼슬을 감당할 수 없기 때문입니다.

벼슬을 사양한 가장 큰 이유는 질병이라는 것이다. 임금은 10월 22일 이조 판서를 제수받고 사은숙배하기 위해 해주에서 올라온 이이를 만나 인사 문제와 성혼에 관해 의논했다. 이이는 임금에게 이렇게 말했다.

지금 서인이라고 다 군자인 것도 아니고, 동인이라고 반드시 모두 소인인 것도 아니어서 구별해서 쓰기란 어렵습니다. 신은 인심을 얻지 못했고, 또 저들이 틀림없이 마음으로 복종하지도 아니할 것입니다. 성혼이 만약 올라온다면 잘잘못을 서로 도와서 나갈 수 있겠지만 그 사람을 오게 하기가 어디 그리 쉽겠습니까? 성혼이 전에는 벼슬에 전혀 뜻이 없어 한사코 벼슬에 나오지 않았으나, 지금은 그 전처럼 고집스럽지는 않습니다. 다만 병이 있어 직무를 담당할 수 없는데, 한관(閑官)으로 경연 참찬관을 겸하게 하거나, 가선대부(嘉善大夫, 종2품)로 특진관(特進官)이 되어 경연에 입시하게 하면 도움이 될 것입니다. 관작이 뭐가 아깝겠습니까?

임금은 이이에게 모든 것을 맡기겠다고 말했는데, 이이는 허봉, 정여립, 정구(鄭逑) 등 동인들도 추천했다. 이들은 비록 동인에 속하지만 학문과 재능이 있는 인물로 여겼기 때문에 그들을 아껴서 등용하려고 한 것이다. 이이는 성혼에게 편지를 보냈다. "내가 서울에 들어가던 날에 즉시 성상께서 인견하셨는데, 내가 비록 서너 차례 간곡히 사양했으나 끝내 면직시키지 않으셨습니다. 이미 태산과 같은 짐을 지게 되었으니, 어찌 모기만 한 힘으로 감당할 수 있겠습니까? 존형이 와서 저를 구원해 주기를 날마다 바랄 뿐입니다. 어제 성상의 말씀을 들으니, '예로부터 소인들이 있었지만, 어찌 산림에 있는 선비를 꾸짖고 욕하는 자가 있었겠는가?'라고 하셨습니다. 성상께서 존형을 소중히 여기심이 이와 같으시니 어찌하여 빨리 와서 사은하지 않습니까?"

이이의 편지를 받은 성혼은 10월 30일 서울에 들어왔으나 사은 숙배하지 않고 다섯 번째 사직 상소를 올렸다. 그러나 임금은 사직을 윤허하지 않았다. 성혼은 성상의 뜻이 워낙 간곡하고, 이이도 도와달라고 간청하여 마지못해 직책을 맡았는데, 임금은 몸이 아프면 한가로운 직책으로 대우할 것이니 일상적으로 관청에 출사하지 않아도 좋다고 허락했다.

임금이 성혼을 인견했을 때, 성혼은 한 가지 고쳐야 할 일을 아뢰었다. 곧 신하들이 임금에게 소장(疏章)을 바치려 할 때 먼저 승정원에 가서 허락을 받고 입계(入啓)하는 것이 관례로 되어 있는데, 이런 관례를 고쳐 위아래가 막히게 되는 조짐을 없애자고 계청(啓請)한 것이다. 이에 임금은 대신들과 의논하여 정례(定例)로 삼도록 하라고 명했다. 대신들 모두가 그것이 좋다고 동의하여 정례가 되었다.

이해 11월에 이조 판서 이이가 건강상 이유로 등청하지 않자 성혼은 세 번에 걸쳐 정청(政廳, 이조 청사)에 나가서 인사 행정에 직접 참여했다. 그가 관청에 직접 나가서 집무한 것은 이것이 처음이다. 이조 판서가 병으로 나오지 않는데 이조 참의인 자신까지 등청하지 않는다면 이조가 텅 비게 됨을 염려한 것이다.

그런데 성혼이 관청에서 퇴근하여 집으로 와 보니, 이이가 이미 성혼을 대신하여 녹패(祿牌, 녹봉을 받는 증명서)를 가져다가 녹(祿)을 받아 자기 집 종을 시켜 보내 왔다. 성혼은 이를 돌려보내려 했으나, 서류상 자신이 직접 받은 것으로 되어 있어 돌려보내지 못하고 사랑채에 보관해 두었다. 성혼은 이 사실을 송익필에게 편지로 알려 주면서 "우형(友兄, 율곡 이이)이 이처럼 쓸데없는 일로 저를 심란하고 번민하게 하니 사태를 정확히 파악하지 못하는 숙헌(이이)이 애석합니다."라고 한탄했다. 벼슬을 정상적으로 수행하지 않는 처지에 녹봉을 받는 것은 도리에 맞지 않는다고 성혼은 생각한 것이다.

그런데 이조 참의에 오른 지 20일도 안 된 12월 3일에 임금은 그에게 이조 참판을 제수했다. 요즘 말로 하면 차관으로 승진한 것이다. 이로써 이이와 성혼은 이조의 장관과 차관을 함께 맡게 된 셈이다. 성혼은 역시 관습대로 다섯 번에 걸쳐 사직 상소를 올렸다. 네 번째 사직 상소에서 성혼은 자신의 병이 심각한 사정과 11월의 집무 경험을 말하면서 사직을 간청했다.

신은 한 달이 넘게 침상에 누워 있었지만 병이 조금도 차도가 없어 고질병이 날로 심해집니다. …… 위장병과 어지럼증이 밤낮으로 일어납니다. …… 또 신이 지난달 판서 이이의 정사(呈辭, 등청하지 않음)로 인하여 세 번 정청에 나가 손수 주의(注擬, 후보자로 추천)한 조관(朝官)들의 성명을 보았는데, 태반이 예전에 들어 보지 못한 사람들이었습니다. 이러고서 어떻게 조관이 현명한지 아닌지를 알 수 있겠습니까? 그리고 여러 법규나 고사(故事)를 전혀 알지 못해 황송하고 부끄러워 깔고 있는 자리만 만지면서 아전들에게 이것저것 묻고 있으니, 대신의 체통이 서지 않습니다. 신이 스스로 시험해 보매 이와 같으니, 장차 어떻게 중요한 관서의 차관(次官)으로 참여하여 인사 행정을 다소나마 도울 수 있겠습니까? …… 삼가 바라건대 속히 신의 관직을 체직하시어 물러가 죽으려는 소원을 이루게 해 주소서.

그러나 임금은 성혼의 간절한 호소에도 사직을 허락하지 않아 성혼은 그대로 서울에 머물렀다. 성혼이 이조 참판에 제수되자 관례에 따라 아버지 성수침에게도 이조 참판의 관직이 다시 추증되었다.

○○ 자신을 반성하는 묵암병사의 자성록

성혼의 40대 시절은 벼슬을 주어 불러들이려는 선조와 벼슬을 거부하면서 은거를 고집하던 성혼의 줄다리기가 지루할 만큼 끊이지 않고 이어진 세월이었다. 조선 시대 어떤 선비도 이렇듯 집요하게 벼슬을 거부한 사례는 없었다. 그런 점에서 그는 특이할 만큼 우뚝했다.

벼슬을 거부하고 파주의 산골에서 학문과 교육에만 몰입했던 성혼은 자신을 찾아오는 후학이나 친구들과의 교유를 이어 가면서 후학이나 사우(士友)들을 격려하기도 하고 충고하기도 하면서 살아갔다. 더불어 끊임없이 자신의 단점을 반성하는 글도 남겼다. 자신의 가장 큰 단점은 다른 사람과 직접 만나 말하거나 편지를 주고받을 때 쓸데없는 말을 많이 하고, 다른 사람을 함부로 비평하여 오해를 많이 사고 있을 뿐 아니라, 다른 사람의 칭찬이나 비평에 너무 쉽게 흔들리는 것이라고 생각했다. 이 모든 것을 자신의 수양이 부족한 징표로 받아들여 반성하곤 했다.

40대 시절에 쓴 글 가운데에는 자신의 호를 '묵암병사(黙菴病士)' 또는 '묵암병부(黙菴病夫)'로 쓴 것들이 많은데, 이는 말을 적게 하는 병든 선비라는 뜻이 담겨 있다. 이 밖에 훌륭한 덕행을 보인 사람들에 대해서는 신분의 높고 낮음을 따지지 않고 칭찬하는 글도 많이 남겼다. 이제 그의 인간적인 모습을 시간 순서를 따라 살펴보기로 한다.

1_ 성담수 이야기

성담수는 성삼문 사건(사육신 사건)에 연루되어 일평생 금고당한 성희(成熺, 성혼의 고조의 재종형제)의 아들이다. 아버지 묘소가 있는 파주 두문리에 은거하며 삼베옷과 거친 밥을 먹으면서 살았는데, 세족(世族)의 후손임을 드러내지 않아 마을 사람들이 농부로 알았다. 흙으로 만든 방바닥이 너무 좁아 손님이 앉을 자리가 없어서 경기 관찰사인 조카 성몽정(成夢井)이 방석 10개를 보내 주었으나 성담수는 "이 물건은 빈천한 사람의 집에 어울리지 않는다."라고 하면서 받지 않았다. 그는 죽은 뒤에 '생육신'[7]의 한 사람으로 추앙받았다.

2_ 이이의 독서력

율곡에 있는 숙헌(이이)을 방문했는데, 책상 위에 『시경』 국풍(國風)을 펴 놓고 있었다. 내가 "금년에 얼마만큼의 책을 읽었는가?" 물었더니, 대답하기를 "금년에 사서(四書)를 세 번씩 읽기를 세 차례 했으니 모두 계산하면 아홉 번이다. 이제 또 다시 『시경』을 읽기 시작하여 왕풍(王風)에 이르렀다."라고 했다. 이 말을 듣고 나도 모르게 감탄하고 부러워했다. 나는 항상 한가할 뿐 아니라, 집을 수리하거나 집안일을 주관하고 손님을 접견하느라 늘 바쁜 숙헌보다 훨씬 일이 적은데도 1년 내내 한 권의 책도 읽지 않으니, 이렇게 하면서 도리에 대한 소견이 있기를 바란다면 뒷걸음치면서 앞으로 나아가려고 하는 것과 같다. 비록 고질병 때문에 독서를 하지 못한다고 하나, 진실로 독서를 좋아한다면 이와 같이 하지는 않을 것이다. 장탄식을 하니 후회막급이다.(참고로 이 글은 연대가 확실치 않다. 혹시 40대 이전의 일일지도 모른다.)

3_ 이이에 대한 부러움

숙헌을 보면 병이 없고, 정신이 맑으며, 의리에 민첩하니, 끝내 그를 따라갈 수가 없다. 또 그는 몸을 닦아 자신감에 차 있으며, 사무를 처리할 때 여유가 있어 기세가 절로 크니 사람들이 얕볼 수가 없다. 관직에 제수되어도 당연한 일로 여기며, 운명과 분수가 본래 정해져 있는 이치를 말하곤 한다. …… 나는 병든 폐인이 되어 하늘에 버림을 받았을 뿐 아니라, 기질이 못난 것 이상으로 물욕에 빠져 혼탁한 탓에 한 권의 책도 제대로 읽지 못하여 몽매하기가 시골의 무식한 지아비와 같다. …… 어찌 분수 밖의 것을 기대하여 명류(名流)로 자처할 수 있겠는가? …… '낮은 선비가 졸렬함으로 스스로를 닦는다.'라는 것을 법으로 삼아야 하겠다. …… 이로써 조관들을 만나고, 친구들을 대하고, 새로 배우러 오는 자들을 만날 적에 모두 나의 지조를 지켜 말을 조심하고, 행실을 삼가서 되도록 자중해야 할 것이요, 혼몽하고 망각하여 다른 사람들에게 휩쓸리지 말아야 하겠다.(이 글도 지은 연대가 확실치 않으나 우계서실을 지은 이후인 듯하다.)

4_ 정인홍의 편지

11월 21일에 내가 정인홍의 편지를 받았는데, 내가 일찍이 남명의 단점을 논한 까닭에 바깥 사람들의 말이 분분하다고 한다. 나는 즉시 답장을 써서 사과했다. …… 근일에 나의 가장 큰 잘못을 생각해 보니, 말을 많이 하는 것이었다. 손님을 접견할 때, 또 때에 따라 의리를 문답할 때 이해(利害)를 따지는 마음이 시비를 가리는 마음보다 더하며, 사양하고 받는 것이 정대(正大)하지 못하니, 이런 병통은 모두 스스로 마음을 잡아 보전하는 공부가 전혀 없어서 그런 것이다. …… 을해년(41세)에 서울에서 정사위(鄭士偉, 1536~1592년)를 접견할 때도 이와 같았다.(이 글은 41세가 지나고 멀지 않은 시기에 쓴 글로 보인다.)

5_ 조식을 비판한 것에 대한 사과

성혼의 문인이면서 조식의 문인이기도 했던 양홍주(梁弘澍)는 정인홍의 처남인데 어느 날 우계서실에 와서 공부하다가 퇴계 이황보다 남명 조식을 더 추존하는 말을 했다. 이에 성혼이 "퇴계는 학문이 심오하니 남명은 퇴계만 못할 듯하다. 퇴계의 학문은 오직 주자를 종주(宗主)로 삼아 법문이 올바르고 마땅한 반면, 남명의 높은 기절(氣節)은 사람들이 따를 수 없으나, 언론의 풍지(風旨)는 적당하지 못한 부분이 있다."라고 했다. 그러니까 조식은 지나치게 언행이 과격하다는 뜻이다.

조식의 문인 최영경이 양홍주에게 말을 전해 듣고는 성혼의 제자인 신응구(申應榘)에게 울분을 터뜨리며 한탄했다. "성혼은 퇴계를 실제보다 지나치게 추존하고 남명을 지나치게 경시하니, 이는 인심과 세도에 큰 해가 되지 않겠는가?" 정인홍도 편지를 보내 조식을 헐뜯은 잘못을 말하니, 성혼은 최영경과 정인홍에게 모두 편지를 보내 자신의 뜻을 말하고 나서 "다만 선배들을 가볍게 논함은 어찌 큰 죄가 아니겠습니까? 말세의 풍속이 올바른 사람을 함부로 비판하여 제멋대로 비난하고 꾸짖는 자가 많은데 나 또한 남명 선생을 함부로 논하여 바르지 못한 풍조를 도왔으니 진실로 큰 죄입니다."라고 사과했다.(43세 10월)

6_ 민장 이야기

내가 들으니, 용강현의 현감 민장(閔丈)이 부임할 때 남언경(南彦經)이 털옷을 보내며 "추운 겨울에 북쪽 길을 가시기에 삼가 드리는 것입니다."라고 말하였다. 그러나 민장은 사양하고 받지 않으며 말하기를 "나는 일찍이 털옷을 입지 않았으니 이것이 없더라도 춥지 않다."라고 했는데, 이는 남언경의 행실을 부족하게 여겨 받지 않은 것이었다. 생각해 보니, 나는 물건을 사양하거나 받는 데 있어 부끄러운 점이 많았다. …… 내가 깊이 자책하기를 "앞으로는 허다한 의논을 하지 않고, 수많은 이해를 염두에 두지 않은 채 한결같이 몸과 마음을 위하여 깨끗이 닦고, 스스로 만족하게 되는 것만을 힘써서 죽을 때까지 독실히 믿고 지키며, 방정하게 행동하고 검약함을 지켜야 할 것이다. 선배들의 잘잘못을 안다 해도 자세히 알지 못하고, 또 내가 이분들의 경지에 미치지 못하니, 어떻게 함부로 가볍게 의논할 수 있겠는가? …… 내 마음에 부끄러움이 없게 해야 할 것이다." 하였다.(10월 28일 묵존암병사(黙存菴病士))

7_ 말을 많이 하는 것을 반성

지난번 판관 원사안(元士安)을 만났을 때도 많은 말을 했고, 사암(思庵, 박순의 호)이 찾아 왔을 때도 또 지극히 지루하게 말을 늘어놓았으니 몹시 두렵다. 마음을 잡아 수양하는 것에 털끝만 한 효과도 없으므로 매일 잘못을 뉘우치나 이내 같은 잘못을 다시 저지르곤

하니 한탄스럽다. 덕을 진전시키는 것은 가망이 없고, 우선 이 때문에 죽기 전에 화를 당할까 두려우니, 내 마땅히 마음을 잘 수렴해야 하겠다.(44세, 6월)

8_ 성운 이야기

성혼이 45세 되던 1579년(선조 12년) 5월에 당숙 성운(成運, 1497~1579년, 호 대곡(大谷))이 83세로 세상을 떠났다. 성운은 그의 형 성근(成近)이 을사사화 때 화를 당한 것을 보고 마음의 상처를 받아 평생 벼슬을 포기하고 처가의 고향인 보은(報恩)으로 갔다. 집에서 몇 리 떨어진 계곡에 작은 집을 짓고 소를 타고 오가면서 거문고를 타고 시를 지으며 스스로 즐거워했다. 중종, 명종, 선조 때 여러 차례 벼슬을 내렸으나 시정의 벼슬까지도 모두 사양했다. 그는 세상일에 대해 전혀 관심을 가지지 않았고, 학도들을 모아 가르치는 것도 좋아하지 않았다. 이황은 그의 학문이 노장(老莊)에 가깝다고 평했다. 성운이 세상을 떠나자 성혼은 그의 묘갈을 지었는데, 세상 사람들이 그가 거문고를 타고 시를 읊으며 즐긴 것만 알지 그의 내면세계를 모른다고 말했다.

9_ 수령이 지켜야 할 규범

친구 이영춘(李榮春)이 문경현 수령으로 부임하기 위해 인사차 성혼을 찾아와 교훈이 될 만한 글을 써 달라고 부탁하자, 성혼은 그를 전송하는 서(序)를 썼는데, 수령이 해야 할 일을 신신당부했다. 무엇보다 수령은 '시민여상(視民如傷, 백성을 보기를 상처를 돌보듯 함)'이라는 네 글자를 벽에 걸어 놓고, 백성들을 위해 해야 할 일곱 가지 일(守令七事)을 해야 한다고 당부했다. 그러면서 요즘 수령들이 친구나 조관의 부탁을 받아 사사로운 일을 하기 때문에 백성이 수령에게 바치는 물건이 국가에 바치는 공물보다도 많다고 한탄했다. 그리고 만약 의리에 어긋나는 일이 있으면 거리낌 없이 「귀거래사」를 읊으며 집으로 돌아오라고 하면서 끝을 맺었다.

10_ 백인걸 행장

성혼과 이이의 스승인 백인걸이 1579년(선조 12년)에 83세로 세상을 떠나자 성혼은 그의 행장을 지었다. 그 요지는 다음과 같다.

백인걸은 돌이 되기 전에 부친(백견(白堅), 왕자사부)을 여의었고, 집이 몹시 가난하여 셋집에 살면서 어머니가 밤새도록 길쌈을 하여 생활했다. 조광조를 스승으로 섬겼는데 기묘사화가 일어나자 금강산에 들어갔다가 1년 뒤에 돌아왔다. 명종 초 사간원 헌납(獻納, 정5품)으로 있으면서 윤원형의 횡포를 반대하다가 투옥되고, 1547년(명종 2년)에 양재역 벽서 사건으로 안변으로 유배 갔다가 1551년(명종 6년)에 사면된 뒤 고향 파주로 내려가 성리학 연구에 침잠했다.

1565년(명종 20년)에 윤원형이 몰락하자 다시 복직되었으며 양주 목사로 있을 때에는 선정을 베풀어 칭송을 받았다. 선조가 즉위한 뒤에는 홍문관 직제학, 승지, 이조 참의로 승진했다. 그러나 선조 모친의 제사에 제관(祭官)을 보내자고 주장한 것이 사헌부의 탄핵을 받아 대사성에서 물러나 고향 파주로 내려갔다. 그후 대사헌으로 복귀했다가 병조 참판이 되었는데, 조광조의 문묘 종사를 건의하고 이황을 천거하기도 했다.

1571년(선조 4년)에 벼슬을 버리고 파주로 돌아왔다. 백인걸은 이미 늙고 병들었으나, 집에는 한 섬의 저축도 없었으며 집도 겨우 비바람을 가릴 정도였고 환자(還子)를 빌려다가 끼니를 이었다. 1578년(선조 11년)에 임금이 의정부 우참찬을 내렸으나 받지 않고, 이듬해인 1579년(선조 12년)에 임금에게 상소하여 동서 분당을 진정시킬 것과 국방 강화를 비롯한 여러 가지 개혁을 건의했다. 또 동인은 대부분 나이 젊은 신진으로 국사를 도모함에 용감하고, 선을 행하려는 의욕이 강하여 성심이 한창 왕성하니, 이들을 배척하지 말고 적절히 성취시켜 주어야 한다고 했다. 서인은 대부분 선배와 구신(舊臣)들로서 수많은 변고를 겪고, 권력을 남용하던 간신들을 힘써 제거하여 사림에 큰 공로가 있으니 이들 또한 각별히 대접하고 배척하지 말아야 한다고도 했다. 그리고 오직 현자를 등용하라고 주장하며, 성혼과 이이를 쓸 만한 선비라고 추천했다.

백인걸의 동서 분당을 조정하자는 상소가 올라가자 대간들이 탄핵했는데, 특히 그 상소문을 이이가 만들었다는 사실을 가지고 백인걸과 이이를 모두 정직하지 못하다고 탄핵했다. 백인걸은 이렇게 대간의 탄핵을 받던 중 9월에 서울에서 세상을 떠났다. 그의 외손녀는 성혼의 아들 성문준에게 시집갔다.

11_ 개성 유기장 이야기

개성에 사는 유기장(鍮器匠) 한순계(韓順繼)는 어머니를 효성으로 모시고 유기(놋그릇)를 부지런히 만들어 집안을 다소 윤택하게 만들었으며, 문자를 알아 간간이 책을 읽고 시를 지었는데, 글이 매우 기이하고 훌륭했다. 개성 유수가 그에게 향교의 유생이 되라고 권고했으나 그는 "내가 유기를 만들지 않으면 늙으신 어머니가 굶주리시게 된다."라고 하면서 사양했다. 그는 부지런했고, 그가 만든 그릇은 흠잡을 데 없이 훌륭했으며, 값을 높였다 낮추었다 하지 않았다. 그래서 놋그릇을 사려는 사람이 다투어 왔으나 번번이 사양하고 다른 유기장들에게 나누어 주며 말하기를 "내 어찌 이익을 독점하겠는가?" 하였다. 그의 친척이 가난하여 살 수가 없자, 자기 재산을 나누어 주고 갚을 것을 독촉하지 않았다. 그 사람이 이로 말미암아 부자가 되었으나 끝내 그 돈을 받지 않고 "너의 가업이 이루어졌으니 내가 매우 기쁘다."라고 말했다. …… 내가 이를 기록해서 지방관들이 찾아다니며 살피고 조사하는 자료로 삼게 하는 바이다.(46세 3월)

12_ 명나라 도목(都穆)의 『옥호빙』에 발문을 쓰다

『옥호빙(玉壺氷)』[8]은 얼음병처럼 깨끗하고 투명한 것을 말하는 것으로, 한가로움을 좋아하는 말을 모아 엮어서 보고 즐기며 세상을 잊고자 한 것이다. 그러나 도연명의 한가로움은 산과 물이나 물고기와 새에 있는 것이 아니라, 고상한 마음과 원대한 식견에 있었다. 고상한 마음과 원대한 식견이 없으면서 외물(外物)로 한가로움을 삼고자 한다면, 참으로 한가로운 자가 아니다.

반드시 사물의 이치를 달관할 만한 식견이 있어야 하고, 처지를 편안히 여기고 천명에 순응할 만한 지킴이 있어야 한다. 이런 뒤에야 한 그릇 밥과 한 그릇의 물로 누추한 골목에 살면서도 남이 알아주기를 바라지 않고, 자신의 즐거움이 변치 않을 수 있는 것이다. 그러니 절강성 소흥의 산음(山陰) 길가의 빼어난 물과 푸른 산만이 즐길 만한 것은 아니다.

이 책을 엮은 자는 기이한 것을 좋아하고, 외물에 대한 것만을 힘써서, 그 근본을 탐구하지 않은 듯하다. 그러므로 이것을 아래에 써서 보는 자들이 내면에 오로지 힘쓰고, 한가로움만을 구하지 않기를 바라는 것이다.(46세 여름)

5 벗과의 이별, 미증유의 전란

○○ 30년 지기 이이와의 사별

1583년(선조 16년) 12월에 성혼은 이조 참판을 사직하는 상소를 올렸으나 임금의 허락을 받지 못해 서울에 머물러 새해를 맞이했다. 나이 쉰이 되었다. 그런데 정월 대보름을 지난 다음 날인 1월 16일 이이가 서울에서 우거하던 집에서 세상을 떠났다. 향년 49세였다. 비록 나이는 이이가 1년 아래지만 성혼은 나이가 들수록 그를 스승처럼 대접했다. 20세 때부터 학우가 되어 꼭 30년을 서로 배우고 가르치면서 우뚝한 성리학자로, 그리고 정치적 거인으로 서로 버팀목이 되어 살아왔던 사이였다.

이이의 죽음은, 재주 있는 사람은 하늘이 빨리 데려간다는 성혼의 평소 염려처럼 이르게 찾아왔다. 아마도 병조 판서로 있을 때 위장병과 어지럼증으로 건강이 좋지 않은 상태에서 동인들로부터 호된 탄핵을 받은 것이 건강을 더욱 악화시키는 요인이 된 것으로 보인다. 하지만 평소의 건강은 이이보다는 성혼이 더 나빴다. 성혼은 하루하루 목숨을 연장하듯 연약하게 살아왔지만, 이이가 세상을 떠난 뒤에도 14년을 더 살아 64세로 일생을 마쳤다. 그러나 이이를 잃은 성혼의 말년은 무척 외로울 수밖에 없었다.

이이가 세상을 떠날 때, 어느 귀양 간 사람의 집에서 이이의 집으로 은밀히 계집종을 보내 계집종이 날마다 와서 정탐하다가 사람들에게 붙잡히는 일이 발생했다. 아마도 이이에게 앙심을 품은 자가 그에게 해를 끼치기 위해 사생활을 정탐한 것으로 보인다. 또 이이가 우거하던 집에서 저주하는 물건이 발견되기도 했다. 이에 이이를 따르던 어떤 사람이 의혹을 품고는 옥사를 일으키고자 끝까지 심문하려 하자 성혼이 그에게 반대하는 편지를 보냈다. "율곡이 별세한 것은 시운(時運)에 관계되고, 국가의 안위(安危)에 관계되니, 진실로 작은 좌도(左道, 미신)가 할 수 있는 일이 아닙니다. 지금 만약 이것을 다스린다면, 이는 율곡 형의 죽음이 무고에서 연유한 것이 되어 세상의 좌도가 사람을 살리고 죽일 수 있다고 하는 것입니다. 더구나 조사하여 묻다가 다른 집안의 사람까지 연루된다면 큰 옥사가 반드시 일어나서 죄 없는 자가 죽을 수도 있으니, 그대로 두는 것이 나을 것입니다. 율곡은 천운에 따라 별세했으니, 무슨 원망과 허물이 있겠습니까? 군자의 죽음은 결코 소소한 저주가 좌우할 수 있는 것이 아닙니다." 성혼이 이렇게 말하자 마침내 일이 잠잠해졌다.

성혼은 또 어떤 친구에게 편지를 보내 선비의 삶에 대하여 이렇게 말했다. "선비는 한결같이 지조를 지키고 살지만, 무궁한 세상의 변고(變故)에 대응하다 보면 올라갈 때도 있고 내려갈 때도 있으며, 화를 입을 때도 있고 복을 받을 때도 있는 것이다. 이를 모면할 방도가 없다. 그래서 영화(榮華)가 있어도 기뻐할 필요가 없고, 앙화(殃禍)가 있어도 싫어할 필요가 없다. 오직 의리만을 지키면서 편안하게 대응해야 한다." 이 말은 뒤집어서 해석한다면, 앙화를 두려워하고 영화를 추구하여 지조와 의리를 지키지 못하는 사람은 참선비가 아니라는 뜻이다. 참선비로 평생을 살아온 이이의 죽음이 원한 관계에서 일어났다고 의심하여 송사를 일으켜 보복하려고 하는 것은 오히려 이이를 욕되게 한다고 성혼은 판단했다.

이이가 세상을 떠난 뒤 성혼은 애통한 마음으로 그의 업적을 추모하며 이렇게 말했다. "율곡은 도(道)의 본체에 대하여 큰 근원을 밝게 보았다. 이른바 '천지의 조화는 두 근본이 없다는 것'과, '인심(人心)의 발(發)함은 두 근원이 없다는 것'과, '이기(理氣)는 서로 발(發)할 수 없다'는 등등의 말씀은 참으로 나의 스승이다." 이 말은 이이의 독창적인 이기설을 성혼이 높이 평가하고 있음을 뜻한다.

성혼은 나아가 이이의 정치적 경륜에 대해서도 칭송했다. "임금을 사랑하고 나라를 걱정하는 충성과, 세상을 경륜하고 백성을 구제하려는 뜻은 옛사람에게서 찾아보아도 그와 짝할 만한 사람이 적다. 진실로 산하(山河)의 뛰어난 기운을 받고서 태어났고 삼대(三代)의 훌륭한 인물인데 이 세상에서 큰일을 하지 못하고 뜻만 품고서 별세했으니, 참으로 천도(天道)는 믿기 어렵다."

성혼은 이이의 장례 때 만사(輓詞)를 지어 그의 영혼을 이렇게 위로해 주었다.

벼슬 없으니 어찌 좋지 아니한가	無官豈不好
몸이 한가로워 책도 읽을 수 있겠지	身閑且讀書
산과 들이 어찌 넓지 아니한가	山野豈不寬
한가로이 내 집에 살 수 있겠지	居然着吾廬
아, 떠났다가 다시 돌아와서	云胡去復來
말년의 길 이렇게 주저하는가	末路仍躊躇
지사도 뜻을 이루기 어려우니	志士亦少成
하늘의 마음은 끝내 무엇이던고	天心竟何如
큰 도가 마침내 어두워지니	大道終晦蝕
백성들은 농토를 잃었네	生民失菑畲
간사한 마음 없는 것이 지혜이니	無機是獨智
교묘한 짓은 분란만 일으킨다네	用巧還紛挐
가슴에 서린 한(恨) 다 말할 수 없으니	有恨不可窮
나의 노래 어찌 이렇게 슬픈가	有歌何太歔
이제 인생살이 괴로움을 알았으니	方知有生苦
큰 하늘로 돌아감이 얼마나 즐거운가	樂哉歸太虛
모름지기 구천에서 다시 만나	會須泉下逢
길이길이 천추에 뜻을 이루리라	千秋長遂初

이조 판서 이이를 잃은 성혼은 더욱 이조 참판을 할 생각이 없어 1584년(선조 17년) 2월 10일에 임금을 만나 인사를 올리고 다시 사직을 청했다. 임금은 답하기를 "얼마 전에 어진 재상을 잃어 잠도 제대로 이루지 못한다. 지금 나라 일을 함께 의논할 자가 경(卿)이 아니

고 누가 있겠는가? 급히 물러갈 생각만 하지 말라."라고 타일렀다.

성혼은 임금의 만류로 주저앉아 있다가 3월에 다시 병을 이유로 정고(呈告)하여 체직되었다. 그런데 이 무렵 이이의 제사가 있자, 서울에 있던 그는 아들 성문준을 보내 술과 과일과 쌀밥의 제수(祭需)를 올리면서 제문도 함께 보냈다. 제문의 요지는 이렇다.

아, 형과 나의 정은 형제 사이와 같고, 의리는 사우처럼 무거웠습니다. 약관부터 벗하여 이제 30년이 되었는데, 형은 몸이 건강하여 세도(世道)의 무거운 책임을 맡았고, 나는 늘 병을 앓아 죽음과 이웃하여 지냈습니다. 그런데 오늘날 형은 별세하고 나는 살아 있어서 나로 하여금 목 놓아 울부짖어 하늘을 부르며 통곡하게 할 줄을 어찌 알았겠습니까?

아, 형의 뜻은 참으로 원대하고, 학문은 깊고도 밝았으며, 재주는 영특하면서도 풍부했고, 도량은 크고도 굳세었습니다. 하늘이 이처럼 큰 인재를 낸 것은 깊은 뜻이 있는 듯했습니다. 일찍 대도(大道)의 근원을 보고도 스스로 만족하게 여기지 않았고, 백성을 구제하는 책임을 자임하여 자기 몸을 아끼지 않았습니다. 일을 만나면 시원스레 해결하여 어려운 일로 고심함이 없었고, 남과 다투는 일이 없어 비루한 소인배들이 그 틈을 엿볼 수가 없었습니다. ……

마침 좋은 때를 만나 임금과 신하가 서로 마음이 맞으니, 떠났다가 다시 돌아오기도 하고, 넘어졌다가 다시 일어나기도 했습니다. …… 그런데 하루아침에 갑자기 빼앗아 가서 조짐만 보여 주고 끝맺음을 하도록 해 주지 않으니 하늘은 어찌 형을 가지고 희롱하여 우리 백성들로 하여금 구원받지 못하게 한단 말입니까? ……

아, 나는 어리석고 혼몽하며 고질병까지 겹쳤습니다. 처음 형을 만나 다소 도를 듣고는 스승으로 섬기려고까지 했으니, 그렇다면 형으로부터 얻은 것이 있음을 알 수 있습니다. 근래 늙어 가면서 서로 신뢰하여 정의(情義)가 더욱 깊어지고, 서로 도움이 되어 강마(講磨)함이 더욱 절실해졌으니, 내가 만약 형이 없었으면 자립하지 못했을 것입니다. 형도 나의 병을 걱정하고, 나의 죽음을 두려워했으며, 나도 내가 형보다 먼저 죽어 형이 나의 전(傳)을 짓게 하리라고 생각했는데, 지금 상도(常道)를 뒤집음이 이 지경에 이르렀으니, 이른바 하늘이란 것을 헤아릴 수 없고, 이치란 것을 알 수가 없습니다. ……

나 또한 세상에 살아 있을 날이 얼마 되지 않을 것이니, 곧 지하에 있는 형을 따라갈 것입니다. 동리(東里, 이이의 묘소가 있는 자운산)와 향양리는 산이 이어져 서로 바라다보이니, 행여 떠도는 영혼이 천추에 서로 만날 것입니다.

성혼은 생애를 마감할 무렵에 임진왜란이 끝나자 모든 벼슬을 내려놓고 파주에 있었는데, 이 무렵 이이의 제자들과 더불어 이이의 문집을 편찬하는 데 온 힘을 기울였다.

○○ 동인의 공격이 갈수록 거세지다

이이가 죽은 뒤에도 성혼에 대한 임금의 신임은 계속되었다.

1584년(선조 17년) 3월에 이조 참판의 사직을 요청하여 잠시 체직되었으나, 4월에 다시 동지중추부사(同知中樞府事, 종2품)의 직을 제수했다. 이 자리는 특정한 임무가 없는 직이었으나 경연에 참석할 수 있었다.

성혼은 동지중추부사를 사양하는 상소를 6월에서 9월에 걸쳐 잇달아 올렸는데, 6월에는 조상님께 분황(焚黃)하겠다는 것을 이유로 시골에 내려가기를 청하자, 임금은 할 수 없이 이를 허락하면서 날씨가 서늘한 가을에 가서 분황하고 즉시 올라오라고 명했다. 분황이란 조상의 무덤 앞에 가서 아버지에게 추증된 벼슬 이름이 적힌 노란 종이 부본을 불태우는 의식을 말하는데, 성혼이 종2품의 높은 벼슬을 받으면 아버지에게도 벼슬이 추증되기 때문에 이를 묘소에 가서 알려 드리는 제사이다.

임금의 허락을 받고 7월에 파주로 내려온 성혼은 8월 초에 선영에 가서 분황하고, 임금에게 글을 올려 체직을 요청했다. 이유는 수레를 타고 100리 밖을 가다가 넘어지고 쓰러져 위독하여 오래도록 깨어나지 못했다는 것이다. 그래서 말미를 받은 기한을 열흘이나 넘겼으니 정해진 형벌을 내려 달라고 요청했다. 그러나 임금은 동지중추부사의 직책을 환수하지 않았다.

그런데 이렇게 성혼이 한사코 벼슬을 사양한 것은 건강상의 문제만이 아니라, 이 무렵 삼사를 차지하고 있던 동인들의 서인에 대한 공격이 다시 불붙기 시작했기 때문이었다. 이이가 병조 판서로 있을 때 퍼부었던 공격을 임금이 받아들이지 않고 오히려 송응개, 허봉, 박근원 등 세 사람의 동인 인사가 유배를 간 일에 대한 역습을 시도한 것이다. 이이가 세상을 떠났기에 공격의 주 목표를 심의겸으로 바꾸고, 이이와 성혼을 그 당여로 몰아 탄핵하기 시작했다.

서인을 공격하는 첫 포문을 연 것은 전 성균박사 정설(鄭渫)이었다. 임금은 이이와 성혼, 두 어진 사람을 공격하는 것이 통한스럽다고 하면서 그의 요청을 물리쳤다. 그러나 8월 18일에는 양사가 합동하여 심의겸을 탄핵하면서, 그와 연결된 당여로 박순, 정철, 이이, 박용남, 김계휘(金繼輝), 윤두수(尹斗壽), 윤근수(尹根壽), 박점(朴漸), 이해수(李海壽), 신응시(辛應時), 성혼 등을 거론하고, 그들의 죄를 빨리 논정하라고 촉구했다.

대간의 탄핵에 대한 반론도 나타났다. 8월 18일, 생원 이귀는 상소하여 이이와 성혼이 심의겸의 당여라고 한 대간의 탄핵은 사실과 다르다고 항변했다. 임금은 비답을 내려 "심의겸이 옳다고 말하는 것도 잘못이고, 이이와 성혼이 옳지 않다고 하는 것도 정론이 아니다."라고 답했다. 이귀는 이이와 성혼의 문인으로 당시 28세의 청년이었으나 뒤에 인조반정을 주도하여 서인의 영수로 활동한 인물이다.

9월에 이르러 임금은 성혼에게 전지(傳旨)를 내려 빨리 올라오라고 명했다. 그러나 성혼은 "신은 서울에 머문 지 1년이 넘도록 봉직한 날이 채 열흘도 못되고, 봄과 여름철에는 물러나 사가(私家)에 누워 있었습니다. …… 죽을죄를 지었습니다."라고 하면서 극구 사양했다.

이렇게 성혼의 사양이 지극하자 임금은 11월에 이르러 겸직인 제조(提調, 종1품 이하)는 체직하는 대신 본직인 동지중추부사는 체직할 수 없다고 말했다. 그러다가 겨울철에 그의 병이 심한 것을 알고 잠시 산중으로 물러가 있으라고 윤허하여 고향으로 돌아왔다. 이렇게 하여 성혼은 이이를 잃은 슬픔을 달래면서 50세의 한 해를 넘겼다.

임금은 경기 감사에게 명하여 가끔 그를 찾아가서 안부를 묻고 적절히 음식을 내리라고 명했다.

1585년(선조 18년)에 51세를 맞이한 성혼은 1월에 그동안 수령을 보내 위문해 준 임금에게 감사의 글을 올렸다. 임금은 『소학』을 정리하고, 사서에 음(音)을 달고 훈석(訓釋)하기 위해 찬집청(撰集廳)을 설치했다. 그리고 성혼에게 당상(堂上)을 맡으라고 간곡히 요청했으나 이를 사양했다. 동인들의 탄핵이 점차로 격화되는 상황에서 벼슬할 마음이 전혀 없었던 것이다.

2월에는 송익필에게 편지를 보내, "우리를 비판하는 의논이 날로 심해진다니 불같은 기세가 참으로 두렵습니다. 심경(沈憬)과 윤삼빙(尹三聘) 등은 저를 간사한 권신이라고 배척하여 장차 4흉(四凶)의 죄목으로 다스리려고 했습니다. …… 이 몸이 간사한 권신이 될 수 있단 말입니까?"라고 하면서 억울함을 하소연했다.

3월에는 처음으로 이이의 묘소를 찾아가서 곡을 했다. 곡이 끝난 뒤에 묘소를 지키던 암자의 승려를 만났는데, 그의 시축(詩軸)에 이이가 2년 전 7월에 쓴 시가 있었다. 그가 병조 판서로 있으면서 탄핵을 받을 때 쓴 것이다.

마음에 부끄러움이 없고자 했는데 　　　　　　　欲使心無愧

어찌하여 사람들의 미움만 받게 되었는가? 　　　那堪面目憎

초목에 둘러싸인 적막한 절간에서 　　　　　招提草樹裏

산승과 마주 앉아 있다네 　　　　　　　　　寂寞對山僧

성혼은 그 시의 끝에 이렇게 글을 썼다.

세태는 사람을 따라 바뀌고	世態隨人轉
시름은 늙을수록 다시 새로워지네	憂端老更新
어찌 이 몸이 뒤늦게 죽어	那知作後死
시축을 펴 읽고 서글퍼할 줄 알았으랴	披讀一傷神

이해 4월에는 과격파 동인의 한 사람인 정여립이 홍문관 수찬이 되어 경연에 참석했는데, 임금에게 박순, 이이, 성혼을 비판하는 말을 했다. "박순은 간사한 무리의 괴수이고, 이이는 나라를 그르친 소인이며, 성혼은 간사한 무리들을 편들어 상소를 하여 임금을 속였습니다. 호남은 박순의 고향이고, 해서(황해도)는 이이가 살던 곳이니, 그 지방 유생들의 상소는 모두 두 사람의 사주에 의한 것으로 공론이라 할 수 없습니다. 신이 서울에 들어와 성혼을 찾아가서 간사한 사람들을 편들어 임금을 속인 죄를 질책하고 이이와 절교했다고 말했더니, 성혼은 이의 없이 죄를 인정했습니다."

이 말을 들은 임금은 "이이가 살아 있을 때에는 네가 지극히 추존하다가 지금에는 어찌하여 이런 말을 하는가?" 하고 꾸짖었다. 임금의 꾸지람에 정여립은 "신이 애초에는 그의 심술을 몰랐다가 나중에야 알고서 죽기 전에 이미 절교했습니다."라고 대답했다. 임금이 아무 말도 하지 않자 정여립은 두 손으로 땅을 짚고 임금을 우러러보면서 말하기를 "신이 지금부터 다시는 천안(天顔)을 뵐 수 없겠습니다."라고 하면서 밖으로 나갔다. 그는 관직을 버리고 낙향했다.

임금은 정여립이 일찍이 이이와 성혼의 문하에 드나들었고, 또 두 사람의 천거를 받은 것을 알고 있었는데 이렇게 갑자기 배신하는 것을 못마땅하게 여겼다. 또 정여립은 이전에 송응개가 유배당했다는 소식을 듣고는 "참으로 훌륭한 처사"라고 찬성하고, 여러 사람들에게 말하기를 "이이는 성인이고, 박순은 어진 정승이다."라고 했다. 또 "이발(李潑)은 이이를 스승으로 섬겼는데 논의가 일치되지 않자 반격하여 모함하기를 다른 사람들보다 심하게 했으니, 그의 마음은 헤아릴 수 없다." 하고 "유성룡은 겉으로는 선비인 체하지만 속은 간교하다. 그런데 조정에 있으면서 자기 주장을 고집하니, 후환이 염려된다." 말하기도 했다.

이렇게 처음에는 적극적으로 이이 편을 들었던 정여립이 홍문관 수찬이 된 뒤에 갑자기 태도를 바꾼 이유는 확실치 않으나, 이조 전랑에 후보로 올랐을 때 이이가 반대한 것, 또는 급진적 성향의 이발과 가깝게 지낸 것 등이 요인으로 지적되고 있다.

그런데 정여립이 나서서 이이와 성혼을 비판하고 나설 무렵, 또 한 사람의 비판자가 등장했다. 정여립의 조카사위의 아버지이자 백인걸의 조카인 백유양(白惟讓, 1530~1589년)이 홍문관원으로 경연에 참여하면서 성혼을 비판한 것이다. 성혼이 이이를 비호하면서 올린 상소가 지나쳐서 선비들이 크게 불만스러워했다고 지적했다. 또 "이이는 사특한 무리들을 부추기고 바른 사람을 억제한 행적이 약간 드러난다."라고 말했다.

백유양의 말에 대해 임금은 언짢아하면서 사관(史官)을 보고 기록하라 한 뒤 말했다. "두 사람이 과연 소인이라면, 왜 두 사람을 기용할 때 주변에서는 모두 찬성했는가? 또 저 두 사람이 소인이라면 그들을 탄핵한 무리들에게 죄를 줄 것이 아니라 표창하고 장려해서 기용했어야 할 것 아니냐? 내 뜻이 이러하니 그대들은 면전에서는 복종하고 물러가서는 뒷말을 해서는 안 될 것이다."

이해 5월에 임금은 또다시 성혼에게 동지중추부사와 교정청(校正廳) 당상을 제수했으나 받지 않았다. 하지만 임금은 사직을 윤허하지 않았다. 성혼은 7월 17일에 임금이 같은 직책을 제수했다는 소식을 서울에 있는 친구들에게서 들었다. 그래서 품계가 1년간 그대로 유지되고 있었다.

이해 6월에 성혼은 송익필에게 보낸 편지에서 자신의 근황을 알렸다. "금년 초부터 찾아오는 사람이 없어 낮에도 사립문을 닫아 놓고 한가로이 누워서 시냇물 소리와 새 지저귀는 소리만 듣고 지낸다. 새로 학당(學堂)을 지었으나 완비되지 못한 상태에서 겨우 중앙에 현판만 걸어 놓고, 그 안에 누워 있으면 시원한 바람이 불어와서 천하의 즐거움이 이보다 더할 것이 없다."라고 했다. 이때 새로 지은 학당은 옛날에 지은 우계서실과 다른 것으로 보이는데, 현판의 이름은 알 수 없다.

조정에서 정여립 등이 성혼과 이이를 비판하고 나서자 이를 반박하는 상소가 5월 28일 올라왔다. 은진(恩津) 출신 의주 목사 서익(徐益, 1542~1587년)이 올린 것이다. 평소 이이 및 성혼과 가까웠던 그는 상소에서 정여립에 대해서 이렇게 말했다.

다른 사람이라면 몰라도 정여립만은 그럴 수 없습니다. 그는 본래 이이의 문하생입니다. 송응개, 박근원, 허봉이 내쫓기고, 이이가 부름을 받아 돌아왔을 때 정여립은 전주의 서사(書舍)에 있었는데, 어떤 선비가 찾아와 이이에 대하여 물으니, 정여립이 뜰에 있는 감을 가리키며, "공자는 푹 익은 감이고, 율곡은 반쯤 익은 감이다. 반쯤 익은 것이 다 익게 되지 않겠는가? 율곡은 참으로 성인이다."라고 했습니다. …… 변사정은 천하에 제일가는 선비입니다. 세 현인을 구제한 상소문은 만세에 전해질 것입니다. …… 이발은 일찍이 이이를 스승으로 섬겼는데, 논의가 일치하지 않자 끝내 공격할 뜻을 가졌습니다. 이발은 죄인입니다. 신이 부름을 받고 도성에 갔을 때 이이는 이미 병석에 누워 있었는데, 어떤 사람이 정여립이 이이에게 보낸 편지를 보여 주었습니다. 그 편지에 "삼찬(송응개, 박근원, 허봉을 유배 보낸 일)이 비록 내쫓겼지만, 아직 큰 간인(奸人)이 남아 있으니, 뒷날의 환란이 지금보다 더 심각하여 구제할 수 없을 것입니다."라고 했는데, 큰 간인은 유성룡을 지목한 것이었습니다.

서익의 상소를 읽은 임금은, "정여립은 이랬다저랬다 하는 형편없는 인물이다."라고 답했다.[1] 임금은 정여립이 지조가 없는 인물이라는 것을 정확하게 알고 있었다.

이해 8월 성혼은 이이가 석담에서 가르친 수제자 박여룡(朴汝龍)으로부터 이이 가족의 근황을 듣고 답장을 보냈다. 당시 이이의 부인을 비롯한 가족들이 모두 해주에 가서 살고 있었다. 성혼은 이이의 가족들이 잘 있다는 소식을 들어 기쁘다고 말하고, 자신은 지금 이이의 문집을 편집하기 위해 '일기(경연일기)'를 읽고 있다고 전했다. 그리고 일기와 문집을 따로 만들어 문집을 먼저 발간하고, 일기는 격언이 많아 뒤에 만들어 후세에 남길 필요가 있다고 덧붙였다.

그런데 이해 8월과 9월에 성혼을 더욱 힘들게 만든 사건이 일어났다. 8월에는 사헌부와 사간원 양사가 합동으로 심의겸과 그 당여들의 죄를 거론하면서 탄핵했는데, 이때 참여한 양사의 관원은 이식(李拭, 대사헌), 이유인(李裕仁, 집의), 한옹(韓顒, 장령), 홍인헌(洪仁憲, 장령), 심대(沈岱, 지평), 이시언(李時彦, 지평), 이양중(李養中, 사간), 정숙남(鄭淑男, 헌납), 조인득(趙仁得, 정언), 송언신(정언) 등이고, 대사간 이발도 따로 임금에게 계사(啓辭)를 올렸다.

이발은 효녕 대군의 후손으로, 성리학자로 이름이 높은 이중호(李仲虎)의 아들로서 원래 서경덕의 제자인 민순(閔純)의 문인이다. 왕도 정치를 강조하는 등 신망을 얻었으며 최영경과도 절친했는데, 처음에는 이이, 성혼과도 사이가 매우 좋았다. 그러다가 뒤에는 동인의 거두가 되어서 1589년(선조 22년) 정여립 사건에 연루되어 곤장을 맞고 죽었다. 그는 선조에게 올린 계사의 앞부분에서는 이이와 성혼을 나라와 임금을 사랑하는 인물로 칭찬하다가 뒤에 가서는 그들이 붕당을 만들어 공론에 어긋나는 죄를 지었다고 비판했다. 그는 대사간의 지위에 있어 위망이 높았기 때문에 그가 올린 계사는 여론 형성에 큰 영향을 끼쳤다.

9월에 들어서자 이발의 계사에 영향을 받아 탄핵 운동의 규모는 더욱 커졌다. 이제는 양사와 홍문관 등 이른바 삼사가 합동으로 심의겸을 탄핵하는 상소를 올려 그 당여인 박순, 정철, 이이, 박응남, 김계휘, 윤두수, 윤근수, 박점, 이해수, 신응시, 성혼 등을 죄주자고 요청했다. 삼사가 합동으로 올린 상소는 임금이 거부하기가 어려운 일이었다. 선조는 그들의 요구를 받아들여 다음과 같은 비답을 내리고, 이를 이조에 전달하여 인사 행정에 적용하라고 명했다.

> 심의겸은 음험하고 간사한 자질로 …… 당파를 만들어 서로 결탁하여 국가의 권력을 제멋대로 휘둘렀다. …… 박순, 정철, 박점, 김계휘, 박응남, 윤두수, 윤근수, 신응시, 이해수 등의 무리들과 서로 생사의 교제를 맺고 목소리를 북돋아 …… 사설(邪說)이 충만하고, 정론(正論)은 사라졌다. …… 비록 이이와 성혼 같은 사람도 혹 친척의 두터운 정이나 혹 교제가 밀접하다는 것으로 그에게 농락당하면서도 부끄러워할 줄 몰랐다. 시비가 전도되고, 국세가 흔들린 지가 거의 10년 이상 오래되었으므로 조정이 안정되지 못하고 사론(士論)이 서로 갈라져 점차 구제할 수 없는 지경에 이르렀다. …… 그의 붕당은 논죄하지 않고, 다만 앞으로 등용하지 않겠다.

이 비답을 보면 지금까지 이이와 성혼을 적극 두둔하던 임금의 태도가 완전히 뒤바뀐 것을 볼 수 있다. 그런데 이 비답을 작성한 것은 동인 계열의 홍문관원 우성전(禹性傳, 이황 문인)으로 일부 동료들의 반대를 물리치고 작성한 것이다. 삼사가 이미 거의 동인들로 채워져 있어서 임금은 그 세력에 밀려 어쩔 수 없이 태도를 바꾼 것이다. 당시 서인의 거물이던 백인걸과 이이는 이미 세상을 떠나고, 박순과 정철도 은퇴하여 조정에는 삼사를 저지할 만한 서인 세력이 거의 없어졌다.

삼사의 탄핵이 올라오고, 임금이 이조에 명하여 서인을 등용하지 않기로 명했다는 소식을 들은 성혼은 9월 초 상소를 올려 자신의 죄를 스스로 탄핵하면서 관직을 삭탈할 것을 요청했다. 성혼이 윤9월에도 잇달아 사직 상소를 올리자 임금은 그의 관직을 체직시켰다. 자신은 척신(戚臣, 심의겸)과 결탁하여 이욕을 누린 일이 없이 오직 의리만을 지키면서 살아왔음에도 삼사의 탄핵에 의해 용서할 수 없는 죄를 지은 것이 되고, 또 임금도 이를 인정했으니, 빨리 관직을 삭탈하고 처벌을 내려 달라는 것이 상소의 요지였다.

삼사의 탄핵으로 성혼을 옹호하던 임금의 생각도 전과 같지 않게 되자, 이번에는 재야 유생들이 이를 반박하는 상소를 올렸다. 지난해 상소를 올렸던 생원 이귀가 9월 초에 두 번째로 소를 올려 이이와 성혼에 대한 삼사의 탄핵은 지나친 거짓말이라고 반박했다. 이이의 할머니가 심연원(沈連源)의 종매(從妹)였으므로 이로 인하여 이이가 심의겸과 알고 지내는 사이이지만, 심의겸의 덕을 본 것은 아무것도 없다고 했다. 오히려 이이는 동서 분당을 없애기 위해서는 심의겸을 요직에 두어서는 안 된다고 말했다. 한편 성혼은 아버지 성수침이 명망이 컸으므로 심의겸이 한 번쯤 그 문하에 찾아갔을지는 모르나 벼슬과 이욕을 한결같이 멀리한 성혼이 무슨 이유로 심의겸과 결탁하여 권세를 잡으려 했겠느냐고 따졌다. 이에 대해 임금은 "네 말이 진정 옳은 것으로, 심의겸을 옳다고 하는 것은 사론(邪論)이고 이이와 성혼이 그르다고 말하는 것도 정론이 아니다."라고 답했다.

이귀의 상소에 이어 이이의 문인인 진사 조광현(趙光玹) 등도 상소하여, 이이와 성혼의 허물을 임금에게 주장한 이발의 계사가 사실을 날조한 거짓이라고 주장했다. 그들의 주장을 따르면, 이이가 황해도에 있을 때 이발이 편지를 보내 말하기를 "심의겸을 소인이라 해서도 안 되고, 심의겸의 무리들을 사당(邪黨)이라고 해서도 안 된다. 김우옹과 유성룡의 견해도 이와 같다."라고 했다. 이처럼 이발도 처음에는 이이와 견해가 별로 다르지 않았다. 그러다가 지금에는 시론에 빌붙어 도리어 이이를 비판하고 있으니, 이이가 살아 있을 때와 죽은 뒤의 말이 앞뒤가 다르다고 지적했다.

하지만 임금이 이미 삼사의 탄핵을 받아들여 서인은 등용하지 않겠다고 약속했으므로 성혼의 사직 상소를 받아들여 벼슬을 체직시켰다. 그러자 성혼은 이제 자신이 죽을 때가 되었다고 체념하고는 죽은 뒤의 일을 유언으로 써서 아들 성문준에게 주었다. 그 내용은 장례를 치를 때 상여를 쓰지 말고 막대기를 엮어 그 위에 관을 올려놓고 두 마리 소가 앞뒤에서 끌고 가게 하라는 것과, 동네 사람들을 부리지 말고 20여 명의 가족 및 종만 데리고 갈 것이며, 만장을 쓰지 말고, 다만 '창령성군지구(昌寧成君之柩)'라는 여섯 글자만 붉은 종이에 작게 써서 한 사람이 들고 가라는 것이었다. 자신은 죄인이니 아주 간소하게 장례를 치르라는 부탁이었다.

○○ 송익필과 생이별하다

성혼이 52세를 맞이한 1586년(선조 19년)부터 정여립 사건이 일어난 1589년(선조 22년)에 이르는 4년은 성혼에게 아무런 벼슬이 내려지지 않아 일생 중 가장 한가하고도 외로운 시절이었다. 조정은 이미 동인의 세상이 되었다. 이 기간 동안 성혼은 한편으로는 죽음을 준비하면서, 다른 한편으로는 그를 위로하려는 제자들이나 친구들과 만나거나 편지를 주고받으며 유유히 세월을 보냈다.

그런데 성혼을 한층 외롭게 만든 사건이 이해 또 일어났다. 가장 절친한 친구 송익필이 아버지의 죄에 연좌되어 노비 신분이 되자 성명을 바꾸고 도피하는 사건이 발생한 것이다. 이 사건의 전말은 이미 앞에서도 설명한 바 있으나, 다시 한번 회고해 보면 이렇다.

송익필의 할아버지 송린(宋璘, 본명 자근쇠)은 성균관 사예 안돈후(安敦厚)의 비첩(婢妾) 소생인 감정(甘丁)이라는 여인을 아내로 맞이하여 송사련(宋祀連, 1496~1575년)을 낳았다. 송사련은 훗날 중종 때 권신으로 사림들을 탄압한 심정(沈貞)에게 아부하여 벼슬이 관상감 판관(判官)에 이르렀다. 그런데 송사련의 아들이 바로 송익필이었다.

한편 안돈후의 아들 안당(安瑭, 1461~1521년)은 벼슬이 좌의정에까지 올랐는데 기묘사화(1519년) 때 죽음을 당한 조광조 일파를 두둔하는 입장을 취하여 선비들의 존경을 받았다. 그의 아들 안처겸(安處謙, 1486~1521년)은 성균관 장의(掌議) 벼슬을 하다가 모친상으로 그만두었는데, 어느 날 처가에서 이웃 선비들과 모여 담론하는 가운데 기묘사화로 죽은 선비들을 추모하면서 임금(중종) 곁에 있는 간신들을 제거하여 정치를 바로잡아야 한다는 등의 말을 주고받았다. 그런데 이때 고종사촌인 송사련이 함께 참여했다가 이 말을 듣고 간신의 하나였던 심정에게 달려가 안처겸 등이 모역을 일으켰다고 고발하여 안처겸, 안당 등이 모두 죽임을 당했다. 송사련은 그 공으로 선조 때

시위대장 등 당상관으로 오르고 그의 딸이 종실(宗室)에게 시집갔으며 송익필 등 다섯 아들들도 쟁쟁한 학자로 성장했다.

그런데 1575년(선조 8년)에 송사련이 죽자, 1586년(선조 19년)에 안씨 집안에서 상소하여 모역 사건이 무고임을 주장하고 나섰다. 송씨 집안에서도 맞상대하여 송사를 벌이고 싸웠으나 패하고 말았다. 그 결과 송사련이 받았던 관작이 모두 삭탈당하고, 송익필 형제들이 모두 안씨 집안의 노비로 귀속되었다. 아버지의 잘못으로 뜻하지 않게 노비로 전락한 송익필 형제들은 장차 안씨 집안에서 반드시 자신들을 죽여 복수할 것으로 예감하고는 성명을 바꾸고 도피 생활에 들어갔다. 이때 송익필은 이미 53세의 노인이었다.

억울하게 죽은 안처겸은 고종사촌인 송사련의 신분이 비록 낮아도 가족처럼 따뜻하게 감싸 주고 살았는데, 송사련은 항상 자신의 신분에 대해 열등감을 지니고 있었다. 그러다가 자신의 사주를 보니 부귀를 얻을 운이었고 안씨 집안은 망할 운이었다. 송사련은 자신의 운을 믿고 살다가 안처겸의 담론을 듣자 드디어 운이 돌아왔다고 믿고 안처겸을 모역죄로 무고하여 출세의 길에 오르게 된 것이다. 이렇게 송사련은 큰 잘못을 저질렀지만, 그 아들들은 그런 사실을 모른 채 착하게 살려고 성리학자의 길을 걸어가고 있었다. 특히 4형제 가운데 송익필과 그 아우인 송한필(宋翰弼)은 뛰어난 학자요 문장가로 이름을 날리고 있었다.

송익필의 도피 생활을 도와준 사람은 평소에 절친하게 지내던 이산해와 정철 등이었으며, 김장생 같은 제자도 도움을 주었다. 성혼은 그럴 힘도 없으려니와 안씨 집안이 가까이 살고 있어서 그럴 처지도 못 되었다. 그래서 도피하고 있던 송익필과의 편지 연락도 끊기고 말았다. 이이와 사별하고, 이제 송익필과 생이별하여 파주의 삼현 가운데 성혼만이 홀로 남게 된 것이다.

그러면 52세 되던 1586년(선조 19년) 이후로 홀로 남은 성혼은 어떻게 살고 있었는가? 이해 1월에는 강릉에서 친구인 목청전 참봉 최시중(崔時中, 1532년~?)이 찾아와서 하루를 묵고 갔는데, 이야기의 소재는 강릉 경포대의 아름다움에 관한 것이었다. 이보다 며칠 앞서 문인 안진백(安進伯)과 김종유(金宗儒)가 찾아와서 이틀을 묵고 갔는데, 그들과의 이야기도 역시 경포대의 아름다움이었다. 한마디로 이곳은 신선이 사는 곳과 같다고 했다. 그리고 실제로 강릉에는 70세 이상 100세에 이르는 노인이 수백 명에 이르며, 책을 읽어 학자가 된 자가 500여 명에 이른다고 하면서 이곳이야말로 선비들이 살 만한 낙토라고 했다.

이해 2월에는 친구 이제신의 아들 이수준(李壽俊, 1559~1607년)이 찾아와서 위로하고 갔다. 성혼은 뒤에 그에게 학문하는 방법을 가르쳐 주는 편지를 보냈다. 이수준은 훗날 벼슬이 부사와 사헌부 장령까지 올랐다.

이해 10월 20일에 이이의 문인으로 성혼의 문하에서도 공부한 공주 교수(제독(提督)) 조헌[2]이 1만여 자에 이르는 긴 문장의 상소를 올려 동인들에게 공격당하고 있던 이이와 성혼을 적극 변호하고 나섰다. 그는 우리나라 유학의 전통이 어떻게 흘러 왔는가를 역사적으로 자세히 설명하고, 이이와 성혼이 바로 그 정맥을 이어받았다고 주장했다. 이어 동인들에 의해 배척을 당하여 쫓겨난 서인 명사들 수십 명의 행적을 상세히 소개하고, 동인에 속하는 인물들의 행적과 사람

192

됨이 좋지 않은 점을 상세히 소개했다.

임금은 조헌의 상소를 읽고 비답을 내리기를 "구언(求言)에 따라 정성스럽게 상소한 것을 가상스럽게 여긴다."라고 했다. 그리고 그 상소를 해당 관청에 보내 의논하여 아뢰라고 일렀으나, 해당 관청에서는 흐지부지 넘기고 회답을 하지 않았다.

조헌은 임진왜란 때 의병을 일으켜 금산 전투에서 장렬하게 전사했는데, 뒤에는 문묘에 배향되어 선비의 영원한 사표가 된 인물이다. 그의 출신지는 김포(金浦)로, 집이 너무 가난하여 추운 겨울에 옷과 신발이 다 헤어졌어도 눈바람을 무릅쓰고 먼 글방 가는 것을 하루도 쉬지 않았으며, 집에서 농사를 도울 때나 땔감을 베어 부모의 방에 불을 넣을 때에도 손에서 책을 떼지 않았다고 한다.

53세가 되던 1587년(선조 20년) 2월에 성혼은 상소를 올려 자신과 이이를 비호한 조헌에게 자중자애하기를 바란다는 뜻의 편지를 보냈다. 그 이유는 조헌의 상소 내용이 과격하고 중도를 잃었다고 여겼기 때문이었다. 그 요지는 이렇다.

존형은 자질이 아름다운 데다 강하고 용감하여 독실하게 믿고 힘써 행하는 것은 우리들이 미칠 수 있는 바가 아니지만, 은미(隱微)한 것을 개발하여 지극함에 나아가고, 의리를 정성스럽게 연구하여 신묘한 경지에 들어가는 데 있어서는 지극하지 못한 바가 있을까 염려됩니다. 숙헌 이이가 평소에 나에게 말하기를 "조헌은 실제로 체험하고 힘써 행하는 것은 기대할 수 있으나, 소견이 탁월하지 않다. 그러나 일을 논하기를 좋아하면서도 일을 보는 것이 엉성함을 생각하지 않으니, 이것이 걱정스럽다."라고 했는데, 내 감히 존형을 위해 말해 주니, 부디 유념하시기 바랍니다.

　오늘날에도 글을 올리려는 뜻이 있다 하니, 나는 이 때문에 걱정이 됩니다. …… 형은 원수가 온 세상에 가득하여 발 디딜 곳이 없으니, 주현(州縣)에 있으면 반드시 장죄(贓罪, 뇌물죄)에 빠질 것이요, 일반 관직에 있으면 반드시 형벌에 빠질 것입니다. 이와 같은 상소를 올리고서도 국록을 먹고자 한다면 잘못된 생각이 아니겠습니까? 몸소 산중에서 농사를 짓더라도 화를 면하지 못할까 두려운데, 하물며 국록을 먹는 자리이겠습니까? …… 제독(提督, 지방 학교의 교수)의 일은 달리 맡은 일이 없어 다소 오래 있을 수 있으나 수레 먼지와 말발굽 사이에서 억지로 얼굴을 쳐들고 있어서 사람들이 흘겨보고 손가락질하며 꾸짖고 비웃으니, 무슨 즐거움이 있는지 모르겠습니다. …… 학문에 나아가고 자중자애하기 바랍니다.

성혼이 이렇게 과격한 조헌을 타일렀지만, 성혼과 이이를 비호하는 상소는 이해 3월에도 올라왔다. 이번에는 앞서 상소했던 성균 진사 조광현(趙光玹)과 생원 이귀 등이 올렸는데 그 글자가 수만 자에 이르렀다. 이번 상소는 앞서 올린 조헌의 상소가 사실과 중도에 어긋나는 점이 있어 이를 바로잡는다는 목적이 있었다. 그 요지는 이렇다.

조헌은 우리 당의 선비인데, 그 말이 중도에 맞지 않고, 사실에 어긋남이 이러한데, 다른 사람에게 무엇을 바랄 것이 있겠습니까? 아, 죽은 스승이신 이이는 평생 붕당을 세우지 않고, 오직 힘을 다해 사류(士類)를 보합하여 시세의 어려움을 구제하려고 도모했습니다. 그런데 뜻을 성취하지 못하고 마음과 힘을 다해 애쓰다가 죽자, 국사(國事)가 한번 패하게 되었으므로 신들은 매우 가슴 아프게 여겼습니다. …… 후생들 사이에는 혹 죽은 스승의 의논을 모르는 사람도 있었습니다. 조헌의 말은 스승님의 근본 정신과 크게 다를 뿐 아니라 사론(士論)의 거조에도 해로움이 있었으니, 문생이 된 자로서 말하지 않음으로써 죽은 스승을 저버릴 수는 없었습니다. ……

옛날 동서로 나뉠 때의 조짐은 심의겸과 김효원에게서 일어났으나, 실지는 선배와 후배의 사이가 좋지 못한 데서 연유된 것입니다. 하지만 그때만 해도 조정에는 성대한 화기가 있었는데, 두 사람의 친구로서 조정에 있는 자가 각각 시비를 다투어 서로 합일되지 못하게 된 뒤에야, 같은 동아리끼리 상종하면서 서로 번갈아 결점을 헐뜯고 사람마다 편견을 고집하여 서로 승부를 다투었습니다. 을해년(선조 8년)에는 서인이 요로를 담당하고, 그 뒤에는 동인이 권력을 잡아 서로 공격했는데, 계미년(선조 16년)에 이르러 괴란이 극에 달했습니다. ……

이이는 "서인도 사류이고 동인도 사류이므로 사류가 서로 공격하는데 어느 한쪽을 도와주거나 다른 한쪽을 공격해서는 안 된다. 양쪽을 모두 옳게 여겨 함께 존립시키고 잘 깨우쳐 주어서 화해시켜야 조정이 편안해질 것이고, 그렇지 않으면 어지러워진다."라고 했는데 선배와 후배들이 그 말을 듣고 그르다고 하지는 못했으나, 그 말대로 하지도 못했습니다. ……

심의겸, 김효원 스스로가 선배와 후배의 사류들에게 빌붙어 따른 것이지, 선비들이 두 사람에게 빌붙어 따른 것이 아닌데, 이에 편당이 되어 두둔한다는 것으로 서로 의심하니 잘못된 것이 아니겠습니까? ……

정축년(선조 10년) 무렵에 서인의 세력이 조금 꺾였는데, 이발 등이 이수(李銖)의 옥사 일으켜 삼윤(三尹, 윤두수·윤근수·윤현)을 제거하려 했습니다. 이로부터 서인이 여지없이 패하고 동인이 승리하여 "동인은 옳고 서인은 그르다.(東是西非)"라는 것으로 국시(國是)를 정하자, 조급하고 진출하기를 좋아하는 무리들이 앞다투어 모여들었습니다. 그때 심의겸의 집에 왕래하면서 종처럼 알랑거리던 무리들이 동인에게 항복하여 몰래 들어간 자가 상당히 많았는데 …… 그 결과 현우(賢愚)와 재능을 따지지 않고, 이들이 일체 맑고 아름다운 직책에 오르게 되었습니다. ……

지금은 인물이 어떠한가는 따지지 않고 "동인은 옳고 서인은 그르다."라는 말만 하면 저절로 명사가 되고, 자기들의 의론에 조금이라도 뇌동하지 않는 사람은 모두 배척하여 조정에 들어오지 못하게 합니다. 그러니 이이가 시론을 따르지 않은 것이 어찌 잘못이겠습니까?

기묘년(선조 12년) 무렵에 이르러 시론이 날로 준엄해져서 '시비'가 '사정(邪正)'으로 바뀌어 수습할 수 없는 지경에 이르렀습니다. 이때 이이가 이발에게 글을 보내 책망했는데, 그 요지는 다음과 같습니다. "서인을 모두 사당(邪黨)이라고 보지 말라. 동시서비(東是西非)는 잘못된 말이다." 그 결과 이이는 서인에게도 신임을 얻지 못하고 동인에게도 신임을 얻지 못했습니다. ……

성혼에 대해서 동인들은 말하기를 "산야에 몸을 의탁하여 조정의 정령(政令)과 인물의 진퇴에 참여해 알지 않는 것이 없고, 들뜨고 경박한 무리를 모아 시사를 평론하고, 경상을 두루 헐뜯으며, 한 세상의 사람을 하찮게 보아 유속으로 지목한다."라고 했는데, 이는 실로 기묘년에 남곤(南袞)의 무리가 사림을 일망타진하던 때 쓰던 말입니다. 이 말이 어찌 사군자(士君子)의 입에서 나올 수 있습니까? 현인을 해치고 나라를 병들게 한 죄와 사특하고 편벽된 말이란 것이 여기서 여지없이 드러났습니다. ……

정철은 단점이 있으나 충청강개(忠清慷慨)하고 선정을 베푼 인물입니다. …… 동서의 말이 생긴 이후로 서인의 명목이 네 번 바뀌었습니다. 처음에는 심의겸의 친구와 그 무리들을 서인으로 했으니, 삼윤의 무리가 그것입니다. 다음에는 서인을 구원하려는 자를 서인으로 불렀으니, 정철 같은 무리가 그것입니다. 또 그다음에는 동인도 아니고 서인도 아니며 중립하여 치우치지 않은 사람들을 서인이라 했는데, 이이와 같은 무리가 그것입니다. 오늘날에는 사림으로서 이이와 성혼을 높일 줄 아는 사람들을 서인이라 했으니, 오늘날 조야의 공론을 지닌 사람이 그것입니다. 이것이 과연 사실에 의거한 말이겠습니까? 그래서 공론이 기쁘게 복종하지 않았고, 이른바 서인이란 자가 지금 와서 더욱 많아지게 된 것입니다. ……

이이는 심의겸과 족분(族分) 관계로 서로 알기는 하지만, 그와 친밀하게 지낸 적은 없습니다. 그래서 이이가 전랑에 천거되었을 때 심의겸이 저지했는데, 김계휘 등이 힘껏 구원한 데 힘입어 해결되었으니, 이 한 가지만 보더라도 이이가 심의겸과 친하지 않다는 것을 알 수 있습니다. 또 심의겸이 권력을 잡은 10년 동안 이이는 벼슬을 버리고 물러나서 한 달도 조정에 편안히 있어 본 일이 없습니다. 그러니 어찌 이이가 심의겸에게 빌붙었다고 할 수 있겠습니까? …… 조헌이 한 말은 이이와 성혼을 구원하고자 하는 것을 주로 했으나, 그 소견이 일방적이어서 스승의 뜻에 어긋났습니다. …… 이이와 성혼을 공격하는 사람은 시기하는 사람으로 삼고, 이이와 성혼을 좋아하는 사람은 선(善)을 좋아하는 사람으로 삼으며, 인물의 본품(本品)이 어떠한가는 묻지 않고 일체 사정으로 단정했으니, 논의가 분격하여 중도에 맞지 않고, 스승의 뜻을 크게 어기게 된 것입니다.

조헌의 상소에서 공격한 김우옹, 유성룡, 김홍민 같은 몇몇 신하는 장단점이 없지는 않으나 인물을 논하자면 일시의 청류로서 이이가 일찍이 허락한 사람들입니다. …… 이들이 청류라고는 하지만, 그 가문에 출입하는 자가 대다수 빌붙고 아첨하는 무리였는데, 이를 억제하지 못했을 뿐 아니라 같고 다른 의견을 한 마디도 하지 않았습니다. 처음부터 사심(邪心)을 가진 것은 아닙니다. …… 조헌은 서인에 대해서는 한 마디도 단점을 말하지 않았고, 동인은 한 사람도 장점을 말한 것이 없으니, 이것이 과연 이이의 평일의 소견이겠습니까? ……

이이가 경장하려고 한 것은 국가를 위하여 중흥의 업적을 세우려고 한 것인데, 오늘날 벼슬아치들이 이것을 말하지 않는 것은 어쩌면 가려움과 아픔이 자기 몸에 절실하지 않아서 그런 것 아니겠습니까? 이이는 비난할 수 있어도 그의 경장은 옳은데, 사람 때문에 말조차 버려서야 되겠습니까?

이귀와 조광현은 상소문에서 서인과 동인의 역사를 긴 눈으로 개관하면서 서인과 동인에도 좋은 사람이 있고 그렇지 사람이 있으므로 일률적으로 한쪽이 옳고 한쪽이 그르다고 해서는 안 된다고 말했다. 그리고 바로 그런 생각이 이이의 진심인데, 조헌이 이를 무시하고 서인만 옳고 동인은 모두 그른 것처럼 말한 것은 이이나 성혼의 진의를 왜곡한 것이라고 했다.

이귀와 조광현의 상소가 올라가자 임금은 26일 만에 비답을 내려 "그대의 소장(疏章)에 '들뜨고 조급하여 진출하기를 좋아하는 무리들이 앞다투어 일어나 빌붙었다. 그때 심의겸의 문에 출입하면서 아침저녁으로 서로 어울리면서 종처럼 알랑거리던 무리가 영합하여 불의로 들어간 자가 많다. 또 전에 심의겸에게 빌붙었던 무리가 일시에 동인에게 붙어서 창을 거꾸로 돌려 심의겸을 공격한다.'라고 했는데, 이는 누구를 가리키는 것인가? 그대는 하나하나 들어서 대답해야 한다."라고 하면서 조광현과 이귀를 불러서 물어보라고 했다.

이때 조광현은 이미 시골로 물러갔으므로 이귀가 글로 대답하였다. "신이 이른바 들뜨고 조급하여 진출하기를 좋아하는 무리라고 한 것은 백유양, 노직(盧稙), 송언신입니다. 이 자들이 두드러진 자들입니다. 심의겸에게 빌붙었다가 심의겸이 실세한 뒤에 도리어 심의겸을 공격한 자는 박근원, 송응개, 윤의중(尹毅中)입니다. 또 심의겸과 서로 알고 지내는 정분이 이이에 비할 바가 아닌 자는 이산해입니다. 이산해는 이이와 평생 고구(故舊)의 정분이 있는 사람으로서 이이가 무고

당한 것을 멀거니 보고만 있으면서 주상에게 한마디도 발명한 적이 없으니, 이는 반드시 구원(九原)에 있는 이이도 유감이 있을 것입니다. 이른바 종처럼 알랑거렸다는 자는 정희적(鄭熙績)입니다." 임금은 이귀의 해명을 듣고 "이귀의 말은 만세의 공론이다."라고 답하면서 공감을 표시했다.

성혼과 이이의 문인들 가운데 조헌과 이귀가 이렇게 의견이 엇갈리는 상소를 올렸고, 그 가운데 조헌의 상소에 대해서는 성혼도 못마땅한 뜻을 표했다. 그러나 성격이 과격한 조헌은 이미 교수직을 그만둔 상태에서 이해 12월에 또 임금에게 소장을 올렸다. 조헌은 왜국(倭國)에 사신을 보내지 말고 우리가 힘을 길러 왜국을 정벌해야 한다고 촉구한 뒤에, 동인의 대표적 인물의 비행을 각주를 붙여 소개했다.

당시 일본은 조선에 현소(玄素)라는 승려 등을 사신으로 보내 중국에 조공(朝貢)을 바치려 하는데 조선의 길을 빌리겠다고 통보하는 등 불손한 행동을 보였다. 조정에서는 일본의 사정을 자세히 알아보기 위해 사신을 보내자는 주장과 그럴 필요가 없다는 주장이 맞서 있었다. 그런데 조헌은 후자의 입장을 주장하고 나선 것이다.

또 조헌이 각주를 붙여 비행을 폭로한 동인 인사들은 노수신, 정유길(鄭惟吉), 이산해, 서인원(徐仁元), 심대, 정언신(鄭彦信), 권극례(權克禮), 윤경(尹暻), 김응남(金應南), 백유양, 홍가신(洪可臣), 이발, 이길(李洁), 허봉(許篈), 이양중 등이었다. 이들 가운데에는 사림의 존경을 받는 청류에 속하는 인사들도 적지 않다. 그런데도 이들을 모두 옳지 않은 인물이라 비판하니, 중도를 잃었다고 본 임금이 소장을 신하들에게 내리지 않고 태워 버렸다.

한편 조헌은 상소를 올린 뒤 걸어서 서울로 와서는 이전에 올린 소장 다섯 건이 승정원에 보류되어 내려지지 않고 있는 것에 대해 사관(史官)을 맡은 승정원 주서(注書)에 항의했는데, 임금은 다음 해 1월 5일에 교를 내렸다. "지금 조헌의 상소는 곧 인요(人妖)이다. …… 이 소장을 내려보내지 않을 수 없으나 일단 내려보내면 손상되는 바가 매우 많을 것이므로 차라리 내가 허물을 받는 게 나을 것 같아 이미 태워 버렸다. 사관은 내 허물을 크게 기록하여 후세를 경계하면 좋겠다."라고 말했다. 그러니까 선조는 조헌의 상소가 너무 과격해 조정에 큰 분란이 일어날 것이 염려되어 아예 태워 버렸던 것이다.

○○ 스스로 묘지명을 짓다

1587년(선조 20년), 53세의 성혼은 동인의 치열한 공격과 이에 항변하는 제자들의 상소로 어수선한 가운데 자신의 처지에 허망함을 느끼고 신변을 정리하는 일에 나섰다. 죽을 날이 멀지 않았다고 본 것이다.

이해 5월에 우계 마을에 심각한 온역(瘟疫, 전염병)이 나돌아 노복들이 모두 사망하자, 성혼은 가족들을 서울로 보내고 선영이 있는 향양리로 가서 혼자 외롭게 지냈다. 7월에는 스스로 묘지문(墓誌文)을 지어 아들에게 주고, 무덤 속에 넣어 달라고 부탁하면서 "나는 평생 명예를 도둑질하여 국가의 은혜를 저버렸으니 죄가 크다. 너는 마땅히 나의 유지를 따라 국가에서 내리는 부의(賻儀)와 제사하는 은전을 사양하고, 묘 앞에 "창녕성혼묘"라고만 써서 자손들이 내가 묻혀 있는 곳을 알게 하면 충분하다. 삼베옷을 입히고, 종이 이불로 염하여 소달구지에 싣고 고향에 돌아가 장례하여 나의 뜻을 어기지 말라."라고 말했다. 그러고 나서 종이 끝에 이렇게 썼다.

정해년(선조 20년) 7월에 스스로 묘지문을 쓰니　　丁亥七月自書誌
세상에 오래 있지 못할까 스스로 의심해서네　　自疑人世不得久
이후로 몇 년이나 더 생존하여　　未知此後存幾年
다소나마 몸을 닦고 독서할지 모르겠네　　稍能閉戶讀書否

성혼이 쓴 자찬묘지명(自撰墓誌銘)[3] 「자서지(自書誌)」의 요지는 다음과 같다.

나는 약관 시절에 병을 얻어 몸이 허약하고 정신이 어두웠는데 …… 타고난 성품이 경박하고 착실하지 못했다. …… 또 남의 과실을 자주 지적하여 사람들이 대부분 꺼리고 싫어했다. 30세에 천거로 참봉에 제수되고, 다음 해에 6품직에 올랐으며, 또 몇 년 만에 대간이 되었으나, 모두 병 때문에 출사하지 못했다. 경진년(선조 13년, 1580년) 겨울에 특별히 소명을 받았는데 말씀한 뜻이 융숭하고 간절하여, 사양하다가 할 수 없어 수레를 타고 서울에 왔다. 신사년(선조 14년, 1581년) 2월에 사정전에서 임금을 만났는데, 임금이 대도의 요체를 물었다. 물러나 만 언의 봉사를 올리니, 성상이 경연에 출입하라고 명했다. …… 예우가 특별하여 놀라고 두려웠는데 사람들도 또한 속으로 비웃었다. 얼마 안 되어 사직하고 돌아왔다. 계미년(선조 16년, 1583년) 여름 병조 참지로 부름을 받았는데, 다섯 번 소장을 올려 사양했으나 허락을 받지 못했다. 이에 다시 군직(軍職)에 제수된 뒤에 이조 참의로 옮겼으며, 서반직으로 보내진 것이 모두 다섯 차례였다. 모두 사양했으나 허락받지 못했다. 제수하는 명을 받든 지 며칠 만에 삼사에서 병조 판서 이이가 국정을 제멋대로 전횡하고 교만 방자하여 성상을 무시한다고 탄핵했다. 이에 나는 글을 올려 이이가 충성을 다하는데, 삼사에서 붕당을 일으켜 참소하는 말을 한다고 아뢰었다. 그러자 삼사는 내가 사람을 일망타진한다고 탄핵하여, 급히 집으로 돌아왔다.

이해 가을 다시 이조 참의로 불렀는데, 굳이 사양했으나 허락을 받지 못했고, 다시 대궐에 나아가 네 번 사양했으나 또다시 허락받지 못했다. 그래서 부득이 봉직한 지 반달 만에 이조 참판으로 승진했다. 또 다섯 번 사양했으나 윤허를 받지 못해 병을 무릅쓰고 사은숙배하니 마침내 부모에게 나와 같은 관직이 추증되었다. 재직한 지 한 달 뒤에 사직하는 상소를 올리고 동지중추부사로 옮겼다가 갑신년(선조 17년, 1584년)에 집으로 돌아왔다.

그 후 조정에서 내가 외척의 간당(奸黨)으로 조정을 혼란하게 하고 나라를 그르친다고 논핵하니, 조야에서 나를 소인이라고 지목했는데, 혹 소인이 아니라고 말하는 자도 있었다. 이것이 벼슬을 얻어 나아가고 물러난 대략의 내용이다.

나는 어려서부터 병을 앓았는데, 신병 때문에 과거에 응시하지 않으면 사람들은 "과거를 일삼지 않는다."라고 말하고, 몸이 쇠약하여 벼슬하지 않으면 "영화로운 벼슬을 사모하지 않는다."라고 말했다. 파산(坡山, 파주)에서 선영의 여막을 지키고 있으면 "은거하여 지조를 지킨다."라고 말했다. 그리하여 조정에 있는 자들이 번갈아 천거하여 점점 높은 관직에 올랐으나 사실은 한 번도 관직을 소유한 적이 없었고, 한 가지도 제대로 직임을 맡은 적이 없었다. 모두 타인에 의해 억지로 이름이 붙여져 마침내 이 때문에 세상의 화를 얻었다.

나는 일찍이 아들에게 말하기를 "나는 평생동안 이름을 도둑질하여 국가의 은혜를 입었으니, 예로부터 신하가 은혜를 저버림이 이와 같은 자가 있겠는가? 나의 죄가 크다. 나는 죽어도 눈을 감지 못할 것이다. 너는 마땅히 나의 유지를 따라 국가에서 내리는 부의와 은수(恩數)를 사양하고, 묘 앞에 '창녕성혼묘'라는 다섯 글자만 써서 자손들이 묻힌 곳을 알게 하면 충분하다. …… 나는 죄가 있으므로 폄하해서 관직을 쓰지 않고 성명만 쓰는 것이다. …… 삼베 옷을 입히고, 종이 이불로 염습하여 소달구지에 싣고 장례하여 나의 뜻을 어기지 말라."라고 했다.

성혼은 가정 을미년(1535년, 중종 30년)에 태어나 아무 해에 죽으니, 향년이 약간인데, 청송 선생 묘 아래에 장사 지냈다. 나는 스스로 이 글을 써서 광(壙) 가운데 넣어 묘지(墓誌)로 삼게 했다.

성혼이 53세에 쓴 이 자찬묘지명은, 자신이 병으로 무수한 벼슬을 사양하면서 살아온 것은 결과적으로 임금에게 큰 죄를 지은 것이라고 자책하면서 무덤 앞이나 묘지명에 절대로 벼슬 이름을 기록하지 말라는 내용이다. 그 뒤로도 11년을 더 살았기 때문에 벼슬이 달라져서 어차피 묘지명은 아들이 다시 쓰게 되었다. 죽은 뒤에 상여를 쓰지 말고 나무 판에 시체를 올려 놓고 소달구지에 실어 장례를 치르라는 것과 관직을 쓰지 말라고 한 유언은 죽음에 임했을 때에도 다시 한 번 강조되었다. 하지만 문인들의 반대로 유언은 지켜지지 않았다.

이해 8월에는 시 두 편을 지어서 수제자인 오윤겸(吳允謙, 1559~1636년)과 황신(黃愼, 1560~1617년)에게 보여 주었다. 오윤겸은 당시 29세요, 황신은 28세의 약관이었으나 뒤에 높은 벼슬을 하면서 서인의 중심인물이 되어 성혼과 이이의 신원을 위해 맹활약했으며 선정을 베푼 명신이 되었다.

오윤겸은 왜란 때 『쇄미록(瑣尾錄)』이라는 명저를 남긴 오희문(吳希文)의 아들로 성혼 문하에서 공부하고 사마시에 급제한 뒤에 참봉의 낮은 벼슬을 하고 있었다. 뒤에 문과에 급제하여 왜란 때 정철의 종사관이 되었으며, 일본에 통신사로 가서 포로로 잡혀간 조선인들을 쇄환하는 데 큰 공을 세웠다. 그 뒤 여러 요직을 거쳐 인조 때 재상의 반열에까지 올랐는데, 백성을 위한 개혁을 추진하여 어진 재상으로 이름을 떨쳤다. 그사이 정인홍 등 동인들과 갈등을 빚어 충청도 결성(結城, 지금의 홍성)으로 낙향하기도 했다. 그의 아들은 오도일(吳道一, 1645~1703년)로서 모두 서인의 거두로 활약했다.

황신은 정랑 황대수(黃大受)의 아들로 문과에 장원 급제하여 벼슬길에 올랐는데 이이와 성혼을 탄핵하던 동인과 갈등을 빚었다. 왜란 때는 통신사로 명나라 외교가 심유경(沈惟敬)을 따라 일본에 다녀오기도 했다. 광해군 때 호조 판서에 오르기도 했으나 정인홍, 이이첨 등 북인과 갈등을 빚어 유배 가서 죽었다. 임금에게 개혁을 요청하는 상소를 올려 명성을 떨쳤다.

성혼은 두 제자에게 시를 보여 주면서 서문을 이렇게 썼다.

10년 전에 율곡이 나를 찾아와서 우리 집에서 유숙했는데, 마침 중추절이어서 창 밖에는 풀벌레들이 잠시도 쉬지 않고 울어 대어 스스로 제 즐거워하며 수고로운 줄도 모르는 듯했다. 내가 감탄하며 "미물도 자신의 직분을 다하는구나."라고 하니 율곡이 말하기를 "지각이 뛰어난 자들은 이해에 밝으니, 이 때문에 사람들은 본성을 다하지 못한다. 그러나 미물들은 천기(天機)가 스스로 움직여 굳이 닦지 않고도 천직(天職)을 다하는 것이다." 하였다.

나는 그의 초월한 견해를 좋아하여 일찍이 잊은 적이 없었다. 오늘밤 잠을 이루지 못하는데 풀벌레가 사방에서 울어 대니 완연히 예전의 가을과 똑같았다. 스스로 생각하건대, 나는 쇠잔한 목숨이 아직도 붙어 있으나 율곡은 이미 고인이 되었다. …… 내 오늘날 고인에게 감회를 느끼고 풀벌레 소리에 부끄러움이 있으니, 느낌을 어찌 다 말할 수 있겠는가? 이제 졸렬한 시구(詩句)를 써서 두 현자에게 화답해 줄 것을 요구하듯이 하니, 한편으로는 뜻을 말하는 방법을 요청한 것이고, 한편으로는 서로 개발하는 뜻을 바라서이다. 시는 다음과 같다.

풀뿌리 먹고 헐벗으니 바람과 이슬의 냉기 스미는데 草根風露冷侵身

206

풀벌레 소리 밤새도록 울어 새벽에 이르네   勤苦聲聲夜向晨

하찮은 저 미물들도 본성을 다하는데   感爾微蟲能盡性

가장 영특한 인간은 흰머리에 더욱 부끄럽네   白頭重愧最靈人

세상만사 이루지 못하고 온갖 병 앓는 몸   萬事空餘百病身

풀벌레 소리 속에 앉아 새벽에 이르렀네   候蟲聲裏坐侵晨

가을바람 부는 정경 옛날과 똑같은데   秋風情境依然在

지는 달 무단히 옛사람에게 비추네   落月無端照舊人

이해 9월에는 고향으로 낙향한 친구 정철에게서 편지를 받았다. 정철은 대사헌으로 있다가 서인의 거두로 지목되어 동인의 탄핵을 받고 고향인 전라도 담양 창평(昌平)으로 내려가서 은거 생활을 했는데, 이때 「사미인곡(思美人曲)」과 「속미인곡(續美人曲)」 등 수많은 가사(歌辭)를 지으면서 세월을 보내고 있었다. 그토록 좋아하던 술도 끊었다. 그는 항상 취중에 과격한 말을 쏟아 내어 적을 많이 가졌던 터였다. 성혼은 정철의 편지에 답장을 보내 그를 위로했다.

순천에서 부치신 편지를 받으니, 어찌 기쁘고 반가운 마음을 감당할 수 있겠습니까? 얼마 전에 허준(許浚)이 이경로(李景魯)를 만나서 들었다면서 나를 찾아와서 말하기를, 노형(老兄)이 술을 끊고 수양해서 얼굴이 붉은 옥과 같으며, 술 때문에 생긴 코끝의 붉은 반점도 모두 없어졌다고 합니다. 몹시 기쁘고 다행스럽게 여깁니다. …… 삼가 술과 여색을 멀리하시어 안정되고 담박함을 취미로 삼기를 바랍니다.

이해 11월에는 스승 백인걸의 아들이자 성혼의 제자인 백유함 (白惟咸, 1546~1618년)의 편지를 받고 답장했다. 그는 문과에 급제하여 이조 정랑을 하다가 이이가 세상을 떠나자 벼슬을 버리고 용인에 있는 농장에 내려가 그곳 백운암(白雲庵)에서 학문에 힘쓰고 있었다. 1589년(선조 22년)의 정여립 사건이 평정되자 관직에 복귀했는데 세자 책봉 문제로 정철을 편들다가 정철이 물러나자 다시 유배되었다. 임진왜란 때 홍문관 직제학, 성균관 대사성 등 요직을 차지하고 명나라에 사신으로 다녀오기도 했는데, 광해군 때 이이첨(李爾瞻)과 갈등을 빚어 유배당했다가 돌아오기도 했다. 그가 성혼에게 위로의 편지를 보낸 것은 백운암에서 학문에 몰두하고 있을 때인데, 성혼은 이렇게 답장을 보냈다.

한 해가 저물어 가는 산골짝에 소식이 끊기니 1000리 멀리 바라보매 그리운 마음 가득했습니다. 그런데 뜻밖에 이달 3일에 보내 준 편지를 받으니 기쁘고 위로되는 마음 말로 다 할 수 없습니다. 나는 금년에 노쇠함이 더욱 심해져서 머리가 세고 눈이 어두우며, 몸이 말라 뼈만 앙상하니, 이 몰골을 보건대 어찌 오래 살 수 있겠습니까? 올해는 심한 흉년이 들어서 한 해를 넘길 방책이 없는데, 어려운 형편이 지난해보다 몇 배나 더합니다. …… 해마다 이와 같으니, 백성들이 끝내 떠돌아다니다가 굶어 죽는 사람이 될지도 모르겠습니다.

궁벽한 산촌에 찾아오는 손님이 없어 마음에 근심도 기쁨도 없습니다. 다행히 목숨을 연명하는 것은 오직 이 한가로움 덕분인데, 하느님의 은혜가 너무 많지 않습니까? 서책이 곁에 있어 손으로 쓰다듬고 만져 보나 읽을 수가 없으니, 이것이 한스럽고 애석합니다. 그러나 어찌 하겠습니까?

존형은 위장병이 있으나, 날마다 마음을 기쁘게 하는 이치와 의리가 있어 충분히 완상하고 즐기며 세월을 보낼 것이니, 천하에 즐거움이 이보다 더한 것이 있겠습니까? 삼가 바라건대 옛것을 익히고 새로운 것을 알아, 소성(小成)에 안주하지 말기를 바랍니다.

백유함은 다음 해(선조 21년) 3월에도 성혼에게 편지를 보냈다. 성혼은 답장에서 "보내온 편지를 보니, 수석이 아름다운 고산(高山)에 살기로 결정했다 함에 나도 모르게 서글퍼집니다. …… 오늘날 존형의 일은 고향으로 돌아가면 세상의 화가 깊고, 굶주림과 곤궁함이 또한 지극할 것이니, 멀리 호외(湖外)에 사는 것도 좋은 계책이라 할 수 있습니다."라고 위로했다.

이해 어느 날 성혼은 집으로 돌아오는 길에 파주 용미리 길가에 있는 석장군(石將軍, 일명 쌍미륵)을 보고 시를 읊었다.

푸른 절벽이 석장군으로 변하니	蒼崖化出石將軍
만고의 것 사라지고 너만 홀로 남았구나	萬古鎭沈獨有君
부러워라 너는 티끌세상 일에 관심이 없어	却羨無心塵世事
산머리 해 질 녘 한가로운 구름과 짝하고 있구나	山頭斜日伴閑雲

아마도 성혼은 뜬구름을 벗 삼아 외로이 우뚝 서 있는 석장군의 자태에서 자신의 모습을 떠올리고 이런 시를 지었는지도 모른다.

성혼의 고독한 삶은 해가 지나 54세가 되어서도 변함없이 이어졌다. 외로움을 달래는 시를 쓰거나 사우들과 편지를 주고받는 것, 그리고 이이의 문집을 간행하기 위해 그의 글을 정리하는 일들이 일상 생활이었다.

이해 3월에는 친구 안경열(安景說)과 김행이 세상을 떠난 것을 슬퍼하는 편지를 백유함에게 보내면서 깊은 산속에 은거하고 있는 그를 위로했다. 4월에는 조헌이 다시 상소하여 경상들을 여지없이 매도하고, 박순, 정철, 성혼, 송익필, 심의겸이 어진 사람이라고 주장하자, 삼사가 글을 올려서 그의 죄가 크니 귀양 보내고 축출하는 데 머물러서는 안 된다고 극론했다. 성혼은 조헌을 걱정하는 편지를 제자 박여룡에게 보내면서 "이 사람은 몸을 돌보지 않으니, 어찌 만류한다고 그치겠으며, 간청한다고 따르겠습니까? 모두가 천명이니, 의심하지 않고 천명을 기다릴 뿐입니다."라고 한탄했다.

이해 6월에 오랜 친구 이희삼(李希參, 경로(景魯), 1534년~?)의 편지를 받고 답장을 보냈다. 이희삼은 충청도 보령 사람으로 진사 시험에만 급제한 뒤로 벼슬을 포기하고 살았는데, 고향에 재산이 많아 편안한 여생을 보내고 있었다. 성혼은 이희삼의 편안한 생활을 부러워하면서 자신의 처지를 이렇게 풀어놓았다.

나는 이미 율곡과 사별했고, 운장(雲長, 송익필)과는 생이별했으며, 또 그대와도 다시 만날 기약이 없으니, 홀로 세상에 남아 그림자만 따르고 짝할 사람이 없어 오직 풀과 나무와 물고기와 새들과 어울릴 뿐입니다. …… 호산(湖山)에 있는 그대는 세업(世業)이 풍성하여 자신을 봉양함이 참으로 넉넉하니, 가난하고 곤궁한 걱정을 모를 것인바, 그대는 인간의 청복(淸福)을 많이 얻었습니다. 나는 질병으로 …… 살아가는 일이 점점 어려워져서 푸른 보리 이삭을 훑어다가 먹을 지경입니다. 처자식들이 나에게 양식을 마련해 달라고 하니, 이것이 비록 가장의 책임이요, 생명을 가진 자가 해야 할 일이긴 하지만 마음은 기쁘지 않습니다. 이런 것들을 훌훌 털어 버리고 높이 날아올라 사물 밖에 초연해지고 싶습니다.

산촌의 긴 여름에 풀과 나무가 사방에 우거지고, 쑥대가 지붕을 덮는데, 찾아오는 이가 아무도 없어 집 안은 고요합니다. 앉은 자리에서는 오직 푸른 산만이 보이고, 새들의 지저귀는 소리만 들릴 뿐이니, 이처럼 참되고 한가로운 맛을 일찍 알지 못한 것이 한스럽습니다. 세상의 이로움과 해로움, 기쁨과 슬픔이 한 가지도 마음에 들어오는 것이 없어서 온갖 생각이 모두 끊어졌으나, 오직 옛 친구들을 잊지 못해 때로 기쁜 마음으로 그리워하고 사모합니다. 그러나 백발이 흩날리는데도 함께 모일 수가 없으니, 참으로 우습습니다.

이해 10월에는 우계서실에서 공부한 제자 유복춘(柳復春, 1544년 ~?)이 안부를 전해 와 답장을 보냈다. 그는 황해도 풍덕 사람으로 생원시에 급제하여 재야에서 학문에만 종사할 뿐 벼슬을 하지는 않았다. 그 답장에서 이렇게 안부를 전했다.

편지에 옛 성현들이 세상에 대응하여 사물을 이루는 도를 말했으니, 기쁘고 감탄하는 마음 그지없습니다. 다만 말세에 사람들이 함부로 성현을 가탁해서는 안 됩니다. 옛날 의리를 깊이 생각해 보면 정자와 주자가 대처한 바가 서로 같지 않으니, 이는 시의(時宜)가 다르게 때문입니다.

나는 지금 세상 사람들의 비난을 받아 악을 숨기는 사람으로 지목당하고, 여지없이 공격받고 있습니다. 그리하여 사람들이 차마 듣지 못할 말까지 하고 있습니다. 비단 성균관에서 글을 올려 망령되이 남의 스승이 된 것을 깊이 공격하는 것뿐만이 아닙니다. 이 때문에 구학(溝壑)에서 문을 닫고 숨죽이며 죽기만 기다릴 뿐 감히 바깥 사람의 얼굴을 대하지 못하고 있습니다.

이해 그믐에는 보령에 사는 이희삼에게 제사에 쓸 노루포를 보내 주어서 고맙다는 답장의 편지를 보냈다. 아울러 조헌의 경제적 어려움을 구원해 주어서 고맙다는 것과, 송익필의 재판이 잘못되어 속죄하면 공천(公賤, 관청 노비)이 될 것 같다는 소식을 들었는데, 그렇다고 풀려날 가망은 없다는 소식을 전했다. 이렇게 하여 54세의 1년이 지났다.

○○ 정여립 사건으로 동인이 몰락하고 서인이 재기하다

성혼이 55세가 되던 1589년(선조 22년) 10월에는 기축옥사로 불리는 정여립 모반 사건이 터졌다. 이 사건으로 약 1000명의 동인계 선비들이 떼죽음을 당하거나 유배당하는 참사가 일어났다. 그러면 이 사건을 전후하여 성혼의 처지는 어떠했던가?

이해 5월에는 조헌이 제독을 맡기로 했다는 소식을 전한 편지에 답장을 보냈다. 그의 취직을 축하하면서 동시에 너무 고담(古淡)하고 엄한 명령을 내려 마을 백성들이 겁먹을까 우려되니 기준을 낮추어 평탄하고 관대하게 가르치라고 부탁했다. 조헌의 성격이 너무 과격하고 엄격한 것을 염려한 것이다. 아울러 송익필 집안이 멸문(滅門)의 화를 입은 것에 개탄했다. 지금 그의 붕우와 문생들이 돈을 모아 종이 된 그를 사려고 하지만, 안씨 집안에서 복수를 도모하고 있으므로 팔 이치가 없을 것이라고 걱정했다.

이렇게 다시 제독을 맡아 임지로 돌아간 조헌은 7월에 또다시 상소하여 이이와 성혼을 변호했는데, 그 내용이 격렬하여 마침내 함경도 길주(吉州)로 유배당했다. 성혼은 유배 간 그에게 편지를 보내, 죽고 사는 것은 하늘에 달렸으니 마음을 굳게 먹고 책을 읽으면서 이치를 탐구하여 편안하고 즐겁게 보내라고 당부했다.

이해 7월에 성혼은 또 한 사람의 큰 선배이자 따뜻한 후원자를 잃었다. 12세 연상의 박순이 67세를 일기로 세상을 떠났다. 전라도 나주 출신인 박순은 서경덕과 이황의 문하에서 공부했는데, 특히 문장을 잘하여 그의 문하에서 삼당시인(三唐詩人)으로 알려진 최경창, 백광훈, 이달(李達) 등이 배출되었다. 비록 경국제세의 큰 경륜은 없었지만 이이나 성혼, 정철 같은 어진 선비들을 적극 천거하여 조정에서 요직을 맡게 지원해 주었다. 성격이 부드럽고 화평하여 14년간이나 정승의 자리를 지켰다. 그러나 이이와 성혼 등을 적극 후원한 결과 동인들은 그를 서인의 영수로 지목하고 배척하여 1585년(선조 18년)에 벼슬을 그만두고 영평(永平, 철원)의 산장에 은거하다가 4년 만에 세상을 떠났다. 성혼은 아들을 보내 장례에 참석케 하고, 만시(挽詩)를 지어 보냈다.

> 세상 밖의 운산(雲山) 깊고도 깊은데　　　世外雲山深復深
>
> 시냇가의 초가집 이미 찾기도 어렵네　　　溪邊草屋已難尋
>
> 배견와(拜鵑窩, 박순 서재) 위 삼경(三更)의 달　　拜鵑窩上三更月
>
> 응당 선생의 일편단심 비추리라　　　　　應照先生一片心

박순이 세상을 떠나면서 1세대 거물급 서인 가운데 살아남은 사람은 성혼과 정철, 송익필뿐이었다. 그러나 송익필은 노비 신세가 되었으니, 앞으로 재기할 가능성이 있는 인물은 오직 정철뿐이었다.

그런데 이해 8월에 성혼은 그동안 소식이 끊겼던 송익필로부터 편지를 받고 답장을 보내 저간의 소식을 전했다. 이때는 아직 송익필이 노비 신분을 벗어나기 이전으로 남쪽의 어느 지방에 살고 있었는데, 그동안 이산해와 정철 등이 그를 보호하여 죽음을 면했다. 답장에는 석담서원의 유생들이 이이의 위패를 모시려고 준비한다는 것과 이이의 문집 편찬 작업의 진행 정도를 알리면서 문집의 초고본이 완성되면 송익필의 의견을 들어 교정을 받겠다는 내용이 있었다. 가정이 넉넉한 이희삼이 조헌의 어려운 생계를 도와주고, 송익필에게도 찾아가서 옷을 벗어 입혀 주는 등 선행을 하여 고맙게 여긴다고

도 썼다. 또 김사군(金使君)이라는 사람이 학문은 없으나 그동안 성혼에게 안부를 묻고 선물을 보내 주었는데 송익필과도 만나 학문을 배우고 있다는 소식을 들었다고 했다. 박순이 세상을 떠나 애통하다는 이야기도 했다. 그리고 전라도 순창에 몇 이랑의 토지가 있어 집종(노비)이 추수를 감독하러 갔는데, 몇십 두(斗)의 곡식을 갖다 드리려고 하니 물리치지 말라는 부탁도 들어 있었다.

이렇게 1세대 서인을 몰락으로 이끈 동인들에게 엄청난 재앙과 같은 사건이 이해 10월에 터졌는데, 바로 기축옥사로 불리는 정여립 모반 사건이었다. 이 사건은 황해도 관찰사 한준(韓準), 재령 군수 박충간(朴忠侃), 안악 군수 이축(李軸), 신천 군수 한응인(韓應寅) 등이 정여립이 모반을 꾀했다고 고변하면서 시작되었다.

정여립[4]은 전주의 한미한 집안 출신으로 과거에 장원 급제할 정도로 재능이 뛰어났다. 앞에서 설명한 것처럼 처음에는 성혼과 이이 문하를 드나들면서 이이를 성인으로까지 존경하면서 따랐고, 이이도 그의 재주를 아껴 조정에 적극 추천하기도 했었다. 그런데 이이가 죽은 뒤에는 동인으로 변신하여 이이와 성혼 등을 비방하고 나섰다. 모반 사건 3년 전에 홍문관 수찬으로 있으면서 이이와 성혼을 비판하다가 임금에게 핀잔을 듣자 "앞으로는 다시 만나 뵐 날이 없을 것입니다."라고 말하고 떠나가 버린 후 소식이 끊겼다.

고변에 따르면, 정여립은 벼슬을 그만둔 뒤 전주, 진안, 금구 등 전라도를 중심으로 무뢰배와 공사노비들을 모아들여 대동계(大同契)라는 단체를 만들고 군사 훈련을 시켰다. 또 당시 유행하던 『정감록(鄭鑑錄)』 등 예언서를 이용해 지금이 말세라고 하면서 민심을 흔들고

"천하는 공물(公物)이기 때문에 임금이 따로 없다."라고 선전했다. 그리고 이해 말에 서울에 쳐들어갈 계획을 세웠다는 것이다. 정여립 일당은 전라도뿐 아니라 황해도 일대에도 세력을 뻗쳐 안악 교생 조구(趙球)를 비롯하여 김세겸(金世謙), 박연령(朴延齡), 이기(李箕), 이광수(李光秀), 변숭복(邊崇福) 등을 포섭하기도 했다.

정여립의 사상은 '대동계'라는 조직과 '천하는 공물'이라는 어휘에서 유교적 공산 사회인 대동사회(大同社會)를 꿈꾼 것으로도 보인다. 대동사상은 『예기(禮記)』「예운(禮運)」편에 보이는데, 그 내용은 대동사회가 되면 사유 재산과 가족 제도 등이 모두 무너지고 모든 사람이 평등하게 사는 세상이 된다는 것이다. 이런 사상은 가난한 사람들에게는 복음과도 같은 매력을 지녀서 많은 호응을 얻을 수 있었지만, 지나치게 급진적인 이상주의에 속한다.

정여립의 모반에 대한 보고를 받은 조정에서는 조구를 붙잡아 자백을 받고 정여립 체포에 나섰으나, 정여립은 아들 정옥남(鄭玉男)과 함께 진안으로 들어가서 숨었다가 자결했다. 향년 44세였다. 그의 시신은 서울로 옮겨져 군기시(軍器寺) 앞에서 다시 참수되었다. 정옥남을 체포하여 문초한 결과 사건의 전모가 밝혀졌다. 그들의 자백을 따르면, 이 사건의 배후 주모자는 길삼봉이고, 황해도 사람들이 공모했다고 말했다.

그런데 선조는 이 사건이 동인과 관련된 것을 알고 담양 창평에 은거 중이던 서인 정철을 불러다가 우의정에 앉히고 이 사건을 처리하는 재판장인 위관(委官)에 임명했다. 정철은 동인계 인사인 이산해, 유성룡과 함께 이 사건을 처리했는데, 옥사를 엄하게 다스려 이발,

이길 형제를 비롯하여 백유양, 정언신, 홍종록(洪宗祿), 정창연(鄭昌衍) 등 그동안 서인을 핍박하는 데 앞장섰던 인사들을 처형하거나 유배 보냈다. 이어 이해 12월에는 정인홍, 정개청(鄭介淸), 김응남(金應南), 유 몽정(柳夢井), 우성전(禹性傳), 남언경(南彦經) 등 30여 명이 정여립과 가 깝다는 이유로 처형되거나 유배당했다. 그 뒤로도 이 옥사는 3년간 더 지속되어 약 1000명에 이르는 동인계 인사들이 처벌을 받는 대참 사로 발전했다.

정여립 사건으로 억울하게 죽은 사람이 적지 않았지만, 그 가운 데 진주 처사 최영경의 죽음은 가장 애석한 일로 알려졌다. 역적들의 공초에 이구동성으로 이 사건의 배후 주모자가 길삼봉이라고 자백했 는데, 길삼봉은 실제 이름이 아니며 성은 최씨이고 지리산 아래에 거 주한다고 말했다. 이 말이 크게 전파되니 사람들이 길삼봉은 바로 최 영경일 것이라고 지목하여 잡아 가두었다. 이때 성혼이 정철에게 편 지를 보내 "최영경은 부모에 효도하고 어른을 공경하며 깨끗이 수행 했으니, 역모에 가담할 리가 있겠습니까? 모름지기 힘써 구원하여 풀 어 주어야 할 것입니다."라고 말하니, 정철도 임금에게 똑같은 말을 했다. 임금은 최영경을 석방하도록 명했으나 사간원에서 다시 국문할 것을 청했다. 최영경은 다시 감옥에 들어갔다가 병으로 죽었다. 향년 62세였다.

최영경은 예전에 서울에 살 때 성혼과 가까이 지내던 처사였는 데, 뒤에는 조식의 문인이 되었다. 성혼이 평소 이황을 몹시 숭앙하 여 최영경에게 조식을 이황보다 조금 낮게 평가하는 말을 했다가 항 의를 받은 일이 있었지만, 최영경의 처사다운 삶을 존경하던 터였다.

그래서 최영경이 옥에 갇혀 있을 때 아들 성문준을 보내 위로의 말을 전하기도 하고, 정철에게 구원해 달라고 부탁도 했던 것이다. 그리고 그가 죽은 뒤에는 위관을 맡았던 좌의정 정철에게 다시 편지를 보내, 그의 죄가 증거가 없다면 치죄하지 말아야 했을 텐데 감옥에 가두어 죽게 한 것은 너무 애석하다는 뜻을 표했다.

그런데 뒷날 동인들은 최영경이 죽은 것은 성혼의 죄라고 지목하여 성혼을 무함하는 큰 죄목으로 삼았다. 위관이던 정철과 성혼이 절친한 사이였으므로 성혼이 적극적으로 정철을 설득했다면 최영경을 구원할 수도 있었는데 그렇게 하지 않았다는 것이다. 하지만 동인의 주장은 사실과 맞지 않는 억지 주장이었다.

정여립 사건은 열세에 몰려 있던 서인이 재기하는 발판이 된 것은 사실이어서 정철, 윤두수 등이 고위직을 다시 맡게 되었다. 이해 11월 8일에 임금은 정철을 우의정으로 임명하면서, 동시에 성혼에게도 6년 전에 내렸던 이조 참판을 다시 내렸다. 정여립 사건으로 동인에 대한 불신이 커져 서인 요인들을 다시 조정에 불러들인 것이다.

그러나 성혼은 서울로 올라가 임금에게 사은하면서 사직을 청하는 소를 올렸다. 사직의 이유 가운데 하나는, 자신도 10여 년 전부터 정여립이 어떤 사람인지를 잘 모르고 몇 차례 만나고 편지를 주고받은 일이 있으므로 죄를 받아야 한다는 것이었다. 임금은 12월에 이조 참판을 체직했으나 그 대신 한직인 동지중추부사를 제수하여, 성혼은 하는 수 없이 받았다.

이해 12월에는 도피 중이던 송익필이 임금의 미움을 받아 함경도 극변으로 유배당하는 사건이 일어났다. 임금은 사노(私奴) 송익필

형제가 조정에 불만을 품고 조헌을 사주하여 과격한 소장을 올리게 하고, 종으로서 주인을 배반하고 도망다니는 것은 매우 통분스러운 일이라고 하면서 그를 잡아다가 추국하라고 형조에 명했다. 이에 송익필이 관청에 나아가 자수하니 그를 극변으로 유배 보낸 것이다. 성혼으로서는 안타까운 일이지만 어쩔 수 없었다.

○○ 「경인봉사」를 올리다

1590년(선조 23년), 성혼이 56세가 된 해 3월에 임금은 성혼에게 성균관 대사성을 제수하여 사유(師儒)의 임무를 맡길 뜻을 품고 대신들의 의견을 물었는데, 의논이 엇갈려 중지되었다. 원래 이 자리는 문과 급제자가 맡는 자리였기 때문에 관례에 어긋나는 일이었지만 매우 영광스러운 자리임에 틀림없었다.

임금은 성혼에게 동지중추부사를 제수하고, 정여립 사건에 놀라 마음이 크게 동요하여 신하들에게 구언(求言)의 교지를 내려 바른말을 듣기를 바랐다. 그래서 그는 이에 응하여 이해 4월에 백성들의 피폐함과 붕당의 폐단을 시정하기 위한 개혁안을 임금에게 상소했다. 오랜만에 올린 이 상소는 글이 수천 자에 달해 「경인봉사(庚寅封事)」라고도 부른다.

상소의 첫머리에서 성혼은 "오늘날 앞에서는 편당(偏黨)이 파괴하고, 뒤에서는 변고(變故)가 잇달아 나라의 기강과 조정의 법이 믿을 만한 것이 하나도 없게 되었습니다. 그러니 국가의 대계(大計)를 깊이 탐구하여 천하의 지혜를 다 짜내고 잘못을 서슴없이 고쳐 제때에 바로잡지 않는다면, 여러 해 동안 상하고 무너진 형세를 어찌 짧은 기간에 수습할 수 있겠습니까? 신은 시폐를 구제하는 급선무를 가지고 말씀드릴까 합니다."라고 전제한 뒤에 다음과 같은 요지의 개혁안을 제시했다.

군주는 하늘을 대신하여 백성을 기르는 것이 직책입니다. 하늘은 만물을 낳는 마음으로 군주에게 맡겨 주어 백성의 부모가 되어 자식처럼 감싸 기르도록 한 것입니다. 군주가 만일 그 직책을 제대로 수행하지 못하면 …… 천하에 큰 난리가 일어나게 되는 것이니 어찌 경계하지 않을 수 있겠습니까? 오늘날 백성들이 제대로 부양되지 못한 지가 오래되어 배고픔과 추위에 시달려 괴로워하고 애통해하는 소리는 차마 귀로 다 들을 수가 없습니다.

옛날 군주들은 절약하고 검소하여 10분의 1을 과세하고 그 밖의 부역은 없었기 때문에 가정마다 넉넉하고 사람마다 풍족했습니다. 그런데 우리나라는 공법(貢法)의 폐해가 민력을 더욱 곤궁하게 만듭니다. 신은 예전에 이 문제를 하문하실 때 평범한 말로 대답했는데, 물러나서 사람들에게 자세히 물어서 그 실상을 알아냈습니다. 국초에는 종이, 옻칠, 닭, 돼지, 나무, 과일 등을 모두 주현(州縣)의 관아에서 스스로 길러서 진상했기 때문에 법전에 실린 공물 중에 백성에게서 나온 것은 많지 않았습니다. 그런데 지금은 옛 규례는 모두 없어지고 세세한 것도 모두 전결(田結)에다 부과합니다. 전결을 가지고 있는 백성은 상공(上供)할 만한 토산물이 있더라도 일체 방납(防納)하는 관리들에게 저지당하여 열 배의 값을 바칩니다. 게다가 주현에서 쓰는 물건도 모두 전결에다 부과하기 때문에 명목이 끝이 없다고 합니다. 그 이유는 사치 때문입니다.

그뿐 아니라 지방관의 지위의 고하에 따라 공안(貢案)을 정하기 때문에 작은 고을의 부담이 더 커서 다른 지역으로 도망가는 자가 많습니다. 또 서울의 관청 가운데 어떤 곳은 지출이 많은데 공물이 적어 내년도 몫까지 미리 받기도 하고, 어떤 곳은 지출은 적은데 공물이 많아서 썩어 버립니다. 남쪽 지방에서 받을 것을 가까운 도에서 받기도 하고, 육지의 산물을 바닷가 고을에서 거두기도 합니다.

왕실에다 바치는 진상물(進上物)은 토산품을 바치지 않은 지가 오래되었고, 그 가운데에는 아이들의 한바탕 노리갯감도 안 되는 풀잎과 나무 열매까지 있습니다. 만일 전하께서 하루 아침의 살지고 맛있는 수라를 물리치신다면 백성들의 하루 동안의 고통이 면해질 것입니다. 오늘날의 진상은 일헌(日獻), 월헌(月獻), 세헌(歲獻)의 규정이 있는데, 이를 전부 폐지할 수는 없지만 크게 줄일 필요가 있습니다.

신이 사는 집은 황해도와 인접해 있어 그곳 백성들의 고통을 잘 알고 있습니다. 이곳은 매년 흉년이 들고 있는 데다 평안도에 가서 변방을 지키는 일이 가장 큰 고통인데, 특히 채수(債帥)로 불리는 탐욕스러운 장수나 무관이 많아 갖가지로 탐학을 부립니다. 한 번 부방(赴防)할 때 면포 30~40필을 싸 가지고 가도 부족합니다. 면포 30~40필은 중간층 사람들의 재산인데, 이를 감당하지 못해 도망가고 부자는 전택(田宅)을 팔아 버립니다. 그러면 이웃집과 친척에게 부담시킵니다. 그리하여 그 원망과 해독이 오랑캐의 난리보다 심합니다. 그 대책을 하루 속히 강구하시기 바랍니다.

재령과 봉산의 둔전(屯田)은 백성들을 동원하여 제방을 쌓고 물을 끌어들여 만들고 백성들에게 병작(倂作)을 주고 있는데, 실제로는 수확을 강탈하고 있습니다. 그래서 정여립이 그 도당을 보내어 말하기를 "남방에 이인(異人)이 나와서 너희들의 부역을 없애 주겠다."라고 유혹하자 사람들이 모두 좋아서 호응했습니다. 전하께서는 빨리 둔전을 혁파하시기 바랍니다.

서울의 시정인(市井人)들은 무역(貿易)에 시달립니다. 정부에서 물건을 사들인다는 영이 내려지면 물건을 가진 자가 값을 4~5배로 불리기 때문에 시정인들은 재화를 전부 끌어모아 삽니다. 관아에서 원가(原價)를 주면, 아전들이 트집을 잡아 뇌물을 받기 때문에 시민들은 이익을 얻지 못합니다. 또 방납하는 무리가 미리 백성의 공물을 받아 집에다 감추어 두었다가 사들이라는 영이 내려지면 몇 갑절의 값으로 시정인(市井人)들에게 팔아서 실컷 이익을 챙긴 뒤에 천천히 보통 값으로 다시 사서 본사(本司)에 바칩니다.

나라에 붕당이 있으면 왕실이 미약해진다고 했는데, 붕당은 사(私)를 위하여 공(公)을 해치고 있습니다. 전하께서 사(私)와 정(正)을 분명히 분별하신다면 붕당이 절로 생기지 못할 것입니다.

임금은 성혼의 소장을 읽고 그저 평범한 격려로 비답을 내렸다. 성혼은 임금을 만나지도 못하고 집으로 돌아가서 5월에 사직 상소를 올렸다. 임금은 공납 문제의 개혁에는 한결같이 부정적인 생각을 가지고 있었기 때문이었다. 성균관 유생 이정귀(李廷龜), 이춘상(李春祥) 등이 소를 올려 성혼의 사직을 만류하기를 청했으나 임금은 답을 내리지 않았다. 그 뒤로 임금은 다시 성혼을 부르지 않았다.

파주로 돌아온 그는 8월에 아들 성문준에게 몇 차례 편지를 보내 집안일에 관한 충고를 했다. 성문준은 당시 32세로서 일찍이 생원이 되어 세자를 호위하는 세자익위사(世子翊衛司) 세마(洗馬, 정9품)라는 벼슬을 하고 있었는데, 아버지가 무함을 받자 벼슬을 버리고 충청도 임천(林泉)으로 내려가 은거 생활에 들어갔다. 그래서 성혼이 아들과 편지를 통해 안부를 전하는 처지가 된 것이다.

아들에게 보낸 첫 번째 편지에서는 아들이 세상 물정을 잘 몰라 노복(奴僕)을 부릴 때 마땅함을 헤아리지 않으니 걱정스럽다고 나무랐다. 또 산부(産婦, 며느리)의 기운이 화평하지 못한 것을 우려하고 고기를 먹으라고 권하면서 육포(肉脯)를 곱게 가루로 만들어 환약을 만들어 보내니 정성껏 먹으라고 일렀다. 그리고 성균관 유생들이 자신을 위해 상소를 올린 것을 걱정하는 말도 덧붙였다.

두 번째 편지에서는 집안이 가난하고 검소하니 어머니에게 말씀드려 혼인은 세속을 따라 사치하게 하지 말고, 간소하게 하라고 일렀다. 혼인을 사치하게 하면 뒤에 계속하기가 어렵다고 당부했다. 예를 들어 신부의 가마 앞에 세상 사람들은 세 쌍의 계집종을 세우는데 한 쌍만 세우면 되니 절대로 그렇게 하지 말라고 했다. 여기서 혼인이 누구의 혼인인지는 알 수 없으나, 손주들의 혼사를 말하는 것으로 보인다. 이 편지를 보면 성혼의 부인도 아들을 따라 임천에 있었던 것으로 짐작된다.

같은 해 8월에 조헌이 또 임금에게 소를 올렸는데, 이번에는 천문과 인사(人事)의 길흉을 따지면서 시운(時運)을 걱정하는 상소였다. 조헌은 4년 전인 1586년(선조 19년) 12월에도 소를 올려 일본에 사신을 보내지 말고, 중국에도 알려 미리 성토하여 일본이 군대를 움직이지 못하게 사전에 봉쇄한 뒤에 국방을 강화하는 대책을 세우라고 촉구한 바 있었다. 조헌은 자신의 계책이 받아들여지지 않자 밤마다 천문을 우러러 살피면서 통곡하여 눈물을 흘렸다고 한다. 그리고 늘 처자들에게 무거운 것을 지고 걷는 연습을 시키고, 학생들에게도 하루에 30리씩 걷는 연습을 시키면서 "머지않아 왜적의 난리를 피해야 할 것이니, 이것이 시급한 업무이다."라고 말했다고 한다.

임진왜란이 터지기 1년 전인 1591년(선조 24년) 가을에 조헌은 제자와 함께 금산사(金山寺) 누각에 올랐다. 이때 붉은 기운 세 가닥이 하늘 북쪽에 길게 뻗치고 서남쪽으로 반쯤 걸친 것을 보고, "풍신수길(豊臣秀吉, 도요토미 히데요시)의 군사가 이미 움직였으니 내년에 틀림없이 이 기운처럼 대대적으로 쳐들어올 것이다. 일찍 피란할 계획을 세워야 한다."라고 말했다. 그러고는 1592년(선조 25년) 봄에 조상의 묘소에 참배하고 난리가 일어날 것이므로 하직한다는 뜻을 고했다. 그 뒤 아내의 장례를 치르려고 사람들이 모여 있었는데, 갑자기 하늘에서 우레처럼 요란한 소리가 나자 "이제 왜병이 바다를 건넜다."라고 말하고 공주로 돌아왔으니, 과연 그날 왜군이 우리 땅을 침범했다. 조헌은 성리학자로서 술사(術士)가 아니었지만 시운을 걱정한 나머지 술사처럼 미리 알 수 있었다고 한다.

이해 9월에 성혼은 좌의정으로 옮긴 정철에게 편지를 보내 최영경이 죽은 것에 대해 유감을 표하는 뜻을 전달했다.

들건대, 최 모(최영경)가 죽었다 하니 참으로 서글프고 한탄스런 마음 금할 수 없습니다. 이 사람은 말년에 방탕하고 소탈하여 본분을 지키지 못했으나 대체로 뜻이 높은 선비입니다. 이미 죄를 지은 실정이 없다면 조정에서 용서하여 치죄하지 않는 것이 옳을 터인데, 대신들의 의논이 다시 일어나서 끝내 다시 감옥에 들어갔다가 죽었으니, 이러고서야 어떻게 사람들의 마음을 복종시킬 수 있겠습니까? 참으로 애석하고도 애석합니다.

이해 11월에 문인 박여룡이 편지를 보내왔는데, 최영경이 감옥에 있을 때 성혼이 아들을 보내 위문한 것은 최영경에게 너무 후하게 대우한 것이 아니냐고 항의하는 뜻을 보였다. 그러자 성혼은 답장을 써서 변명했다.

최영경은 애당초 세속의 선비가 아니어서, 깨끗한 행실과 뛰어난 절개를 가지고 용감하게 매진해서 세속을 좋게 여기지 않는 운치가 있었소. 비록 우리와 취향이 다르나 비루한 이 사람과는 교분이 완전히 끊기지 않았기에 아들을 보내 위문하게 했던 것이오. 그는 말년에 아들을 잃고는 술에 빠져 지내다가 떳떳한 마음을 잃게 되었소. 감옥에 갇히던 날에는 오직 형체만 남아 있었으니, 잘못되고 착란함을 자못 꾸짖을 것이 못 되오. 다만 옛정으로 아들을 보내 위문했을 뿐이오.

최영경이 처음에는 성혼과 이이 두 현인에게 인정을 받았는데, 뒤에는 이발, 정여립, 정인홍 등과 친하여 두 현인을 훼방하고 헐뜯었다. 심지어는 박순과 정철을 반드시 참수하여 효시(梟示, 시체를 저자에 내걺)한 뒤에야 국가의 일을 다스릴 수 있다고까지 말했다. 그래도 성혼은 옛 친구의 도리로 대우하여 그가 석방되던 날 아들을 보내 위문하고, 죽은 뒤에는 쌀을 보내 부의했다.

성혼은 또 아들에게 편지를 보내, 심의겸과 자신의 관계를 설명해 주었다. 동인들이 자신을 심의겸과 결탁하여 정권을 농락했다고 한 데 대하여 진실을 아들에게 알려 주기 위해 이런 편지를 보낸 것이다.

아버지(성수침)께서 명망이 높아 서울의 명사들이 모두 찾아왔는데, 심의겸이 과거에 급제하기 전 형제 세 사람과 함께 아버지를 찾아왔었다. 그때 나는 아버지의 약을 지으려 서울에 갔기 때문에 집에 없어 서로 만나지 못했는데, 그분들이 서울로 돌아와서 나를 찾아와 나에게 약재를 구해 주었으므로 서로 알게 되었다. 이것이 병진년(선조 11년, 1556년)과 정사년(선조 12년, 1557년) 사이다. 더구나 심의겸이 우리 집안사람의 사위가 되어 한동네에 살았으므로 그 뒤로 내가 서울에 가면 저들이 반드시 찾아오곤 했다. 그들이 과거에 급제하여 국정을 담당하게 되자 나는 이를 매우 혐의하여 차츰 스스로 소원하게 대했다. 그들이 세력을 잃은 뒤에는 찾아오면 나는 간격을 두지 않고 친하게 대했으나 함께 시사(時事)를 논하지 않았으며, 세속의 이야기나 문장에 관한 이야기를 나누었을 뿐이다. 그러나 서울 밖에 멀리 떨어져 있어서 자주 만나지 못했고, 서신도 자주 주지 못하여 서로 안부를 통하지 못했으니, 그 교분이 이와 같을 뿐이었다.

지금 사람들이 내가 야인으로서 외척과 서로 알고 지냈다는 것으로 죄목을 삼는다면 내 마땅히 달게 받겠지만, 만약 같은 마음으로 일을 함께하여 국정을 의논했다고 한다면 이것은 모함이다.

그러니까 심의겸과는 그저 알고 지내는 사이이지 정치를 함께 의논한 사이는 아니라는 것이다. 그런데도 동인들이 심의겸에 빌붙어 권력을 농단하려 했다고 말하는 것은 너무도 억울하다는 뜻이다.

○○ 세자 책봉 사건으로 서인이 몰락하다

1591년(선조 24년)은 임진왜란이 터지기 1년 전이다. 성혼의 나이 57세가 되었다. 이해 1년은 파주에서 오직 문인들과 편지를 주고받으면서 보냈으나 세자 책봉 문제로 서인이 몰락하는 큰 사건이 터졌다. 이해 7월에 좌의정 정철이 세자를 세우자고 주장했다가 임금의 미움을 받아 강계(江界)로 유배당하고, 성혼의 문인으로 벼슬하던 이춘영(李春英), 유공진, 백유함, 황신(黃愼), 그리고 친구인 이해수 등 여러 명이 동시에 유배를 가거나 파직되었다. 1589년(선조 22년) 정여립 사건으로 권력을 잡았던 서인이 다시 몰락하는 계기가 된 것이다.

그러면 왜 이 사건이 터졌는가? 선조는 왕비 의인 왕후(懿仁王后)

박씨로부터 후사를 얻지 못했고, 후궁인 공빈 김씨(恭嬪金氏)에게서 임해군과 광해군을 얻었는데, 공빈 김씨는 바로 세상을 떠났다. 그 뒤인빈 김씨(仁嬪金氏)를 총애하여 여러 아들을 두었는데, 둘째 아들인 신성군(信城君)을 매우 총애했다. 당시 임해군은 18세, 광해군은 17세, 그리고 신성군은 14세였다.

선조는 여러 아들 가운데 신성군을 세자로 책봉할 마음을 품었으나 이를 신하들과 의논하지 않고 있었다. 당시 선조의 나이가 40세였으므로 세자를 책봉하는 일이 그리 급하지 않다고 여겼다. 그런데 신하들은 혹시 신성군이 세자가 되면 당시 실권을 장악하고 온갖 횡포를 부리고 있던 인빈 김씨의 오라비 김공량(金公諒)의 횡포가 더욱 심해질 것을 우려했다. 그래서 외척의 횡포가 걱정 없고 자질이 좋은 광해군이 가장 세자에 적합하다고 여기고 있었다. 이렇게 선조와는 다른 생각을 가지고 있었지만 누구도 감히 광해군을 추대하고 나서지 못했다.

그러던 중 우의정 유성룡이 광해군의 세자 책봉을 가장 적극적으로 추진하고 나섰고 좌의정 정철도 이에 적극 동의했다. 그래서 영의정 이산해와 더불어 세 정승이 함께 임금에게 진언하기로 약속했다. 그런데 세 정승이 임금을 만나자 아무도 말을 꺼내지 않았다. 이에 성격 급한 정철이 먼저 세자 책봉을 건의했다. 이 말을 들은 임금의 얼굴빛이 좋지 않자 이산해와 유성룡은 한마디도 하지 않았다. 정철은 매우 당황했지만 다행히 부제학 이성중(李誠中)과 대사간 이해수가 앞으로 나아가 "이는 정철 혼자만의 말이 아니요, 바로 신들이 함께 의논한 것입니다."라고 말하여 고립을 면했다. 하지만 임금은 이때부터 정철을 심히 못마땅하게 여겼다.

　동인에 속했던 이산해는 겉으로는 조정의 논의에 순종하면서도 선조가 신성군을 사랑하고 있다는 것을 알고, 당시 권력을 휘두르고 있던 김공량에게 "정철의 무리가 장차 신성군에게 이롭지 못하다."라고 알려 임금은 더욱 정철을 의심하게 되었다. 이런 분위기를 눈치챈 동인 계열의 대신들이 정철을 유배 보낼 것과 서인 계열의 인사들을 대거 파직시킬 것을 요청했고, 그대로 시행되었다. 동인들은 2년 전에 일어난 정여립 사건으로 타격을 받은 자신들의 세력을 만회하는 기회로 삼아 서인들에게 맹렬한 공격을 가하기 시작한 것이다.

　결과적으로 보면 신성군은 이듬해 임진왜란이 일어나자 의주(義州)로 임금을 호종했다가 그해 의주에서 15세의 나이로 세상을 떠났고, 광해군이 세자로 책봉되어 분조(分朝, 조정을 둘로 나눔)를 이끌고 왜적과 싸우는 데 큰 공을 세우게 되었다.

　성혼은 이 사건에 직접 관여하지 않았으므로 당장 피해를 받지 않았다. 이해 봄에 이이의 문집 편찬 관계로 이이가 해주에서 가르친 제자 박여룡과 수차례 편지를 주고받았다. 우선 목차를 정하는 일은 김장생 등과 함께하고 송익필에게 보여 주어 수정을 받겠다는 것과 시집(詩集)은 권벽(權擘), 고경명, 박지화(朴枝華) 등에게 부탁하여 정선하는 것이 좋겠다는 뜻을 전달했다.

　성혼의 문인 가운데 안창(安昶, 1549년~?)이 있는데 문음으로 벼슬길에 나가 장원서의 장원 벼슬을 지내다가, 이해 1월에 사헌부의 탄핵을 받아 파직되었다. 성혼은 편지를 보내, 놀랍고 한탄스럽다면서 지금부터라도 문을 닦고 책을 읽어서 학문에 힘쓰라고 격려했다.

또 이제 장년이 되어 세상의 영화로움과 안락함을 다시 기약할 수 없을 것이니 산림에서 뜻을 기르고 세속의 얽매임을 깨끗이 씻어 버려 자신의 소견을 지키며 늙어 가는 것이 좋을 것이라고 충고했다. 그러나 이러한 조언도 부질없이, 훗날 그의 아들이 신성군의 딸과 혼인하게 되었고 안창도 벼슬이 광해군 때 종부시 정(宗簿寺正, 정3품)에까지 올랐는데 일을 잘못하여 여러 대간의 탄핵을 받았다.

이해 4월에는 정산 현감으로 부임하던 김장생이 찾아와서 하직하며 왜란의 변고가 있게 되면 선생은 벼슬이 재상의 반열에 있었으니 마땅히 국난에 달려가야 할 것이 아니냐고 물었다. 이에 성혼은 답하기를 "국난에 달려감은 마땅히 해야 할 일이나, 나는 본래 산야에 있는 사람이지 관직에 있는 사람이 아니오. 옛사람 중에 강만리(姜萬里)는 국난에 달려가지 않았으니, 나 또한 마음속으로는 강만리를 따르려 하오."라고 말했다. 실제로 성혼은 왜란이 발발하여 임금이 임진강을 건너 북쪽으로 파천할 때 처음에는 호종하지 않다가 세자 광해군이 부르자 비로소 호종하기 시작했다.

호남 보성 출신의 문인 안방준(安邦俊, 1573~1654년)은 첨지중추부사 안중관(安重寬)의 아들로 과거를 포기하고 19세에 성혼을 찾아와 문인이 되었다. 그는 이해 4월에 보성에서 편지를 보내 안부를 물으며, 부채 두 자루와 전복을 보내 주었다. 성혼은 그에 대한 감사의 편지를 보내며 "그대는 나이가 젊고 재주가 영특한 데다 기운이 예리하여 밖으로 드러나니, 지금 세상에 살면서 덕을 편안히 하는 터전이 아닌 듯합니다. 바라건대 학문에 힘써서 반드시 효제와 충신으로 근본을 삼고, 겸손과 졸눌(拙訥)로 바탕을 삼고, 침잠과 독실로 공부를 삼아서 …… 진리를 탐구하고 마음을 굳게 잡아 지킨다면 훗날 반드시 높은 경지에 오를 것입니다."라고 훈계하고 격려했다. 안방준은 뒷날 호남 서인의 중심인물이 되었다.

이수준은 성혼의 친구 이제신의 아들로서 성혼의 문인이다. 그는 문과에 급제한 뒤 현감, 부사, 사헌 장령 등 여러 관직을 받았는데, 이해 7월에 33세로 통진 현감에 취임하면서 편지를 보내 안부를 묻고 건어물과 성게 등 물건을 보내 주었다.

성혼은 원래 제자가 벼슬하는 것을 달가워하지 않았기 때문에 이수준이 현감에 임명되었을 때 축하하는 편지도 보내지 않았으나, 선물과 편지를 받았으므로 답장을 하지 않을 수 없었다. 우선 부모님이 기뻐할 일인데 축하하는 글을 보내지 못한 것을 미안하다고 말하고, 이어 "100리 고을의 수령이 되었으니 백성들이 기뻐하고 슬퍼함이 그대에게 달렸다. 그러나 그대는 서울의 화려한 문벌에서 성장하여 백성들의 고통을 다 알지 못할 것이니, 부디 '백성을 보기를 상처처럼 여긴다'는 맹자의 말을 근본으로 삼아 청렴하고 신중하고 근면한다는 세 가지를 일상생활의 규범으로 삼기를 바란다."라고 당부했다. 그리고 진덕수가 세속을 깨우치고 수령을 위해서 쓴 글을 자신이 이이, 정철과 함께 뽑아 놓은 것이 있어 보내 줄 터이니 잘 보고 행하라고 일렀다. 이수준은 뒤에 영해(寧海)와 강화(江華)의 부사를 지내다가 세상을 떠났다.

이해 7월에는 세자 책봉 문제로 임금의 미움을 받아 평안도 강계(江界)로 유배를 떠나는 정철을 임진 나루터에 가서 송별했다. 임금에게 미움을 받고 동인들에게 밀려 유배를 떠난 정철을 공개적으로 전송한다는 것은 정치적으로 부담스러운 일이었지만, 친구의 정의를 소중히 여기는 마음을 바꿀 수는 없었다. 더구나 자신의 친구인 대사간 이해수, 문도 이춘영(李春英, 1563~1606년), 백유함, 황신 등이 무더기로 파직된 것은 성혼으로서는 매우 가슴아픈 일이었다.

성혼은 유배당한 이춘영에게 편지를 띄워 위로했다. 당시 29세의 이춘영은 바로 성혼의 스승인 백인걸의 외손자였다. 편지에는 이렇게 썼다.

내 오래전부터 그대에게 이런 일이 있을 줄을 알았지만, 내가 직접 보게 될 줄은 몰랐습니다. 오직 살아서 돌아와서 북당(어머니 방) 앞에서 절하고 만나기를 바랄 뿐입니다. 마음을 화평하게 하고, 현재의 위치에 편안하여 온갖 고통을 참으며 자신의 임무로 여겨 걱정과 번뇌 때문에 병이 나지 말기를 바랍니다. 자기보다 더 심한 화를 당하는 사람들과 비교하여 스스로 마음을 달랜다면 답답한 심정을 다소 풀 수 있을 것입니다. 이제 편지 한 장을 써서 길이 작별하니, 오직 구천(九泉, 저승)에서나 서로 만나 보게 될 것입니다.

여기서 살아서는 다시 만나기 어렵다고 한 것은 자신의 수명이 얼마 남지 않았다는 의미다. 자신에게도 화가 미칠 것으로 예상한 것이다. 성혼은 9월에 자신에게 닥쳐올 일이 무엇인가를 친구이자 친동생처럼 지내는 안민학에게 알리는 편지를 보냈다. 안민학은 그 아버지 안담이 성혼의 아버지 성수침과 한동네에 살면서 가족처럼 지내던 사이였기 때문에 학우라기보다는 친동생처럼 여겼음은 앞에서 이미 말한 바 있다. 다만 안민학이 세속적인 행동을 많이 하여 실망을 느끼기도 했던 사이였다. 편지의 요지는 이렇다.

송강(정철)이 임진 나루터를 지나갈 때 나는 '군자들은 옛 친구가 비록 죄를 입어 죽더라도 그의 시신을 거두어 준 자가 있었으니, 이는 의리에 무방하다고 여겼기 때문이다.'라고 생각했습니다. 그래서 병을 무릅쓰고 그를 전송한 일이 탄로 나서 죄를 얻었다고 하며, 그런가 하면 와서 위로해 주는 사람도 있었습니다. …… 항간에 떠도는 소문에는 비루한 이 사람을 '서인의 괴수(魁首)'라 하여 반드시 그 뿌리를 찍어서 쓰러뜨린 뒤에야 비로소 후환이 없을 것이라고 한답니다. 이 때문에 온 나라에 이런 말이 자자하여 시간이 지날수록 더욱 심한 것입니다.

어떤 이는 말하기를 "선비들이 상소를 올려 논죄할 것이며, 그 뒤에 사헌부에서 탄핵하는 글이 뒤따를 것이다."라고 합니다. 이처럼 모여서 수군거리며 귀가 따갑도록 떠들어 댄 지가 오래인데, 아직도 시행되는 바가 없으니 끝내 어떻게 될지 모르겠습니다. 나는 병들어 거의 죽게 되었으니, 비록 죄를 얻지 않는다 하더라도 얼마 살지 못할 것입니다. 다만 죽기 전에 이리저리 표류하다가 끝내 어느 곳에 흘러 떨어질지 모르겠습니다.

성혼은 지난 7월에 통진 현감으로 나간 문인 이수준과 편지를 주고받은 일이 있었는데, 이수준은 10월에도 집안에서 전해 내려온 글과 책을 성혼에게 보내면서 편지를 써 안부를 전하고, 식량을 준비한 다음에 한번 찾아뵙겠다는 뜻을 전했다. 성혼은 그 답장에서, 이수준이 김장생의 집에 가서 『대학』을 공부하겠다고 약속했는데 어떻게 되었느냐고 묻고, 학문에 몰입이 안 된다는 소식을 들으니 한탄스럽다고 말했다. 그러면서 공부라는 것은 아무 일 없을 때만 하는 것이 아니고, 젊은 시절은 쉽게 지나간다는 것을 깨달아 후회 없게 살라고 당부했다. 또 식량이 마련되면 찾아오겠다는 말에 대해서는 "내비록 가난하고 병들었으나 손님과 거친 밥을 먹는 것을 좋아하지 않겠습니까? 어찌 양식을 준비한 뒤에야 방문한단 말입니까?"라고 섭섭한 마음을 표했다. 그러고 나서 책을 가지고 와서 학문을 토론할 생각이면 찾아오고, 일상적인 안부나 묻는다면 올 필요가 없다고 말했다. 또 나를 만나면 화를 당할지도 모르니 조심하라고 경고했다. 성혼은 공부하지 않는 이수준을 그리 달갑게 여기지 않았던 것이다.

○○ 왜란 중에 「시무편의」를 올려 난국의 정책을 제시하다

1592년(선조 25년)은 성혼이 58세의 나이로 임진왜란이라는 미증유의 전란을 만난 시기였다. 이미 전부터 성혼은 이이와 더불어 현시대를 토붕와해(土崩瓦解, 담과 지붕이 무너짐)의 위기로 진단하고, 민생과 국방을 위한 경장을 하지 않으면 장차 나라가 무너질 것이라고 예언하면서 임금을 압박해 왔던 처지였으므로 어찌 보면 임진왜란은 예고된 재앙이었다.

서인과 대립하던 동인 가운데에도 그러한 생각을 가진 인사들이 없었던 것은 아니었다. 예컨대 유성룡 같은 인물이 그러했다. 또 정여립 일당의 모반 사건도 똑같은 위기의 상황에서 벌어진 일종의 민란이었다. 안에서 터지고 바깥에서 터진 것이 다르지만, 인과관계로 보면 같은 원인 곧 민생 파탄과 국방력의 약화가 빚어낸 참사였다.

이 시대를 이끌어 간 선조는 정여립 사건을 제외한다면 큰 사화를 불러오지도 않았고, 재야의 학덕 있는 선비들을 끌어들이는 데에도 열성을 보였다. 그러나 선조의 가장 큰 약점은 개혁을 두려워하는 소극성이었다. 선조는 현자들을 불러들이는 데는 그토록 열성적이면서도 정작 그들의 정치 경륜은 받아들이지 않았다. 개혁은 부작용을 가져와 분란을 일으킬 우려가 있다고 보아 현상 유지를 추구하는 정책에 머물렀다.

또 전란의 원인 가운데에는 서인과 동인의 갈등도 한몫했다. 서인이 기득권 세력이고, 동인이 신진 세력이므로 동인이 상대적으로 약자의 위치에 있기는 했지만, 그들은 서인을 지나치게 악인으로 몰아붙였다. 당시의 서인 가운데는 조상이 기득권을 누렸다 하더라도 깨끗한 개혁적 인사들이 적지 않았다. 박순, 백인걸, 이이, 성혼, 정철, 송익필 같은 인물이 특히 그랬다. 그런데 동인은 이들이 주장하는 경장에 마음으로는 동조하면서도 몸으로는 협조하지 않았다. 이는 권력에 대한 집착 때문이었다. 그 결과 개혁을 이끌지 못하고 국난을 당하게 되었다. 다시 말해 대승적으로 나라와 백성을 생각하지 않고, 당리와 당략에 지나치게 매달렸던 것이다.

그러면 왜란 당시 성혼은 어떤 처지에 있었는가? 성혼은 이미 지난해 세자 책봉 문제로 세력을 잃은 서인의 한 사람으로, 장차 자신에게도 벌이 내릴 것이라는 위기감과 죄의식을 가지고 죽음을 기다리면서 시골집에 엎드려 있었다. 친구, 제자들과 편지를 주고받는 것이 외로움을 달래는 유일한 방법이었다.

1592년(선조 25년) 1월에 성혼은 충청도 보령에 은거하면서 성리학을 공부하고 있는 친구 이희삼의 편지에 답장을 보내 자신의 근황을 알려 주었다. 이희삼의 아버지 이몽규(李夢奎)는 진사였으나 벼슬을 포기하고 처가인 보령에 은거하여 평생 학자 생활을 한 사람이었는데, 이희삼도 그러한 가풍을 그대로 이어 가고 있었다.

나는 어느덧 58세에 이르러 늙고 병든 데다가 …… 오직 이의건(李義健, 1533~1621년, 세종의 다섯째 아들 광평 대군의 5대손) 노인과 서신을 주고받으며 평소의 마음을 전할 뿐입니다. …… 송운장(송익필)을 보니 이번에 체포되어 살아날 방도가 만무했는데, 갑자기 성상의 은혜를 입어 형벌을 면하고 유배되니, 세상에 어찌 이런 뜻밖의 은택이 있단 말입니까? 그가 서울에 있을 때 자주 소식을 전해 왔고, 임진을 지나갈 때에도 답장을 보내 주어 그나마 다행스럽게 생각합니다. …… 듣기로는 그가 심문에 대답할 때 "신은 이이, 성혼과 함께 배우는 자들의 스승이 되어 그들이 율곡 선생이니, 구봉 선생이니 하고 불렀습니다." 하였다 합니다. 그가 죽음을 두려워하는 마음이 컸기 때문에 이런 가소로운 말을 한 것이니, 참으로 한탄스럽고 애석합니다.

이 편지를 보면 당시 성혼의 친구는 아무 힘도 없이 농촌에서

236

은거하고 있던 이의건과 이희삼밖에 없었던 것을 알 수 있다. 그리고 송익필에 대해서는 그가 노비가 되어 도망간 죄로 죽지 않고 유배 간 것을 그나마 다행으로 여기면서도, 붙잡혀 임금의 심문을 받을 때 스스로 '구봉 선생'으로 불렸다고 말한 것은 너무 구차스럽다고 생각했다는 사실도 알 수 있다.

이해 4월 12일 드디어 왜군이 부산에 쳐들어와 부산진 첨사 정발(鄭撥)이 전사하고, 이어 4월 13일에는 동래 부사 송상현(宋象賢)이 전사했다. 왜군은 파죽지세로 조령(鳥嶺)을 넘어와 충주 탄금대에서 신립(申砬) 장군의 군대를 패배시키기에 이르렀다. 서울의 함락이 눈앞에 다가오자 임금은 4월 28일 광해군을 세자로 책봉하여 유사시에 대비했다. 그리고 4월 29일 신립 장군이 탄금대 전투에서 패했다는 소식을 듣고 영의정 이산해의 주장을 따라, 4월 30일 비가 오는 야밤에 서울을 떠나 임진 나루터를 건너갔다.

그러면 이때 성혼은 어떻게 지냈는가? 이해 4월 왜란이 터지기 직전에 조정에서는 전란에 대응하기 위해 큰 열병식(閱兵式)을 열어 모든 벼슬아치들을 불러들였으나, 성혼은 참석하지 않고 스스로를 탄핵하는 상소를 올렸다. 벼슬을 내렸지만 봉직도 하지 않은 처지에다 건강 문제로 참석할 수 없으니 벌을 내려 달라고 청했다.

임금이 4월 30일 임진 나루터를 건너갈 때에도 성혼은 마중 나가지 않았다. 그것은 임금이 비밀리에 급히 파천하여 언제 서울을 떠났는지도 알 수 없었기 때문이다. 게다가 임진 나루터와 집까지의 거리가 몇십 리나 되고, 비가 쏟아지는 한밤중이어서 알았어도 가기가 쉽지 않았을 것이다. 나중에야 임금이 파천한 것을 알고, 자신도 병든 몸을 이끌고 왜적에게 쫓겨 안협(安峽, 이천군 소속), 이천(伊川), 연천(漣川), 삭녕(朔寧) 등지를 오가면서 피란했다.

그는 5월 7일 안협의 암천사(巖泉寺)에 올라 시 한 수를 지었다.

난리라는 말, 일찍이 책 속에서만 보았는데	亂離曾見史書中
침통함이 오늘날 내 몸에 닥쳐왔네	沈痛今朝着我躬
취화(翠華, 임금) 계신 서쪽 멀리 바라보려	西望翠華天極目
높은 곳 오르내리며 하염없이 눈물짓네	每登高處泣無窮

4월 30일 임진강을 건넌 임금은 5월 1일 개성에 도착했는데, 이틀 후 3일 서울이 함락되자 4일에 황해도 평산(平山)으로 피했다. 이어 5일에는 봉산(鳳山)까지 피란했고 6일 황주(黃州)를 지나 7일에 평양에 도착했다. 그러나 왜군은 계속 북상했고, 임금은 6월 11일 평양을 떠나 순안, 숙천, 안주를 거쳐 13일 철옹성이 있는 영변(寧邊)에 도착했다. 그리고 장차 요동으로 망명할 준비를 하면서 왕세자 광해군에게 임시로 국사(國事)를 대신하라고 명했다. 선조는 광해군을 영변에 남기고 다시 박천, 가산, 정주, 선천, 용천을 거쳐 6월 22일 의주(義州)에 이르렀다. 이 길은 서울에서 중국으로 가는 대로(大路)에 해당한다. 그사이 6월 18일 왜군은 대동강을 건너 평양을 점령했으나, 식량 부족에다 전투에 지쳐 6월 9일경부터 조선에 강화를 요청해 왔다. 말하자면 조선 측의 항복을 의논하자는 것이다.

한편 6월 13일부터 국사를 대신하라는 명을 받은 광해군은 영변에 남아 있다가 왜적이 평양을 점거한 뒤에는 동남방으로 방향을 돌려 맹산(孟山), 양덕(陽德), 곡산(谷山)을 거쳐 7월 9일에 강원도 이천으로 내려왔다. 이곳은 철원(鐵圓)과 매우 가까운 곳으로 삼남 지방에서 올라오는 근왕병들을 지휘하기 위해서는 왕세자가 서울 가까이 있지 않으면 안 되었다.

광해군이 7월 이천에 있을 때 성혼은 이천과 가까운 삭녕에 있었는데, 세자가 영을 내려 이천으로 오라고 명했다. 그러나 성혼은 마침 이질을 심하게 앓고 있어서 달려갈 수가 없었다. 그래서 대신 차자(箚子)를 올려 학문하는 방법과 15조항의 「시무편의(時務便宜)」를 올렸다. 그 요지는 이렇다.

먼저 학문하는 방법에 대해 말했다. 아무리 국가가 지금 위태로운 시기를 만났어도 유신(儒臣)들을 자주 만나 서책을 읽고, 의리를 강구하여 지켜야만 사무를 처리할 때 여유가 생기고 사람들을 복종시킬 수 있다고 강조했다. 읽어야 할 책은 『소학』과 『대학』으로서, 이 책을 통해 마음을 깨끗하게 수양하고, 가정을 다스리고, 나라를 다스리고, 천하를 다스리는 이른바 수기치인(修己治人)의 큰 도리를 알아야 한다. 여기서 마음이 모든 것의 시작이 되는데, 그 마음이란 바로 천지가 만물을 생성하는 어진 마음으로 백성을 사랑해야 한다는 것이다.

다음에 지금 당장 시행해야 하는 시무 15개 항은 다음과 같다.

1   임금이 멀리 피란하여 서울에서 그리 멀지 않은 지역도 버려진 땅이 되어 버렸다. 이에 선비와 백성들이 치욕을 씻지 못하고, 마음속으로 국가가 없어졌다고 생각해, 적에게 따라붙을 위기에 있

었는데, 행조(行朝, 분조(分朝))가 이천에 머물러 있어 비로소 임금이 어디에 있는지를 알게 되었다. 행조가 할 일은 수천 명의 정예병을 빨리 모으고 훈련시켜서 용감히 싸우게 만드는 것이다. 노약자들을 긁어모아 군대를 만들면 군량만 축내고 싸우기도 전에 모두 도망가고 말 것이다.

2　행조는 군사와 백성 가운데 노인들을 자주 만나 민간의 고통이 무엇인가를 묻고 제거할 일은 빨리 제거하여, 백성들이 기뻐하게 하고 임금이 인자하다는 말을 듣도록 해야 한다.

3　난리 중에도 인재를 키우는 것이 급선무이다. 흩어진 사대부, 서얼, 평민 중에서 재주와 덕망이 있는 자를 급히 거두어 등용하되 각기 재주에 따라 적합한 직책을 맡겨야 한다.

4　서얼 금고는 고금 천하에 없는 나쁜 제도이므로, 신분을 구별하지 말고 벼슬길을 내주어야 한다.

5　군율이 엄하지 못하여 패전한 장수들도 벌을 받지 않고, 병사들이 도망하여 산골짝에 숨어 버리고 싸우지 않고 있다. 이들을 우선 사면하여 돌아오게 하되, 앞으로는 엄한 군법으로 처벌한다고 알려줘야 한다.

6　공을 세운 자는 즉시 상을 내려 사기를 진작시키되, 평시처럼 자료를 세밀히 조사하여 등급을 매기면 안 된다.

7　서울, 개성, 평양 등 삼경(三京)이 이미 함락되어 백성들이 나라의 명령을 따르지 않고, 국가를 욕하기도 한다. 관리들을 향해 활을 쏘기도 하고, 도적들이 봉기하여 약탈하고 있다. 그러나 다행히 삼남에서 의병이 봉기하여 승전보가 들리자 백성들의 마음이

240

돌아서기 시작했으니 국가의 운명이 오로지 이들에게 달려 있다. 의병에게 즉시 상을 내려 사기를 올려 주어야 한다.

8   충절을 숭상한 신라를 본받아, 녹도에서 죽은 이대원(李大源), 임진강 전투에서 용감하게 싸우다 죽은 노비 출신 무관 유극량(劉克良) 등 용감한 장병들을 모두 찾아내어 장수들은 관작을 추증하고, 노비들은 신분을 해방시켜야 한다.

9   옛날에 장수들은 친병(親兵)을 거느리고 있어서 공을 크게 세웠는데, 지금은 장수나 수령들이 친병이 없어서 싸우기 어렵다. 앞으로 이들에게 친병을 모집하게 하여 막하에 두고 심복과 조아(爪牙)로 삼아야 한다.

10   온갖 일이 사치스러우매 백성들의 공납과 부역이 너무 무거워서 민심이 떠났으므로, 앞으로 절약과 검소를 숭상하여 맛있는 음식을 줄이고, 악의악식(惡衣惡食)하여 백성들의 원망을 줄여야 한다.

11   행조가 이천에 있는데 왜적이 가까운 곡산(谷山)에 있어 위험하니 많은 병력을 이천, 평강, 철원, 토산, 삭녕, 연천 일대에 주둔시켜 적이 강을 건너오지 못하게 하고, 삼남의 군사가 올라오면 도성을 수복해야 한다.

12   전쟁에 익숙한 왜적과 정면으로 충돌하면 위험하니, 적과 20리 정도의 거리를 두고 용감한 병사들을 요새지에 매복시켰다가 별안간 뛰쳐나와 적의 선봉대를 사살해야 한다.

13   척후병과 간첩을 잘 활용하여 적의 정세를 잘 파악해야 한다.

14   공사천(公私賤)과 양민 가운데 곡식을 바치면 공사천은 면천(免賤)해 주어 병사가 되게 하고, 양민은 4품의 영직(影職)을 내려 주

고, 사족은 3품을 주되, 이미 6품인 자는 당상관을 가자(加資)해 주자. 그러면 군자(軍資)에 도움이 될 것이다.

15   전장에서 버린 무기들을 양민들이 집으로 가져갔고, 서울의 군기시나 내궁방에 있는 무기들도 백성들이 모두 훔쳐갔다. 백성들을 호유하여 무기를 바치게 하고, 상을 내려 천민은 신분을 해방시키고 양민은 관직을 주자.

이상 15항의 「시무편의」는 부분적으로 이미 조정에서 시행하고 있기도 했지만, 성혼은 총체적인 방안을 제시하여 세자의 정책에 큰 도움을 주었다. 세자는 그에게 검찰사(檢察使)의 직책을 내렸으나 성혼은 건강을 이유로 개성 유수 이정형(李廷馨)에게 양보했다. 그 뒤 세자는 삭녕 부근에서 전 부사 김지(金漬)가 500~600명의 의병을 일으켰으니 그곳으로 가면 의병의 사기가 오를 것이라고 명하여, 성혼은 김지의 군중(軍中)으로 달려갔다.

이해 8월에 세자는 적성(積城)에 있던 성혼에게 다시 영을 내려 개성 유수 이정형의 군중으로 들어가 의병을 모집하는 소모사(召募使)를 하라고 명하고, 이어 검찰사의 직임을 내렸다. 그런데 세자는 곧 왜적에게 포위당하여 급히 평안도 성천(成川)으로 후퇴했다.

이 무렵 정철은 충청도와 전라도를 관리하는 양호 체찰사(兩湖體察使)의 임무를 띠고서 강화에 주둔하고 있었다. 정철은 왜란이 터지기 전에 세자 책봉 문제로 임금의 노여움을 받아 강계로 유배, 갔으나, 왜란이 터지자 임금은 그를 다시 불러 6월 18일 인성 부원군(寅城府院君)의 직함을 주었으며, 이어 9월에는 양호 체찰사의 임무를 맡겼다.

영의정 이산해는 성급하게 파천을 주장한 잘못을 이유로 파직시켰으며, 좌의정 유성룡도 전란의 책임을 물어 정승에서 해직시키고 풍원 부원군(豊原府院君)의 직함만 주어 임금을 따르게 했다. 왜란 당시의 권력은 동인들이 장악하고 있었으므로 동인계 재상들을 모두 파직시킨 것이다. 5월 3일 영의정에는 최흥원(崔興源), 좌의정에는 윤두수(尹斗壽, 1533~1601년)가 임명되었다. 윤두수는 서인이었으나 성혼과 절친한 사이는 아니었고, 정철과 함께 세자 책봉을 건의하다가 임금의 미움을 받아 유배당했는데, 왜란이 터지자 다시 불러들인 것이다. 그리하여 서인에게 다시 정권이 넘어갔다.

정철의 재기는 성혼에게도 매우 반가운 일이었다. 그래서 정철에게 여러 차례 편지를 보내 자신의 근황을 알리고, 9월에는 정철이 삼도 체찰사가 되어 강화도에 머무르자 작전에 관한 부탁도 했다. 9월에 보낸 여러 편지 가운데 몇 가지를 소개하면 이렇다.

노형이 강도(江都, 강화도)에 도착했다는 소식을 듣고 세 번 편지를 띄웠는데, 뜻밖에도 답장을 받았습니다. …… 저는 5월 초부터 이천과 안협 사이에서 이리저리 쫓겨 다니며 방황하다가 지쳐서 쓰러졌는데, 왜적이 사방에서 핍박하므로 밤새도록 달아나 여러 번 도망하곤 했습니다. 7월에는 동궁(東宮, 세자)의 소명을 받고 길을 떠났다가 중간에 다시 삭녕에서 군병을 모으는 일에 참여하라는 명을 받았습니다. 그런데 오래지 않아 또다시 소명을 받고, 길을 떠나 절반도 가기 전에 행조가 성천으로 옮겨 가시니, 멀리서 바라볼 뿐 따라갈 수 없었습니다. 왜적들이 사방에서 포위하고 핍박하므로 부득이 후퇴하여 사흘 밤낮을 달려서 적성의 산중에 이르렀는데, 또 명을 받아 개성 유수와 함께 군병을 불러 모으는 일을 했습니다. ……

처자식들은 또다시 왜적을 만나 옷과 양식과 말과 소를 모두 빼앗겨 굶주림과 추위에 허덕이며, 서리를 밟고 걸어서 산골짝으로 달아났습니다. 파산(坡山)의 옛집은 모두 불타 없어지고, 잡초만 무성하니 난세의 참혹함에 살고 싶지 않습니다. …… 다만 겨울옷을 빌릴 곳이 없으니 만일 춥기 전에 죽지 않는다면 그 고통이 더욱 심할 것입니다. 존형께 저고리 한 벌을 빌리고자 하나, 길이 막혀서 쉽지 않으니 한탄스럽습니다.

청주(淸酒), 밀과(蜜果), 건치(乾雉) 등의 진귀한 물건을 보내 주시니 너무나도 고맙습니다. 이런 난리 통에도 높은 벼슬아치의 봉양은 옛날 폐단을 그대로 답습하고 있으니, 이번에 보내 주신 밀과도 노형의 소반에 있던 음식이 아닙니까? 간절히 바라건대, 통렬히 금하여 한 가지 고기 외에는 더 놓지 않게 하는 것이 어떻겠습니까? 관찰사가 먹는 음식을 보니 탕(湯) 세 그릇에 적(炙)이 있었는데, 이것은 모두 새로 마련한 고기여서 사람들의 이맛살을 찌푸리게 했습니다. …… 오늘날 할 일은 오직 활 잘 쏘는 사람들을 선발하여 사랑하여 기르고 …… 날마다 훈련시키고 …… 병기를 수리하고 척후병을 멀리 파견하며, 한마음으로 나아가 죽고 살기를 가리지 않고 싸우는 것뿐입니다. …… 의병들만이 굳게 단결하여 곳곳마다 그러하니, 오직 이 한 가지 일만이 국가의 회복을 기대할 수 있게 합니다. …… 왜적에게 포로가 된 왕자(임해군)를 위해 적을 공격할 수 없다는 것은 옳지 않습니다. 왜적 장수가 왕자를 가마에 태

워 잘 모시고 왔다 하는데, 저들의 간계가 이와 같으니, 어떻게 왕
자를 빼앗아올 수 있겠습니까? 고경명과 조헌이 모두 전사했고, 승
병장(僧兵將)도 죽었으니, 애통합니다. …… 영남의 박진(朴晉)과 우복
룡(禹伏龍)이 승전하여 군사들의 사기가 진작되었다 합니다. …… 어
찌하여 그를 불러 근왕(勤王)하게 하여 나라의 심장부에 있는 적을
몰아내지 않는 것입니까? …… 저는 지금 검찰사에 임명되었는데
…… 옷과 두건을 모두 왜적에게 빼앗겼으니, 노형께서 다른 옷이
있으면 도와주시겠습니까? 왜적들이 두려워하는 것이 활과 화살
뿐인데, 개성 유수의 군중과 여염에는 활과 화살이 하나도 없으니,
노형께서 대나무 화살 수만 개와 어교(魚膠)를 배에 실어서 유수의
군중에 보내 주신다면 관찰사와 나누어 쓸 수 있을 것입니다. ……
저의 요구를 들어주시기 바랍니다.

이 편지에서 특히 눈에 띄는 것은 전란 중에 옛집이 모두 불타
버리고 소와 말과 옷과 식량을 모두 왜적에게 빼앗겨 처자식이 산골
짝으로 피란하여 굶주리고 있다는 것과, 강화도에 있는 삼도 체찰사
정철이 보내 준 술, 밀과, 말린 꿩고기 등을 감사히 받았다고 하면서
높은 벼슬아치들이 평시처럼 호의호식하는 것은 잘못된 일이라고 크
게 질책하고 있는 대목이다. 그리고 무기도 떨어지고 전의도 떨어진
관군의 형편없는 전력과는 달리 지방에서 일어난 의병(義兵)의 활약
이 군사들의 사기를 진작시키고 있다는 소식을 전한다. 자신의 문도
였던 조헌과 고경명 등이 순절한 사실과, 역시 문도였던 우복룡이 용
감하게 싸운 사실도 자랑스럽게 알려 주고 있다.

성혼이 개성 유수와 더불어 소모사와 검찰사의 일을 하고 있던 이해 10월에 세자는 또 평안도 성천에 있는 행조로 올라오라는 영을 내렸다. 성천은 평양 동북 지역에 있었다. 성혼은 아픈 몸을 이끌고 20일 만에 성천에 도착하여 처음으로 세자를 만났다. 세자는 답례로 절을 하고 나서 목면, 명주, 음식물을 하사했다. 성혼은 하사한 물건을 도로 가져가라고 요청하고, 세자를 세 번 만난 뒤에 즉시 대조(大朝, 세자가 섭정할 때의 임금)로 갈 것을 청했다. 이왕 세자를 만났으므로, 임금이 부르지는 않았지만 의리상 임금을 만나서 문안하고 사죄하지 않을 수 없었기 때문이었다. 그리하여 10월 말에 성천을 출발하여 400리를 걸어서 11월 말에 의주에 도착했다. 이렇게 한 달이 걸린 것은 겨울철이라 날씨가 춥고 감기까지 걸려 기력이 쇠진한 까닭이었다.

성혼이 의주에 도착하기 전에 의주에서는 서인 좌의정 윤두수가 성혼을 장수로 삼는다면 의병이 모두 귀의할 것이라고 임금에게 건의했다. 비변사 당상 정창연(鄭昌衍)도 세자가 성혼을 불러 장수로 삼는 것이 좋겠다는 뜻을 신하들에게 말한 일이 있다고 아뢰었다. 그러나 이산보(李山甫, 1539~1594년, 이지함의 조카)는 "성혼은 보도(輔導)에는 합당하지만 장수에는 합당하지 않다."라고 하면서 반대했다. 이에 윤두수는 "성혼이 직접 창과 방패를 잡게 할 필요는 없습니다. 장막 안에서 계책을 세우는 것이 바로 장수의 임무입니다."라고 말했다. 임금은 아직 결정을 내리지 않았다.

윤두수와 이산보는 모두 서인에 속하는 인물로서 앞서 세자 책봉 문제가 일어났을 때 정철의 당여로 몰려 유배 갔다가 왜란 이후 임금이 다시 불러 요직을 맡긴 이들이었다.

○○ 의주에서 임금을 만나다

성혼이 성천을 떠날 무렵인 10월 27일 임금은 그에게 의정부 우참찬을 제수했다. 이 자리는 처음 받는 직책으로서, 정1품 의정(議政)과 종1품 찬성 다음의 서열에 해당하며 넓게 보아 재상의 반열에 속한다. 성혼이 안주(安州)에 도착한 11월 7일에 이조에서 발행한 우참찬 임명 교지가 전달되었다. 좌의정 윤두수가 임금에게 적극 추천하여 이런 직책이 내려진 것이다.

성혼은 8년 전인 50세 되던 해에 동지중추부사의 벼슬을 사양하고 시골로 내려와 은거 생활을 해 왔지만 임금은 그 직책을 환수하지 않았기 때문에 형식상으로는 벼슬아치였다. 그런데 벼슬이 한 단계 승진하여 정2품의 고위직에 오르게 된 것이다.

성혼이 성천을 떠나 의주로 갈 때 당시 34세의 아들 성문준은 가솔들을 거느리고 성천에 그대로 남았으며, 하인 한 명과 22세의 둘째 사위 윤황이 성혼을 수행했다. 윤황은 뒷날 문과에 급제하여 여러 벼슬을 했지만 당시에는 아무런 벼슬을 갖지 못한 청년이었다. 그의 아들이 윤선거요, 손자가 바로 뒷날 소론의 영수가 된 윤증이다.

추운 겨울이라 도중에 죽을지도 모른다는 생각에서, 성혼은 평안도 순천에 이르렀을 때 죽은 뒤의 일을 적어서 윤황에게 주었다. "내 평소 몸이 허약하여 바람과 추위를 견디지 못하는데, 이제 난리를 만나 이리저리 떠돌아다녀 백 번 죽을 고비를 넘겼으며, 얼음과 눈보라를 무릅쓰고 1000리 길이나 되는 의주로 달려가니, 만일 갑자기 병이 나서 별안간 죽는다면 나의 후사(後事)를 말하지 못할까 두렵다. 이 때문에 간략히 써서 맡기는 것이다. 자손들이 난세에 표류하여 목숨을 보전할지 알 수 없으니, 자손들이 고향에 돌아가 내 뼈를 묻을 수 없거든 사위들이 옛 정의로 이 일을 맡아 주기를 바란다.''라고 했다. 성혼이 부탁한 사후의 일은 이렇다.

죽거든 얼굴과 손을 씻겨라. 염습은 입고 있는 옷에 삼베옷과 검정띠를 가하여 성복으로 삼아라. 관은 정자관(程子冠)을 사용하라. 관(棺)을 살만 하면 얇은 판자를 사서 염습하라. 관을 살 수 없으면 짚자리로 싸라. 죽은 곳에서 멀지 않은 곳에 묻되, 흙을 약간 높게 하라. 처자들은 아침 상식(上食)과 저녁 상식을 올리지 말게 하라. 난리가 진정된 뒤에 부모 산소 곁으로 옮기고, 봉분을 낮게 하고 표석은 '창녕성혼묘'라고만 써라. 김권(金權), 황신, 신응구, 오윤겸, 유대진(兪大進), 이귀, 한교(韓嶠) 등 여러 사람 가운데 힘이 미칠 수 있는 사람에게 나의 부탁을 말해 주어도 좋다. 장례할 때에는 여러 사람을 동원하지 말고 말 한 필의 양쪽 등에 짚단을 묶고, 중간에 백골을 안치하라. 무거우면 관을 버리고 갈대 발로 백골을 묶고, 겉에 짚자리를 두른 다음 짚자리의 새끼줄로 묶어라.

이렇게 사후의 일을 사위에게 부탁한 성혼은 11월에 의주에 도착하여 임금을 직접 만났다. 그리고 국난 직후에 문안드리지 못한 이유를 이렇게 설명했다.

신이 국난 초기에 대궐에 달려가려 했으나 조정에서 바야흐로 당인(黨人, 동인)의 의논이 있어 감히 스스로 반행(班行)에 나아가지 못했습니다. 그리고 승여(乘輿)가 임진강을 건너는 때를 당해서는 일이 갑작스럽고, 집이 15리 밖에 있어 미처 듣지 못했기 때문에 달려와 문안하지 못했으니, 인신(人臣)의 의리가 쓸어버린 듯 없어졌습니다. 그런데 뜻밖에 동궁이 영을 내려 이정형의 군중에 나아가 국사를 함께 맡도록 명했습니다. 신이 병으로 폐인이 되었으니, 어떻게 말을 몰아 달리는 것을 감당할 수가 있겠습니까? 그러나 부축을 받아 군대가 있는 곳에 이르러 감히 죽기를 사양하지 못했습니다. 이어 동궁이 불러서 분조로 달려갔는데, 머무른 지 열흘 만에 대조로 들어가기를 청했습니다. 그리하여 지난달 말에 성천을 출발했으나, 극심한 추위로 신의 몸이 점점 쇠약해져서 한질(寒疾, 감기)이 도져 도로에서 지체하느라 뒤처져 늦어지게 되었습니다. 평소의 마음을 스스로 아뢸 길이 없으니 황공하고 두려워 죽어도 죄가 남는다 하겠습니다.

임금은 성혼의 말을 듣고, "갖은 고생을 하여 여기에 도착했으니, 참으로 가상하며 기쁘다. 국가가 장차 경을 의지하여 회복될 것이니 대죄(待罪)하지 말라."라고 타일렀다.

성혼은 네 번에 걸쳐 사직 상소를 올리고, 자신이 네 가지 죄를 지었다고 하면서 죄를 내려 달라고 거듭 요청했다. 첫째는 헛된 명성으로 속이고 저버려서 은혜에 보답하지 못한 죄, 둘째는 질병으로 직책을 제대로 수행하지 못한 죄, 셋째는 국난을 당하여 즉시 달려와 문안을 드리지 못한 죄, 넷째는 여름이 지나고 가을이 되어서야 가장 뒤늦게 온 것이라고 했다.

그러나 네 번에 걸친 사직 상소에도 체직하지 않자, 마침내 사은하고 직책을 받았다. 임금이 그를 행궁에 불러서 만나 보고 이르기를 "경이 왔을 때 마침 내가 병이 있고, 혹은 기일(忌日, 신성군의 죽음)이 있어서 즉시 만나보지 못했으니, 내 실로 부끄럽다."라고 말했다. 이에 성혼은 이렇게 대답했다.

신은 지난 4월 길거리에 전하는 말을 잘못 들어 대가(大駕, 임금의 가마)가 오늘 당장 출발한다고 하므로 즉시 길가로 나아가 3일 동안 기다렸습니다. 신은 대가가 출발하지 않으신 것 같아 다시 집으로 들어왔는데, 그믐날에 이르러 밤부터 큰비가 내려 시냇물이 불어나니 대가가 이미 임진강을 건너 개성으로 향했을 것이라고 어찌 생각했겠습니까? 신은 이미 나아가 하직하지 못했고, 또한 감히 명이 없으신데 무릅쓰고 나아갈 수가 없으므로 모진 목숨이 끊어지지 아니하여 산중을 전전하고 다녔습니다. 그러다가 세자의 명을 받들고 성천에 이르니, 의리상 와서 뵙지 않을 수 없었습니다. 이제 성상의 아래에서 더러운 얼굴을 들고 다시 덕스러운 음성을 접하니 신의 분수와 의리로 헤아려 보건대 실로 만 번 죽어 마땅합니다.

이렇게 성혼이 그동안 호종하지 못한 사정을 임금에게 알리면서 죽을죄를 지었다고 사죄하자 임금은 "내가 나라를 잘못 지켜 오늘날 이 상황이 있게 되었으니, 경을 보기가 부끄럽다."라고 말했다. 성혼은 다시 대답했다.

사람이 어느 누구인들 잘못이 없겠습니까? 잘못을 고치면 이보다 더 큰 선이 없습니다. 전하께서 더욱 마음과 뜻을 분발하시어 덕업을 힘써 닦고, 예전의 폐습을 개혁하여 다시 유신(維新)을 도모하신다면 인자한 하늘이 반드시 스스로 도와줄 것입니다.

우참찬이라는 높은 벼슬을 받은 성혼은 강화도에서 양호 체찰사의 임무를 띠고 있는 정철에게 여러 차례 편지를 보내 자신의 근황을 알리고, 정철에 대한 조정의 평가가 좋지 않다는 사실을 알려 주었다. 12월에 보낸 편지의 요지를 소개하면 이렇다.

제가 의주에 도착하여 세 번이나 글을 올렸는데 모두 전달되었는지 모르겠습니다. 이 지방의 매서운 추위는 일찍이 경험해 보지 못했던 것입니다. 저는 추위를 이기지 못해 병을 얻어 자리에 누워 신음하고 있으며, 우거하는 방은 너무 추워 무료하기 이를 데 없습니다. 포말과 같은 인생이요, 풍전등화 같은 신세를 감히 스스로 불쌍히 여기지 못하고, 다만 국사가 어떤 지경에 이를지 몰라 염려할 뿐입니다.
　압록강을 건너온 명군(明軍)의 선봉대가 수천 명에 이르며, 대병력이 가까운 시일 안에 들어올 것이라 합니다. 온 나라 사람들이 크게 기대하는 국가를 되찾을 수 있으리란 희망이 오직 여기에 있을 뿐입니다. 노형께서 맡으신 체찰사의 임무는 지금 얼마나 결말을 보았는지 모르겠으며, 정예병을 뽑아 근왕하는 것은 어느 날에나 있을지 모르겠습니다. 별지에 대략 들은 바를 적어 올리니 살펴보시기 바랍니다.

전라 감사가 보낸 장계(狀啓)를 보면, "체찰사(정철)가 신(전라 감사)에게 명하기를 '호남의 왜적을 막고, 서울을 회복하는 근왕(勤王)은 다른 장수를 올려 보내라.'라고 했으나, 신이 마침내 병력을 이끌고 수원(水原)에 이르니, 군사들이 체찰사의 말에 솔깃하여 도망간 자가 1000여 명이나 됩니다."라고 했습니다. 이에 임금이 진노하시어 비변사에 내려 조치하게 하시니, 비변사에서 회계(回啓)하기를 "정철이 국가의 큰 계책을 생각하지 않고 심히 무리한 짓을 저질렀습니다."라고 했습니다.

다음 날 동지중추부사 유영길(柳永吉)이 아뢰기를 "정철은 항상 술에 취해 있어 국가의 기무를 알지 못하고 있는데, 군주의 형세가 외롭고 약하여 공론이 제대로 행해지지 않습니다. 윤두수는 나라를 회복할 만한 인재가 아니며, 지공무사(至公無私)하지 못하여 일하는 것이 끝내 실속이 없습니다."라고 했습니다. 이에 좌의정(윤두수)이 즉시 도성문 밖으로 나가 대죄하니, 승정원에서는 패초(牌招, 오라는 명령)를 명할 것을 아뢰었다고 합니다. 체찰사는 장차 체차될 듯하니, 스스로 처신함에 있어서 빨리 사면하고, 밤낮으로 급히 조정에 달려와서 대죄하는 것이 옳을 듯합니다. 어떻게 생각하십니까?

이 편지를 보면, 동인 유영길이 서인 정철과 윤두수의 무능함을 공격하고 있음을 알 수 있는데, 성혼은 이를 매우 걱정하고 있는 것이다. 이해 12월에도 성혼은 정철에게 편지를 보내 소식을 전했다. 요지는 이렇다.

오늘 명나라 장수 이여송(李如松)이 길을 떠나 평양으로 향했는데, 군대의 위용이 옛날에 일찍이 보지 못한 것입니다. 병졸 5~6만과 군량 8만 석과 화약 2만 근이 계속하여 의주로 들어오니 섬오랑캐인 왜구들이 참으로 혼비백산하고 말 것입니다. 이런 때에 호남 지방의 병사들은 한 명도 도성을 향하여 올라오는 자가 없으니, 어찌도 전체의 수치가 아니겠습니까? 바라건대 이런 뜻을 온 도에 포고하여 3~4만의 정예병을 속히 일으켜 북을 치며 전진해 올라와서 명군과 합세하여 강성한 왜적을 섬멸하기를 천만 번 지극히 바랍니다. 뒤따라 올 명나라 군인도 7~8만이라고 합니다. 공무를 보는 자리에 있어서 겨우 붓과 종이를 얻었으므로 명군의 소식을 전하며 이만 줄입니다.

이 편지에서는 이여송의 큰 부대가 와서 평양을 수복하기 위해 떠난다는 소식을 전하면서 호남에서도 서울 수복을 위한 근왕병이 올라와야 한다는 것을 다시 한 번 정철에게 촉구하고 있다.

성혼은 바로 이어 편지를 보내 사간원에서 정철의 잘못을 논박하고, 나아가 양사가 합동으로 홍여순(洪汝諄), 송언신, 이홍로 등 동인 3인을 귀양 보내자고 상소한 내용을 전했다. 그러면서 서둘러 글

을 올려 대죄하고 체찰사 임무를 사직하라고 하면서 부디 술을 멀리
하여, 실수를 답습하지 말라고 당부했다.

성혼은 12월에 임금에 대해서도 시급히 실행해야 할 과제 9개
항을 담은 「편의시무(便宜時務)」를 글로 써서 올렸다. 그 요지는 다음
과 같다.

1   왜적이 삼경을 점령하고 있는 위기의 상황에서 가장 시급한
일은 장수를 선발하고, 군사를 훈련시키고, 군량을 모으는 세 가
지 일이다. 장수를 선발함에 있어서는 벼슬의 높고 낮음이나 신분
의 귀천을 가리지 말고, 전투를 잘하는 사람을 모아서 전면에 나아
가 전투하게 해야 한다. 군사 훈련은 정예를 위주로 하고 숫자만 많
게 하는 것은 피해야 하고, 군사들을 잘 먹여야 한다. 양식을 모으
는 방법은 공납과 세금을 돌려서 미리 장만하고, 모속관(募粟官)을
지방에 보내 곡식을 내는 자에게 상을 주는 등 규정을 명백히 하
여 곡식을 가진 자가 기꺼이 응하도록 하는 것이다.

2   당초 임금이 서쪽으로 파천하고 수령이 도망가자, 난민이 벌
떼처럼 일어나 관청을 부쉈다. 군사를 징발하면 관리에게 활을 쏘
고, 왜적의 명령을 듣고 군량과 진미를 갖다 바치면서 이를 진상(進
上)이라고 불렀다. 그러다가 6월 이후 남방에서 의병이 일어나 임금
을 위해 싸우자 그제야 정부의 명령을 받들기 시작했다. 그리고 수
령이 불러 모은 군대를 관군(官軍)이라 불렀는데, 의병은 평소 잘 아
는 마을 친구들이 모여서 구성했기 때문에 싸움도 잘했으나, 관군
은 평소 무거운 세금 때문에 고통을 받던 백성들이 정부를 깊이 원

망하고 있었기 때문에 적을 보기만 하면 도망하여 싸우는 자가 별로 없었다. 하지만 의병 중에도 횡포를 부리고 노략질하며, 힘써 싸우려 하지 않는 자도 있으며, 수령이 제대로 근왕하지 못하는 것을 보고 큰 소리로 꾸짖기도 하며 수령의 지배도 받지 않는다. 그래서 수령과 의병 사이에 불화가 생겨 관군과 의병을 하나로 통합할 수가 없다. 그 대안으로 백성들이 흠모하는 장수를 의병장으로 삼거나, 훌륭한 의병 부대가 한 도를 맡게 하거나, 의병과 관군이 협조하여 협공하는 작전을 쓰거나, 크고 작은 의병 부대를 합쳐서 큰 부대를 만드는 것이 좋을 것이다.

3 장수를 선발하는 방법은 비변사에서 추천하거나, 각 도의 감사가 수령과 장수 중에서 사졸을 아끼고 잘 싸우는 자를 선발하여 임명하는 것이 좋다. 200년간 태평세월에 젖어 국가에서 임명한 장수들은 부귀만 탐하고 국가를 위해 공로를 세우려는 마음이 없어서 전장에서 사졸보다 먼저 달아나고 있으니 통탄을 금할 수 없다. 따라서 기성 장수보다는 초야의 한미한 사람 가운데서 용감하게 공격에 앞장서는 자들을 선발하는 것이 급선무이다.

4 전쟁 초기에 무과 급제자를 전장에 내보내지 않고 동당시(東堂試)에서 50개의 화살 가운데 15개를 맞힌 자들을 내보냈기 때문에 무과 출신자들은 시골에 흩어져 숨어서 나오지 않고 있다. 앞으로 각 도에서 무과를 실시한다면 잠복한 자들이 모두 나와 응시할 것이다. 이들이 합격하면 정병을 삼고, 급제하지 못한 자도 징발해야 한다. 과거의 제색군사(諸色軍士)도 이서(吏胥)에게 맡기지 말고 마을에서 지식이 있는 사족이나 토호를 감관(監官)으로 삼아 징발

하고, 밀고자에게 상을 내린다면 누락된 자들이 모두 나오게 될 것이다.

5 　곡식을 모으는 모속관을 늘리고, 공명첩(空名帖, 이름이 적히지 않은 백지 임명장), 고신첩(告身帖, 관리 신분증), 면천첩(免賤帖, 노비 신분을 면제시키는 문서)을 많이 지급하여 곡식을 모집해야 한다. 평안도 바닷가 군현의 땅과 제언에는 귀척과 세력가의 토지가 많은데 세금을 내지 않고 있으니 여기서 세금을 받아 군량에 보충해야 한다.

6 　패전한 장수에게 털끝만큼도 책벌(責罰)을 하지 않아 군법이 서지 않고, 싸울 때마다 패전하는 이유가 된다. 앞으로 군법을 엄히 하여 싸우지 않는 장수는 엄중히 다스려야 한다.

7 　신라는 풍속이 아름다워 충의에 죽은 인사가 많았는데, 임금 또한 관작과 큰 상을 내려 장려했기 때문에 천년 역사를 갖게 되었다. 유극량, 고경명, 조헌, 변응정(邊應井)처럼 힘껏 싸우다 죽은 사람이나 송상현, 김연광(金練光)처럼 성을 지키다가 굴하지 않고 죽은 사람들, 그 밖에 절개를 지키다가 죽은 자들을 찾아 칭찬하며 장려하고 그들의 처자를 보살펴서 보답해야 한다.

8 　평안도는 10년 동안 흉년이 든 데다 안으로 군주를 받들고, 밖으로 군량을 공급해야 하니 백성들이 감당치 못하고 있다. 그런데 정주와 안주에서는 겨울철에 성참(城塹)을 파도록 명령하니 주민들이 모두 흩어졌다. 게다가 정주는 전에 어전(漁箭, 어장)을 설치하여 고기를 잡아 보내도록 하여 주민들이 도망갔다. 그리고 평안도에 피란 온 사대부 처자들이 군현의 쇄마(刷馬)를 사용하기도 하고, 주민들에게 가마를 메게 하기도 한다. 이것들을 모두 정지시켜 주

민들을 불쌍히 여기는 성상의 뜻을 보여 주어야 한다.

9   오늘날의 화란(禍亂)은 적국(敵國)에서 발생시킨 것이지만, 내부의 책임도 크다. 사람의 혈기가 왕성하면 사특한 기가 들어올 수 없으며, 큰 나무의 속을 좀벌레가 파먹지 않으면 바람이 불어도 쓰러뜨리지 못한다. 국가의 원기가 쇠약하지 않으면 사졸들이 성문을 스스로 열고 싸우지 않는 근심이 있을 수 없다. 옛날의 제왕은 국가의 큰 변고를 만나면 존호(尊號)를 없애기도 하고, 나라를 그르친 신하를 처벌하기도 하며, 백성들에게 임금이 개과천선하는 마음을 보여 주었다. 전하께서는 자신을 통렬히 반성하는 조서를 내리고, 악의악식하면서 와신상담하는 자세를 취하셔야 한다. 가까운 신하들이 뇌물을 받는 것과, 귀척과 세력가들이 백성들의 재산을 빼앗는 것을 통렬히 금지하고, 궁인(宮人)들이 정사에 참여하는 단서를 막으셔야 한다. 또한 후궁을 총애하는 문을 열지 말고, 정직한 신하를 심복과 이목으로 삼으셔야 할 것이다. 이것이 바로 국가를 회복하는 큰 계책이며, 전쟁을 수행하는 모책이다.

이상 아홉 가지 항목의 시무책은 한결같이 백성들이 바라는 사항이었다. 전쟁에 이토록 처절하게 패배한 것은 무엇보다도 백성들이 국가와 조정에 등을 돌린 까닭이라는 것을 성혼은 뼈아프게 깨닫고 이런 계책을 임금에게 올린 것이다. 임금은 그 가운데 몇 개 조항은 따르는 모습을 보였다. 존호의 삭제를 신하들에게 요구한 것과, 세자에게 왕위를 넘기겠다고 선위 교지를 여러 차례 내린 것, 그리고 서북 지역의 세금을 삭감시켜 준 것이다. 하지만 당시 선조는 후궁인

인빈 김씨를 몹시 총애하여 그녀가 정사에 깊이 관여하고 있었다. 특히 김씨의 오라비 김공량의 횡포가 적지 않아 신하들과 갈등을 빚고 있었는데, 이 문제에 대해서는 신하들의 충고를 듣지 않았다.

이해 12월 18일에 임금은 성혼을 사헌부 대사헌에 제수했다. 성혼이 병으로 사양하니, 3일 뒤에 다시 의정부 우참찬으로 되돌려 주었다.

성혼은 조정의 최고 실권자이자 자신을 추천해 준 좌의정 윤두수에게도 몇 차례 편지를 보내 충언을 아끼지 않았다. 두 살 연상인 윤두수는 평소 가까이 지내던 사이는 아니었다. 윤두수는 일찍이 『기자지(箕子志)』를 편찬하여 우리나라의 왕도 정치가 기자(箕子)로부터 시작되었다고 보고, 기자를 공자, 맹자에 버금하는 우리나라의 성인으로 존경하는 등 주체성이 강한 학자이기도 했다. 왜란 때에도 지나치게 명나라 군대에 의존하지 말고 독자의 힘으로 왜적을 막아 내야 한다고 주장하여 꿋꿋한 모습을 보였다. 그러나 고집이 세고 직언을 잘하고, 유연성이 부족하다는 평을 받았다. 성혼은 자신을 우참찬에 추천해 준 그의 배려에 감사하면서도 왜적의 간계에 속지 말고, 임금을 안전하게 호위하고, 제갈공명을 본받아 다른 사람의 지혜를 많이 듣고, 백성을 사랑하는 군정(軍政)을 펴 주기를 간곡히 부탁했다.

성혼은 친구이자 대사간 자리에 있는 이해수에게도 편지를 보내 진정하고 보합하는 언론을 펴 주기를 부탁했다. 이는 동서 간의 갈등에 휘말리지 말라는 뜻으로 보인다. 그리고 정철의 아들로서 자신의 문하에서 공부한 정종명(鄭宗溟, 1565~1626년)이 인삼을 보내 주자 그에게도 격려와 걱정이 담긴 편지를 보냈다. 정종명은 이해 7월에 의주

행재소에서 시행한 별시 문과에 28세로 장원 급제했는데, 이때 정철은 유배에서 풀려나 인성 부원군으로 정계에 복귀한 뒤였다. 성혼이 보낸 편지의 요지는 이렇다.

> 그대가 원수(元帥, 정철)를 모시고 강도로 들어갔다는 말을 들으니 기쁘고 위로되는 마음을 이루 다 말할 수 없습니다. …… 그대가 장원으로 급제함을 나는 혐의(嫌疑, 꺼리고 싫어함)하니, 존부(尊父)께서 오늘날 어찌 과실나무를 많이 심어서 영화를 삼겠습니까? 그대는 이러한 이치를 깊이 알고 국가에 충성을 다하여 호의호식하는 데 마음을 두지 않는 것이 옳을 것입니다. …… 지금 세상은 이욕으로 도도히 흘러가서 큰 뜻을 지닌 자가 없고, 모두 세속의 선비로서 부귀와 영달을 구할 뿐입니다. 이 때문에 세상의 도가 날로 낮아져서 마침내 끝내 망국의 화를 보게 된 것이니, 다시 무슨 말을 하겠습니까? 부디 그대는 자신을 가벼이 보지 말고 열심히 책을 읽고 공부에 힘써서, 진리를 탐색하고 마음을 잡아 지키는 공부를 모두 지극히 하십시오.

이 편지에서 정종명이 전란 중에 문과에 장원 급제한 것을 칭찬하기보다는 "혐의스럽다." 한 것은 아버지 정철에게도 누가 된다는 뜻으로 풀이된다. 성혼다운 고지식한 말이다.

임진왜란이 발발한 지 2년 차가 되는 1593년(선조 26년)에 성혼은 59세가 되었다. 지난해 4월에 전쟁이 터져 6월에 임금이 국경 지대인 의주까지 피란하여 장차 요동으로 망명까지 준비했던 전세는 12월에 이여송이 5만 대군을 이끌고 들어오면서 승기(勝機)를 잡기 시작했다. 드디어 다음 해 1월 초에 조명연합군이 평양성을 탈환하고, 왜적을 남쪽으로 밀어내면서 2월 초에는 파주까지 내려왔는데, 고양의 벽제관(碧蹄館)을 공격하다가 대패하여 개성을 거쳐 평양으로 물러났다. 이때부터 명나라가 왜적과 강화하려는 움직임이 일어나고, 왜적도 싸움에 지쳐 이에 호응했다. 그러나 조선 조정은 강화를 강력하게 반대하고, 후퇴하는 명군을 독려하면서 속히 진군하여 서울을 탈환하고 왜적을 완전히 소탕할 것을 촉구했다.

그런데 1월에 명나라 병부 주사로서 찬획(贊劃)을 맡은 원황(袁黃)이라는 자가 조선에 들어와서 영의정 최흥원에게 말하기를 "중국에서 예전에는 주자학을 종주로 삼았으나 지금은 모두 쓸어버렸는데, 그대의 나라는 아직도 새로운 학문을 모른다. 주자학과 양명학 중 어느 것이 옳은가?"라고 물었다. 이에 조정의 대신들이 어떻게 답변해야 좋을지를 몰라 학문이 높은 성혼에게 답변할 것을 부탁했다.

성혼은 그 답서를 써서 말하기를 "우리나라는 궁벽하게 먼 지역에 있는데, 황조(皇朝)께서 하사하신 『오경대전(五經大全)』과 『사서대전(四書大全)』을 받아 선유의 학설을 밝게 드러내어 학관(學館, 성균관)에 비치하고 천하에 반포하였다. 우리나라 사람들은 모두 이것을 익히고 실천하여, 이 학설 외에는 다른 도리가 없다고 여겼다. 지금 국가가 망할 지경이 되어 사람들이 경황이 없으니, 강학(講學)하는 일은 후일을 기다리겠다."라고 했다. 이에 원황은 아무 말이 없다가 학술이 사벽(邪辟)하고 이단(異端)으로 사람들을 현혹시킨다는 과도관(科道官)의 탄핵을 받고 명나라로 돌아갔다.

양명학을 강조한 원황에 실망한 성혼은 원항의 저서 끝에 "원황의 재주는 병략(兵略)을 논하고 농사일을 논하는 데는 뛰어나니, 그는 수령이나 군막(軍幕)의 참모가 될 만하다. 그런데 부질없이 도를 안다고 자처하니, 입으로는 나무아미타불을 외고 손으로 진언(眞言)을 쓰면서 도를 아는 자가 어디에 있단 말인가? 세상이 말세가 되어 요망한 말이 일어나는 것이 마침내 이에 이르렀단 말인가."라고 적으며 한탄했다.

이해 5월에 왜란이 일어난 지 1년 만에 조명연합군이 서울을 수복했다. 강화가 진행되어 임시로 휴전이 이루어졌기 때문에 왜군은 별로 싸우지도 않고 남쪽으로 내려가 경상남도 해안가에서 웅거하면서 힘을 비축하고 있었다. 명나라는 후퇴하는 왜적을 공격하자는 조선측의 요구를 거절했다. 명과 왜적 사이의 강화 조건은 명이 일본을 속국으로 받아들여 조공을 바치게 한다는 것이었다. 그러나 실제로는 전쟁에 피로감을 느낀 두 나라가 휴전을 통해 명은 더 이상 군대의 희생을 막고, 일본은 힘을 다시 충전하여 재침략의 기회를 노리겠다는 전략이었다.

더욱이 경상도 해안 일대에 성을 쌓고 웅거하고 있던 왜군은 식량 문제로 전라도 곡창 지대를 장악하기 위해 7월에 진주성을 공격하여 함락시켰다.

이렇게 왜란 첫해에 비해 전쟁이 소강상태에 빠졌지만, 명군이 적극적으로 싸울 의지를 보이지 않고 왜적과 강화를 모색하고 있는 것이 선조를 불안하게 만들었다. 그래서 선조는 명나라 황제에게 이런 사실을 알려 주어 명군의 전투를 독려하기로 했다. 그러나 이런 일이 조선에 와 있는 중국 장수에게 알려지면 불만을 품고 철수할 우려가 있어서 이를 외교적으로 어떻게 처리하느냐가 중요한 논란거리였다. 조선은 강화 협상에 적극 반대하면서 황제에게 사신을 보내 장수를 바꾸기도 했지만, 식량 부족에다 사상자가 많이 생기자 명나라 장수들은 여전히 강화를 추구하고 전투에 적극성을 보이지 않았다. 그래서 조선 조정은 강화파와 주전파로 갈리어 논란이 계속되었다. 윤두수 같은 이는 적극적인 주전파였지만, 문제는 조선이 스스로 싸울 힘이 없다는 것이었다. 그래서 강화 협상의 불가피성을 인정하는 사람도 적지 않았다. 유성룡과 성혼도 이런 입장을 취했다.

그러면 이 시기 성혼은 어떤 일을 하고 있었는가? 평양이 수복된 직후인 1월 13일에 선조는 자신의 건강이 나쁘고 정신이 혼몽하여 세자에게 왕위를 물려주고 선위하겠다고 선언해 신하들이 적극 만류에 나섰다. 임금이 선위하겠다고 한 것은 실제로 선위하겠다는 것이 아니라, 자신에게 돌아올 전란의 책임을 무마하려는 뜻도 있고, 신하들의 충성심을 시험하는 의미도 있었다. 우참찬 성혼도 선위를 만류하는 대열에 참여했지만, 실제로 신하들의 속마음은 임금에 대한 신뢰가 크지 않아 내심 선위를 바라고 있었다.

1월에 평양이 수복되자 신하들은 조속히 임금이 평양으로 돌아오기를 청했다. 그러나 임금은 인심이 안정되지 못하여 혼란이 일어날 것을 염려하고, 남쪽에 있는 왜적이 언제 치고 올라올지 모른다고 우려했기에 평양 진주를 꺼리고 있었다. 그래서 시간을 끌면서 1월 18일에 의주를 떠나 천천히 남쪽으로 내려오기 시작하여 1월 20일에 정주에 도착했다. 그러나 성혼은 병으로 임금을 직접 수행하지 못하고, 1월 25일에 정주에 도착했다. 임금은 다시 2월 17일에 가산(嘉山)에 도착해, 다음 날 안주, 그다음 날엔 숙천(肅川)에 당도했다. 그리고 3월 1일에 영유(永柔), 3일에 숙천, 13일에 다시 영유로 와, 23일에 평양으로 왔는데, 여기서 다시 진로를 북으로 바꿔 오던 길을 거슬러 올라갔다. 그래서 다시 영유(3. 25), 숙천(3. 26), 안주(3. 28), 가산(4. 1), 정주(4. 2), 가산(4. 7), 박천(4. 8), 안주(4. 10), 영유(4. 11), 숙천(4. 18), 영유(4. 20)로 옮겨 다녔다. 이 가운데 다섯 차례나 들러 오래 머문 곳이 영유였다. 이곳은 산악이 깊어 피신하기 좋은 곳이었다.

성혼은 임금이 남쪽으로 내려가기를 꺼리고 이렇게 평안도에서만 오르락내리락하면서 세자만 남쪽으로 먼저 내려가라고 명하자, 대신들과 함께 선조에게 속히 남쪽으로 내려가기를 청했다. 옛날에는 군대가 움직이는 대로 임금이 따라다녔고 지금처럼 물러나 있지 않았으며, 또 백성들이나 명군도 임금이 서울로 돌아오기를 바라고 있다는 것이다. 그래서 개성이나 평양으로 내려가는 것이 옳다고 주장했다. 하지만 임금은 사세가 어렵다고 하면서 머뭇거렸다.

임금이 평안도에서 우왕좌왕하고 있던 5월에 드디어 조명연합군이 서울을 수복했다. 그러나 임금은 서울로 가자는 신하들의 요구를 뿌리치고, 영유에서 안주로 후퇴했다가 다시 숙천(6. 5), 영유(6. 6), 평양(6. 19)을 거쳐 강서(6. 20)로 이동했다. 8월에야 비로소 황해도로 내려가 황주(8. 12), 봉산(8. 15), 재령(8. 16), 해주(8. 18), 연안(9. 23), 배천(9. 26)에 이르고, 다시 개성(9·27)과 벽제관(9·29)을 거쳐 10월 1일에야 서울에 입경하여 정릉 행궁(경운궁)에 짐을 풀었다. 그러니까 서울이 수복된 지 반년 만에 서울에 들어온 것이다.

성혼은 임금의 행로를 모두 따라가지 못하고 1월 25일에 정주, 3월에는 영유까지 따라가서 영유의 서쪽 곡산(谷山)이라는 곳에 머물렀지만 항상 임금의 행차보다는 뒤처졌다. 그래도 영유에서는 임금을 만나 죄를 주기를 청했다.

3월에는 오랜만에 송익필의 편지를 받고 답장을 보냈다. 송익필이 평안도 가산에서 집 지을 땅을 얻었다고 하자 이를 기뻐하면서 명나라 주사 원황에게 주자학에 관해 답장한 내용을 알려 주었다.

그런데 서울이 수복될 무렵인 4월 13일에 경기도 관찰사에게서 서울 남쪽의 성종 능(成宗陵)인 선릉(宣陵)과 중종 능(中宗陵)인 정릉(靖陵)이 왜적에 의해 파헤쳐졌다는 보고가 들어왔다. 이 두 능은 지금 서울 강남구 삼성동에 위치하고 있지만 당시에는 양주(楊州)에 속해 있었다. 조정에서는 바로 영의정 최흥원 등을 보내 두 능을 봉심(奉審)하고 돌아오라고 명했다. 4월 28일에 봉심한 결과가 보고되었다. 선릉은 광중(壙中)이 비어 있으나 구덩이가 현궁(玄宮, 관이 놓여 있는 곳)에까지는 미치지 않았으며, 정릉은 시체가 그대로 있으나 염습한 옷은 모두 없어졌는데 시체를 송산(松山)[5]의 민가로 옮겨 놓았다고 보고했다. 그러자 정릉의 시체가 과연 임금의 옥체인지를 확인하는 일이 중요하여 대신들을 다시 보내 시체를 면밀히 조사하도록 했다.

성혼은 이해 5월에 또 대사헌에 제수되었으나 사직했다. 그러자 선조는 바로 지중추부사를 제수했다. 성혼은 5월 4일에 대신들이 정릉의 시체를 다시 봉심하라는 명을 받고 내려갈 때 함께 양주 송산으로 내려갔다. 성혼은 먼저 경기도 마전(麻田), 적성(積城)을 거쳐 파주의 옛집을 찾았다. 그런데 죽우당을 비롯한 옛집이 모두 불타 없어지고 가운데 서실만이 남아 있었다. 성혼은 뜰 안으로 들어가서 한동안 통곡한 다음에 땅속에 파묻어 두었던 신주(神主)를 꺼내 서실 안에 봉안했다. 5월 28일 성혼은 파주를 떠나 양주에 이르러 향교 동재(東齋)의 허물어진 방에서 유숙하고, 다음 날 29일 드디어 송산의 봉심소에 이르렀다.

송산에 오는 동안 성혼은 자신이 목격한 광경들을 기록해 놓았다. 들판이 모두 황무지로 변해 거주하는 사람들이 없고 관청도 폐허가 되었다고 했다. 서울의 소식을 들으니, 궁궐과 관청들이 모두 남아 있는 것이 없고, 사대부와 민가의 집도 종로 이북은 모두 불타 버리고, 백골이 수북이 쌓여서 덮을 수가 없었다. 경성의 백성들은 겨우 목숨만 붙어 있는데 진제장(賑濟場)에 나가 얻어 먹는 자가 수천 명이고, 매일 죽는 자가 60~70명이라고 했다. 성혼은 5월 30일 송산의 민가에서 왜적의 잔인함을 이렇게 적었다.

왜적이 침략한 일을 가만히 보면, 이처럼 혹독한 일은 일찍이 없었다. 우리 백성들을 원수처럼 보아서 되도록 잔인하게 없애려 하여, 보이는 족족 노소를 불문하고 모조리 베어 도륙하니, 그 뜻은 우리나라에 한 사람도 살아남는 자가 없게 만들려는 것이다. 집을 보면 반드시 불태우고, 백성들이 옷과 밥이 될 수 있는 물건이면 비록 가지고 가지 않더라도 모두 찢고 부수며, 음식에는 오물을 뿌리고, 오곡은 풀과 쑥대 속에 흩어 버려 조금이라도 배고픔과 추위를 구제하지 못하게 하려고 했다.

아, 하늘은 만물을 살리는 것으로 마음을 삼는데, 이 왜적들은 사람을 죽이고 물건을 해치는 것으로 일을 삼아 하늘을 거역하고 이치를 어기니, 그 죄가 위로 하늘에까지 통한다. 지금 비록 우리나라가 쇠약하여 왜적들이 일시적으로 뜻을 얻고 있으나, 하늘이 반드시 그들을 죽여서 남은 종자가 없이 멸망시켜 천하의 못된 왜적들로 하여금 불원간 죄망에서 벗어나지 못하게 할 것이다. …… 호랑이와 이리, 뱀과 전갈도 그들의 포악한 성질과는 비교가 되지 않는다. 나는 좋지 못한 때에 태어나서 이런 큰 난리를 만났으니, 천명이로다. 저 푸른 하늘이여, 말한들 무엇하리.

그러면 송산에서의 시신 검사는 어떻게 되었는가? 먼저 시체의 진가(眞假)를 눈으로 봉심하기 전에 중종 임금의 모습을 잘 알고 있는 궁녀나 왕족 사람들로부터 임금의 신체적 특징을 적어 내도록 했다. 그들이 지적한 공통점은 얼굴이 마르고 갸름하며 코가 높고 턱뼈가 길고 약간 굽었으며 수염은 누런색을 띠었고 키는 보통 사람보다 약간 컸다는 것이었다. 또 뒤통수가 평평하고 납작하여 갓을 쓰기가 어려웠다는 의견도 있었다.

그러나 이미 죽은 지 51년이 지난 시신의 모습은 이미 피부가 없어지고 콧등이 깨져 판단하기가 매우 어려웠다. 더욱이 골격이 뚱뚱

한 편이어서 이들이 지적한 모습과는 많이 다르다는 것이 밝혀졌다. 그래서 이 시신은 다른 곳에 묻어 주고, 정릉을 다른 곳으로 옮기려던 계획도 취소하고, 파괴된 정릉을 수리하는 것으로 끝냈다.

이 시신을 눈으로 봉심한 성혼도 6월 28일에 다른 사람들과 마찬가지로 시체가 임금의 옥체가 아닌 듯하다는 의견을 제시했다. 또 왜적이 정릉을 파괴한 이유는 보화를 얻기 위해서가 아니라 패장(敗將)이 우리나라를 깊이 원수로 여긴 행위로 보인다고 말했다. 훗날 왜적과 함께 왕릉을 파괴하는 데 협조한 조선인이 나타나 큰 벌을 내리기도 했다.

선릉과 정릉의 봉심을 마친 성혼은 봉심 결과를 글로 바치기 전에 송산에서 서울로 들어와 처참하게 폐허가 된 서울의 모습을 직접보고 이렇게 기록했다.

6월 2일에 송산에서 경성으로 들어와 종암(鐘巖)에 이르러 보니 백골이 길가에 수북하여 차마 눈을 뜨고 볼 수가 없었다. 보제원(普濟院, 동대문 밖) 앞에 이르러 보니, 길 한가운데에 시체가 널브러져 있었다. 동대문에 들어서서 종루(鐘樓)에 이르기까지 모두 너덧 군데에 시신이 있었으며, 송산에서 동대문 밖까지는 시신을 떠메고 가는 사람들이 매우 많았다. 성안의 백만 가호가 모두 부서지고 불타, 무너진 담장과 깨진 기왓장만 있을 뿐이었으며, 죽지 않고 살아남은 백성들은 얼마 되지 않았다. 이들은 모두 기왓장을 쌓아 담장과 벽을 만들고, 불에 탄 나무를 가져다가 얽어서 겨우 둥지와 굴을 만들어 살고 있었다.

종루 앞에 시장이 있는데 모인 자가 수백 명에 불과했다. 궁궐 문에 이르니, 남아 있는 궁전이 없고 다만 경회루의 돌기둥만 보일 뿐이었으며 잡초만이 큰길에 자라고 있었다. 왕래하는 행인은 겨우 몇 명뿐이었으며, 통곡하는 소리가 빈번하게 들렸다. 만나는 사람마다 얼굴에 생기가 없이 참담하여 살려는 뜻이 없었으며, 사람들의 걸음걸이가 느릿느릿했으니, 이는 오래 굶주렸기 때문이었다. 아, 애통하다.

성혼은 서울의 참상을 소개하면서 이런 말도 덧붙였다.

아, 옛날 성현들은 조심하고 경계하여 나라가 위태로워지기 전에 나라를 보전하고, 나라가 혼란해지기 전에 나라를 다스렸으니, 이는 백성을 잘 보호하여 화란(禍亂)의 근원을 막기 위한 것이었다. 지금은 토붕지세(土崩之勢)가 이미 오래전에 이루어져서 왜적이 쳐들어오는데도 성문을 닫지 않고, 병졸들이 전투하지 않는 지경에까지 이르렀으니, 이는 하루아침, 하룻저녁에 이루어진 문제가 아니다. 아, 이루 말할 수 없이 통탄스럽다.

이 말에는 이이와 성혼이 왜란 전에 수없이 백성을 위한 경장을 촉구하고, 경장하지 않으면 나라가 위태롭다고 그토록 경고했음에도 이를 따르지 않은 임금에 대한 원망이 담겨 있다.

송산에서의 봉심하고 서울의 참상을 목격한 성혼은 다시 북쪽으로 올라갔다. 임금이 아직 서울에 들어오지 않고 북쪽에 있었기 때문이다. 7월에 황해도 재령에 이르렀는데, 이때 임금은 아직도 평안도 지역을 오가고 있었다. 그런데 재령에 도착한 그는 학질에 걸려 40여 일 동안 병석에 누웠다. 그러다가 9월에 해주에 머물고 있는 임금을 만나 그동안 송산과 서울을 다녀오면서 보고 들은 처참한 상황을 보고하고, 이어 사직을 청하는 소를 올렸다. 고향 집이 이미 폐허가 되었으므로 몸을 붙일 곳이 없어져서 떠돌이 신세가 되었지만, 누워서 녹봉만 허비하고 국가를 위해 보답하지 못하기 때문에 사직하겠다고 말했다. 그러나 임금은 사직을 허락하지 않았다.

성혼이 임금에게 보고한 내용 중에는 전란의 피해로 백성들이 얼마나 처참한 상황에 있는가를 상세히 알리면서, 그런데도 관에서 백성들을 수탈하는 데 여념이 없음을 개탄하는 내용이 있었다. 그리고 황해도 풍천의 초도(椒島), 장연의 백령도(白翎島), 옹진의 기린도(麒麟島) 등에 백성들을 모아 소금을 굽게 하고 절반을 관에서 가져가게 하면 백성들이 기꺼이 모여들 것이니, 관에서 그 소금을 팔아서 곡식으로 바꾸면 굶주린 백성을 구제할 수 있다고 건의하기도 했다.

당시 성혼의 처자식은 왜적에게 옷과 식량을 모두 빼앗기고, 평안도 용천에 있었다. 성혼은 가족과 멀리 떨어져서 외롭게 지내고 있었는데, 평소 친자식처럼 키운 19세 강진승(姜晉昇, 1575~1614년)[6]이 홀로 성혼을 수행했을 뿐이었다.

성혼은 자신이 죽은 뒤를 염려하여 이해 8월에 재령을 떠나 해주로 가면서 사후를 부탁하는 글을 써서 강진승에게 주었다. 지난해 사위 윤황에게 유언한 일이 있으므로 이번은 두 번째 유언이었다. 성혼은 "나는 밥을 먹어도 마치 숯과 흙을 입에 넣는 것과 같다. ⋯⋯

하나 있는 아들은 1000리 밖에 떨어져 있으니 …… 이것을 써서 동행하는 강생(姜生)에게 부친다."라고 했다. 또 아들에게 "나는 순창에 있는 토지를 팔아서 4~5동의 목면(木棉)을 구하여 다시 이천, 안협, 곡산, 토산 등지에 땅을 사고자 한다. 이들 지역은 파주와 가까우니 왕래하면서 파주의 일을 경영할 수 있다. …… 내가 죽으면, 용천에서도 오래 살 수 없으니, 두 딸은 시댁으로 가게 하고, 아들만 어머니를 모시고 파주로 돌아가라."라고 이르기도 했다.

이해 9월에 드디어 임금이 해주를 떠나 10월 초에 서울에 입성했는데, 성혼은 임금을 수행하지 못하고 말미를 받아 해주에 머물면서 병의 증세를 알렸다. 그러자 임금이 비로소 지중추부사의 직을 체직시키고, 그 대신 행상호군(行上護軍, 정3품)의 군직을 제수하고 비변사 당상관의 일을 맡겼다.

○○ 해주 석담에서 머물며 이이의 문인들을 만나다

해주에서 임금을 만나 벼슬을 벗어 홀가분해진 성혼은 이해(선조 26년) 10월에 이이가 은거하면서 제자들을 가르쳤던 해주 석담정사(石潭精舍, 은병정사)로 가서 이이 문인들을 만나 학문을 토론하고 시를 주고 받으면서 모처럼 한가한 시간을 보냈다. 지난 1년 반 동안 병든 몸을 이끌고 임금을 수행하던 고통에서 벗어났다. 석담에서의 생활은 이듬해 3월까지 계속되었으니, 약 반년간 이곳에 머문 셈이다. 그가 이곳을 찾은 이유는 고향 파주와 해주는 거리도 가깝고, 이이의 유적을 찾고 싶기도 했기 때문인데, 마땅히 갈 곳이 없었던 것도 이유였다. 고향은 이미 폐허가 된 데다 도둑이 많아 갈 수가 없었다. 성혼은 석담에 도착하자마자 사당에 모셔진 이이의 위패에 인사를 드리고 감회에 젖어 시를 몇 편 지었다.

서문(西門)을 지나오니 슬픈 마음 견딜 수 없어	路出西門不勝悲
나그네 고인을 조문하고 사당 곁에 섰노라	客來弔古傍遺祠
맑은 시내에 나뭇잎 떨어지고 산중의 집 조용한데	清溪木落山樊靜
깨끗한 풍경 오곡(五曲)의 가사(歌詞)와 흡사하네	風景依俙五曲詞

이 시에서 오곡은 석담 구곡(九曲) 가운데 이이가 세운 은병정사가 있는 곳을 가리키며, 가사는 이이가 지은 「석담구곡가(石潭九曲歌)」를 가리킨다.

또 자신을 환영해 준 은병정사의 학도들이 지은 시에 화답하는 시도 지었다.

난세에 흘러흘러 좋은 마을 들어오니	世亂流離入里仁
한 고을 현자와 준걸들 반갑게 대하네	一邦賢俊喜相親
온 산에 눈보라치는 차가운 밤 서재에서	滿山風雪寒齋夜
학문을 논하니 새로운 뜻 비로소 알겠네	論學方知意味新

절차탁마 시를 지어 자신의 뜻을 말하니	切磋到底能言志
마음속 회포 털어놓아 말이 더욱 참되네	輸寫心肝語益眞

병통을 다스릴 방법 이미 알았으니 　　　　　治疾旣知能去藥
종래의 인습 부디 따르지 마오 　　　　　從來舊習勿因循

그리고 화답하는 시의 끝에 이렇게 발문(跋文)을 썼다.

나는 존선생(이이)을 30년 동안 스승으로 여기고 벗으로 사귀어 왔
는데, 병든 몸으로 선생보다 오래 살아 난리를 만나 이리저리 떠돌
아다니다가 이곳에 와서 강학하던 곳을 보니, 유적이 매몰되어 거
의 찾을 수가 없었소. 다행히 문하의 제현들이 책을 읽고 진리를
탐구하여 장차 자신을 위하고 실제에 힘쓰는 학문에 종사하려 하
니, 유풍(遺風)의 여운이 아직도 남아 있다고 말할 만하오. …… 아,
착한 말을 듣고 감발(感發)하는 한때의 의기가 얼마나 오랫동안 유
지될 수 있겠소. 이익과 녹을 탐하고 도의를 탐하지 않으며, 귀한
사람이 되려 하고 좋은 사람이 되려 하지 않는 것은 풍속과 습관
이 밤낮으로 앞에서 해치기 때문이니, 뜻을 세우지 못하고 학문을
이루지 못하는 것은 모두 이 때문이오. 주자는 "병통이 일어나는
곳을 찾아 곧바로 제거하고자 하는 마음이 곧 이것을 제거할 수
있는 좋은 약이다."라고 했으니, 주자의 가르침에 대해 어찌 깊이
생각하지 않을 수 있겠소?

이이가 해주에서 길러 낸 제자 가운데 수제자에 속하는 인물이
박여룡[7]이었다. 성혼은 이미 박여룡과는 이이가 죽고 나서 이이의 문
집을 편찬하는 일로 자주 연락을 취하던 사이였다. 박여룡은 이번에

성혼이 석담에 오자 쌀과 콩 서 말을 아들을 시켜 갖다 주었다. 성혼은 다른 사람이 보내 주는 쌀과 콩은 받지 않았으나, 박여룡이 보내 준 것은 감사히 받는다고 편지를 써서 사례했다. 식량이 떨어진 데다 박여룡이 멀리 있어서 돌려보낼 수 없기 때문이라고 했다.

성혼이 의주에 있을 때 좌의정 윤두수가 여러 번 의복과 돈을 보내 주어 다급한 처지를 구제받았고, 해주에 있을 때에도 찾아와서 위로해 준 일이 있었다. 성혼은 석담에 돌아오자 윤두수에게 편지를 보내 뒤늦게 고맙다는 뜻을 표했다. 성혼이 석담에 있을 때 그동안 영의정을 맡아오던 최흥원이 사직하고 그 후임으로 좌의정의 직책에서 파직되어 풍원 부원군과 도체찰사의 자격으로 선조를 보필해 오던 유성룡이 임명되었다. 그날은 10월 27일이었는데, 이때부터 유성룡을 비롯한 동인들이 전란을 수습하는 책임을 맡게 된 것이다. 이당시 영의정 후보자 명단에 성혼도 들어 있었다.

이해 윤11월에는 해주에 있던 친구 대사성 이해수가 말을 타고 50리 길을 찾아와 위로해 주고 갔는데, 그에 대한 감사의 편지를 보냈다. 이해수는 한 살 아래의 친구로서 전 영의정 이탁(李鐸)의 아들이었다. 문과에 급제하였고 왜란 중 벼슬이 대사간, 대사성 등 요직에서 선조를 보필해 오던 서인계 인물이었다. 성혼은 그 편지에서 중국에 사은사(謝恩使)로 간 정철의 소식을 전했는데, 북경에서 병을 얻어 회복되지 못해 부사가 먼저 서울에 오게 했다고 하면서 그를 살펴 달라고 부탁했다.

성혼은 그 뒤 정철이 조선으로 돌아와 이해 12월에 강화의 송정촌(松亭村)에 은거하다가 향년 58세로 세상을 떠났다는 소식을 이해수를 통해서 듣고 통곡했다. 성혼은 또 한 사람의 절친한 친구를 잃었고, 서인의 강력한 지도자가 사라졌다. 이제 조정에 남아 있는 서인의 영수는 좌의정 윤두수뿐이었으나 그와 성혼은 절친한 사이는 아니었다.

정철이 세상을 떠나자 동인들은 죽은 정철을 공격하기 시작했다. 정여립 사건 때 최영경을 죽게 만든 것이 바로 당시 위관을 맡았던 정철이라고 공격하여 그의 관작을 추탈(追奪, 죽은 뒤에 살아 있을 때 받은 모든 관직을 지워 버림)하도록 했다. 정철의 곤욕은 바로 성혼의 곤욕으로 이어졌다.

6 쓰라린 삶을 뒤로하고 영면하다

○○ 비변사 당상으로 「시무 14조」를 올리다

1594년(선조 27년)은 왜란이 일어난 지 3년 차였고, 성혼의 나이
는 예순에 이르렀다. 이해 1월에도 성혼은 여전히 석담에 머무르면서
평안도 용천에서 어머니와 함께 살고 있는 아들 성문중에게 편지를
보내 안부를 전했다. 먼저 먼 데 있는 처자들이 굶주리고 추울까 봐
긴긴 밤을 잠을 자지 못한다고 했다. 자신은 이이의 문인들이 쌀을
보내 주고 있지만 의리상 받지 않고 있는데, 그 대신 꿩과 어물 그리
고 장류(醬類)를 정성껏 보내 주어 도움이 되고 있으나 마음은 편치
않다고 했다. 식량은 필목(疋木)을 팔아서 마련하고 있는데, 식구를
계산하여 준비했기 때문에 부족하지 않다고 했다. 이때 성혼과 함께
살고 있는 식구는 누구인지 알 수 없으나 노비와 강진승으로 보인다.

이해 2월에는 대사간 이해수와 편지를 여러 차례 주고받았다.

편지의 내용은 주로 자신의 거취에 대한 의논이었다. 이해수는 벼슬 길에 나오라고 했고, 성혼은 병 때문만이 아니라 조정의 분위기가 좋지 못하다는 것을 이유로 나갈 수 없다고 했다. 다만 날씨가 따뜻해 지는 3월에는 서울에 있는 임금을 만나 사직을 청하겠다고 말했다. 여기서 조정의 분위기가 좋지 않다는 것은 동인 유성룡이 영의정이 되면서 동인들이 득세하고 있는 상황을 가리키는 것이었다.

또 성혼은 석담을 쉽게 떠나지 못하는 이유로서, 자신은 한 명의 노비만 데리고 있어서 말과 구종(驅從, 마부)이 없는데, 이것을 구하기가 매우 어렵다는 점을 들었다. 그리고 서울의 소식을 접하려면 해주읍으로 들어가야 하는데, 그곳에서 집을 빌리고 땔감과 물을 장만할 비용이 없다면서 집 한 채를 얻어 주면 고맙겠다는 부탁도 했다.

이렇게 말을 장만하여 육로로 서울에 가려던 성혼은 황해도에서 토적(土賊)이 일어났다는 소식을 듣고 해로를 통해 서울에 가기로 결심했다. 성혼은 3월 19일 새벽에 해주의 우피포(牛皮浦)에서 배를 타고 조수를 따라 100여 리를 가서 오전에 교하의 오두성(烏斗城)에 이르렀다. 조수가 물러가자 닻을 내리고 쉬었다가 저녁에 닻을 올리고 출발했는데 바람이 세어 풍랑이 심한 데다 사방이 깜깜하여 방향을 알 수 없었다. 그러다가 밤 2시경에 바람이 잠잠해지자 30여 리를 더 가서 닻을 내리고 배 위에서 잠을 청했는데, 추위를 견딜 수 없어서 쇠화로로 발을 데우느라 잠을 잘 수가 없었다. 다음 날인 3월 20일에 노를 저어 40리를 더 가서 오후에 서강(西江, 지금의 마포)에 도착했다.

3월 24일 성혼은 정릉의 행궁(경운궁, 지금의 덕수궁)을 찾아가 소장(疏章)을 올리고 죄를 내려 달라고 청했다. 궁궐이 모두 불타 없어졌기 때문에 선조는 종친이 살던 집을 빌려 임시 궁궐로 이용하고 있던 터였다. 소장의 요지는 다음과 같다.

신은 지난해 5월에 왕릉을 봉심하라는 명을 받고 경성으로 달려가서 6월에 일을 끝냈습니다. 7월에 연안부로 돌아왔는데, 병이 더욱 심해져서 재령에 이르러서는 병세가 더욱 위중해졌습니다. 성상의 어가가 해주에 머물기 위해 재령군을 통과하실 때 신은 인사불성이 되어 어가를 맞이하지 못했습니다. 9월에 이르러서야 겨우 몸을 추슬러 해주에 가서 복명했는데, 어가가 장차 서울로 돌아오려 하여 이미 떠날 날짜가 정해졌습니다.

신은 몸에 열이 남아 있고, 몸이 수척해지고 상하여 말을 탈 수가 없어 호종하지 못했습니다. 이에 부득이 글을 올려 말미를 받았는데, 이때는 이미 날씨가 추워져서 위태로운 병이 침노했습니다. 그래서 서울로 뒤따라 가고자 했으나 도달할 수가 없어 또다시 정상을 모두 아뢰고 해직해 주시기를 청했습니다. …… 성상께서 체직을 허락하시니, 신은 큰 은혜를 입고 감격하여 눈물이 흘러서 말씀드릴 바를 몰랐습니다. 물러나 해주의 촌락(석담)에 엎드려 있으면서 남은 목숨을 이어 가고 있었습니다. ……

정월 이후로 날씨가 다소 따뜻해지니, 신은 즉시 서울로 올라가 대죄하고자 했으나, 빈궁하고 병들어 스스로 떨치고 일어나지 못했습니다. 그러다가 2월이 되어서야 비로소 몸을 일으켜 길에 올랐는데, 연도(沿道)에 병세가 심해져 길을 가기가 매우 어려워서 이제야 비로소 도성에 도달했습니다. 삼가 바라건대 …… 신의 관작을 삭제하고 형조에 회부하여 떳떳한 형벌로 다스리게 하소서.
…… 신은 매번 병든 내용을 가지고 성상께 아뢰니, 더욱 죽을죄를
더했습니다.

성혼의 소장을 읽은 임금이 비답하였다.

경의 상소문을 살펴보았다. 당초 변란이 창졸간에 일어나서 거가
(車駕)가 피란할 적에 경의 집 앞을 지나갔는데, 경이 와서 문안하
지 않았다. 스스로 죄가 무거운 줄 알아 장차 죽으려고 했으나, 할
수가 없었다. 그런데 이제 경이 찾아오니 감격함을 이기지 못하여
눈물이 절로 흐른다. 경은 비록 병이 중하다고 하나 조리하고서 간
간이 비변사의 모의에 참여하도록 하라. 흉적을 토벌하여 위태로운
국가의 상황을 편안하게 만든다면 죽어서도 결초보은할 것이니, 사
양하지 말라.

여기서 임금이 새삼스레 임진란 초기에 임진 나루를 건널 때
"성혼이 문안하지 않은 것은 임금 자신의 죄가 크기 때문이다."라고
말한 것은, 성혼으로서는 매우 충격적인 말이었다. 이 말 속에는 성
혼이 임금을 문안하지 않은 매우 불충한 신하라는 뜻이 에둘러 함
축되어 있기 때문이다. 이 일에 대해서는 이미 2년 전에 의주에 가서
임금을 처음 만났을 때 그 사유를 자세하게 말했었으나, 임금은 여
전히 섭섭한 마음을 떨치지 못하고 있었던 것이다.
그래서 성혼은 4월에 다시 소를 올려 자신의 무거운 죄를 벌해

달라고 청했다. 그 요지는 이렇다.

신은 지난달 대궐에 달려가 대죄하고, 소장을 올려 스스로 아뢰었습니다. 그런데 이에 대한 성상의 비답이 간곡하시고 말씀한 뜻이 통절하시니, 신은 놀랍고 감격하여 눈물을 흘리고 물러나와 사실(私室)에 엎드려 있으면서 어찌할 바를 모르겠습니다.

삼가 생각하건대, 국난이 있는 날에는 신하들이 모두 말고삐를 잡고 수행해야 하는데, 신의 집은 대가가 서쪽으로 순행하는 길목에 있으면서도 미처 달려가 문안을 여쭙지 못하여 성상의 하교에서 자책하는 뜻을 비추게 했습니다. 신하가 죄를 지었는데도 성지(聖旨)에 자책한다 하시니, 신이 비록 당장 죽어 없어진다 해도 만에 하나도 사례하지 못할 것인데, 하물며 구차히 목숨을 부지하여 눈으로 보고 숨을 쉬면서 마음에 부끄러움이 없겠습니까?

지난 임진년 겨울에 신은 뒤늦게 의주로 달려가서 행궁 아래에서 대죄하면서 죄명을 자세히 나열하여 부월(斧鉞)을 달게 받으려 했습니다. 그런데 성은(聖恩)이 널리 포용하시어 너그러이 용서해 주시고 또 크게 발탁함을 더해 주시매, 신은 죄를 무릅쓰고 영화를 받고 있으니 어떻게 대처해야 할지를 몰랐습니다.

이후로 신은 파리한 병이 더욱 심해져서 대가를 따라 동쪽으로 갈 때 매번 뒤쳐졌으니, 이 한 가지 일만으로도 용서받을 수가 없습니다. …… 신하가 되어 이러한 죄를 범했으니, 가엾게 여기고 용서해 줄 수가 없습니다. …… 법과 의리로 신을 처단해 주십시오.

성혼의 간곡한 소장을 읽은 임금은 비답을 내리기를 "나로 인하여 나랏일이 여기에 이르렀다. 바야흐로 충현(忠賢)들의 힘으로 이 어려움을 타개해 나가기만 바랄 뿐이다. 경은 내 죄를 용서하고 재상의 반열에 참여하여 국방에 대한 사무를 규획하여 주는 것이 어떻겠는가? 다행히 경의 힘을 입어 이 적들을 소탕할 수 있다면, 나로서는 감히 경의 덕을 보답할 수 없을지라도 하늘에 계신 영령이야 어찌 남모르는 속에서 감동되지 않겠는가? 눈물이 흘러내려 어찌할 바를 모르겠다. 사피하지 말라."라고 타일렀다. 임금의 간곡한 부탁에 성혼은 의정부 좌참찬과 비변사 당상관의 직임을 그대로 맡으면서 서울에 거주하게 되었다.

성혼은 이해 5월 22일에 비변사 당상으로서 임금에게 당장 시행해야 할 「시무 14조」를 건의했는데, 그 요지는 이렇다.

1 백성들의 고통을 덜기 위해 임금께서 진상하는 공물(貢物)을 줄이라고 명했으며, 관원의 녹봉도 없애고 임금의 어찬(御饌)도 대폭 줄여 옛날에 비해 6~7푼이나 줄었으나, 수령들이 이를 이행하지 않아 민심이 크게 이반하여 난리를 일으키려고 합니다. 앞으로 별도의 기구를 설치하여 국비(國費)에 관한 조목을 새로 정하고, 백성들에게 쌀 1두 이상을 징수하는 자는 법으로 다스리소서.

2 어찬에 필요한 물품은 백성들로부터 받지 말고, 사용원이 돈으로 시장에서 구매하고, 임시로 진상을 일체 없애 주소서.

3 명의 감찰어사와 비슷한 청렴한 감독관을 팔도에 보내 수령의 비행을 적발, 처치하소서.

4 　지금 수령의 절반은 군공(軍功)이 있는 무사들이 차지하여 질이 크게 떨어지고 있습니다. 수령의 질을 높이기 위해 관직이 있든 없든, 벼슬이 참상이든 참하이든 상관없이 오직 깨끗하고 재능 있는 사람을 수령으로 임명하소서.

5 　충청도와 전라도는 곡식 창고인데 그곳의 백성들을 군대로 징발하면 농사가 어려우니 징발하지 마소서.

6 　팔도의 무관 수령을 모두 바꾸고, 재주 있고 백성을 사랑하는 자로 교체시키소서.

7 　정병(精兵)을 선발함에 있어 무과 급제자, 면향인(免鄕人, 향리를 면한 자), 면천인(免賤人), 군공자(軍功者)를 가리지 말고 뽑으소서.

8 　양계(兩界, 평안도와 함경도)의 영(營)에 소속된 사람들은 모두 우수한 병졸인데, 명주나 베를 거두어들여 면역해 주고 있습니다. 이를 혁파하여 병졸로 편입시키소서.

9 　제주의 창고 곡식 수만 석을 출고하여 바닷가 주둔병의 군량미로 사용하소서.

10 　곡식을 모집하는 모곡의 폐단이 많으니, 모포(募布)로 바꾸어 면포를 받아 곡식을 사들이소서.

11 　지방에 파견하는 사자(使者)가 너무 많고, 장수도 너무 많아 호령이 통일되지 않고 있습니다. 장수를 선발하여 지역을 나누어 수비하게 하고, 사졸들을 고을별로 소속시켜 공을 세우도록 하소서. 조정이 너무 통제하지 말 것이며, 민폐를 끼치는 사신을 너무 많이 파견하지 마소서.

12 　명의 군례(軍禮)를 따라 질서를 바로잡고, 이를 위반하는 자,

패전한 자는 군법으로 다스리소서.

13   신라 시대처럼 절의를 위해서 죽었거나 전장에서 사망한 자들을 상세히 조사하여 벼슬을 추증하고, 그 처자들을 잘 대우하여 칭찬하고 장려하소서.

14   조정에 직언이 들리지 않고, 임금의 과실에 대해서는 입을 열지 않고 있어서 궁금(宮禁, 후궁 세력)이 엄하지 못하고, 근습(近習, 내시)이 정사에 관여하고 있으며, 뇌물이 공공연히 횡행하고 있습니다. 따라서 임금이 와신상담하는 자세로 통렬히 자신을 반성하고 편안히 지내지 마소서.

이번에 올린 「시무 14조」는 2년 전에 올린 9개항의 「편의시무」와 비슷한 점도 있고 다른 점도 있는데, 모곡을 모포로 바꾼 것, 충청도와 전라도에서 군병을 모집하지 말고 농사에 전념하게 하자는 것 등이 다른 점이다. 마지막에 궁금과 근습의 폐단을 시정하라는 주장은 지난번에도 주장한 것이고 이번에도 다시 강조한 것이다. 선조가 후궁 인빈 김씨를 너무 사랑하고 그 오라비 김공량이 전횡을 휘두르는 일을 지적한 것으로, 인빈 김씨를 몹시 총애하고 있던 임금은 내심 이를 가장 언짢게 생각했다.

○○ 강화 문제로 임금의 미움을 받다

1594년(선조 27년) 성혼이 「시무 14조」를 올리고 나흘 뒤인 5월

26일에 임금은 비변사 당상관들을 불러 명나라에 올릴 주청문(奏請文)을 어떻게 쓸 것인가, 전라 감사 이정암이 명나라의 강화를 따르고 일본과 옛날의 교린 관계를 회복하자고 상소한 것은 어떻게 처리할 것인가 등을 논의했다.

임금은 명나라에 올릴 주문(奏文)을 어떻게 작성하는 것이 좋은지를 물었다. 그런데 여기서 주문이 문제가 된 경위를 먼저 살펴볼 필요가 있다. 명나라의 장수들은 군인들의 회생이 크고, 군량미도 부족하고, 조선군이 너무 허약하여 싸울 힘이 없다고 보아 왜적과의 싸움을 끝까지 유지하기가 어렵다고 판단했다. 그래서 우선 평양, 개성, 서울 등 삼경을 수복한 뒤로는 싸움보다는 강화를 통해 왜적이 한반도 남방으로 내려가게 만들고, 일본을 제후국으로 인정하여 조공을 바치도록 허용하겠다는 전략을 짰다. 그렇게 되면 왜적을 모두 떠나게 하지는 못하더라도, 조선도 농사를 지어 다시 힘을 축적할 수 있는 기회를 가지게 된다. 그러면 나중에는 조선이 왜적에게 복수할 힘을 얻게 된다는 것이다.

한편 일본은 처음에는 자신들이 승리한 것으로 자처하며 강화를 통해 한강 이남의 땅을 일본이 차지하고, 한강 이북은 중국에 넘겨주겠다고 주장했다. 그러나 명이 자신들의 제안을 받아들이지 않고, 대병력에 밀리게 되자, 한발 후퇴하여 명의 제안을 받아들이면서 남방에서 힘을 길러 다시 한반도를 점령하겠다는 전략을 세웠다. 그리고 왜장은 풍신수길에게는 한반도의 일부를 할양받는 것처럼 거짓으로 보고했다.

그러나 명나라 장수와 왜적 사이의 강화를 바라보는 조선의 입장은 달랐다. 조선은 명나라가 좀더 많은 병력과 군량미를 보내 주어 왜적을 한반도에서 완전히 소탕하게 해 주기를 바랐다. 또한 흉악한 왜적을 조공국으로 인정하는 것은 부당하다고 여겼다. 그래서 명나라 장수들이 싸움에 적극적이지 않다는 것을 명나라 황제에게 몰래 알려, 황제를 격노하게 하여 명군이 더 적극적으로 싸우게 만들기 위해 사신을 보냈다. 명나라 황제는 조선 사신의 말을 듣고 처음에는 명나라 장수들을 질책하고 해임시켰으나, 나중에는 강화 협상이 좋다고 여겼다. 그래서 경략 송응창(宋應昌)과 제독 이여송을 소환하고, 그 대신 총독으로 들어온 고양겸(顧養謙)에게 자문(咨文)을 보내 일본과 강화하고 명나라 대군을 철수시키겠다고 알려왔다.

황제의 자문을 받은 선조는 그에 대한 답변, 곧 주문을 어떻게 작성하는 것이 좋은지를 대신들에게 물었다. 당시 유성룡을 비롯한 대부분의 신하들은 선조의 강경 정책이 현실성이 부족하고, 오히려 명나라 장수들을 자극시켜 군대를 철수시킬 가능성이 크다고 여겼다. 그러니 명나라 장수들을 매우 조심스럽게 달래면서, 명 황제에게도 일본의 봉공(封貢)을 허락하되 글을 조심스럽게 써서 우리의 뜻을 완곡하게 알리자는 것이었다.

명나라가 힘껏 싸워서 왜적을 완전히 몰아내는 것이 최상책이지만, 그들이 싸우려 하지 않는 상황에서는 강화하여 시간을 버는 것을 차선책으로 받아들일 수 밖에 없다는 것이 많은 신하들의 공통된 의견이었다. 성혼도 그런 입장이었다. 그래서 강화를 반대하지는 않지만, 우리의 소망을 솔직하게 피력하여 황제의 태도가 적극적인 자세로 변할 수 있도록 유도하자는 전략을 내놓았다. 성혼은 만약 명나라 황제의 뜻을 일단 따르지 않는다면, 총독 고양겸을 비롯한 중국 장수들의 입장이 어려워져서 우리와 상대도 하지 않을 것이라고 말했다. 그래서 주문에 담을 글의 내용을 이렇게 쓰는 것이 좋겠다고 했다.

작은 우리나라는 왜노(倭奴)와는 같은 하늘 아래 살 수 없는 원수이니, 비록 죽더라도 왜적과의 화친(和親)을 차마 말할 수 없습니다. 이 때문에 전후(前後)에 올린 주본(奏本)에 군대와 군량을 더 많이 파견하여 원수인 왜적을 섬멸해 줄 것을 요청했던 것입니다. 이는 비록 우리가 자신의 분수를 헤아리지 않고 황상(皇上)을 번거롭게 하는 망령된 계책이지만 사람이 곤궁하면 하늘에 부르짖고, 병들어 아프면 부모에게 부르짖는 것처럼 지극한 심정에서 나온 것입니다. 배신(陪臣) 김수(金睟)가 갔을 때 상주(上奏)한 말씀은 모두 이러한 뜻이요, 다른 마음이 없었습니다. 이번에 고(顧) 총독 군문에게 분부하신 자문을 보니, 우리나라의 형세를 지극히 논하여 실정에 매우 맞습니다. 그 내용에 이르기를 "황조가 만약 대군을 일으켜 와서 왜적을 토벌한다면, 1000리 멀리 군대를 출동하는데 조선이 전쟁의 피해가 심하여 군량을 제대로 공급하지 못할 뿐 아니라 조선의 병력이 너무 적고 약하여 왜적에게 대항할 수가 없다. 여러 해 동안 서로 버티고 있으면 싸우지 않고도 자멸할 것이다. 이제 다행히 왜노가 성조(聖朝)에 귀의하여 속국으로서의 직분을 다하고 공물을 공손히 바치려고 하니, 이를 허락하여 속국을 삼아 황상의 위엄에 의지하여 약간의 약속을 받아 내고 이들을 몰아내어 바다를 건너가게 하는 것보다 나은 방책이 없다. 그리하여 그대 나라의 경내를 짓누르게 하는 적(敵)이 없게 한 다음, 그대 나라에서는 한가로운 틈을 타서 백성들을 모으고 가르쳐 왜적에 대한 원수를 갚고, 치욕을 보복하는 터전으로 삼는다면, 황조에서는 군대를 조발하는 소요가 없고, 그대 나라는 목전의 위급함이 없을 것이다. 이제 만약 왜적이 정성을 바치는 것을 허락하지 않고, 또 유(劉) 총병으로 하여금 회군하여 돌아가게 한다면 그대 나라는 반드시 망할 것이오. …… "라고 했습니다. 우리나라의 군주와 신하들은 이 자문을 읽고는 총독께서 매우 자세히 일을 살피시는 것을 모두 존경했습니다. …… 우리나라는 차마 화친을 말할 수 없으나 천조(天朝)에서 왜노를 용납하여 속국으로 삼는 것은 우리나라를 가엾게 여겨 구제하여 보전할 것을 도모하는 지극한 뜻에서 나온 것이니, 우리나라의 의리에 있어서는 애당초 원수를 잊고 원한을 푸는 수치가 없으면서 지금 당장의 위급함을 펴게 된다면 이 또한 천조의 은혜입니다."라고 하소서. 이러한 내용으로 글을 쓴다면 김수의 주본과 서로 모순되지 않으면서 대의에도 어긋나는 바가 없을 것입니다. 어리석은 신하의 소견은 이와 같으니, 어떨지 모르겠습니다.

임금은 성혼의 글을 보고 "나의 견해와 다르다."라고 말했다. 임금은 여전히 명에 대하여 강화를 반대하는 강경한 입장을 고수하고 있었던 것이다.

주문 문제에 대한 의견 교환이 끝나고 나서, 임금은 전라 감사 이정암의 상소에 대한 처리 문제를 대신들에게 물었다. 이정암은 일찍이 연안부에서 왜적과 싸워 큰 공을 세운 바 있어 성혼은 그를 절의가 있는 사람으로 여기고 있었다. 그런데 그가 전라 감사로 있으면서 올린 장계에서는 강화를 따르고, 일본과 교린 관계를 회복하자고 주장하여 임금을 매우 노하게 만들었다. 특히 일본이 지금 잘못을 뉘우치고 스스로 물러가고 있으므로 옛날의 교린 관계를 회복하여 물자를 주자고 주장한 것은 당시의 감정으로는 용납하기 어려운 일이었다. 그래서 대신들은 모두 그의 주장이 지나치다고 보아 그의 목을 베야 한다고 주장했다.

그러나 성혼은 이정암이 평소 충성스럽고 신의를 지키는 절개가 있다고 여겨서 그에게 무거운 죄를 주는 것에 찬성하지 않았다. 그래서 임금에게 아뢰기를 "신이 이정암의 장계를 보니, 망발에 불과하므로 체직시키는 것이 좋을 것입니다. 다만 그도 충성을 다하여 나라에 보답하려는 데에서 이처럼 말하기 어려운 말을 꺼낸 것이니, 충절을 지켜 의리에 죽는 자와 같습니다. 굳이 중한 죄를 내려서는 안 될듯합니다."라고 말했다. 이 말에 임금은 노하여 "이정암의 일을 어찌 충절을 지켜 의리에 죽는 것이라고 말할 수 있는가? 만약 이것을 가지고 국가를 걱정하고 자신을 잊으며 충절을 지켜 의리에 죽는 것이라고 여긴다면 나랏일이 어찌 크게 잘못되지 않겠는가?"라고 나무랐다.

임금이 분노를 보이자 성혼은 당황하여 대답하기를 "소신이 병들어 피곤한 나머지 말과 뜻이 서로 다르게 되었을 뿐입니다. 이 일이 충절을 지켜 의리에 죽는 것이라고 아뢴 것이 아니라, 이정암이 이 말을 했을 때 그의 심정은 충절을 지켜 의리에 죽는 자와 같다고 스스로 자처해서 말한 것일 뿐이라고 한 것입니다."라고 해명했다. 임금은 다소 누그러져 말하기를 "이 사람을 내 어찌 중죄로 다스리겠는가? 다만 옳고 그름을 헤아리지 않고 오직 자기 뜻대로 말했는데, 이것을 가지고 국가를 걱정하고 자신을 잊은 것이라고 하는 것은 불가하다."라고 말했다.

앞서 성혼이 중국에 보내는 주문에 대한 문제를 말했을 때에도 임금은 "생각이 다르다."라고 말하면서 언짢은 표정을 지었는데, 또 이정암의 일까지 변호하자, 임금은 성혼을 강화론자로 여기게 되었다. 임금의 표정이 어두운 것을 보고 성혼이 죄를 내려 달라고 상소하자, 임금은 감정을 누르고 비답하기를 "생각이 있으면 반드시 다 말하는 것이 신하의 도리이다. 더욱이 사람의 소견은 각기 다르기 마련이니, 어찌 해로울 것이 있겠는가? 경은 사양하지 말고 다시 소회를 다 말하라."라고 했다.

여기서 강화론의 옳고 그름을 보면 감정상으로는 강화 반대론이 더 애국적으로 보인다. 그러나 현실적으로는 우리가 힘이 없으면서 명나라에 대신 싸워 달라고 하는 것은, 우리가 요구한다고 해서 명나라가 따를 일이 아니었다. 결과를 놓고 보면 강화를 했기 때문에 그나마 왜적이 경상도로 내려간 것이다. 왜적이 비록 10개 읍을 장악하고서 성을 쌓는 등 실력을 키워 가고 있었지만, 다른 한편으로는 조선도 한숨 돌리고 전쟁 능력을 크게 높이는 계기가 되었다. 우선 곡창 지대인 전라도와 충청도 등 하삼도의 농사가 많이 회복되어 식량 문제가 호전되고, 포로로 잡힌 일본인 기술자와 명나라 사람으로부터 조총과 화약을 만드는 염초 기술을 배워 조총을 만들 수 있었다. 또 명나라 사람 척계광(戚繼光)의 『기효신서(紀效新書)』의 병법을 도입하여 포수(砲手), 살수(殺手), 사수(射手)로 이루어진 삼수병(三手兵)을 키울 수 있었던 것이다. 여기서 포수는 바로 조총 부대를 말하는 것이다.

강화 기간에 일본도 힘을 키워 3년 뒤에 정유재란(丁酉再亂)을 일으켰지만, 전쟁에 지친 풍신수길이 죽으면서 전쟁은 조선의 승리로 끝났으니, 강화가 결과적으로 조선을 살려 낸 셈이다. 그런 점에서 성혼을 비롯한 강화론자의 선택은 선조의 미움을 받았다 하여 평가절하할 필요가 없을 것이다.

○○ 황해도 연안으로 낙향하다

1594년(선조 27년) 5월 26일에 강화를 말하다가 임금의 미움을 받은 성혼은 몇 차례 사직 상소를 올리고 죄를 내려 주기를 청했다. 임금은 비변사 당상을 체직시켰으나, 의정부 좌참찬을 우참찬으로 바꾸어 제수했다. 약간 좌천된 셈이다.

그러나 조정에서는 성혼의 죄를 다스려야 한다는 주장이 잇달아 일어났다. 원래 성혼과 사이가 좋았다가 정여립 사건 이후로 동인으로 돌아선 이조 참판 김우옹도 성혼의 죄를 다스릴 것을 주청했고, 뒤이어 사헌부에서도 차자를 올려 아뢰기를 "모름지기 일찍 국법을 바로잡은 뒤에라야 조종에게 부끄러움이 없고, 후세에 할 말이 있게 됩니다."라고 말했다. 임금도 "간사한 사람의 사악한 말이 혹세무민함이 마침내 이에 이르렀다. 간사한 사람이 발호하여 그물을 벗어나고 배를 삼킨다."라고 말하고, 조정에 그 분부를 방문(榜文)으로 붙여 놓으라고까지 명했다. 임금의 이런 태도는 앞서 성혼에게 "사람마다 의견이 다르다고 해로울 것이 있겠는가? 경은 사양하지 말고 할 말을 다하라."라고 말한 것과는 다른 모습이었다. 선조와 동인은 전쟁에 대한 책임을 성혼에게 돌려 희생양을 삼으려는 생각을 품고 있었던 것이다.

임금의 이러한 태도를 성혼은 자신에게 책임을 전가하여 선왕에게 사죄하고 후세의 책임을 모면하려는 의도가 있는 것으로 판단하고, 앞으로 유배 이상의 큰 벌이 내려질 것으로 예상했다. 말하자면 사형까지도 예상했다. 그러나 임금과 조정은 이렇게 성혼을 탄핵하면서도 아무런 벌을 내리지 않았다. 임금은 벼슬을 극구 사양하고 벌을 내려 달라는 그에게 7월 12일에 이르러 비변사 당상만 체차하고 우참찬의 벼슬은 그대로 두었다.

성혼은 임금에게 사죄는 했지만, 마음속으로는 자신의 강화론이 결코 큰 죄를 지을 문제가 아니라고 여겼다. 그래서 자신의 문인들에게 이 문제에 대해 편지를 통해 설득했다.

문인 신응구에게 보낸 편지에서는 자신이 강화를 주장한 첫 번째 사람도 아니라고 하면서, 임금이 이미 명나라 참장 호택(胡澤)을 만났을 때 총독 고양겸의 자문대로 명나라에 주문할 것을 허락했으므로 임금도 실제로는 강화론을 따랐다고 보았다. 그다음에는 전라 감사 이정암이 두 번째로 강화를 주장했으며, 자신은 세 번째에 지나지 않는다고 했다. 그래서 유독 자신에게만 강화론의 책임을 묻는 것은 강화가 가져올 후세의 비판을 의식하여 그 책임을 타인에게 전가

시키려는 정치적 의도라고 말했다.

6월을 지나 7월에 들어와서도 강화 문제를 둘러싼 성혼과 제자들 사이의 편지 왕래는 계속되었다. 당시 제자 가운데 사헌부 지평으로 있으면서 경략 송응창을 접반하는 등 외교적인 일을 많이 하던 35세의 황신과 여러 차례 편지를 주고받았다. 황신도 처음에는 왜적과 화친하는 것은 잘못된 일이라는 의견을 제시했는데, 성혼은 답장에서 그렇지 않음을 밝혔다. 즉 화친은 우리가 먼저 주창한 일이 아니고, 명나라가 자신들의 불가피한 사정에 의해 하는 일이라 했다. 그리고 우리가 이를 부득이 따를 수밖에 없는 현실적인 상황을 인정해야 한다는 것이다. 그러면서 국가가 혼란하지 않고 위태롭지 않을 때 얼굴빛을 바르게 하고 직언을 올려서 국가의 형세가 힘없이 무너지는 지경에 이르지 않게 하는 것이 대의지, 나라가 전복될 때에 이르러서야 큰 소리로 대의를 바로 세운다고 말하는 것은 이미 때가 늦은 것이라고 말했다.

이렇게 황신의 오해를 푸는 편지를 보냈음에도 황신은 다시 편지를 보내 강화가 큰 화를 불러올 것이라는 주장을 굽히지 않았다. 심지어는 "강화가 선생(성혼)으로 말미암아 이루어지게 된다면, 강화하여 생존하기보다는 차라리 의리를 지키고 멸망하는 것이 낫다."라고 극언했다. 이에 성혼은 이해 7월 황신에게 두 번째 편지를 보내 황신의 이런 말은 "나라가 망하는 날에도 선비들의 기개가 쇠퇴하지 않았으니 기뻐하여 축하할 만하지만, 종묘사직의 존망은 필부(匹夫)의 죽음과는 다른 데도 이와 같이 말하니, 나도 모르게 눈물이 흘러 턱에 이른다."라고 꾸짖었다. 그러니까 한 개인이 선택하는 의리와 국가를 다스리는 의리는 똑같을 수 없는데도 황신은 개인의 의리만을 생각하고 국가의 의리가 다르다는 것을 모르고 있다는 뜻이다.

성혼은 중국 역사의 예를 들면서 남송(南宋)이 금(金)나라에 화친을 요구했던 것은 천하에 애통한 일이었지만, 이는 종묘사직이 중요하므로 때를 살펴보고 힘을 헤아려서 '시중(時中)의 의리'를 행한 것이라고 말했다. 다시 말해 의리가 중요하지만, 때에 맞는 의리가 있다는 말이다. 또 성혼은 "경도(經道)가 있고 권도(權道)가 있다. 권(權)이라는 것은 저울추를 이리저리 옮겨서 고르게 중심을 잡도록 하는 것인데, 그 권도가 곧 시중"이라고 하면서, "성인이 다시 태어나도 나의 말을 바꾸지 못할 것"이라고 단언했다.

성혼은 또 의리에는 제1의 의리와 제2의 의리가 있다고도 말했다. 만약 제1의 의리를 이룰 수 없는 경우에는 제2의 의리를 행해도 대의에 해가 되지 않는다고 했다. 그래서 강화는 제1의 의리는 아니지만, 제2의 의리는 된다고 했다. 그러므로 강화를 마치 이욕(利慾)을 쫓는 것과 동일시하여 죄로 다스리는 것은 온당치 못한 일이라고 했다. 또 일에는 시와 비가 있고, 이와 해가 있는 법인데, 이해를 위주로 하면 사물(현실)만 보고 시비를 보지 못하며, 시비를 위주로 하면 도리만 보고 사물을 보지 못한다. 조정의 이해는 바로 시비와 연결되어 있기 때문에 멀리 생각하고 지성으로 나라를 염려하는 마음을 가져야 한다고 강조했다.

강화론에 대한 성혼의 입장을 살펴보면, 평소 원칙과 의리를 강조하던 모습과는 다른 듯이 보인다. 하지만 그는 전쟁을 수행할 힘이 없는 상황에서 나라가 망하건 말건 개인의 의리만을 지키다가 죽는 것보다는 차라리 강화하여 위기를 모면하고 힘을 비축하는 것도 또 하나의 의리라고 여겼던 것이다. 그런데 뒷날 성혼의 사상을 계승한 다고 표방한 윤선거, 윤증 등 소론은 병자호란을 만났을 때 강화도로 피란했다가 강화도가 함락되자 자결을 하지 않고 도피한 윤선거의 행동을 변명하면서 성혼의 노선과 크게 다르지 않다고 생각하고, 이를 비겁한 행동이라고 비판한 노론과 논쟁을 벌였던 것이다.

비변사 당상을 벗어난 성혼은 서울을 떠났으나 갈 곳이 없어 우선 용산(龍山)의 객사에 머물렀다. 그런데 먹은 음식이 내려가지 않아 고통을 겪었다. 이에 친구 정작(鄭碏, 1533~1603년)에게 편지를 보내 치료약을 보내 달라고 부탁했다. 정작은 두 살 위 친구인데, 좌의정 정순붕(鄭順朋)의 아들로서 아버지는 이기와 윤원형 등에게 아부하여 세인의 지탄을 받은 인물이지만, 두 아들 정염(鄭礛)과 정작은 정반대로 벼슬을 별로 하지 않고 도인(道人)이 되어 술과 시를 즐기면서 일생을 살았다. 정작은 의술(醫術)이 뛰어나서 1596년(선조 28년)에 허준과 함께 왕명으로 『동의보감(東醫寶鑑)』을 편찬하는 데 참여하기도 했다.

이해 7월 17일에 임금은 영의정 유성룡을 만나 이야기하는 가운데 임금이 먼저 성혼에 대한 말을 꺼내면서 "성혼은 이정암이 한 말은 많은 사람들이 하고 싶어 하면서도 못한 것이므로 그가 그런 말을 했다고 하는데, 이는 자신이 실언하고 다른 사람을 핑계 대고 있는 것이다."라고 비판했다. 이에 유성룡은 "이런 때 어찌 감히 적과 화친하려는 마음이 있겠습니까? 당장의 시세가 위급하므로 사람들은 모두 염려하고 있는 것입니다."라고 성혼을 비호하는 발언을 했다. 실제로 유성룡도 강화의 불가피성을 인정하고 있었으나 임금에게 직언을 하지 못하고 있었을 뿐이었다.

성혼은 서울에서 가까운 용산에서 기거하면서 임금이 내릴 죄를 기다리고 있었으나 아무런 소식이 없자, 9월에 다시 상소하여 직책을 해임시켜 주기를 청했다. 임금은 9월 7일에 형벌 대신 그의 무반 산직인 사직의 벼슬을 체직시켜 주었다. 비로소 성혼은 모든 벼슬에서 벗어나 완전 자유의 몸이 되었으므로 서울을 떠나기로 결심하고 서강에서 배를 사서 타고 황해도 연안의 바닷가 지역인 각산(角山)으로 떠났다. 처음에는 딸이 살고 있는 황해도 배천으로 갈 생각이었으나, 지방에서 백성들이 친지들을 거두어 접대하는 것을 법으로 금지하고 있어서 배천을 포기하고 배천에서 가까운 연안을 선택했다. 연안이 이이의 제자들이 있는 해주와 거리가 가까운 것도 고려한 듯하다.

성혼은 연안으로 떠나면서 자신의 거취를 친구들에게 알려 주었는데, 송익필은 10리를 걸어 와서 전송했다. 이때 송익필은 노비 신분에서 해방되고 유배도 풀려 자유로운 몸이 되어 이곳저곳을 전전하면서 살았는데, 성혼이 연안으로 갈 무렵에는 서강에서 10리 떨어진 곳에서 살고 있었다. 송익필은 시를 한 수 써서 주었는데, 성혼은 이 시를 보배처럼 간직하고 떠났다. 또 친구 이의건도 아픈 몸을 이끌고 달려와서 성혼을 전송했다. 이의건은 광평 대군의 5대손으로 학행이 뛰어났으나 당시에는 벼슬이 없었다. 또 병조 참의 민준(閔濬, 1532~1614년)과 대사성 이해 등에게도 편지로 알려 주었다. 그는 이해수에게 편지를 보내면서 시 한 수를 지어 화답했다.

매년 이날이면 춘대(탕춘대)에 모여   每年今日會春臺

장의문 앞에서 달빛 구경하며 돌아왔네   藏義門前帶月回

아름다운 계절은 절로 오지만 인사는 흘러가니   佳節自來人事去

국화는 어느 곳에 누구를 향하여 피었을까?   菊花何處向誰開

연안 각산에 도착한 뒤에도 또 시 한 수를 지어 이해수에게 보냈다.

외로운 마을 문 밖 파란 물 하늘과 맞닿았는데   孤村門外水連空

세모에 관하(關河, 서울에서 먼 곳)에는 소식이 끊겼네 歲暮關河信不通

멀리 바라보니 구름은 어디로 흘러가는가   極目歸雲何處是

서울은 바로 바다 하늘의 동쪽에 있구나   神京正在海天東

또 각산에 우거하면서 감회를 시로 읊었다.

병든 몸 배에 싣고 대궐을 하직하니   一舸載病辭丹闕

가을 구름 적막한 가운데 눈물 흐르네   淚灑秋雲寂寞中

어느 날 고향에 봄비가 흡족하여   何日故山春雨足

돌밭 초가에서 풍년을 축원할까   石田茅屋祝年豐

성혼은 해주에 사는 이이의 문인이자 자신의 제자이기도 한 우희순, 박여룡 등에게도 편지를 보내 안부를 전했다. 이들은 전부터 이이 문집 편찬 사업을 실무적으로 추진해 오던 사람들이었는데 전란으로 차질을 빚고 있어 안타깝다는 뜻을 표했다.

이해 10월에 이르러 그동안 좌의정 자리를 지키면서 전란을 수습하는 데 큰 공을 세우고, 성혼을 조정에 불러들였던 윤두수도 동인 언관들의 탄핵을 받고 사임했다. 이제 삼정승 가운데 서인은 한 명도 없었고, 영의정 유성룡이 정권을 주도해 갔다. 다시 동인들의 세상이 된 것이다. 임금도 동인들에게 깊이 쏠려 그 영향을 크게 받고 있었다. 성혼의 처지는 점점 더 어려워졌다.

○○ 회갑에 파주로 돌아오고 가족이 모두 모이다

1594년(선조 27년) 9월에 서울을 떠나 황해도 연안의 바닷가 마을 각산으로 은퇴한 성혼은 이곳에서 가을과 겨울을 보내고, 이듬해 1595년(선조 28년)에 61세 회갑을 가족도 없이 쓸쓸히 맞이했다. 성혼은 이해 2월 2일, 각산의 민가에서 자신의 회갑을 회고하는 글을 썼다.

무릇 사람이 죽음에 임박했을 때에는 반드시 거듭된 곤액을 만난 뒤에 죽음이 따르게 마련이다. 이것이 세속에 쇠운이라는 것이니 운이 다했다는 것이다. 나는 올해 61세이니 세속에서 꺼리는 이른바 회갑이며, 또 장차 무거운 죄를 받게 되었다. 비록 스스로 국가의 법을 범했다고 하나, 시운(時運)이 좋지 못함을 알 수 있다.

평생 동안 명예를 도둑질하여 하늘을 속이고, 사람을 속여서 높은 지위를 차지했다가 지금에서야 죄를 받으니, 본원(本源)으로 돌아감은 당연한 이치다. 나는 이것을 즐겁게 여기고 여한이 없어, 남을 원망하고 허물하는 마음이 없다. 오직 마음을 썻고, 개과천선하여 남은 날을 편안히 여길 뿐이다.

회갑을 회고하면서 멀리 평안도 용천에 있는 37세의 아들 성문준과 세 명의 손자에게 보여 줄 글을 쓰기도 했다.

나는 하늘로부터 생명을 받을 적에 허약한 기질을 타고난 탓에 일생 동안 병약해서 죽음을 분수로 여기며 살아왔다. 이 때문에 학문에 힘써 자립하지 못했고, 부모가 남겨 주신 몸을 가지고서 온갖 욕된 일이 있게 했다. 지금은 늙어 죽을 날이 얼마 남지 않아 미칠 수가 없으니, 이것을 생각하면 애통한 마음을 견딜 수 없다. 이에 나의 회포를 써서 너희들에게 보여 주는 것이다.

문준은 자질이 순후하고 욕심이 적으며 또 의리를 아니, 얻기 어려운 아름다운 자질이라고 할 만하다. 그러나 나를 닮아 기질이 허약해서 열심히 책을 읽어 성취할 수가 없으니, 무엇보다 의서(醫書)를 보아 양생(養生)하는 방도를 통달하도록 하라. 그래서 마음과 기운을 기르고 자고 먹는 것을 편안히 하여 장수함으로써 부모의 마음에 부응해야 할 것이다.

또 세속의 일에 어두운 데다 기민함이 부족하여 물정과 사세(事勢), 노복을 부리고 통제하는 일과 집안을 다스리고 가사(家事)를 처리할 때 상황 판단이 분명치 못하여 세속의 영리한 사람만 못하기도 하다. 이 때문에 집안 살림이 가난하니 날마다 굶주림과 추위에 곤궁하여 집안을 꾸리고 처자식을 부양하는 일을 제대로 하지 못할까 심히 우려된다. 지금 큰 난리가 일어나서 사족들이 이리저리 떠돌아다니니, 오직 은혜로서 노복들을 어루만져 함께 농사에 힘써서 본업에 충실하도록 하라.

그 밖에 자식에게 책 읽는 것을 가르쳐서 밤낮으로 부지런히 힘써 우리 집안에 대대로 전해 오는 선인의 학문이 땅에 떨어지지 않게 하고, 문헌과 시서가 후손에게 끊어지지 않게 한다면 내 비록 죽더라도 지하에서 편안히 눈을 감을 수 있을 것이다.

세 손자들을 잘 기르면 크게 성취하는 것을 기대할 수 있으니, 너희들은 천만 번 학문에 힘써서 성명의 정미(精微)한 이치를 연구하여 자신을 위하고(爲己), 실제를 힘쓰며(務實), 마음을 잡아 지키고, 완색(玩索)하는 공부에 뜻을 다하도록 해야 할 것이다.

한룡(漢龍)은 어렸을 때 물건을 많이 가져 욕심쟁이라고 놀렸는데, 이런 지목을 받아서야 되겠느냐? 너희들은 장성한 뒤에도 이것을 수치로 여기고, 염치를 힘쓰고 의와 이를 분별하여 몸과 마음을 깨끗이 닦고 스스로를 확립하여 너희들을 낳아 주신 부모와 조상을 욕되게 하지 말아야 할 것이다.

성혼은 아들의 장점과 단점을 모두 지적하면서 노복들을 어루만져 힘을 합쳐 농사에 힘써서 처자식이 굶지 않도록 할 것을 당부하고, 세 손자들에게는 성리학을 공부하여 의와 이를 구별할 줄 알고, 가학을 이어 가기를 당부하고 있다.

이 무렵 성혼은 자신에게 주어졌던 모든 관작을 삭탈하는 벌이 내려질 것이라는 소식을 들었다. 그렇다면 차라리 고향에 돌아가서 조상님께 제사를 올리다가 죽기로 마음먹고 2월 8일에 각산을 떠나 파주로 돌아왔다. 그러나 파주에는 거처할 집도 없고, 먹을 양식도 없고, 처자식도 아직 돌아오지 않아 혈혈단신이었으므로 곧바로 열 감기에 걸렸다. 이전에 정릉을 봉심하러 왔을 때 잠깐 파주에 들른 일이 있었는데, 옛집이 모두 불타 서실만 남았다고 한 것으로 보아 이곳에서 유숙하면서 집을 수리한 것으로 짐작된다.

성혼의 문인 가운데 전라도 장성 출신으로, 왜란 때 화차(火車)를 만들어 권율이 행주산성 전투에서 큰 공을 세우게 만든 변이중(邊以中, 1546~1611년)이 있었다. 성혼이 다음 해 6월 그에게 보낸 편지에서 "고향으로 내려와서 가시덤불을 헤치고 거처를 마련했다."라고 한 것을 보면 폐허에 다시 집을 지은 것으로 보인다. 아마 연안에서 데리고 있던 노복도 따라 왔을 것이다.

61세 당시 조정에는 친구 이해수와 문인 황신 등이 벼슬을 하고 있었는데, 성혼은 그들과 편지를 주고받으면서 조정의 분위기를 듣기도 하고, 우계의 근황을 알려 주기도 했다. 이해 3월에 대사성 이해수에게 보낸 편지에서는 이렇게 소식을 전했다.

저는 바닷가 궁벽한 곳(각산)에 있으면서 장차 죄를 입게 되리라는 소식을 들었으므로, 이곳 파산에 와서 한 그릇 밥이나 진설하여 선친(先親)에게 제사하고 싶었습니다. 그리하여 칩거하다가 서둘러 나와 추위를 무릅쓰고 길을 떠나 겨우 고향으로 돌아왔는데, 곧바로 큰 병을 얻어 열이 나서 곧 죽게 되었으니 어찌 할 방도가 없습니다.

스스로 생각하니 떠돌이 나그네가 머무는 객사와 같은 인간세상을 하직하고 저세상으로 돌아가서, 한 세상의 비웃음을 뒤로하고, 이 몸에 붙어 있는 병마를 깨뜨린다면 어찌 상쾌하지 않겠습니까? 하지만 실낱 같은 목숨이 다시 살아나 세상에 남아 있으니, 망연하고 무료하여 자신도 모르게 회한이 깊어집니다.

한편 날짜는 알 수 없으나, 황신에게도 비슷한 말을 전했다.

나는 난리 뒤에 고향으로 돌아왔으나, 거처할 집도 없고 먹을 양식도 없으며 처자식 또한 멀리 떨어져 있어서 늙고 병든 몸이 외로워 정세가 고단하고 위태롭습니다.

이해 4월 이이 문인 이배달(李培達, 이지함의 계부)에게 전한 편지에서는, 명나라 군대가 대거 들어와서 노략질을 하는 바람에 두려운 마음이 마치 싸움터에 있는 것 같다고도 말했다. 명나라 군인들이 먹을 것이 없어 민가를 약탈하고 있었음을 알 수 있다. 또 왜적과의 강화를 그토록 반대하던 윤근수와 황신이 명나라의 강압에 못이겨 심유경을 따라 함께 왜적의 진영으로 화친하러 들어갔는데, 우리나라에서 왜적과 직접 화친하는 것은 의리에 해로움에도 이를 거절하지 못하고 간 것이 원통하다고도 말했다. 그 밖에 송익필 부자가 구속되어 지금 어느 고을의 감옥에서 굶어 죽지나 않았는지 모르겠다는 소식도 전했다. 지난해 연안으로 떠날 때 서강까지 와서 전송했던 송익필이 무슨 연유로 체포되어 감옥에 갇혔는지는 알 수 없다.

또 같은 달에 큰사위 남궁명(南宮蓂)[1]에게 보낸 편지에서는, 집에 찾아오는 사람이 없어 사람들의 얼굴을 볼 수가 없고, 몸이 아파 책도 볼 수가 없어서 개탄스럽다고도 했다. 절친한 친구 송익필마저 구속되었으니 더욱 외로울 수밖에 없었을 것이다.

그런데 뜻밖에도 이해 6월에 성혼에게 부호군(副護軍, 종4품)이 제수되었다. 이것은 아무런 직책이 없는 무반 산직에 지나지 않지만, 그 품계에 해당하는 녹봉은 받을 수 있었다. 하지만 실제 녹봉을 받았는지는 알 수 없다. 왜냐하면 왜란 중에는 국가의 식량 부족으로 관원들에 대한 녹봉을 제대로 주지 못했기 때문이다.

그러나 다행히도 이해 가을 무렵 평안도 용천에서 살고 있던 처자식이 파주로 내려와 합류했다. 이런 사실은 이해 8월에 정철의 아들 정종명에게 보낸 편지에서 "나의 가솔들은 용천에 있는데, 의탁할 곳이 없으므로 금년 가을에 나오려 하나 파산의 식량으로는 이해를 마칠 수가 없으니, 어떻게 살아갈지 모르겠습니다."라고 하고, 11월에 이해수에게 보낸 편지에서는 "천만 뜻밖에 처자식이 다시 돌아오는 것을 보게 되었습니다."라고 한 데서 확인된다. 왜란이 시작되면서 고향을 떠난 지 꼭 3년 반 만에 처음으로 흩어진 가족들이 고향에 돌아와서 재회한 것이다.

이해 12월 추운 겨울에 정작이 말을 타고 성혼을 찾아왔다. 지난해 용산의 객사에 있을 때 약을 지어 달라고 부탁했던 친구 정작이 찾아오자 성혼은 늙은 신씨 부인을 다른 곳으로 보내고 따뜻한 방으로 맞아들여 밤새도록 흉금을 털어놓고 이야기했다. 정작은 성혼에게 친구 이의건이 보낸 편지와 시 두 편을 가지고 와서 전해 주었다.

파주에서 몇 년 만에 가족들과 해후하고 가을과 겨울을 보낸 성혼이 새해를 맞이했다. 62세가 되는 1596년(선조 29년)였다. 그런데 임금의 노여움이 전보다 더 커져, 조정의 분위기는 지난해보다도 성혼에게 더 불리하게 전개되었다. 선조가 이해 4월 4일 신하들에게 전교(傳敎)하기를 "지난해 경연의 자리에서 한 재신(宰臣, 성혼을 가리킴)이 화의의 말을 주창하기에 내가 분개함을 이기지 못하여 마음병이 생겼다."라고 하면서 벽에다 이런 시를 썼다.

일백 번 죽더라도 내 마음 철석 같아   百死心猶鐵

화친(和親)을 구하는 말 듣고 싶지 않네   求和不願聞

어찌하여 처음으로 그 말을 주창하여   如何倡初說

대의를 무너뜨리고 삼군을 현혹시키는가?   悖義惑三軍

선조 자신이 명의 강압에 못이겨 강화를 위한 사신을 왜적의 진영에 보내면서, 강화가 자신의 본뜻과는 무관하다는 것을 변명하기 위해 그 책임을 성혼에게 돌리고 있었던 것이다. 그리고 동인들도 전란의 책임을 모면하기 위해 이런 분위기로 몰고 가고 있었다. 동인들은 심지어 2년 전에 도굴당한 선릉과 정릉의 봉심이 성혼 때문에 잘못되었다고 따지기까지 했다. 경연 참찬관 이호민(李好閔, 1553~1634년)은 이해 4월에 경연에서 말하기를 "중종의 옥체에는 종기를 앓아 침을 맞은 흔적이 있어서 증거가 된다."라고 하면서, 그런데 한 재신이 큰 소리로 반대하여 증거 찾는 일을 중지했다고 말했다. 이에 당시 봉심에 참여했던 유성룡, 최흥원 등이 모두 침을 맞은 흔적이 있다는 말은 누구도 하지 않았다고 해명하여 일단락되었다. 하지만 원래 문장을 잘하고 동인이 아니었던 이호민이 당시 분위기가 서인들에게 불리하게 돌아가는 것을 보고 태도를 바꾼 것이라고 의심받았다.

성혼은 이런 소식을 듣고 당시 예조 참의를 맡고 있던 친구 이해수에게 편지를 보내 알려 주면서 "부끄럽고 한탄스럽다."라고 말했다. 이해수는 정철이 세자 책봉을 건의할 때 대사간으로 정철을 비호하다가 서인으로 몰려 유배 갔다가 왜란 때 풀려나 다시 벼슬길에 오른 인물이었다.

이해 가을에는 성혼의 강화론을 그토록 신랄하게 반대했던 문인 황신에게서 편지가 왔다. 명나라가 일본과 강화를 맺기 위해 두 번째로 양방형(楊邦亨)과 심유경을 소서행장(小西行長, 고니시 유키나가)과 함께 일본으로 가게 했다. 그런데 이때 조선 사신도 함께 가야 한다고 압박하여 조정에서는 37세의 황신을 통신사로 보내기로 한 것이었다. 황신은 7월 27일에 이 사실을 성혼에게 편지로 알리면서 "일의 형편이 이렇게 하지 않을 수 없습니다. 종전에 함부로 (선생을) 비방한 죄를 피할 수 없습니다."라고 사죄했다.

황신은 처음에는 강화를 인정한 스승 성혼을 비판한 일이 있었음은 앞에서 이미 설명한 바 있다. 그런데 그 자신도 임금의 명을 따라 명나라 심유경과 함께 왜적의 진영(陣營)으로 들어가서 화의(和議)를 하고, 드디어 이번에는 일본에까지 사신으로 가서 화의를 해야 하는 처지가 되었으니, 지난날 스승과 논쟁한 것이 부끄럽고 죄송스럽기 짝이 없었을 것이다.

황신의 편지를 받은 성혼은 10월에 답서를 보내 위로의 말을 해 주면서 "그대가 나의 마음을 이해해 준 것을 알았습니다. 그대의 배가 부산항에 돌아오거든 먼저 대궐에 보고하고 나에게도 전해 준다면 나는 죽어도 여한이 없겠습니다."라고 말했다. 황신이 비로소 자신의 마음을 이해한 것이 성혼은 고마웠던 것이다. 황신은 성혼이 죽은 뒤에도 성혼에 대한 동인들의 탄핵을 막아 내면서 스승을 끝까지 추존한 서인의 중심인물이 되었다.

이해 11월에는 그동안 체포되어 감옥살이를 하면서 소식이 끊겼던 친구 송익필이 제자 김장생을 보내 편지를 가져왔다. 지금 김씨네 집에서 기거하고 있는데, 주인이 잘해 주고, 제자들이 모여들어 강론하면서 잘 지내고 있다는 것이었다. 또 새로이 정사(精舍, 학교)를 열고 성혼이 그동안 보내 준 서찰(書札)로 벽을 발랐다고 알려 주었다. 김장생은 학행으로 천거되어 여러 관청에서 참봉과 봉사를 지냈는데, 왜란 때에는 호조 정랑과 종친부 전부(典簿, 정5품)로 있다가 벼슬을 버리고 고향인 충청도 연산(連山)으로 낙향했다. 바로 이 무렵에 스승인 송익필을 고향에서 모시고 있었던 것이다. 김장생은 뒤에 아들 김집과 함께 문묘에 배향되는 영광을 입은 예학의 대가이다.

송익필이 잘 지내고 있다는 소식을 받은 성혼은 "말년에 표류하다가 사람들에게서 이런 대접을 받으니 다행입니다."라고 위로해 주면서 자신은 "기력이 쇠진하고 뼈만 남아 죽게 되었는데, 가는 곳마다 어려움이 생깁니다. 서울에 가까운 곳에 있는데, 죄를 짓고서 벌을 받고 있지 않으니 황송하고 …… 농사를 지었으나 완전히 망쳐 굶주림을 면하지 못하게 되었습니다. 그리하여 가난과 질병이 겹쳐, 세속의 일에 얽매여 사는 것이 전혀 즐겁지가 않습니다."라고 하소연했다. 그리고 자신의 서찰을 정사의 벽에 바른 것은 참으로 좋은 일이지만, 뒷면으로 발라서 사람들이 자신의 누추한 글을 보지 못하게 해 달라고 부탁했다.

○○ 정유재란의 혼란과 곤궁 속에 눈을 감다

성혼이 63세가 되던 1597년(선조 30년)은 이른바 정유재란이 일어난 해이다. 명과 왜적 사이의 3년에 걸친 강화 협상은 서로 승자를 자처하는 요구를 하여 결렬되고 말았다. 일본의 요구는 ① 명나라 황녀(皇女)를 일본의 후비(后妃)로 삼을 것, ② 명과 교역하는 증명서인 감합인(勘合印)을 복구할 것, ③ 조선 8도 가운데 한강 이남의 4도를 할양할 것, ④ 조선의 왕자와 대신 12명을 인질로 삼을 것 등이었다. 이에 반해 명나라의 조건은 풍신수길을 일본 왕으로 책봉하고 조공을 허락한다는 것이었다.

강화 협상을 주도했던 명나라 심유경은 일본의 요구를 명나라 황제가 받아들일 수 없다고 생각해, 거짓으로 일본이 국왕 책봉과 조공 허락을 받아들인 것처럼 보고했다. 그래서 명나라 황제는 1596년(선조 29년)에 사신을 일본에 보내 국왕 임명장인 책서(冊書)와 도장인 금인(金印)을 전달하게 했다. 풍신수길은 이런 사실을 알고 크게 분노하여 재침략을 명했다. 그리고 1597년(선조 30년) 10월 2일까지 작전을 마치고 남해안 성채(城砦)로 돌아오라는 지시를 내렸다. 그리하여 이해 1월에 선봉대 1만 4500명을 보내고, 이어 도합 14만이 넘는 대군을 보내 경상도 일대를 먼저 장악했다. 8월에는 전라도 남원을 점령하고, 계속 북으로 치고 올라가 충청도 직산까지 이르렀다. 조정에서는 다시 서울을 버리고 북으로 파천하자는 논의까지 일어났다. 그러나 명나라가 11만 7000명의 지원병을 보내고, 약 3만 8000명의 조선군이 연합 작전을 벌여 9월에 직산의 왜적을 저지했다. 조선 측도 그동안 조총(鳥銃)도 만들고, 군대를 재정비하여 전보다 국력이 한층 강화되어 있었다.

그러나 10월 2일에 작전을 마치라는 지시에 따라 왜적들은 직산에서 더 이상 북상하지 않고 남으로 후퇴했다. 한편 남해안에서는 이순신이 한때 모함을 받아 백의종군하다가 복귀하여 연전연승을 거두고, 명나라 제독 진린(陳璘)이 1598년(선조 31년) 7월에 거느리고 온 5000명의 해군이 합세하여 바다로 들어오는 왜적을 막았다. 그러던 중 이해 8월 18일에 전쟁의 원흉인 풍신수길이 병으로 죽자, 이를 알게 된 왜적이 전의를 잃고 퇴각하면서 전쟁은 조선의 승리로 끝났다.

그런데 성혼은 풍신수길이 죽기 두 달 전인 1598년 6월 6일에 전란이 끝난 것을 보지 못한 채 64세를 일기로 세상을 떠났다.

정유재란이 일어나고, 왜적이 직산에까지 이르렀을 때 다급해진 임금은 시골에 물러가 있는 전직 대신들을 조정으로 불러들이도록 했는데, 이때 임금은 성혼의 이름을 빼라고 명했다. 이런 조치는 장차 성혼에게 큰 벌을 내리겠다는 것을 암시하는 것이었다. 선조는 강화를 하면 왜적이 힘을 길러 다시 쳐들어올 것이라고 말했는데, 이것이 적중한 셈이다. 하지만 강화 협상 덕분에 명나라와 조선도 힘을 길러 정유재란에 대응한 것도 사실이었다.

정유재란이 일어나던 해, 63세의 성혼이 죽음을 기다리면서 하루하루 노쇠한 목숨을 이어 가고 있었다. 이때 해주 석담에서 알게 된 이이의 문인들이 안부 편지를 보내 주고, 학문하는 방법과 이이 문집 편찬에 관한 문제를 논의하기도 했다. 친구 이제신의 아들 이수준이 영해 부사를 지내면서 이해 4월에 신선한 해산물을 보내 주자 성혼은 감사의 편지를 보냈다.

같은 달 정철의 아들 정종명이 편지를 보내, 조정에서 이미 세상을 떠난 부친 정철과 성혼의 죄를 단죄하려는 논의가 끊이지 않음을 걱정했다. 정철이 정여립 사건 때 이발과 백유양 등을 처벌한 데 대한 보복이 시작된 것이다. 그러나 성혼은 정종명을 위로하는 편지를 보내면서 오히려 자신은 더 큰 죄를 받을 것이라고 말했다. 이해 6월에 예조 참의 이해수가 성혼을 위로하는 편지를 보내자 그 답장에, "영남 지방 선비들이 글을 올려서 다시 저의 숨겨진 죄악을 드러내어 장차 큰 벌을 받게 될 것"이라고 알려 주었다. 동인 세력의 뿌리가 영남에 있었기 때문에 영남 선비들이 성혼을 공격하는 데 앞장섰던 것이다.

이해 5월에 성혼은 아들 성문준에게 유서(遺書)를 내려 제사를 받드는 전택과 노비는 모두 종자(宗子)에게 전하라고 일렀다. 당시의 관행은 시제(時祭, 계절 제사)만을 종자가 행하고, 그 밖의 기제(忌祭, 매년 제사)와 명절 제사는 여러 자손들이 돌아가면서 행하는 것이었다. 그런데, 성혼은 이를 바꿔 모든 제사를 종자에게 넘기는 대신 그 비용에 필요한 재산을 전부 종자에게 넘겨 주도록 바꾼 것이다. 그 이유

는 그렇게 해야만 종통(宗統)이 세워지고, 가풍이 무너지지 않고 이어
질 것이라는 판단에서였다.

　조정이 파천의 위기가 커질 무렵인 8~9월에 이르러, 좌의정 윤
두수와 그의 두 아들이자 성혼의 문인인 윤방(尹昉, 1563~1640년)과 윤
훤(尹暄, 1573~1627년), 그리고 정철의 아들 정종명 등은 성혼에게 편지
를 보내 도성에 들어가 임금 앞에 복명할 것을 권했다. 나라가 위급
한 상황에서 산림에 묻혀 있는 옛 신하는 물러가 거처해서는 안 된
다는 것이 그 이유였다. 성혼 역시 어차피 난병(亂兵)에게 죽거나, 병
들어 죽을 형편인데 이왕이면 조정에 들어가서 죽는 것이 낫다는 것
을 잘 알고 있었다. 하지만 임금이 자신을 죄인의 명부에 올려 놓아
사면을 받지 못한 상황에서 임금 앞에 나아갈 수 없다고 거절했다.

　이해 10월에 성혼은 친구 이해수에게 편지를 보내, 간사하거나
반란을 일으킨 사람이 아니라면 죄를 단정할 때까지 끝까지 신하를
보전해 주는 것이 임금의 도리이지만, 자신의 죄는 너무 커서 용서받
을 수 없다고 자책하면서 스스로를 변호하지 않겠다고 했다. 하지만
따지고 보면 성혼은 큰 벌을 받을 만한 죄를 지은 것은 하나도 없으
면서 임금의 미움을 받고 있었던 것이다. 사실 임금이 성혼을 싫어한
것은 강화 논의 때문이라기보다는 그가 그동안 임금과 백성을 위해
올린 직언들이 임금의 심기를 불편하게 해 온 것이라고 할 수 있다.
여기에 임금이 왜란 초기 임진강을 건널 때 문안하지 않은 것과 광
해군을 먼저 호종한 것 등이 더해져 임금의 심기를 불편하게 했던 것
이다. 이 밖에 서인이 득세하면 서인을 따르고, 동인이 득세하면 동인
을 따르던 선조의 변덕스러운 태도도 성혼을 더욱 어렵게 만들었다.

이해 11월에는 문인 안창이 보내 준 안부 편지에 답하는 편지를 보냈다. 그는 음관으로 벼슬길에 나아가 당시 형조 좌랑을 하고 있었는데, 뒷날 1603년(선조 36년)에 그의 아들이 선조의 아들인 신성군의 딸과 혼인하여 선조의 외척이 되었다. 성혼은 그에게 보낸 답서에서 그가 벼슬하고 있는 것을 먼저 축하하고, 자신은 농사가 잘 안 되어 명년 봄 식량이 없어서 아이들이 가솔들을 데리고 평안도 용천에 들어가서 노비들 사이에서 식량을 구하고자 한다고 말했다. 이를 보면 용천에는 성혼의 외거 노비들이 경영하는 땅이 있었던 것으로 보인다.

또 이 무렵 편지를 보내 온 정철의 아들 정종명에게 답한 편지에서는 자신의 병과 가족들의 경제적 어려움을 한층 구체적으로 알려 주었다.

8~9월에 국세가 매우 위급하여 나는 나라가 반드시 망할 것이라고 생각되어 살고 싶지 않았습니다. 그래서 잠자고 밥 먹는 것을 모두 줄였더니 이로 인하여 병을 얻었습니다. 그리하여 여러 가지 병이 서로 겹쳐서 근일에는 가슴이 아픈 지가 한 달이 넘었고, 허리병과 관절병이 생겼습니다. 노쇠한 현상이 지난봄에 비하면 10년은 더 늙은 듯하니, 죽을 날이 멀지 않았음을 알 수 있습니다.

게다가 실농(失農)을 하여 100명의 식구가 서로 보전할 수 없으므로 문준의 처자는 멀리 풍천(豊川, 황해도)으로 들어갔고, 새봄에는 먹을 양식이 없으므로 나도 용천으로 들어가려 합니다. 늙은 사람이 고향을 떠나는 것 또한 인정에 차마 못할 바이지만, 그 방법 밖에는 좋은 계책이 없습니다. 혹은 송도에 가서 시장(市場) 사이의 물건을 파는 데서 살 길을 찾을 것을 권하는 사람도 있으나, 가난과 병이 번갈아 침노하여 구제할 바를 알지 못하겠습니다.

이 편지를 보면 병도 병이지만 100명에 이르는 식구들의 생계가 매우 심각했음을 알 수 있다. 그래서 아들 문준이 황해도 풍천으로 떠났고, 자신도 평안도 용천으로 들어가서 살고 싶지만 노인이 고향을 떠나는 것도 쉬운 일이 아니라고 했다. 그리고 송도에 가서 장사를 하라고 권하는 사람도 있지만 병들어 그것도 어렵다고 호소했다.

여기서 식구가 100명이라고 한 것은 약간 과장된 표현으로 보이기도 한다. 그러나 아들 문준이 당시 39세이고, 3명의 손자와 3명의 손녀를 두었는데,[2] 손자가 이미 혼인을 했다면 그에 따른 식구는 노복까지 합쳐 만만치 않은 대가족이었을 것이다. 여기에 성혼에게 학문을 배우기 위해 기숙하고 있는 학도들도 있었다. 물론 이들이 모두 한집에서 거처한 것은 아니고 아들은 별채에서 살았다. 그리고 식량을 얻기 위해 아들이 풍천으로 떠났고, 자신이 용천으로 가고 싶다고 한 것은 풍천과 용천에 외거 노비들이 살고 있었기 때문이었다.

아무튼 정유재란이 일어난 해 63세 노인인 성혼의 처지는 경제적으로나 정신적으로나 일생 중 최악이었다. 이렇게 힘든 세월을 보내고, 다음 해를 맞이했으나, 설상가상으로 액운이 또 찾아왔다. 이해 1월에 큰 바람이 불었는데, 성혼의 옆집에서 불이 난 것이다. 그 불이 성혼 부자(父子)가 살던 초가집 두 채에 번져 전해 오던 서책들이 모두 불에 타 없어지고, 살던 집도 모두 삼시간에 잿더미가 되었다. 식량도 물론 모두 타 버렸다.

집과 식량을 모두 잃은 성혼은 우선 기숙하고 있던 문인 제자를 돌려보냈다. 당시 변경윤(邊慶胤)이라는 제지가 함께 살고 있었는데, 세 가지 이유를 들면서 떠나라고 말했다. 첫째 거처할 장소가 없고, 둘째 먹는 것이 채소와 소금뿐이고, 셋째는 산사(山寺)에서 초가집 지붕을 이느라 몇 명 안 되는 승려들이 밥을 제때에 공급하지 못하기 때문이라고 했다. 그러니까 성혼은 사찰의 승려들이 보내 주는 밥을 얻어먹고 산 것으로 보이는데, 반찬은 채소와 소금뿐이었던 것을 알 수 있다. 성혼이 종이로 옷을 지어 입었다는 기록이 보이는데, 아마도 이 무렵이 아닐까 짐작된다.

이해 2월에 성혼이 김장생의 안부 편지에 답한 편지에서는, 자고 먹을 곳을 잃어 서쪽 지역으로 옮겨 가서 인심 좋은 마을에서 살고 싶지만 허리 통증 때문에 걸을 수가 없어서 갈 수 없다고 했다. 이어 3월에는 백운산에 들어가서 신선처럼 살고 있는 친구 이의건에게 보낸 편지에서 이렇게 말했다.

나는 지난해 요통을 얻어 다리와 척추가 매우 아프고 온몸의 뼈마디가 다 쑤시고 아프더니, 지금은 몸 전체에 전이되어 굴신하고 움직일 때마다 고통을 호소한 지가 한 달이 넘었습니다. …… 약을 먹으려 하지만 약을 구할 수가 없습니다. …… 하룻저녁 묵어 가는 여관 같은 인간 세상을 하직하고 진짜 집으로 돌아간다면 얼마나 좋겠습니까? …… 정월에 큰 바람이 불었는데, 옆집에서 불이 나 우리 부자가 사는 집 두 채가 삽시간에 잿더미가 되고, 지푸라기 하나도 남지 않고 모두 타 버렸습니다. 그리하여 집안에 전해 오던 서책이 모두 화염 속에 파묻히고, 집과 먹을 것을 모두 잃어 스스로 보전할 수가 없습니다. 이 때문에 서쪽으로 용천에 들어가 노비들 사이에서 먹을 것을 구하고자 하나, 내가 질병을 앓기 때문에 떠나지 못해 거듭 곤궁함을 당하니, 이는 하늘이 명하신 것입니다.

이해 4월 8일에는 송익필에게 편지를 보냈는데 이것이 그와의 마지막 편지였다. 송익필이 편지를 김장생의 아들 김집에게 부탁하여 받은 일이 있고, 이번에는 문인 어몽린(魚夢麟)이 가지고 왔는데, 보낸 날짜가 지난해 11월 20일이었다. 난리 때문에 거의 5개월 만에 도착한 것이다. 성혼은 답장을 보내, 자신의 병이 심하여 자리에 누우면 일어나지 못하고, 번열 때문에 식욕이 없어 오래 지탱하지 못할 것 같다고 말하고 "율곡 같은 대현(大賢)은 열흘 정도 누웠다가 곧바로 서거했는데, 나같이 못난 사람은 오랫동안 고생만 하고 있다. 그러나 이것도 천명이니, 천운에 맡기겠다."라고 말했다. 그러고 나서 "우리는 말년에 모두 처음의 절개를 지키지 못했습니다. 스스로 생각하건대, 나처럼 불초한 자는 죄를 짓고도 형벌이 지체되는 바람에 너무도 크게 잘못되어 스승과 벗들에게 누를 끼쳤습니다."라고 고백했다.

하지만 건강해 보이던 송익필도 이듬해 66세로 세상을 하직하여 파주의 삼현이 모두 역사의 인물로 사라졌다. 그러나 삼현이 키워낸 인재들이 조선 후기 역사를 이끌어 간 주류가 되었으니, 삼현의 육신은 모두가 고통스럽게 떠났지만, 그들이 남긴 선비의 얼은 모든 선비의 귀감으로 오래도록 빛났던 것이다.

성혼은 송익필에게 마지막 편지를 보냈던 4월에 황신에게도 마지막 편지를 보냈다. 강화 문제로 일본에 통신사로 다녀오기도 했던 황신은 여전히 높은 벼슬아치로 일하고 있었는데, 편지에서 "나는 다음 달을 넘기기 어려울 것인데, 영공(令公)과 한번 만나지 못하는 것이 한스러우나 천명을 어쩌겠습니까?"라고 다시 만날 수 없는 아쉬움을 토로했다. 성혼의 임종이 가까운 것을 알고 있던 친구 이의건이 백운산에서 찾아와 문병하고 갔다. 성혼은 그에게 시 한 수를 지어 주고 영결했다.

그리웠던 그대 만나 내 마음 서글퍼지네　　　　思君一見意凄凄
무궁 속으로 들어가니 만상(萬象)이 허무하네　　去入無窮萬象虛
생각해 보면 해마다 산월(山月)이 아름다운데　　惟想年年山月好
그 맑은 빛 예처럼 우계를 비추겠지　　　　　　清光依舊照牛溪

1598년(선조 31년) 6월 6일 성혼은 마침내 눈을 감았다.[3] 광해군 때 동인들이 편찬한 『선조실록』에는 성혼의 졸기를 실으면서 이렇게 평했다.

일찍이 은사(隱士)라는 명성이 있었으나, 만년에는 공명(功名)에 빠졌다. 기축년의 변고(정여립 사건)에는 이발, 이길, 백유양을 옥사에서 구해 주지 않았으며, 또 최영경의 죽음도 그대로 보기만 하고 구해 주지 않았다. 당시 사람들이 모두 그를 미워했는데, 그것은 간사한 정철과 나쁜 일을 함께 했기 때문이었다. 아, 애석한 일이다.

이렇게 동인들은 성혼이 처음에는 은사(隱士)로 이름이 났으나, 뒤에는 공명심에 빠져 간사한 정철과 한 패가 되어 정여립 사건 때 이발, 이길, 백유양, 최영경 등 동인을 구해 주지 않았다고 하면서 나쁜 일을 했다고 써 놓았다. 그러나 인조 때 서인들이 수정한 『선조수정실록』의 줄기는 이와 매우 다르다.

전 의정부 우참찬 성혼이 죽었다. 성혼은 자는 호원(浩原), 성수침의 아들이다. 수침은 세상에 높이 뛰어난 지조가 있어 은거하면서 도를 강론하여 세상에서 '청송 선생'으로 일컬었다. (성)혼은 천성이 매우 고매하여 일찍 덕기(德器)를 이루어 어린아이 때부터 가정의 교훈을 익혔고, 일찍이 이황을 존경하고 사모하여 사숙했다. 그의 학문은 주자를 기준으로 하여 강론하여 밝히고 실천하는 공(功)을 아울러 힘써 본원의 바탕에 더욱 독실했다. 이이와 더불어 사단칠정과 이기의 선후에 대한 설을 수천 마디 주고받았는데, 선유들이 밝히지 못했던 것이 많았다.

이이가 일찍이 "만약 견해의 우월을 논한다면 내가 약간 나을 것이나, 행실이 돈독하고 확고한 것은 내가 따르지 못한다."라고 했다. 처음에 학문과 덕행으로 천거되어 여러 번 벼슬을 내려 불렀으나, 모두 취임하지 않으니, 임금의 후대함이 더욱 중하여 부르는 것을 그만두지 않았다. 성혼이 힘써 사양해도 되지 않아 간혹 서울에 왔으나 항상 오래 머물 뜻이 없어 조정에 있는 날짜를 통산하면 1년도 채 되지 않았다.

임진년 난리 때 이홍로의 모함을 받아 임금의 우대가 쇠미해지자 다시는 부름에 응하지 않다가, 이때에 이르러 파산의 옛집에서 죽었다. 학자들이 '우계 선생'이라 부른다.

당파에 따라 성혼을 보는 눈이 이렇게 달랐다. 그래서 죽은 뒤에도 100년간 당쟁의 와중에서 시비가 엇갈리는 평을 받았던 것이다.

성혼의 장례는 3개월 장을 치러 8월 19일에 파주 향양리에 있는 아버지 성수침 묘 뒤에 동향으로 안장되었다. 성혼이 평소 여러 차례 아들에게 관과 상여를 쓰지 말고 장례 절차를 간소하게 하라고 유언한 바가 있었다. 그러나 문인 황신과 오윤겸 등이 "선생이 비록 스스로 자신을 폄하했으나 우리가 어찌 감히 각박한 장례를 하겠습니까?" 하고는 마침내 의견을 결정하여 외관(外棺) 등을 사용했다. 묘지문은 성혼이 1587년(선조 20년)에 스스로 지은 것을 사용했는데, 그 이후의 일은 아들 문준이 지어서 넣었다. 부고가 알려지자 국가에서는 예조의 관리를 보내어 제사를 도와주었다.

7 관작 삭탈과 명예 회복

○○ 북인의 공격으로 관작이 삭탈되고, 서인이 몰락하다

성혼은 죽기 전에 자신에게 큰 벌이 내려질 것을 예상했지만 죽기 전에는 죄가 내려지지 않았다. 그런데 그가 죽은 뒤에 조식과 최영경을 추종하는 동인, 즉 북인 계열의 신하들이 성혼의 죄를 성토하고 나왔다. 조식의 수제자인 정인홍이 배후에서 이를 조종했다. 이들은 같은 동인이면서도 이황의 문인인 유성룡과 그 추종자들에 대해, 그들이 화의를 배후에서 주장했다는 이유로 공격을 가하기 시작했다. 그리하여 동인이 이황 계열의 남인과 조식 계열의 북인으로 갈라졌다. 이황과 조식은 학풍이 서로 달라 이황이 주자학에 충실한 데 반해, 조식은 노장의 색채를 띠면서 과격한 성향을 지니고 있었기 때문이었다.

성혼의 죄를 최초로 들고 나온 것은 성혼이 아직 살아 있었던

1597년(선조 30년)으로 거슬러 올라간다. 이때 정인홍의 사주를 받은 박성(朴惺)이 소를 올려, 성혼이 최영경을 죽였다고 주장한 일이 있었다. 그러나 그 상소가 별 효과를 얻지 못하자, 이번에는 경상도 합천과 고령 지역에 살고 있던 영남 선비 문경호(文景虎) 등을 시켜 1601년(선조 34년) 12월에 다시 상소를 올리면서 공격에 불이 붙었다. 이들은 성혼이 최영경을 무함하여 죽였을 뿐 아니라 그의 문생과 도당이 정부의 요로를 차지하고 있다고 하면서 서인 세력 전체를 공격하고 나섰다.

영남 선비들의 상소가 올라오자 언관들 가운데 대사헌 황신과 지평 윤민일(尹民逸) 등 성혼의 문생들은 상소의 내용이 터무니 없는 거짓이라고 주장하면서 자책을 하여 물러났다. 서인 계열 영의정 이항복(李恒福)도 성혼을 옹호하고 나섰다. 그러나 다른 언관들은 성혼이 최영경을 죽였다는 것은 지나친 주장이라고 하면서도, 그가 간인(奸人)들과 편당하고 임금을 저버린 죄는 확실하다면서 관직을 추탈할 것을 주장하고 나섰다.

임금도 성혼이 최영경을 죽였다는 것은 죄로 인정하지 않았다. 그러나 성혼이 임금 앞에서 팔을 걷어붙이고 큰 소리로 강화를 주장하고, 왜란 때 호종을 제대로 하지 않는 등 임금을 저버린 간인이라며 1602년(선조 35년) 2월, 성혼이 살아 있을 때 받은 의정부 우참찬의 관직을 추탈하라고 명했다. 성혼이 세상을 떠난 지 4년 만에 일어난 일이다. 전란 중에 참아 왔던 벌을 전란이 끝나자 시행한 것이고, 성혼이 예견했던 벌대로 실행된 것이다.

성혼의 죄는 한마디로 말하면 임금을 무시했다는 것인데, 그 증거로 든 것은 왜란 때 임진강을 건너갈 때 문안하지 않았다는 것, 세자를 먼저 호종한 것, 또 세자에게 양위할 것을 은근히 바랐다는 것, 그리고 시무 상소에서 후궁을 멀리하라고 한 것, 임금에게 바치는 진상(進上)을 없애라고 했다는 것 등이었다. 이 가운데 임진강 문제는 성혼이 의도적으로 피한 것이 아니라 불가피한 상황 때문이었음을 성혼이 직접 해명한 바 있고, 나머지는 성혼의 우국충정에서 나온 것이므로 죄가 될 수 없는 일이었다.

여기서 한 번 더 분명하게 밝혀 둘 것은 임진강을 건널 때 임금이 호종하던 병조 좌랑 이홍로에게 "성혼이 사는 곳이 어디인가?" 하고 물으니, 이홍로가 근처 강 언덕 마을을 가리키며 "저것이 성혼의 집입니다."라고 거짓을 말한 일이 결정적으로 임금을 섭섭하게 했다는 것이다. 이홍로가 가리킨 곳은 성혼이 시묘 살이를 하던 여막(廬幕)을 가리킨 것인데, 실제로 성혼의 집은 약 20리가 떨어진 곳이었다. 이홍로는 성혼의 집이 멀리 있는 것을 잘 알고 있었지만, 그를 무함하기 위해 일부러 거짓을 고한 것이다. 또 이홍로는 성혼이 의주 행재소로 찾아왔을 때 임금에게 말하기를 "성혼이 온 것은 세자를 위하여 선양(禪讓)을 도모하려는 것입니다."라고 하여 성혼과 임금을 이간시키는 데 결정적인 역할을 한 인물이었다.

객관적으로 본다면, 아픈 몸을 이끌고 그 정도 호종한 것은 오히려 칭송할 일이었다. 하지만 이러한 임금의 마음을 읽은 동인들에게는 서인에 대해 보복할 절호의 기회로 포착되어 임금을 더욱 자극하게 된 것이다. 이때 성혼을 규탄하는 데 앞장선 벼슬아치는 황신을 대신하여 대사헌이 된 기자헌(奇自獻)과 그를 추종하던 사헌부 지평 윤의립(尹毅立), 헌납 김광엽 등이었다. 이들이 부화뇌동하자 그 뒤에 정인홍이 대사헌이 되고, 북인들의 세력이 더욱 강화되어 영의정 이항복이 체직되고, 황신은 삭탈관직되었으며, 이성록(李成祿), 조익(趙翊), 민유경(閔有慶) 등도 체직되었다.

이렇게 성혼의 벼슬이 삭탈당하고, 서인 세력이 밀려나자 이에 반발하여 성혼을 신원하려는 운동이 일어났다. 이해 윤2월에는 유생 한효상(韓孝祥) 등 10여 명이 소를 올려 성혼이 정철과 사귀었다 하여 그를 간당(奸黨)으로 몰고 가는 것은 부당하며, 임진강 사건은 거리가 멀어서 불가피한 일이었다고 호소했다.

성혼과 이이의 문생이었던 이귀도 3월에 북인의 거두인 정인홍을 배척하는 소를 올렸다. 그는 앞서 이이가 병조 판서로 있으면서 동인의 탄핵을 받을 때에도 격렬하게 이이와 성혼을 비호하는 글을 올려 임금을 감동시킨 바 있는데, 왜란 때에는 소모관(召募官, 군대를 모아들이는 관리)과 선유사(宣諭使), 김제 군수 등으로 활동하면서 전쟁을 크게 도와주었던 인물이다. 뒤에는 인조반정을 주도하여 공신에 오르기도 했다.

이귀의 비판을 받은 정인홍은 이귀를 역습하면서, 성혼의 죄를 다시 들추어냈다. 예를 들면 임금이 성혼의 집 앞을 지나갈 때 문을 닫고 나오지 않았다든가, 스스로 피하고서 우마(牛馬)와 재물을 죄다 왜적에게 빼앗기고 곤궁해지자 의지할 데가 없으니 행재소에 나왔다고 말했다. 그러나 성혼이 최영경을 죽였다는 말에 대해서는 남쪽 지방 선비들 사이에 떠도는 말을 듣고 흥분하여 과격한 말을 했다고 인정했다. 성혼이 최영경을 죽였다는 말은 임금도 믿지 않았고, 또 최영경의 죽음은 궁극적으로 그를 투옥시킨 임금에게도 책임이 있기 때문에 받아들여지지 않아, 정인홍이 한 발짝 물러난 것이다. 정인홍은 그 대신 임진강 사건을 더욱 과장하여 근거 없는 거짓으로 임금을 자극했다.

1603년(선조 36년) 3월에는 성혼의 문인으로 이천 부사를 역임한 신응구가 북인으로 경기 어사를 맡고 있던 유몽인(柳夢寅)의 탄핵을 받기도 했다. 1606년(선조 39년)에는 임진강 사건 때 성혼을 무고했던 이홍로가 경기도 관찰사로 승진하여 상황은 더욱더 성혼에게 불리하게 돌아갔다.

○○ 광해군 대 신원 운동

1608년 2월에 선조가 세상을 떠나고 세자 광해군이 34세로 즉위했다. 광해군은 전란 초에 성혼을 막하로 불러들여 협력을 구했던 사이였고, 성혼도 선조에 대한 실망으로 광해군에 대한 기대를 가지고 있었으므로 두 사람의 관계는 나쁠 것이 없었다. 오히려 그 때문에 성혼이 더욱 선조의 미움을 더 사게 되었다.

하지만 광해군 대의 정치적 실권은 동인에서 분파한 북인 중에서도 가장 과격한 이이첨, 정인홍 등 대북(大北)이 장악하고, 서경덕과 이황 문인으로 구성된 동인의 온건파는 대북의 공격을 받고 몰락하여 남인으로 자정했다. 이런 상황은 서인들에게는 매우 불리한 것이었다. 그렇지만 성혼과 이이의 문인들과 또 그들을 평소 선비의 사표로 존경해 왔던 많은 재야의 선비들은, 대북인보다는 임금에 대한 기대를 갖고 성혼과 이이에 대한 신원 운동에 적극 나섰다.

1608년(광해군 즉위년) 3월 이후부터 진사 이덕기(李德基)와 성균관 유생으로 이이와 성혼의 문인인 이목(李楘) 등 150여 명, 그리고 홍문관 교리로서 성혼의 제자인 최기남(崔起南), 전라도 유생으로 김장생의 제자인 고경리(高敬履) 등, 황해도 유생 이선장(李善長) 등이 집단적으로 여러 차례 소를 올려 성혼의 억울함을 신원해 주기를 요청했다.

먼저 성균관 유생들이 주장한 내용의 요점은 이렇다. 성혼은 산림에 있던 선비로서 성리학을 깊이 연구하고 수양을 쌓아 명성이 높았다. 이 때문에 여러 차례 임금의 은혜를 받아 조정에 나아갔지만 성혼은 벼슬에 뜻이 없어 번번이 물러났다. 그렇지만 임금을 깨우쳐 준 공로는 매우 컸다. 성혼은 조금도 영화를 바라지 않았고, 임금과 신하들에게 깨우쳐 준 말은 모두가 사물을 이롭게 하고 백성을 구원하는 군자의 마음이 아닌 것이 없었다. 그런데도 성혼이 당을 위해서 일하고, 최영경을 죽였다는 말은 터무니없는 모함이다. 그 당시 최영경을 구원하려고 노력한 신하들은 거의 없었지만, 성혼은 최영경을 구원하려고 노력했다. 그런데도 당시 구경만 하고 있던 무리들이 도리어 구원하려고 노력했던 성혼을 최영경을 죽인 자로 만드는 것은 사리에 맞지 않는다. 왜란 초기에 성혼이 임금을 버렸다는 이야기도 모함이다. 임금이 밤중에 비밀리에 행차한 것을 20~30리 밖의 성혼이 알 수 없는 상황이었는데도 "성혼이 문을 닫아 버리고 나와 보지도 않았다."라고 하는 것은 너무도 사실과 다른 모함이라는 것이다. 임금을 호종하던 이홍로가 의도적으로 성혼이 시묘 살이 하던 여막을 가리켜 성혼의 집이라고 거짓말을 했다는 것이다.

다음에 홍문관 교리 최기남(崔起南, 1559~1619년)은 여러 사람의 말을 자세히 듣고 정리한 것이라면서 다음과 같은 내용의 상소를 올렸다. 최기남은 성혼의 문인으로 그의 아들 최명길(崔鳴吉)이 뒷날 인조반정에 참여했다. 성혼은 정여립 사건이 일어났을 때 정철과 친한 사이였기 때문에 비방을 크게 받아 죄를 받을 상황이었다. 그래서 향리에 내려가 있었는데, 난리가 일어나자 죄인의 입장에서 감히 임금 앞에 스스로 나아갈 수가 없었다. 임금이 파천한다는 소문도 있었지만, 도성을 지키면서 싸우겠다는 말씀도 있어서 소문의 진위를 알 수도 없었다. 더욱이 성혼의 집은 파주 읍내에서 30리나 떨어져 있었고, 임진강 큰길과는 17~18리나 떨어져 있었기 때문에 소식을 알 수 없었다. 그러다가 대가가 이미 임진강을 건넜다는 소식을 듣고 통곡했다. 늦게라도 임금의 뒤를 쫓으려고 했으나 이미 통행이 금지되었고, 또 난병이 일어나 통행할 수도 없었다. 게다가 임금이 임진강을 건넌 후 어디로 갔는지도 알 수 없어서 할 수 없이 우선 산골짜기로 피란하게 되었다고 했다.

상소를 받은 광해군은 비답을 내리기를 "소장을 보니 진실된 뜻을 잘 알겠다. 깊이 가상하게 여긴다. 유의해 살펴 논의해 보겠다."라고 하여 우호적으로 대답했다.

전라도 유생 고경리 등이 올린 상소의 요지는 이렇다. 우리나라에 들어온 도는 정여창과 김굉필이 앞에서 주창하고, 조광조와 이황이 뒤에서 이었는데, 네 현인의 도를 밝혀 정주(程朱)의 학문을 밝힌 사람은 선조 대 성혼이었다. 대대로 지조를 지키며 산림에 숨어 격물치지와 성의정심의 공을 밝혔다. 임금을 인도하여 백성에게 혜택이 되게 하는 뜻과 세상을 경륜하여 만물을 다스리는 재주를 가지고 말과 행동은 예의로 나아가고, 물러감은 의리로 했다. 지위가 정경(正卿)에 이르렀지만, 조정에 있었던 기간은 몇 년이 되지 않았다. 그가 쌓아 온 도덕은 비록 사업에 제대로 펴지 못했지만, 나라 사람이 본받고 선비들이 중히 여겼다. 또 정여립 사건 때 최영경은 옥중에서 병들어 죽었으므로 정철도 그를 죽이지 않았는데, 성혼이 죽였다고 말하는 것은 말이 되지 않는다. 최영경이 옥에 갇혔을 때 성혼은 아들을 세 번이나 옥에 보내 위문했으니, 죽이라고 사주할 이유가 없다는 것이다.

이해 11월에는 성혼의 문인 광주 목사 신응구가 소를 올려 스승의 억울함을 호소했다. 그 요지는 앞의 것과 대동소이했다. 성혼은 오히려 최영경을 구원하려고 정철에게 편지를 보내기도 했고, 임진년에 임금을 호종하지 못한 것도 거리가 멀어 소식을 듣지 못했던 것이지 임금을 버린 것이 결코 아니다. 그뒤 성혼은 고향을 떠나 이곳저곳을 방황하다가 병이 나서 삭녕의 여승(女僧) 집에 우거하고 있다가 전하(광해군)의 부름을 받고 먼저 시무 상소를 올리고, 뒤이어 전하께서 삭녕의 의병을 주관하게 했고, 또 이정형과 협력하여 군사를 모으라고 명하여 이정형의 군중으로 들어갔다. 그런데도 사람들이 전하께서 간절히 불렀으나 오지 않았다고 말하는 것은 무고에 지나지 않는다. 그 뒤 성천에서 전하를 만나고, 이어 전하께서 용강으로 갈 때에는 대조가 계신 의주로 갔다. 이런 사실은 전하께서 훤히 알고 계신 일인데, 사람들은 "성혼이 용강이 적병과 가까워 바쁘게 의주로 갔다."라고 말하는 것 역시 사실과 다른 무고이다.

그 밖에 성혼이 외척 심의겸과 사귀어 출세의 길을 삼았다고 하는 것도 거짓말이다. 심의겸과 알고 지낸 것은 사실이지만, 이황도 심의겸을 받아들여 대접한 일이 있다. 성혼이 조정의 부름을 받아 서울에 갔을 때에는 이미 심의겸이 세력을 잃은 훨씬 뒤인데 외척 세력과 뭉쳤다는 말은 당치도 않다.

정여립이 명성을 얻게 된 것은 성혼이 길러서 격려한 까닭인데, 역적과 어울린 죄를 면했다는 비난도 당치 않다. 정여립은 이이와 성혼이 유림의 어른이라는 소문을 듣고 찾아와 학문을 배웠고, 그가 학문을 하기로 해서 그를 칭찬해 주었다. 그런데 정여립은 홍문관 수찬이 되어 서울에 올라와 이이가 공격당하는 것을 보고 마음을 바꿔 성혼과 이이를 미워하고 헐뜯으며 스승을 배신한 것이다.

성혼이 경박한 무리들을 불러 모아 정치를 논하고 인물의 시비를 말했다고 하는 것도 사실과 다르다. 성혼은 아버지 청송 선생의 가풍을 이은 사람으로 효도, 우애, 충성, 신의를 존중하는 것을 근본으로 삼고 있는 사람이었다.

신응구의 소장을 받은 광해군은 비답하기를 "스승을 높이려는 정성을 참으로 가상하게 여긴다. 다만 선왕조에 있었던 일을 3년 안에 가벼이 논할 수 없다."라고 했다. 말하자면 삼년상을 치르는 기간에는 선왕의 일을 재론할 수 없다는 뜻이다.

11월에는 홍문관 교리 최기남이 다시금 소를 올려 성혼의 억울함을 씻어 줄 것을 건의하면서, 성혼을 죄안(罪案)에 얽어 넣은 것은 북인 유영경(柳永慶)이라고 말했다.

임금이 3년 안에는 선왕의 업적을 재론하지 않겠다고 말했기 때문에, 광해군 원년에는 별다른 신원 운동이 없었다. 그러나 광해군은 성혼의 문인들을 비교적 우대하여 좋은 벼슬을 내려 주었다. 황신이 호조 판서와 공조 판서로 제수되고, 광해군 2년에는 이귀가 숙천 부사로, 민유경이 홍문관 부수찬으로 임명되었다. 민유경은 바로 성혼의 친구인 이제신의 생질이다.

그러다가 삼년상을 마친 광해군 2년(1610년) 8월부터 성혼에 대한 신원 운동이 폭발적으로 일어났다. 이해 8월 21일 성균관 유생이자 성혼의 문인 김흥우(金興宇)의 아들인 김육(金堉, 1580~1658년) 등의 상소, 8월 30일 성균관 유생들의 재차 상소, 9월 5일 성혼의 문인인 안창의 아들 안홍중(安弘重, 1580~?) 등의 상소, 10월 3일 인천 유학 변취정(邊就正) 등의 상소, 10월 4일 충청도 유생 지봉휘(池鳳輝) 등의 상소와 전라도 유생 양시정(楊時鼎, 의병장 양사형(楊士衡)의 조카) 등의 상소, 10월 5일 충청, 전라도 유생들의 상소, 10월에 파주 유생 김탕(金鑸) 등과 전 현감 한교(韓嶠) 등의 상소, 10월 13일 호조 판서 황신의 상소 등이 그것이다.

임금은 성균관 유생들의 상소에 대해서는 "학문이나 열심히 강론하라."라고 이르고, 안홍중 등의 상소에 대해서는 "번거롭게 소란을 피우지 말라."라고 말했다. 충청, 전라도 유생들의 상소에 대해서는 "선왕에게 죄를 얻은 이상 내가 어떻게 가벼이 의논할 수 있는가."라고 답했다.

위 상소 가운데 특히 10월 13일 호조 판서 황신이 올린 소는 왜란 때 의병장이었던 곽재우(郭再祐)가 올린 상소에 대한 반박을 위해

서였다. 곽재우는 소를 올려 "신은 성혼의 사람됨이 어떤지 잘 모릅니다. 다만 듣건대 사람들 모두가 간인(奸人)과 패거리가 되어 임금을 배반했다고 그를 비난했으며, 선비들 모두가 처사(최영경)를 계획적으로 살해했다고 그를 배척했습니다."라고 했는데, 황신은 이 말에 대해 "어쩌면 사람의 말이 한결같이 이럴 수 있단 말입니까? 성혼이 최영경을 죽였다는 말은 당초 영남에서 나오기 시작했습니다."라고 하면서 곽재우가 말한 것도 영남 지방의 뜬소문을 그대로 믿고 말한 것이라고 했다. 실제로 곽재우도 성혼이 어떤 사람인지 잘 모른다고 어정쩡하게 말하여 누구의 사주에 의해 억지로 소를 올린 인상을 준다.

황신은 이어서 "신은 어려서 부모를 여의고 배움의 길을 찾지 못하다가 성혼의 문하에 들어가 학업을 닦았습니다. 돌아가신 스승이 잘못 죄책을 입은 뒤로 쫓겨나 시골에 있으면서 벼슬할 생각을 버리고 무려 6~7년간 좌폐된 상태에 있었어도 끝내 후회가 없었습니다."라고 말했다.

임금은 황신의 소를 보고 비답을 내리기를 "상소를 보고 경의 간절하기 그지 없는 심정을 잘 알았다. 다만 이 일은 선왕 때 결단한 일이라서 내가 섣불리 의논할 수 없는데, 경도 필시 나의 사정을 알고 있을 것이다. 그러나 죽은 스승이 아직 신원되지 않았다는 이유로 경이 벼슬하지 않겠다고까지 말하는 것은 너무 지나치지 않는가? 경은 마음을 편안하게 가지고 직무를 수행하여 나랏일에 이바지하도록 하라."라고 타일렀다.

황신은 성혼의 수제자로서 이렇듯 일평생 스승을 위해 신원 운동을 벌였다. 그러나 1613년(광해군 5년)에 이른바 계축옥사(癸丑獄事)가 일어나 영창 대군(永昌大君)을 옹립하려던 일파가 숙청을 당했는데, 당시 실권자였던 이이첨이 황신을 미워하여 무고로 얽어 넣었다. 이에 황신은 옹진으로 유배를 당했다가 1617년(광해군 9년) 3월에 그곳에서 세상을 떠났다. 향년 58세였다.

임금이 이렇게 성혼의 신원에 대해 소극적인 반응을 보인 것은 대북파 요인들이 신원 운동을 저지하기 위해 여러 사람들을 사주하여 상소하게 만들었기 때문이었다. 곽재우의 상소도 의병 운동을 함께 한 정인홍의 사주가 있었을 것으로 보인다. 곽재우는 성혼과 직접 부딪친 일이 없어 상황을 잘 모르면서 소를 올렸지만, 그의 명망이 높아 영향력을 무시할 수 없었다. 그래서 황신이 소를 올린 것이다.

임금의 소극적인 반응에 실망한 성혼 지지 세력의 신원 요청 상소는 계속되었다. 10월 16일에는 황해도 유생 권훈(權薰) 등이, 10월 21일에는 사헌부 장령 민유경과 사헌부 지평 이현영(李顯英)이 곽재우 상소에 반발하여 상소하며 자신들의 사직을 요청했다. 11월 18일에는 경연 참찬관으로 성혼의 문도였던 송영구(宋英耉)가, 이어 황신이 두 번째로 상소하여 사직을 청했다.

다음 해인 1611년(광해군 3년) 3월에는 지난해 상소했던 부사용 한교가 다시 소를 올렸다. 그는 유명한 한명회(韓明澮)의 5대손으로 성혼의 문도였다. 그가 해명한 부분은 임진강 사건이었다. 임진강에 이르렀을 때 임금이 "성혼의 집이 어느 곳에 있는가?" 하고 물으니, 이홍로가 임진강 상류의 남쪽 언덕에 있는 시골집을 가리키며 "성혼의 집이 저기에 있습니다."라고 말했다. 이 말은 장단 품관(品官)이던 남응시(南應時)가 당시 수라간 감관으로 있으면서 대가의 앞에 엎드려 있다가 직접 그 말을 듣고 한교에게 낱낱이 말해 주었다는 것이다.

또 한교의 말에 따르면, 1596년(선조 27년)과 1597년(선조 28년)에 조정에서 임금의 하교에 따라 성혼에게 벌을 주려고 할 때 당시 영의정이었던 남인 유성룡은 적극 반대했다. 1602년(선조 35년)에 이르러 북인 유영경이 정권을 잡은 뒤에 영남 유생 문경호 등이 서울에 와서 상소하여 성혼이 최영경을 무함하여 죽였다고 하자 시론이 다투어 일어났는데, 이런 일들은 신이 직접 듣고 본 것이라고 했다. 그러니 처음 그 말을 만들어 낸 것은 이홍로이고, 그 죄를 만들어 낸 것은 유영경이라고 결론지었다. 유영경은 세자 광해군을 대신하여 인목 대비가 낳은 영창 대군을 왕으로 옹립하려고 시도했던 소북파의 영수였다.

여기서 성혼을 무고한 원흉으로 지목된 이홍로는 왜란 초기 임금을 호종할 때 벼슬이 병조 좌랑이었는데, 뒤에 도망갔다가 다시 돌아와 함경도 검찰사의 종사관을 지내다가 또 도망갔다. 그뒤 다시 돌아와 선전관이 되었는데, 양사의 탄핵을 받고 유배되었다. 유배에서 다시 풀려나 경기 관찰사가 되었고, 선조 말년에 후궁 인빈 김씨에 빌붙어 광해군과 선조 사이를 이간시켜 광해군이 임금이 되지 못하도록 방해했다. 광해군이 즉위한 직후에는 영창 대군을 옹립하려던 소북의 영수인 유영경의 일파로 몰려 제주도에 유배되었다가 사약을 받고 죽었다. 죽은 뒤인 1608년(광해군 6년) 6월에 여러 죄가 첨가되어 부관참시당했다. 부관참시란 죽은 사람을 관에서 꺼내 목을 베는 벌을 말한다.

1613년(광해군 5년)에 성혼의 수제자로 호조 판서를 지냈던 황신이 영창대군파로 무고를 당하여 유배를 떠나고, 1617년(광해군 9년)에 그가 유배지에서 세상을 떠나면서 성혼 신원 운동은 동력을 잃었다. 이로써 광해군 대의 신원 운동은 일단 좌절되고 말았다.

○○ 인조 대에 이르러 명예를 되찾다

1623년 3월에 인조반정으로 광해군이 쫓겨나고, 대북파가 몰락하자 다시 서인의 시대가 열렸다. 반정 공신의 핵심 세력은 성혼과 이이의 문인이거나 그들의 2세들이었다. 이귀, 김자점, 한교 등이다. 반정에 참여한 최명길은 성혼의 문인 최기남의 아들이다. 반정 공신의 한 사람인 김유(金瑬, 1571~1648년)는 정철, 이이, 성혼과 가까운 서인이었던 김여물(金汝岉, 1548~1592년)의 아들이다.

반정의 중심인물이 서인이었던만큼 그동안 동인들에게 핍박을 받았던 서인계 인사들이 대거 조정에 포진하게 되는 것은 당연한 추세였다. 그러나 동인 가운데 서인에게 덜 적대적이었던 서경덕과 이황 문하의 남인들은 선별적으로 포용하여 많이 등용했다. 이이와 성혼도 서경덕과 이황을 높이 존경했던 만큼 남인은 서인에 대해서는 조식 문하의 북인에 비하면 관계가 그리 나쁜 편은 아니었다. 영의정으로 발탁된 이원익(李元翼, 1547~1634년)이 그 대표적 예로서 그는 남인이면서도 이이와 유성룡의 사랑을 모두 받았던 인물이다. 그러나 좌의정은 서인의 거두였던 윤두수의 아들이자 성혼과 이이의 문인인 윤방이 맡았고, 우의정도 이이와 정철을 옹호해 왔던 서인 신흠(申欽)

이 맡았다.

이렇게 서인 정권이 들어서자 성혼에 대한 신원 운동은 한층 탄력을 받게 되었으며, 아울러 이이에 대해서도 추앙하는 분위기가 드높아졌다.

먼저 1623년(인조 원년) 3월에는 지경연사(知經筵事, 정2품) 이정귀의 건의를 받아들여 이이에게 의정부 영의정의 벼슬이 추증되었으며, 이어 1624년(인조 2년) 8월에는 문성(文成)이라는 시호가 내려졌다. 이정귀는 윤두수의 아우인 윤근수 문하에서 공부한 학자 관료로서 같은 달 경연하는 자리에서 성혼이 정인홍의 무고를 받아 관직이 삭탈되어 선비들이 분노를 느낀다고 말을 꺼냈다. 그리고 선조 초에는 임금이 심지어 "나는 이이와 성혼의 당"이라고까지 말하면서 두 사람을 우대했다고 말하고, 국가에서 마땅히 제사를 지내야 한다고 건의했다. 이정귀는 성혼이 세상을 딴 뒤 성혼의 행장을 쓰기도 할만큼 성혼을 존경했다.

이때 성혼의 문인 오윤겸이 대사헌으로 경연에 참석하여 이정귀를 거들고 나왔다. 정인홍과 최영경, 그리고 성혼의 관계는 자신이 성혼의 문하에서 공부했기 때문에 자세히 알고 있는데, 성혼은 최영경을 위로하기 위해 아들을 보낸 일도 있었다. 성혼이 정인홍의 무함을 받아 뜻을 이루지 못해 애석하다고 하면서, 이이와 성혼은 이황 이후 학문의 제1인자들이라고 말했다. 이에 인조가 "성혼이 죄를 입은 것은 선왕조의 일이기 때문에 망설여진다."라고 하자, 오윤겸은 "새로 즉위하신 초에 호오와 시비를 분명히 밝혀야 하니, 선왕조 때의 일이라고 하여 망설이지 마시라."라며 다그쳤다. 그러자 인조는 "공론이 그러하다면 관작을 회복하라."라고 명했다. 그리하여 성혼이 받았던 의정부 우참찬의 관작이 다시 회복되었다.

1623년 4월에는 성혼의 문하생으로 안빈낙도하면서 살다가 대신의 천거를 받아 수령이 된 뒤에 선정을 베풀었고, 광해군 때 옥사로 죽은 조수륜(趙守倫)에게 제사를 올리고, 그 자손을 등용하도록 명했다. 이어 이해 윤10월에는 선비 시절에 동지를 이끌고 성혼의 신원을 호소하다가 광해군 때 옥사로 제주도로 유배 갔던 송상인(宋象仁)을 불러들여 사헌부 지평으로 삼았다. 그는 바로 왜란 때 순절한 동래 부사 송상현의 아우다.

같은 달인 윤10월 지경연사 이귀가 임금에게 아뢰기를 "이이가 죽은 뒤에 도성의 사대부, 서인 모두가 그의 죽음을 슬퍼하여 울었으며, 서리들도 제문을 지어 제사했는데 그 제문에 '백성은 부모를 잃고, 임금은 보필을 잃었다.'라고 말하였습니다. 서울에 입번(入番)한 지방군사들까지도 모두 울음으로 애도했으니 어진이의 효험이란 이런 것입니다."라 하면서 이이를 치켜세웠다. 이는 장차 이이와 성혼을 문묘에 종사하려는 분위기를 띄운 것이다.

동인들에 의해 핍박을 받았던 서인들이 차례로 복직되는 과정에 1624년 5월에는 삭탈당했던 정철의 관직을 추복하라는 임금의 명령이 내려졌다.

1625년(인조 3년) 3월에는 경연특진관 이귀가 경연에서 임금에게 말하기를 "맹자 이후에는 주자가 나와 지나간 성인들을 계승하고, 다가오는 후학들을 계도하여 사문(斯文)에 큰 공이 있었습니다. 우리나라에서는 조광조가 도학으로 이름났었는데, 그 뒤부터는 선비들의 풍습이 무너졌습니다. 그 뒤에는 이황이 유자의 공부에 독실했고, 이황이 죽은 뒤에는 이이와 성혼이 도학에 고명했으며, 광해군 때에는 아무도 없었습니다."라고 했다. 그러나 이귀는 이이와 성혼을 문묘에 배향하자는 말은 아직 꺼내지 않았다. 원래 문묘종사는 재야 선비들의 여론이 무르익은 뒤에 최종적으로 조정에서 결정하는 절차를 밟기 때문이었다.

1626년(인조 4년)에는 충청도와 전라도 유생들이 여산(礪山)의 황산(黃山)에 서원을 세우고 이이와 성혼의 위패를 모시고 제사하기 시작하여 서원에 배향된 첫 사례가 되었다. 그 뒤 1628년(인조 6년) 10월에는 성혼의 고향인 파주의 유생들이 성수침을 제사하던 파산서원에서 성혼을 함께 제사하기 시작했다.

이렇게 성혼과 이이에 대한 추앙 운동이 날로 무르익어 가다가 1629년(인조 7년) 윤4월에는 우의정 이정귀의 건의를 받아들여 성혼에게 의정부 좌의정을 추증하고, 겸하여 영경연감춘추관사(領經筵監春秋館事)와 세자부(世子傅)를 함께 추증했다. 이어 1633년(인조 11년)에는 성혼에게 문간(文簡)이라는 시호를 내렸다. 그 뜻은 도덕에 대한 견문이 넓은 것을 문이라 하고, 한결같은 덕을 간직하고 게으르지 않은 것을 간이라고 했다. 그리하여 이이와 성혼이 처음으로 시호를 받으면서 세상 사람들은 이이를 문성공(文成公), 성혼을 문간공(文簡公)으로 높여 부르기 시작했다.

8 문묘에 종사되다

○○ 문묘 종사 청원 운동이 일어나다

이이와 성혼에게 관작이 추증되고, 시호가 내려지면서 명예가 회복되자, 여기서 한 걸음 더 나아가 두 현인을 함께 묶어 문묘에서 제사 지내자는 이른바 문묘 종사 운동이 일어나기 시작했다. 문묘는 중국과 우리나라의 대표적인 성현들의 위패를 모셔 놓고 제사를 지내는 사당으로서 대성당(大成堂)으로도 불렀다. 성균관 문묘에 배향되면 지방 향교의 문묘에서도 제사를 받아 전국적인 추앙을 받게 마련이어서, 문묘에서 제사를 받는 일은 유학자로서 최고의 영예를 의미한다. 그래서 문묘에 종사되는 인물을 선발할 때에는 신중에 신중을 기하여 전국 선비들의 여론을 들어서 가장 많은 지지를 받는 인물을 뽑는 것이 관행이었다.

인조 당시까지 문묘에 배향된 우리나라 학자는 신라의 설총과 최치원, 고려의 안향과 정몽주, 조선의 김굉필, 정여창, 조광조, 이언적, 이황 등 아홉 명뿐이었고, 조선 왕조 인물은 다섯 명이었다. 그래서 성혼과 이이가 문묘에 배향된다면, 이미 배향된 선현들의 도통(道統)을 계승하는 위치를 차지하게 되는 것이다.

광해군 때에는 조식의 문인 정인홍이 이황을 문묘 종사 대상에서 삭출하고 그 대신 조식을 넣자고 주장했다가, 성균관 유생들을 비롯한 전국 유생들의 호된 비판을 받고 유적(儒籍)에서 삭제되는 봉변을 당하기도 했다. 이렇게 문묘 종사는 까다롭기 그지없고, 당파에 따라 찬반양론이 팽팽하게 대립하는 중대사였다.

이이와 성혼을 문묘에 종사하자는 논의가 일어나기 시작한 것은 1625년(인조 3년)부터였다. 이해 2월에 처음으로 주장하고 나선 사람은 황해도 진사 오첨(吳瀸) 등 40여 명이었다. 이들이 이이와 성혼을 함께 문묘에 종사하자고 주장한 이유는 성혼과 이이가 이황 이후로 쌍벽을 이루는 가장 우뚝한 대표적 학자일 뿐 아니라, 이이 문인과 성혼 문인이 서로 겹쳐 있기 때문이었다. 임금은 이들의 요청에 대해 "사체가 중요하므로 쉽사리 거행할 수 없다."라고 답했다. 이런 대답은 반대의 뜻이 아니라 더 많은 여론을 들어 본 뒤에 결정하겠다는 뜻이다. 즉 결정을 유보한다는 뜻이다.

그러다가 1627년(인조 7년)에 성혼의 관작이 추증되고, 1631년(인조 11년)에 시호가 내려지자 문묘 종사 운동에 탄력이 붙었다. 그리하여 1635년(인조 13년) 5월 11일에 성균관 유생 송시형(宋時瑩) 등 270여 명이 집단으로 두 현인을 문묘에 종사하기를 청하는 소를 올렸다. 그 이유는 이황 이후로 유림의 종사(宗師)가 된 사람은 문성공 이이와 문간공 성혼이라는 것이다. 이이의 도학은 지행(知行)이 겸비되고, 임금을 선도하여 백성에게 혜택을 주고, 후학을 계도했기 때문이다. 그리고 『격몽요결』, 『성학집요』, 『동호문답』 등을 저술하여 진덕수의 『대학연의』에 뒤떨어지지 않는 학설을 세우고, 사단칠정에 관한 이론도 선유들이 확정하지 못한 것을 단정했다는 것이다.

한편 성혼은 천품이 돈후하고 장중하여 독실히 배우고 힘써 실행하여 말과 행동에 있어서 한결같이 『소학』과 『가례』를 표준으로 삼았으며, 이이도 성혼의 독실함은 자신이 미칠 수 없다고 칭찬했다. 이이가 병조 판서 재임 시 소인들의 모함을 받았을 때 성혼은 그를 변호했다가 다른 편 사람들의 미움을 받았는데, 처음에는 이홍로의 교묘한 참소를 입었고, 뒤에는 정인홍의 추악한 비난을 받아서 선왕께서 보호해 주지 못해 지하에서 원망을 품고 있는 지가 수십 년이 되었다는 것이다.

위 상소를 읽은 인조는 비답을 내리기를 "문성공과 문간공은 비록 착한 사람이긴 하지만, 도덕이 높지 않고 하자가 있다는 비방을 받고 있으니, 막중한 문묘 종사의 예전(禮典)을 결코 가벼이 의논할 수 없다."라고 했다. 이이와 성혼이 서인들의 추앙을 받아 명예가 회복되는 것을 보고 시기한 반대 세력이 비방하는 소를 올렸기 때문에 임금이 이를 걱정한 것이다.

송시형 등 성균관 유생들이 상소를 올릴 때, 이를 시기하는 일부 유생들이 모여 건복(巾服) 차림으로 대궐 앞을 걸어 지나가면서 "성균관 유생들에게 축출을 당했다."라고 외쳐 대며 시위하고, 이어 사학(四學)의 하나인 동학(東學)으로 가서 생원 채진후(蔡振後)를 소두로 삼아 소를 올렸다. 그들이 두 사람의 문묘 종사를 반대한 이유는, 이이가 일찍이 불교에 빠진 일이 있어 문묘에 배알하는 것이 금지된 사람이라는 것이다. 또 성혼은 선조 대왕이 관직을 삭탈하며 임금을 저버린 간인이라고 말했고, 임진년에 임금이 임진강을 건널 때 배알하지 않고 항상 뒤떨어져 호종했다는 것을 이유로 삼았다. 이런 이유들은 전부터 동인들이 내세운 것을 그대로 믿고 따른 것에 지나지 않는다.

임금은 이들의 소를 읽고 비답을 내리기를 "문성공과 문간공의 문묘 종사를 청하는 것은 너무도 참담하고 외람하다. 나도 될 수 없음을 알고 있다."라고 했다.

이렇게 채진후 등 일부 유생들의 반발로 임금의 마음이 흔들리자, 같은 달(5월) 12일에 영의정 윤방과 우의정 김상용(金尙容) 등이 이를 반박하는 소를 올렸다. 임금이 신중한 태도를 보이는 것은 옳지만 "하자가 있고, 참담하고 외람스럽다."라고 말하는 것은 성현을 존숭하고 학문을 숭상하는 성상의 거룩한 뜻에 어긋날 뿐 아니라 공론(公論)이 울분하고 있다는 것이다. 또 비록 의견이 다른 선비들이 있더라도 떼를 지어 소를 올리면서 선현을 마구 헐뜯는 자세는 선비의 올바른 풍습이 아니라고 했다.

의정부 대신들의 상소에 이어 5월 13일 송시형 등은 무려 다섯 차례나 소를 다시 올려 반대하는 유생들의 이론을 반박했다. 그 주요 논점은 이이가 선학(禪學)에 일시 빠진 것이 전혀 문제가 되지 않는다는 것이다. 정명도(程明道)나 주희도 한때 선학에 빠진 일이 있고, 또 선학이 비록 이단이지만, 그 안에 담긴 심성론(心性論)은 도를 구하는 데 도움이 된다는 것이다. 또 이이는 자신이 한때 선학에 빠진 것을 스스로 반성하고 정학으로 돌아온 이상 문제 삼을 필요가 없다는 것이다. 만약 일시적으로 선학에 빠진 것을 문제 삼는다면 주희도 함께 공격하는 것이 될 것이라고 했다.

또 성혼이 선조 임금에게 죄를 입었다는 것은 사실이 아닌 무함에 지나지 않는다. 조광조나 이언적도 한때 임금의 미움을 받아 죄를 입고 죽었지만, 문묘에 종사하는 데 영향을 주지 않았다. 따라서 성혼이 선조의 미움을 받았다 하더라도 문제될 것이 없다고 했다.

임금은 송시형 등의 잇따른 상소에 대해 비답하기를 "문묘 종사의 예는 아무나 감당할 수 있는 바가 아니다. 너희들은 물러나 학업이나 닦고 무익한 말을 하지 말라."라고 말했다.

임금의 비답이 내려지자 이번에는 성혼의 문인 좌의정 오윤겸과 지경연사(대사헌) 조익이 5월 13일에 소를 올려 임금의 비답이 놀랍고 개탄스러우며 온당치 않다고 반박하고, 성혼과 이이가 사실에 맞지 않는 무함을 받은 일을 다시 개진했다. 특히 조익은 이이와 성혼의 문인은 아니었지만 성리학의 대가로 명성을 떨치고 있었는데, 자신이 어른들로부터 들은 바를 토대로 이이와 성혼의 행실을 자세히 소개하면서 이이가 죽었을 때에는 전국의 유생, 서민, 아동, 하인, 금군(禁軍), 의관, 역관, 서리, 서울의 시민 등 모든 계층의 사람들이 한결같이 통곡하고 슬퍼했다고 말했다.

또 성혼은 집안의 가풍을 이어 평생토록 말과 행동이 한 번도 법도를 어긴 일이 없는 모범적인 선비임을 강조했다. 그러나 임금은 두 사람의 상소에 대해서 비답을 내리지 않았다. 이에 대사헌 조익이

나 비답을 내리지 않은 것에 항의하여 사직 상소를 올렸으나 임금은
윤허하지 않았다.

같은 날(5월 13일), 홍문관 응교 심지원(沈之源, 1593~1662년), 홍문관
교리 윤구(尹坵, 1606~1637년)와 조석윤(趙錫胤, 1606~1655년)도 차자를
올려, 두 현인을 문묘에 종사하는 것이 마땅하다고 하면서 채진후 등
은 정직한 사람을 미워하는 마음을 가졌다고 비난했다. 윤구는 바로
전 영의정 윤두수의 증손자이자 영의정 윤방의 손자로서 나이 30세
의 약관이었다. 조석윤은 장유(張維)와 김상헌(金尚憲) 문하에서 공부
한 젊은 엘리트로서 나이가 역시 30세였다. 임금은 이들이 올린 차
자를 보고 "알았다."라고 간단하게 대답했다.

이해 6월 6일에는 진사 권적(權蹟) 등이 소를 올려 문묘 종사를
반대했다. 우리나라의 유종(儒宗)은 이황을 능가할 사람이 없는데도,
이이의 이기설은 이황과 차이를 보이고 있으며, 스스로 자득한 바가
있다고 말한 것은 선학에 빠졌기 때문이다. 또 성혼의 학문은 이이
의 수준에도 미치지 못한다고 낮게 평가했다. 권적의 말은 이황의 학
문을 절대적인 기준으로 보고 그와 다른 의견은 학문이 낮은 것으로
간주한 것이다. 다시 말해 이이의 학문의 독창성 자체를 나쁜 것으
로 보았다.

권적의 상소에 자극을 받은 두 현인의 지지자들은 이해 6월 16일
에 대대적인 반격에 나섰다. 황해도 유생 윤홍민(尹弘敏) 등 48명, 파
주 유생 유응태(俞應台) 등 36명, 경기도 유생 신희도(辛喜道) 등 33명
이 소를 올려 문묘 종사를 강력하게 청원했다. 그 뒤 평안도 유생 홍
선(洪僎) 등 33명, 서울의 사학(四學) 유생 윤숙거(尹叔擧) 등 140여 명,

개성 유생 고형(高逈) 등 50명, 풍덕 유생 최시달(崔時達) 등 15명, 전라도 유생 김시(金時) 등 195명, 충청도 유생 민여기(閔汝耆) 등 50명이 잇달아 소를 올려 문묘 종사를 청원했다. 그러니까 경상도와 강원도를 제외한 전국의 유생들이 이이와 성혼을 지지하고 나선 것이다.

이렇게 지방 유생들의 청원 상소가 답지하자, 이해 8월에는 문묘 종사 찬반 논의가 조정으로 옮겨 갔다. 8월 3일 홍문관 부응교 심지원, 교리 김경여(金慶餘), 부교리 박서(朴遾), 수찬 김익희(金益熙) 등이 차자를 올려 문묘 종사 문제를 거론했다. 두 신하의 높은 도덕과 학문은 현재 문묘에 모셔진 여러 현인들과 비교하여 조금도 부끄러울 것이 없는데도 임금의 비답 가운데 뚜렷이 싫어하는 빛을 보여 선비들이 실망하고, 사문(斯文)이 낙심하게 만들었다고 했다. 이들 홍문관원 가운데 교리 김경여는 이귀의 사위이자 김장생의 문인이고, 수찬 김익희는 김장생의 손자였다. 그러니 이들은 모두 서인이었다.

홍문관원의 차자에 이어 윤두수의 아들이자 이이의 문인인 영의정 윤방도 임금의 비답에 실망을 표시하면서 "두 현인은 일대의 유종이요 백세의 사표인데, 임금의 하교가 이와 같으니 사림의 실망이 매우 큽니다."라고 말했다.

1636년(인조 14년)은 병자호란이 일어난 해였는데, 이해 10월에 진사 윤성(尹城) 등 수백 명이 세 번에 걸쳐 이이와 성혼의 문묘 종사를 청원했으나 받아들이지 않았다. 이것으로 인조 대의 문묘 종사 운동은 일단 무위로 끝나고 말았다. 하지만 성혼에게 관작이 추증되고, 시호가 내려진 것은 큰 진전을 의미한다. 인조가 끝내 두 사람의 문묘 종사를 거부한 것은 서인 공신들의 지나친 권력을 억제하기 위해 남인을 등용하면서 이들을 자극하지 않으려는 배려 때문으로 보인다.

한 가지 특이한 일은 이귀, 오윤겸, 정종명, 김장생, 윤방, 정엽, 신응구, 운민일, 윤황 등 성혼과 이이의 문인 1세대가 문묘 종사 운동을 벌이다가 인조 때 세상을 떠났고, 그 뒤를 이어 최명길, 김경여, 김익희, 김육 등 문인 2세대가 등장하여 문묘 종사 운동을 이어 가기 시작했다는 점이다.

○○ 효종 대의 문묘 종사 청원 운동

효종은 인조의 둘째 아들인 봉림 대군(鳳林大君)으로서, 호란 후 함께 청에 볼모로 잡혀 갔던 형 소현 세자(昭顯世子)가 인조의 미움을 받아 세상을 떠나자 세자로 책봉되었다가 왕위에 오르게 되었다. 효종은 호란에 대한 보복으로 청나라를 응징하기 위한 북벌 정책을 추진하면서 대청 강경파인 김상헌, 김집, 송준길, 송시열 등 청서계(淸西系) 서인을 중용했다. 영의정 이경석(李景奭, 1595~1671년)도 서인이고, 왕비도 서인 장유의 딸이다. 이 가운데 김집은 바로 김장생의 아들이고, 송준길과 송시열은 이이와 성혼을 사숙(私塾)하고 김장생 문하에서 공부했다. 장유는 김장생의 문인으로 김상헌의 형인 김상용의 사위이기도 했다. 이경석도 김장생의 문인이다. 그러니 효종 대의 서인은 대부분 이이와 성혼의 제2세대 문인이다.

하지만 효종 대에는 남인도 중용했다. 효종이 세자일 때 스승인 윤선도(尹善道)가 남인이고, 대사헌과 판서직을 역임한 허적(許積)도 남인이었다. 효종은 서인을 권력의 중심에 놓으면서도 남인을 조화시켜 왕권의 안정을 도모한 것이다. 이 점은 인조의 경우도 마찬가지다. 효종 대의 이러한 권력 구조는 성혼과 이이의 문묘 종사에 지장을 초래했다. 서인의 청원이 거세게 일어났지만, 남인의 반대를 임금이 외면할 수 없었기 때문이다.

효종 대 문묘 종사 운동의 첫 봉화를 든 사람은 김장생의 손자로서 경연 참찬관이던 김익희였다. 그는 1649년(효종 즉위년) 11월 2일에 경연에 참석하여 성혼이 왜란 때 무함당한 일을 아뢰었다. 임금은 말하기를 "다른 일은 속일 수 있지만, 사는 곳의 멀고 가까움은 어찌 속일 수가 있겠는가."라고 하면서 이이와 성혼은 비록 문묘 종사는 못하더라도 그를 모신 서원에 사액하는 일은 지체할 필요가 없다고 했다.

성균관 유생들도 집단적으로 문묘 종사를 청원하는 소를 올렸다. 즉위년 11월 23일에 홍위(洪葳) 등 수백 명이 청원 운동에 참가했다. 홍위는 김상헌의 문인인 조석윤의 문인이다. 청원의 이유는 앞 시대의 내용과 같았다. 임금은 비답하기를 "문묘에 종사하는 것은 막중하고 막대한 전례(典禮)여서 경솔히 의논하기가 어렵다."라고 말했다. 이는 관례적인 대답이지 꼭 반대를 의미하는 것은 아니었다.

이듬해인 1650년(효종 원년) 2월 22일에는 성균관 유생들의 청원 운동에 반발하여 진사 유직(柳稷) 등 경상도 유생 900여 명이 집단적으로 소를 올렸다. 이유는 이이가 불교에 빠져 이기설이 불교의 영향을 받았는데도 정설(定說)인 이황의 이기설을 공격했다는 것, 성혼이 선조의 파천 때 달려오지 않은 것과 그의 학문이 도가(道家)에 가깝다는 것이었다. 여기서 성혼의 학문이 도가에 가깝다는 주장은 성혼의 순수 성리학을 지나치게 왜곡한 주장이다. 임금은 "잘 알았다."라는 비답을 내렸다. 유직은 이 상소로 인하여 성균관의 유적(儒籍)에서 삭제당하는 벌을 받았다.

이렇게 경상도 유생 유직 등이 문묘 종사를 반대하는 소를 올리자, 이번에는 문묘 종사를 찬성하는 소가 5월 1일에 경상도에서 올라왔다. 경상도 진사 신석형(申碩亨) 등 40여 명이 소를 올려 유직의 주장이 잘못되었다고 반박했다. 우선 이황은 이이를 보고, "후생가외(後生可畏)"라고 칭찬했고, 이이가 불교에 빠졌다가 정학으로 돌아오자 이이가 도에 돌아왔다고 격려했다. 또 이이가 이황의 『성학십도』를 보고 「인설도(仁說圖)」는 「심학도(心學圖)」 앞에 와야 한다고 비판하자, 이황은 이이의 말이 옳다고 인정했다고 했다. 이황이 죽은 뒤에 이이는 이황에게 시호를 내리고, 문묘 종사할 것을 적극 주장했다. 또한 이이는 이기설에 있어서 기대승의 설을 좋게 보았지만, 그렇다고 기대승의 학문이 이황과 겨룰 수는 없다고 하여 이황의 학문을 높였다. 이렇게 본다면 이이가 이황을 헐뜯었다는 유직의 주장은 사실과 다르다는 것이다.

또 성혼의 이기설은 이황을 따른 것인데도 유직 등이 성혼은 이이의 이기설을 따랐다고 주장하는 것도 잘못이다. 결론적으로 말하면, 이황이 주돈이와 정자에 비유된다면 이이와 성혼은 주희와 장재에 비유된다고 했다.

또 이이와 성혼을 무함한 것은 송응개, 이홍로, 정인홍 등으로 이들은 모두가 남을 무함하기 좋아하는 하천배의 무리에 지나지 않는다고 했다. 끝으로 유직 등이 경상도 유자를 규합시켜 다른 의논을 내지 못하게 한 것은 경상도의 수치라고도 했다.

이렇게 경상도 유생들이 문묘 종사를 찬성하고 나온 것은 처음이다. 이로써 경상도 선비들의 의견이 둘로 갈라져 있음을 알 수 있다. 원래 영남 유생은 이황계의 남인과 조식계의 북인으로 갈라져 있어서, 남인계 영남인들은 이이와 성혼을 심하게 비판하는 태도를 취하지 않았다. 다시 말해 같은 영남이라도 경상좌도(지금의 경상북도)와 경상우도(지금의 경상남도)는 색깔이 많이 달랐던 것이다.

임금은 이 소를 보고 "그대들이 서로 배척하여 끝없이 분란을 조성하고 있는데, 내가 보기에는 까마귀가 자웅을 가리는 것과 조금도 다름이 없다."라고 비답했다. 임금이 이런 비답을 내린 것은 유직이 종사를 반대하다가 성균관의 유적에서 삭제당하고, 신석형이 종사를 찬성하다가 경상도에서 집이 헐리며, 도에서 축출되는 벌을 받은 것을 보고 개탄한 말이었다.

그러나 임금이 찬성파와 반대파를 까마귀 싸움에 비유한 것은 부당하다는 지적이 조정 신하들 사이에서 일어났다. 6월 3일에 영의정 이경여(李敬輿)는 경연에서 당파에 따라 의견이 달라 싸움이 일어나더라도 임금은 이 둘을 똑같이 보지 말고, 시비를 판단하여 공론을 택하라고 요구했다. 7월 3일에는 성균관 유생들이 유직을 유적에서 삭제한 것은 당연하다고 하면서 임금이 시비를 가리지 않기 때문에 이런 일이 발생한다고 말했다.

6월 3일 홍문관 교리 홍처윤(洪處尹)도 영남 유생들의 찬반 싸움을 '까마귀 싸움'에 비유한 것은 잘못이라고 지적하고, 임금이 시비만 정확히 가린다면 당론이 아무리 치열해도 국가에 해가 되지 않는다고 말했다. 그러나 이 말을 들은 효종은 분개하여 홍처윤을 추고하라고 명했다. 당론은 국가에 해가 된다는 것이 효종의 생각이었다. 그러나 임금은 이해 7월에 사액을 내려 달라는 파산서원 유생들의 요청을 받아들여 사액하고 예관(禮官)을 보내 제사하게 했다.

이해 7월 23일에는 사직(司直) 조복양(趙復陽)이 상소하여 두 사람의 종사를 촉구하고 나섰으며, 그다음 날에는 조복양의 아버지 우의정 조익이 상소하여 종사를 요청했다. 조익은 윤근수의 문인으로 이이와 성혼에게 직접 배우지는 않았지만 젊어서부터 두 현인을 존경해 왔다고 하면서, 임금이 사람을 알아보고 어진 이를 좋아하는 정성이 부족하다고 직언했다.

종사를 청원하는 상소는 이해 9월 15일에도 올라왔다. 이번에는 저 멀리 함경도 유생 이후빈(李後彬) 등 수십 명이 상경하여 소를 올렸다. 그런데 이에 대해 임금은 "너희들이 서울 선비들과 친교를 맺어 아첨을 하고자 한다 하더라도, 억지를 써 가며 알지도 못하는 바를 감히 이처럼 한단 말인가? 나는 통탄스럽고 해괴하게 여긴다. 남의 사주를 받아 임금의 동향을 살피려 했으니, 그 죄는 죽어도 모자란다."라고 하면서 매우 격렬한 비답을 내렸다.

임금의 비답이 너무 과격한 것을 본 승정원은 "수십 명의 유생이 머나먼 1000리 길을 따지지 않고 이렇게 와서 대궐에 호소했는데, 성교(聲敎)가 지극히 엄하여 사기가 꺾인 나머지 죽고 싶어들 합니다."라고 아뢰었다. 이에 임금은 "사론이 어그러지고 조정이 어지러워진 것이 전적으로 이것 때문이다. 나라가 이것 때문에 망할 것인데,

그들을 대우하는 도리를 어떻게 평화롭게 할 수 있겠는가?"라고 답했다.

앞서 7월에 임금에게 소를 올렸던 조익이 이번에는 좌의정으로 승진하여 9월 16일 차자를 올렸다. 그 요지는 이렇다. 지금 이이와 성혼을 문묘에 종사하자는 논의는 실로 거국적인 공론인데, 호남 바닷가와 관서의 의주 사람들까지 모여 와서 상소하는 것이 어찌 남의 사주를 받아서 하는 것이겠는가? 또 무슨 이익을 바라고 그렇게 하는 것이겠는가? 오직 천성에서 우러나온 도덕과 윤리의 마음에서 스스로 그만둘 수 없기 때문이다. 함경도 지방의 유생들도 두 현인에 대해 자세히는 모르더라도 그 풍도(風度)에 대해서는 알고 있다. 천하의 공론이 그러한데 먼 지방 유생들의 힘까지 빌리려고 하겠는가? 그런데도 그들의 죄가 죽어도 모자란다는 말은 그들을 원통하게 만들 뿐 아니라, 임금이 사람을 대하는 도리가 아니다. 또 유직의 말은 마치 사슴을 가리켜 말이라고 주장하는 것과 같은 것인데도, 임금이 혹시 영남의 마음을 잃을까 두려워하고 있다는 것이다.

임금은 좌의정 조익의 차자를 보고 "차자의 내용에 병적인 곳이 많다. 내가 경을 위하여 매우 애석하게 여긴다."라고 하면서 부정적인 답변을 내렸다. 이에 조익은 벼슬을 버리고 향리로 내려가 학문에 침잠하다가 1655년(효종 6년) 3월에 향년 77세로 세상을 떠났다. 그는 성리학자로도 이름이 높았다.

효종 즉위 초에 기선을 제압하여 문묘에 종사하려던 서인 세력의 시도가 당쟁을 염려한 임금의 고집으로 좌절되면서 1651~1655년(효종 2~6년)은 비교적 조용하게 넘어갔다. 그러다가 1657년(효종 8년)에 이르러 많은 선비들이 다시 문묘 종사를 청하는 소를 올리고, 이어 이를 반대하는 영남 유생들이 상소가 올라왔다. 심지어는 임금의 비답까지 조작했다가 죄에 걸리는 일까지도 발생했다.

1657년 10월 20일에 경연에 참석한 김장생의 문인 송준길은 현인을 헐뜯는 영남 유생들의 행태가 풍속을 무너뜨리고 있다고 개탄했다. 특히 "임금이 정신을 보전하여 몸과 마음을 수습해야 한다."라고 한 성혼의 말은 주희의 말과 똑같은 것임에도 영남 선비들이 노자에 가깝다고 한 것은 통탄스러운 일이라고 했다.

송준길은 11월 22일에도 경연 석상에서 『심경(心經)』을 공부하면서, 정심(正心)에 관한 이야기를 나누는 가운데 이이와 김장생의 가르침을 소개했다. 이때 조익의 아들 조복양이 "지난번에 올린 이이의 「심학도」를 보셨습니까? 성상의 생각은 어떠십니까?"라고 임금에게 질문하자, 임금은 "어찌 감히 옳다 그르다 할 수 있겠는가? 우연히 문집 속에 있는 서찰을 보았는데 대부분 이황에게 물러나지 말라고 권하는 것이었다. 이는 어느 때인가?"라고 물으니 송준길이 답변하기를 "선조 초년일 것입니다. 이이와 이황은 모두 훌륭한 유학자로 주장하는 뜻이 같지 않았습니다. 이황은 물러나 자기 지조를 지키려 했고, 이이는 나아가서 도를 행하려고 했습니다. 그래서 매양 이황이 나랏일을 담당하지 않으려는 것을 탄식했습니다. 이이가 언젠가 물러나 옛 거처로 돌아갈 때 지은 시에 "배 떠나자 남산 멀어지는 것 차마 보지 못해/ 사공에게 일러 닻올리지 말라 했네."라고 했으니, 간절히 그리는 정상을 여기서도 엿볼 수 있습니다."라고 했다.

임금이 "성혼은 어떤 사람인가?" 하고 물으니, 송준길이 "이이의 친구입니다. 산림의 중망(衆望)을 입고 선비들의 종사(宗師)가 되었으며, 박순 등과 한 무리의 사람이었습니다."라고 답했다. 임금이 다시 "성혼도 일찍이 벼슬한 적이 있는가?" 물으니, 송준길이 "선조께서 특명으로 병조 참지에 제수하면서 '그대 벗 이이가 병조 판서이니 그대는 그를 돕도록 하라.' 했으니, 대우한 것이 지극합니다. 그런데 이홍로의 참소를 받아 조정에 용납되지 못했으니 매우 안타깝습니다."라고 말했다. 송준길은 또 "이황은 당론이 있기 이전의 사람이고, 이이는 당론이 일어난 이후의 사람이지만, 당론에 흔들리지 않았습니다."라고 말했다. 그러나 이 자리에서 문묘 종사 문제는 논하지 않았다. 효종은 재위 10년 만에 세상을 떠나고, 아들이 뒤를 이어 현종이 되었다.

성혼과 이이의 학문을 임금에게 칭송한 송준길은 뒤에 그 자신이 문묘에 종사되는 영예를 얻었다.

○○ 현종 대의 문묘 종사 청원 운동

현종 대(1659~1674년)에도 서인이 중심이 되고, 일부 남인이 참여하는 권력 구조는 효종 대와 다름이 없었다. 효종 대를 이끌었던 서인 세력이 여전히 권력의 중심을 이루었으나, 남인 중에도 허적에 대한 왕의 신임이 두터워 판서와 의정부 정승 등 중책을 맡겼다.

그런데 현종 초기에는 서인 세력이 남인을 압도했다. 그 이유는 효종이 세상을 떠난 뒤에 효종의 모친(계모)인 인조 비 자의 대비(慈懿

大妃) 조씨가 입어야 할 상복을 둘러싸고 서인과 남인이 논쟁하다가 서인의 주장이 채택되어, 허목(許穆), 윤휴(尹鑴), 윤선도 등 남인이 몰락했기 때문이다.

서인은 1년복을 주장하고 남인은 3년복을 주장했다. 그 근거는 서인은 임금과 사서(士庶, 일반 백성)의 예는 같다는 것이고, 남인은 임금과 사서는 예가 같지 않다는 데 근거를 둔 것이다. 서인의 주장은 남인의 주장에 비해 임금의 위상을 낮추는 의미가 있었다. 임금의 입장에서 보면 남인의 주장이 임금을 더 존중하는 뜻이 있어서 바람직했지만 서인의 세력이 워낙 강하기 때문에 서인의 주장을 따를 수밖에 없었다.

비단 상복 문제만이 아니라, 권력 구조에 있어서도 서인은 신권(臣權)을 높이려는 입장을 취하고 남인은 반대로 왕권(王權)을 높이려는 시각을 지니고 있었다. 그래서 임금은 내심으로는 남인을 좋아했는데, 학문의 주도권을 장악한 것은 서인이기 때문에 서인의 노선을 따르지 않을 수 없었다. 그 대신 남인을 부분적으로 등용하여 서인을 견제하는 기능을 부여하여 왕권의 안정을 추구하는 정책을 추구했던 것이다. 실제로 선조 대 동인과 서인이 분당한 뒤로 역대 임금들이 서인 중심의 정치를 운영하면서도 끝내 동인이나 또는 동인에서 분파한 남인들을 버리지 못한 이유가 여기에 있었다.

현종 즉위 초에 서인이 예송 논쟁에서 승리하여 권력을 잡은 것은 인조 대 이후로 세력이 커진 서인의 힘이 남인을 압도한 결과였는데, 서인의 정신적 지주인 이이와 성혼의 문묘 종사에는 유리한 환경이 조성된 것이 사실이었다. 그래서 현종 집권 초기에 집중적으로 종사 운동이 일어났다. 하지만 현종이 끝내 문묘 종사를 허락하지 않은 것은 서인 세력을 견제하려는 의도가 있었던 것이다. 이 점은 선조가 집권 말기에 서인을 멀리한 것이나, 인조 대와 효종 대에 문묘 종사를 허락하지 않은 이유도 비슷했다. 그리고 현종의 경우도 예외가 아니었다.

1659년(현종 즉위년) 11월 1일에 이조 판서 송준길은 경연에서 인심도심과 사단칠정을 강론하면서, 이이와 성혼이 이 문제에 관하여 저술한 글을 반드시 보아야 한다고 강조했다. 이해 12월 1일에 성균관 유생 윤항(尹抗) 등이 다섯 차례에 걸쳐 청원 상소를 올렸고, 파주 및 황해도 유생들도 소를 올렸다. 이어 12월 5일에는 부제학 유계(兪棨)가 소를 올려 성균관 유생들이 올린 상소를 신하들에게 내려 문의한 다음에 조속히 문묘 종사를 실행할 것을 촉구했다. 유계는 김장생의 문인으로 서인에 속했다. 임금은 유생들의 상소에 대하여 "선왕 때 허락하지 않은 일을 경솔하게 처리할 수 없다."라고 비답을 내려 유보했으며, 유계의 상소에 대해서도 비슷한 답을 내렸다.

1660년(현종 원년)에는 1월 13일에 강원도 생원 윤인(尹隣) 등과 함경도 유생 이지담(李之薝) 등, 충홍도(충청도) 유생 오익삼(吳益三) 등이 잇달아 소를 올리고, 1월 28일에는 전라도 유생 신성윤(申聖尹) 등 340명이 문묘 종사를 청원했는데, 임금은 번거롭게 하지 말라는 비답을 내렸다. 이렇게 임금이 거부하는 비답을 내리자 1월 29일에 사헌부 집의 조구석(趙龜錫)이 소를 올려, "선정신(先正臣) 이이와 성혼을 문묘에 종사하자는 청이야말로 사림의 공론이나, 전하께서는 염증을 내는 뜻이 없지 않으신데, 번거롭게 하지 말라는 분부는 많은 선비들을 더욱 실망시키고 있습니다."라고 하면서 실행을 촉구했다. 조구석은 서인 재상 이항복의 문인이다. 그러나 임금은 따르지 않았다.

1661년(현종 2년)에는 문묘 종사 상소가 뜸했다가 1662년(현종 3년) 11~12월에 이르러 다시 청원 상소가 답지했다. 11월 2일에는 경기도 김포에 사는 진사 이영원(李榮元)이, 11월 12일에는 강원도 생원 이모(李模) 등이, 11월 14일에는 서울의 사학(四學) 유생 홍원보(洪遠普) 등이, 12월 9일에는 경기 유생 조근(趙根) 등이, 12월 27일에는 황해도 유생 오복연(吳復延) 등이 잇따라 청원했다. 그러나 임금은 전처럼 번거롭게 하지 말라고 답했다.

지방 유생들의 청원 상소는 다음 해인 1663년(현종 4년)에도 쉬지 않고 이어졌다. 이해 1월 4일에는 황해도 유생 오복연 등이 세 차례에 걸쳐 청원하고, 1월 15일에는 개성부 유생 김상경(金尙絅) 등이, 1월 22일에는 충청도 유생 유항 등이 청원했다. 이어 2월 7일에는 전라도 유생 한양오(韓養吳) 등이, 4월 5일에는 평안도 생원 윤인(尹隣) 등과 경상도 진사 황상중(黃尙中) 등이, 5월 15일에는 성균관 생원 이적(李積) 등이 청원했다.

이렇게 지방 유생들의 청원 상소가 답지하자 조정에서도 이에 대한 찬반 논의가 벌어졌다. 이해 2월 12일에는 남인 계열의 대사간 남용익(南龍翼)이 "유생들이 종사하기를 청한 것은 참으로 옳지만 시기가 잘못되었다."라고 말하여 지평 원만리(元萬里)가 남용익을 탄핵했으며, 4월 1일에는 대사헌 송준길과 우찬성 송시열이 문묘 종사를 촉구하면서 동시에 중국 성현 가운데 정자의 학문을 이어받아 주자에게 연결시켜 준 월국공 이통(李侗)을 문묘에 배향해야 한다고 주장하

352

여 새로운 사항을 하나 추가했다.

이해 4월 11일에는 사간 김만균(金萬均) 등이 문묘 종사를 촉구하고, 이어 4월 18일에는 대사헌 박장원(朴長遠)이, 4월 23일에는 이조참판 유계가, 5월 18일에는 지평 홍만용(洪萬容)이 양현을 헐뜯은 성균관 전적 권진한(權震翰)의 파직을 요청했다. 김만균은 김장생의 증손이자 김익희의 아들로서 대를 이어가면서 스승인 이이와 성혼을 추모하고 있었다. 홍만용은 선조의 딸 정명 공주(貞明公主)와 부마인 홍주원(洪柱元) 사이에 태어난 아들로서 송시열과 송준길을 적극 옹호한 서인이었다.

이렇게 서인들의 종사 운동이 치열하게 전개되는 과정에 반발하여 경상도 유생 남중유(南重維) 등 26명은 5월 20일에 서울의 중학(中學)에 들어가서 모임을 갖고 문묘 종사를 반대하는 소를 올렸다. 그 요지는 이황만이 유일하게 올바른 선비이고, 이이와 성혼 등 두 신하의 학문이 조잡하고 천박하며 여러 가지 흠이 있다는 것이었다. 임금은 남중유의 태도가 지나치게 방자하다고 하여 1년간 과거 시험 응시를 중지시켰다.

한편 성균관 유생 이적 등은 5월 25일에 다시 소를 올려 남중유 등이 방자하게 현인들을 모욕했다면서, 옛날 성현들도 한때는 소인들의 미움을 받았다고 했다. 그러면서 정인홍, 정여립, 채진후, 유직, 남중유 등으로 이어져 온 소인배들의 행적을 규탄했다. 그리고 이이와 성혼은 바로 이황의 성리학을 계승하여 발전시켰다고 거듭 주장했다.

여기서 서인과 남인의 견해 차이를 한마디로 정리하면, 이황만이 유일한 학자라는 것이 남인의 주장이고, 이황도 위대하지만 이이와 성혼도 이황의 뒤를 잇는 현인이라고 보는 것이 서인의 주장이다.

현종은 문묘 찬성파와 반대파의 어느 쪽도 따르지 않으면서 중립을 지키고 있다가, 이해(현종 4년) 6월 1일에 승정원에 명하여 인조조에 두 신하를 문묘에 종사하자는 유생의 요청에 따라 관작을 추증하고 시호를 내리고 편액을 하사하고 제사를 지낸 일이 있었는지 조사하여 아뢰라고 했다. 이에 따라 승정원은 사실을 조사하여 임금에게 보고했다.

그런데 이해 6월 10일에 경상도 유생 김강(金鋼) 등이 또 상소하여 문묘 종사를 반대했으며, 14일과 18일에는 경기 유생 박지상(朴之相) 등이 연거푸 상소하여 문묘 종사를 촉구했다. 조정에서도 6월 20일 응교 이민적(李敏迪) 등이 상소하여 김강의 상소를 비판하고 문묘 종사를 촉구했다. 21일에는 성균관 유생 이선악(李宣岳) 등이 김강을 비판하는 소를 올렸고, 7월 3일에는 홍문관 부제학 이경휘(李慶徽)가 소를 올려 김강을 비판했다. 임금은 이경휘의 소에 대하여 "괴롭고 고달픈 일이다."라고 낮은 소리로 대답했다.

7월 5일에는 충청도 유생 김호(金灝) 등이 찬성하는 소를 올리고, 11일에는 유생 권대시(權大時), 13일에는 평안도 유생 이창진(李昌震) 등이 찬성소를 올렸다. 조정에서는 송시열의 문인인 대사성 민정중(閔鼎重, 1628~1692년)이 1만 자에 달하는 긴 소장을 올려 이이와 성혼을 변무(辨誣)하여, 임금은 호오를 분명히 하여 사설(邪說)이 일어나지 않게 하고, 선비의 나아갈 길을 밝히라고 촉구했다. 7월 19일에는 황해도 유생 최세익(崔世益) 등이, 7월 23일에는 강원도 생원 이모(李

354

模) 등이, 8월 2일에는 개성부 유생 이문규(李文奎) 등이, 8월 10일에는 충청도 진사 이상경(李尙絅) 등이, 8월 21일에는 함경도 유생 한희익(韓希益) 등이, 11월 20일에는 경상도 진사 이파(李坡) 등이 잇달아 찬성하는 소를 올렸다. 그러나 임금은 받아들이지 않았다.

1664년(현종 5년)에 문묘 종사 문제와는 별개로 재야에서 두 현인을 추앙하는 사업이 진행되고 있었다. 김장생이 옛날에 왕래하던 충청도 황산(黃山, 연산(連山))에 김장생 문인들이 원우(院宇)를 세우고, 이이와 성혼을 김장생의 사승(師承)으로 삼고 모셨다. 또 두 현인의 연원을 찾아 조광조와 이황을 함께 이곳에 모셨다.

1665년(현종 6년) 6월에는 좌참찬 송준길이 경연에서 다시 종사를 청원하고, 이듬해 3월 22일에는 김상헌의 손자 이조 판서 김수항(金壽恒, 1629~1689년)이 소를 올려, "영남은 어진 선비들이 배출되어 선비의 고장으로 일컬어져 왔습니다. 그런데 근래에는 풍습이 크게 변하여 성균관 유생들이 이이와 성혼을 문묘에 배향하고자 청했을 때, 올바른 사람을 미워하는 영남의 무리들이 임금의 비답을 위조한 다음 도내에 유포하여 선동하려고 꾀했습니다. 그 뒤에 일이 발각되자 선왕께서 가장 무거운 죄로 논단하라고 명하셨습니다. 이 무리들이 선비란 이름을 가탁하여 임금의 비답을 위조한 것을 보면 무슨 짓인들 못하겠습니까?"라고 했다. 이에 임금은 "이 일은 몹시 놀랍다."라고 말했다. 하지만 임금은 종사만은 허락하지 않았다.

청원 운동은 이해 11~12월에도 지속되었다. 11월 26일에는 서울의 사학 유생, 충청, 황해, 원양(강원), 평안도 유생들이 청원했고, 12월 7일에는 성균관 생원 권상하(權尙夏, 1641~1721년) 등이 청원했다.

권상하는 송준길과 송시열의 문인으로, 뒷날 호락논쟁(湖洛論爭)에서 충청도 유학자의 호론(湖論)을 주도한 성리학자이다. 같은 날 성균관 및 경기, 황해, 평안도 등지의 유생 수백 명이 집단 상소하면서 이해를 마감했다.

1667년(현종 8년)에도 1월 27일 원양도 유생 최념(崔淰) 등이 상소하고, 2월 7일에는 전라도 유생, 3월 4일에는 경상도 유생, 4월 3일에는 경상도 유생 등이 잇달아 상소했으나 무위로 끝났다.

1669년(현종 10년) 1월에는 성혼의 외손자인 윤선거가 향년 60세로 세상을 떠났다. 그는 바로 윤황의 아들이다. 27세 되던 해에 병자호란(1636년)이 일어나자 성균관 유생으로서 가족을 거느리고 강화도로 피란했는데, 그의 친구와 사생(死生)을 함께 하기로 약속했다. 그런데 성이 함락될 때 그의 친구는 자결하여 순절(殉節)했으나, 윤선거는 아버지 윤황이 임금을 모시고 남한산성으로 들어가서 생사를 알 수 없었기 때문에 자결하지 않고 있다가 임금이 남한산성을 나오자 아버지를 만나서 함께 고향으로 내려갔다.

윤선거는 친구와의 약속을 지키지 못한 것을 평생 죄로 여겨 과거를 포기하고 살았다. 윤선거의 아들은 유명한 윤증으로 뒷날 소론(少論)의 영수가 됨으로써 서인이 노론과 소론으로 갈리는 계기가 되었다. 그래서 성혼은 노론과 소론 양쪽에서 추앙을 받았는데, 소론이 더 적극적으로 성혼을 추앙했다.

이해에도 문묘 종사 운동은 중단되지 않았다. 6월 6일에 성균관 유생 조지정(趙持正) 등이 상소하여 송나라의 양시(楊時), 나종언(羅從彦), 이통(李侗)과 조선의 이이와 성혼을 함께 문묘에 종사하자는 소를 올렸다. 8월 19일에는 강원도 유생 이모 등이 역시 송나라 학자와 이이, 성혼의 종사를 청했고, 9월 26일에 황해도 진사 김창춘 등이 똑같은 내용의 소를 올렸다. 그동안 두 사람의 종사만을 주장했던 내용이 송나라 학자들로 확대되는 변화가 나타난 것이다.

1671년(현종 12년)에 남인으로서 임금의 총애를 받고 있던 허적이 영의정에 오르자 상대적으로 서인의 힘이 약화되었다. 그래서 이해를 전후해서는 문묘 종사 운동이 침체되었다. 다만 1674년(현종 15년) 2월 19일에 성균관 유생 김만길(金萬吉) 등 250여 명이 집단으로 올린 상소가 마지막을 장식했을 뿐이다.

○○ 숙종 8년 경신환국으로 문묘에 종사되다

숙종 대(1674~1720년)는 조선 역사상 당쟁이 가장 치열하게 전개된 시기인 동시에 환국(換局)이라 불리는 당권 교체가 이루어진 시기였다. 다시 말해 한 당파가 독점하던 권력이 다른 당파에게 송두리째 넘어가는 권력 이동이 바로 환국이다.

숙종 대에 이르러 이이와 성혼이 근 100년의 논쟁을 거친 끝에 비로소 문묘에 종사되는 영광을 얻게 된 것도, 따지고 보면 경신환국(1680년)으로 서인 세력이 정권을 독점했던 시기가 있었기 때문에 가능한 일이었다. 하지만 기사환국(1689년)으로 정권이 남인에게 넘어간 시기에는 다시금 문묘에서 폐출되는 수모를 겪기도 했다. 그리고 갑술환국(1694년)으로 서인이 재집권하면서 문묘에 재차 종사되는 곡절을 겪었다. 그 이후에는 서인에서 갈라진 노론과 소론이 계속 집권하고 남인 세력은 거의 몰락하고 말았기 때문에 두 사람의 문묘 종사는 왕조 말기까지 유지될 수 있었다.

그러면 숙종 대 문묘 종사 운동은 어떻게 전개되었는가? 우선 숙종 초기에 권력을 담당한 것은 남인이었다. 이는 효종의 왕비인 인선 왕후 장씨(장유의 딸)가 세상을 떠나자 시어머니인 인조의 계비 조대비의 상복이 문제가 되었는데, 이번에는 9개월복을 입어야 한다는 송시열 등 서인의 주장이 1년복을 입어야 한다는 허목 등 남인의 주장에 밀려 남인이 집권하게 된 것이다. 이것은 이론의 승리라기보다는 현종 말년에 남인의 세력이 강했기 때문에 임금이 남인의 주장을 받아들인 것에 지나지 않았다. 그래서 온건파 남인인 허적이 권력을 장악했다.

김상헌, 송준길, 김집 등 명망 높은 서인이 모두 세상을 떠나고 노쇠한 송시열만 살아 있는 것도 중요한 이유였다. 당시 남아 있는 서인 가운데 민정중이나 김만기(金萬基) 등은 명망이 낮아서 선비 사회의 존경을 크게 받지 못했다. 원래 성혼과 이이를 추존하고 송시열 등 서인과 친했던 윤휴가 태도를 바꿔 남인 편으로 돌아선 것도 사태를 불리하게 만들었다.

이렇듯 남인이 우세한 정세 속에서 문묘 종사 논의는 일어나지 못했다. 재야에서 일어나더라도 조정에서 이를 밀어줄 세력이 없었다. 1575년(숙종 원년) 5월 14일에 경연에 참석했던 남인 참찬관 유명천(柳命天)은 이황이 이이보다 높은 학자라는 것을 주장하기 위해 두 사람의 이기설을 비교하면서 두 사람의 학설을 반대로 말하여 웃음

거리가 되었다. 이는 영남 선비들이 학문적으로 얼마나 거칠었는지, 그리고 이황에 대한 존숭이 얼마나 맹목적이었는지를 말해 준다.

남인 집권 시대는 1680년(숙종 6년)에 허적의 역모 사건을 계기로 경신환국이 이루어지면서 종말을 고하고, 김수항을 영의정으로 하는 서인 집권 시대가 열렸다. 이에 따라 재야 선비들로부터 문묘 종사를 청원하는 상소가 다시 올라오기 시작했다. 먼저 이해 8월 26일에 황해도 유생 윤하주(尹夏柱) 등이 상소하자, 임금은 "선대 조정에서 시행하지 않았던 전례를 지금 거행할 수 없다."라고 답했다.

이듬해에는 상소 운동이 더욱 격화되었다. 이해 3월 27일에 전라도 유생들이 나주에 있는 경현서원(景賢書院)에 이미 제사를 받고 있는 김굉필, 정여창, 조광조, 이언적, 이황 등과 함께 이이와 성혼을 추가로 모셔 제사 지내기를 청하자 임금이 허락했다. 이런 조치는 이미 문묘에 배향되어 있는 5현에 이어 두 현인을 동렬에 올려 놓겠다는 상징적인 뜻이 담겨 있었다.

이해 4월 3일에는 대사헌 이단하(李端夏)가 상소하여, 성혼이 선조 때 주장한 혁폐도감을 참고하여 혁폐청(革弊廳)을 설치하고 군역의 개혁을 하자고 건의하자 임금이 묘당에서 의논하라고 명했다. 이런 조치는 성혼의 위상을 임금에게 각인시키는 효과가 있었다. 이어 4월 27일에는 함경도 유생들이 상소하여 관찰사 민정중이 건립한 정몽주, 조광조, 이황, 이이, 성혼, 조헌을 모시는 서원에 사액할 것을 청하자 이를 허락했다. 이런 조치도 이이와 성혼의 위상을 지방 서원에서 동렬로 높이는 의미가 있었다. 4월 28일에는 부응교 이유(李濡)와 영의정 김수항이 성혼의 부친 성수침에게 시호를 추증하자고 건의하니 임금이 윤허했다. 임금은 두 현인의 문묘 조사는 허락하지 않았지만 두 현인을 다른 방법으로 높이는 일은 계속적으로 허락하여 분위기가 무르익도록 유도한 셈이다.

이해 5월 22일에는 송시열의 문인으로 전에 정(正)을 지냈던 이상(李翔)이 소를 올렸다. 그는 선정신 이이와 성혼을 존모(尊慕)하는 자들이 서인이 되고, 양현(兩賢)을 공격하고 배척한 자들이 동인이 되었는데 어느 쪽이 군자이고 어느 쪽이 소인인지를 알려면, 왜란 때 파천하게 한 당이 어느 당이고 왜란을 회복시킨 것이 어느 당인가, 광해군이 역패(逆敗)할 때 그 악한 쪽에 영합한 것이 어느 당이고 인조반정을 협찬한 당이 어느 당인가, 숙종이 즉위할 때 종사를 위태롭게 한 것이 어느 당이고 숙종이 정치를 깨끗이하려는 뜻을 도운 것이 어느 당인가를 알아보라고 말했다. 이 말은 서인이 군자당이고 동인이 소인당이라는 뜻이다. 임금은 이 상소를 보고 "진언한 정상을 가상하게 여긴다."라고 답했다.

이렇게 이이와 성혼을 추앙하는 움직임이 일어나는 가운데 이해 9월 18일 드디어 성균관의 팔도 유생 이연보(李延普) 등 500여 명이 집단적으로 상소하여 이이와 성혼을 문묘에 종사하고, 아울러 송나라의 3현(양시, 나종언, 이통)을 함께 문묘에 배향하자고 주장했다.

이렇게 성균관의 팔도 유생 500여명이 상소를 올린 것은 전국유생들이 상당한 합의에 이르렀다는 뜻을 지니고 있어 상징성이 매우 컸다. 그래서 임금은 처음에 "가볍게 허락하기 어렵다."라고 했다가 곧 윤허했지만, 바로 시행에 들어가지는 않았다. 그러자 7일 뒤인 9월 25일 경연에서 영의정 김수항과 검토관 오도일(吳道一), 지경연사

이민서(李敏敍) 등이 두 현인의 문묘 종사 허락을 칭송하면서 문묘 종사뿐 아니라, 여기서 한 걸음 더 나아가 이이가 지은 『성학집요』, 『동호문답』 등을 임금이 열심히 읽고, 경연에서 진강(進講)해야 한다고 주장했다. 임금은 이 제의도 허락했다. 오도일은 바로 성혼의 문인 오윤겸의 손자이고, 이민서는 영의정 이경여의 아들이다. 이들은 대를 이어 이이와 성혼을 추모하고 있음을 볼 수 있다.

이로부터 이틀 뒤인 9월 27일에는 남인의 반격이 시작되었다. 영남 유생 박성의(朴性義) 등 60여 명이 소를 올려 문묘 종사를 정지하라고 요구하면서 전부터 남인들이 주장해 온 무함을 더욱 과장해서 되풀이했다.

조정에서는 경연 참찬관 이유가 9월 28일 경연에서 박성의의 소가 근거 없다고 말하고, 9월 30일에는 부응교 송광연(宋光淵), 교리 이돈(李墩), 부교리 신엽(申曄), 수찬 오도일, 부수찬 이언강(李彦鋼), 김진구(金鎭龜) 등이 차자를 올려 박성의의 소가 거짓임을 진언했다. 그 내용은 전부터 종사 청원자들이 늘 해 오던 말의 되풀이였다. 임금은 박성의 등의 소가 "방자하게 두 현인을 헐뜯었다."라고 하면서 그들에게 벌을 주라고 명했다.

이렇게 남인의 주장이 배척당하자, 영남 유생 수백 명이 이해 12월 1일에 경상도 여러 고을에 통문을 내어 비용을 모으고 장차 서울로 몰려올 준비를 했는데, 경상도 관찰사가 그 대표자를 처벌하도록 건의하여 시행되었다. 영남 남인의 반발이 거세지가 서인 원로 대신인 송시열이 12월 14일 계사를 올려 영남 유생들의 상소가 사실을 날조했다고 지적했다.

영남 유생들의 반발 때문에 문묘 종사는 결정만 하고 시행에 들어가지 않았는데, 1682년(숙종 8년) 1월 29일 경상도 진사 고세장(高世章) 등 수백 명이 또 상소하여 이전 사람들과 똑같은 말로 문묘 종사를 반대하고 나섰다. 임금은 그 소두인 고세장을 평안도 벽동으로 유배 보냈다.

드디어 1682년(숙종 8년) 5월 20일에 예조에서는 두 현인을 문묘에 종사하는 의례인 「종사절목(從祀節目)」을 만들고, 다음 날 이를 중외에 반포했다. 5월 21일에 반포한 교서의 요지는 다음과 같다.

문성공(이이)의 조예가 높고 밝은 것은 태어날 때 삼광(三光, 해·달·별)과 오악(五嶽)의 정기를 받은 것이며, 문간공(성혼)의 품행이 돈독한 것은 학문이 가정에서 근본한 것이니, 함께 수사(洙泗, 공자와 맹자)의 연원을 거슬러 올라가서 우뚝하게 해동(海東)의 산두(山斗, 태산과 북두)가 되었다. 이기와 성정에 대한 분별은 이미 지극하게 정밀했고, 규모와 사업의 융성함은 더욱 광대한 지경에 이르렀다. 웅대한 말과 숭고한 의론은 성실한 군주에 대하는 정성이요, 탁월한 지식과 완전한 재능은 용감한 도를 맡은 용기였다. 아아, 포부를 다 펴지 못했지만, 아직도 유풍(儒風), 여열(餘熱)이 증거가 있으니, 관작과 시호가 비록 높다 하나 어찌 성덕의 보답이 되겠는가? 시비가 이미 정해졌으니, 죽은 후 영구히 생각함을 더욱 볼 수가 있다. 오현(五賢)에 이어 추가 배향함은 진실로 마땅하며, 삼조(인조, 효종, 현종)를 거치면서 여러 사람의 호소가 더욱 성급해졌다. 선철(先哲)에 융성함을 더했으니, 이에 사전(祀典)에 빠진 것을 보완했으며, 두 신하를 표창했으니, 선비들이 눈으로 보고 감동함이 더욱 절실하겠다.

그리하여 이이와 성혼의 문묘 종사는 이이가 세상을 떠난 지 98년 만에, 성혼이 세상을 떠난 지 84년 만에 이루어졌다. 거의 100년의 세월이 흐른 것이다. 그동안 동인과 남인의 방해로 우여곡절을 겪었지만 끝내 종사가 이루어진 것은 서인의 학문적 승리와 정치적 승리를 의미하는 것이었다. 하지만 영남 선비들은 끝까지 반대의 불씨를 끄지 않고 있었다.

○○ 숙종 15년 기사환국으로 문묘에서 폐출되다

1680년(숙종 8년) 경신환국으로 정권을 장악한 서인의 시대는 9년 간 지속되다가 1689년(숙종 15년)에 기사환국으로 끝나고, 다시 남인의 시대가 열렸다. 숙종은 서인 집안 출신 왕비 셋을 맞이했는데, 김만기의 딸(인경 왕후), 민유중(閔維重)의 딸(인현 왕후), 김주신(金柱臣)의 딸(인원 왕후) 등 세 왕비에게서 모두 후사를 얻지 못했다. 그래서 세 후궁을 두어 이들에게서 후사를 얻었는데, 그 가운데 가장 먼저 아들(윤(昀), 뒤의 경종(景宗))을 낳은 사람이 남인 및 소론과 연결된 소의 장씨(昭儀張氏)였다. 임금은 그 아들을 1689년에 원자(元子)로 정하고, 소의 장씨를 희빈(禧嬪)으로 승급시켰다. 이에 서인들은 인현 왕후가 아직 나이가 23세 밖에 안 되어 출산할 가능성이 있는데도 성급하게 후궁 소생을 원자로 책봉하는 것에 반대했다. 이에 숙종은 서인의 영수인 송시열을 비롯하여 영의정 김수흥(金壽興), 김수항, 김만중, 이이명 등 서인 대신들을 죽이거나 유배 보냈다. 송시열은 제주도로 유배되었다가 서울로 압송되어 오던 중 사약을 받고 죽었다. 그러고 나서 임금은 5월에 인현 왕후를 폐비시키고 희빈 장씨를 왕비로 책봉했다.

이렇게 서인이 갑자기 몰락하고 남인 시대가 다시 열리자 문묘에 종사되었던 이이와 성혼을 문묘에서 내치자는 주장이 남인들 사이에서 터져 나왔다. 원주 유학 안전(安瑑)이 이해 2월에 첫 포문을 열고, 이어 3월 12일에 진사 이현령(李玄齡)이 뒤를 이었다. 그 뒤 3월 14일 대사간 권해(權瑎)와 헌납 이현조(李玄祚)가, 3월 17일에 영부사 이상진(李尙眞)이 잇달아 상소했다. 임금은 처음에는 출향(黜享)만은 경솔히 의논할 수 없다고 거부했으나, 3월 18일에 드디어 두 현인을 문묘 종향에서 폐출하라고 명했다.

임금은 서인의 주장을 따랐다가 남인이 득세하자 또 그들의 압력을 이기지 못하여 문묘에서 폐출하는 조치를 취했던 것이다. 임금의 입장에서는 체면이 서지 않는 조처였지만, 중론을 따를 수밖에 없는 것이 유교 정치가 지닌 특성이었다.

당시 문묘 폐출을 반대하고 나선 것은 좨주(祭酒, 정3품)로 있던 박세채로서 3월 19일에 소를 올렸다. 박세채는 자신도 두 현인의 종사를 청했고, 또 이미 국시(國是)가 정해진 것을 바꾸는 것은 따를 수 없다고 하면서 죄를 청하자 임금이 그의 사직을 허락했다.

그런데 이렇게 문묘에서 출향하는 조치가 내려졌어도 지방에서는 여전히 수령들이 예전처럼 향교의 문묘에서 성혼과 이이를 제사하는 것을 포기하지 않는 일이 많았다. 그래서 정부의 시책을 따르

지 않는 수령들을 조사하여 파직시켰는데, 전라도 능주 목사 임환(林
渙), 부안 현감 성석개(成碩蓋), 목천 현감 이연보(李延普), 청안 현감 이
덕로(李德老), 연풍 현감 이후방(李厚芳) 등이 파직되거나 하옥되었다.

이렇게 수령들이 국가의 바뀐 정책에 순종하지 않자, 숙종은
1694년(숙종 20년) 1월 18일에 「비망기(備忘記)」를 내려 앞으로 의논을
제기하는 자는 벌을 내릴 것이라고 포고했다.

무릇 천하의 일은 일마다 다 착할 수는 없다. 간혹 앞에서 그릇된
것이 있더라도 뒤에서 고치게 된 것이 있기도 하고, 오늘의 옳은 것
을 깨닫고 어제의 그릇된 일을 깨우치기도 한다. …… 아, 문묘에
종사하는 일은 얼마나 중대한 일인가? 당연히 승무(陞廡, 위패를 올
림)해야 하는데도 승무되지 못한 것은 한때의 잘못된 전례(典禮)에
불과한 것이지만, 승무해서는 안 될 것인데도 억지로 승무하게 된
것은 성묘를 더럽히고 사문을 욕되게 하는 것이다.

이이와 성혼은 본래 덕망이 구비한 사람이 아니고, 또 숨길 수
없는 하자가 많았는데도 내가 이를 살피지 못하고서 함부로 승무
했으나 '내가 이미 행했다'고 하여 그 잘못된 것을 바로잡지 않을
수 있겠는가? 이것은 경화(更化)의 초기에 공론을 시원스레 따랐던
까닭이다. …… 지금부터 감히 이이와 성혼의 일을 가지고 앞장서
서 의논을 제기하는 사람은 성묘를 모욕한 죄로서 논정할 것이니
명백하게 포고하라.

그런데 이렇게 성혼과 이이의 문묘 종사가 잘못되었다고 포고한

숙종이 바로 5개월 뒤에 또 이를 뒤집고 문묘에 다시 종사하는 것을 허락했으니, 임금의 체면도 말이 아니게 되었다.

○○ 숙종 20년 갑술환국으로 문묘에 다시 종사되다

숙종 15년에 집권한 남인의 시대는 1694년(숙종 20년)에 갑술환 국으로 5년 만에 끝나고, 다시 서인의 노론과 소론이 재집권했다. 숙종은 인현 왕후 민씨를 폐위시키고 장 희빈을 왕비로 올렸으나 차 츰 방자한 그녀에게 싫증을 느꼈다. 뒤에 무수리 출신의 숙빈 최씨 (淑嬪崔氏)를 사랑하여 아들을 낳았는데 그가 뒷날 영조 임금이 되었 다. 서인들은 폐위된 인현 왕후를 복위시키기 위해 숙빈 최씨에 접근 하여 그녀로 하여금 장비(張妃)의 비행을 임금에게 알리도록 했다. 그 결과 숙종은 장비를 다시 희빈으로 강등시키고 인현 왕후를 다시 왕 비로 복위시켰다.

이렇게 장 희빈의 처지가 어려워지자 그녀와 연결되었던 남인 세 력은 자연히 몰락했다. 그리하여 소론계의 남구만(南九萬)을 영의정으 로 삼고, 박세채를 좌의정, 윤지완(尹趾完)을 우의정으로 삼았다. 남인 민암(閔黯), 이의징(李義徵)을 사약을 내려 죽이고, 권대운, 목내선, 민 종도 등을 유배 보냈다. 이 뒤로 남인은 영원히 권력에서 소외되었다.

남인이 몰락하자 이이와 성혼을 다시 문묘에 종사하자는 논의가 일어나는 것은 필연적인 일이었다. 1694년(숙종 20년) 4월 21일에 유학 신상동(辛相東) 등이 문묘 종사를 청원하는 상소를 올렸다. 그 상소의 요지는 이렇다.

문성공 이이와 문간공 성혼은 도덕을 순수하게 갖추고, 학문의 연
원이 송나라의 정자 및 주자와 백중하고, 우리나라 오현과 차이가
없습니다. 사림에서 문묘에 향사(享祀)하기를 청하여 온 지 50년이
지나서야 전하께서 윤허하시어 사문(斯文)을 일대에 밝히고, 성덕을
천추에 빛내셨습니다. 불행히도 지난날 어진이를 미워하는 간사한
무리들이 때를 타서 불쑥 일어나 거짓을 가리켜 진실이라 하고, 흰
것을 바꾸어 검은 것으로 삼으며, 시비를 어지럽히고 천심을 흔들
어 두 어진 신하가 마침내 출향하게 되었습니다. 성덕이 빛났다가
다시 어두워졌으니, 사림의 억울함이 어떻겠습니까? 다행히 이 밝
은 날에 만화(萬化)가 새로워졌어도 두 신하의 종사만은 복구되지
않았으니, 어찌 전하께서 기억하지 못하시는 것입니까? 아니면 전
하께서 망설이는 것이 있어서입니까?

이해 5월 22일에는 충청도 유학 임봉진(林鳳珍) 등이 또 소를 올
려 종사를 촉구했다. 두 현인의 문묘 종사를 폐출하도록 부추긴 이현
령(李玄齡) 등은 정인홍, 이홍로, 채진후, 유직 등의 의논을 계승하여
성전(成典)을 무너뜨렸으니, 선정(先正)을 무함하고 헐뜯은 죄를 명백하
게 시비를 가려 발본색원해야 한다고 주장했다. 임금은 이 소를 읽고
"발본색원이라는 말이 매우 명쾌하다. 이현령이 부정한 논의를 주워
모아 시세를 타고 정직한 분을 해친 것은 참으로 증오하고 통렬하게
징계하지 않을 수 없다."라고 하면서 해당 관서에서 의논하여 처리하

라고 명했다. 그런데 5월 26일에 진사 한종석(韓宗奭) 등이 이이와 성혼의 복향을 반대하는 상소를 올리자, 임금은 애당초 사설(邪說)을 주장한 이현령을 먼 지방으로 유배 보내라고 명했다. 이날 유학 이창규(李昌奎)가 소를 올려 두 현인의 복향을 촉구하면서 붕당의 반복으로 종사와 출향의 무상함이 초래되었으니 임금은 앞으로 현인을 모독하는 자에게 기만당하고 엄폐당하지 말라고 경고했다. 임금으로서는 수치스러운 말이 아닐 수 없다. 윤5월 3일에는 성균관 유생 이세백(李世白) 등이 소를 올려 한종석을 비판했다.

이렇게 두 현인의 복향을 촉구하는 상소가 답지하자 임금은 6월 23일에 이이와 성혼을 다시 문묘에 종향하라고 명했다. 이어 반교문을 지어 서울과 지방에 반포했다. 성혼의 제자인 오윤겸의 손자 오도일이 지은 반교문의 요지는 이렇다.

선조(宣祖)께서 즉위하셨을 때 두 신하가 한꺼번에 이 세상에 나왔다. 이 문성공은 총명하고 고매하여 탁월하게 천품이 높았고, 성 문간공은 독후하고 장엄하여 올바른 가정의 교훈을 체득한 바 있었다. 일찍부터 지란(芝蘭)의 교분을 맺었고, 나중에는 여택(麗澤, 나란히 있는 두 연못이 서로 도와줌)의 절차탁마를 기약하여 수사낙민(洙泗洛閩; 공자, 맹자, 정자, 주자)의 글에 마음을 담금으로써 바로 그 정맥에 합해졌다. 천명과 인성의 이치를 분석하여 도의 큰 근본을 환히 알아냈으며, 지행을 병진하는 공부를 하여 밝고, 통하고, 공정하고, 넓게 되고, 경과 의를 겸비하여 속이 곧고 겉이 반듯했다.

임금에게 충성하여 한평생의 포부를 다 펴려고 …… 시무에 관한 수천의 계책은 주자의 봉장(封章)과 같았다. 한때 큰 정치가 있을 것 같았는데 애석하게도 혜택이 민생에 미치지 못했고, 독설(毒舌)이 극성을 부려 끝을 마치지 못했다. 그의 풍성은 백세에 사법(師法)이 될 수 있기에 제사의 자리에 배향할 것을 많은 선비들이 호소했으나 미쳐 제전(祭典)을 차리지 못하다가 과인의 몸에 이르러 드디어 대중의 심정에 따르게 되었다. 학궁(성균관)에 빛이 나고, 온 나라 사람들이 본받을 데가 있게 되고, 선비들의 기세가 증가하여 문풍(文風)이 일어날 시기를 맞이하게 되었다.

지난번에 편당(偏黨)하는 사람들이 조정을 담당할 때 교묘하게 참소하는 말이 나의 뜻을 현혹시켜 상례(常禮)의 제사를 오래 거행하지 못해 영령들이 편안히 의지할 데가 없게 되었고, …… 선량한 선비들의 숨은 고통이 한이 없었다. 비록 거짓말이 올바른 것을 더럽혔지만 이 죄를 면할 수 없다.

돌아보건대 한쪽 말만 듣는 통에 간계를 부리게 된 것이기에 내 마음에 부끄럽게 여긴다. 이번에 경장하는 날을 맞이하여 즉시 잘못을 뉘우치기 시작하여 갖가지의 죄악을 다스리고, 충성을 표양하는 일을 혹시라도 거행하지 않는 것이 없게 하는데, 하물며 이런 유현을 존숭하고 덕을 숭상하는 일을 어찌 조금이라도 늦출 수가 있겠는가?

숙종은 자신이 남인의 간계에 현혹되어 죄를 지었다고 솔직하게 인정하면서 이이와 성혼의 문묘 복향을 최종적으로 마무리 지었다. 노론과 소론의 집권은 숙종 말년까지 이어졌기 때문에 숙종 43년에는 김장생도 문묘에 배향되는 영광을 입었다. 그리고 영조 대에는 송시열, 송준길, 박세채가 차례로 문묘에 배향되고, 고종 때에는 김장생의 아들 김집과 이이 및 성혼의 문인 조헌이 문묘에 배향되었다. 이로써 이이와 성혼의 학통을 이은 후학들이 6명이나 문묘에 배향되는 성과를 이루었다. 반면 조선 후기 남인 학자 가운데에는 단 한 사람도 문묘에 배향되지 못했다.

조선 시대 학자로서 문묘에 배향된 인물은 모두 14명인데,[1] 그 가운데 6명은 이이와 성혼 이전의 인물들이고, 나머지 8명은 모두 이이와 성혼을 포함하여 그 후학들이 독차지했다. 이것은 조선 후기 300년의 학문과 정치를 이이와 성혼, 그리고 그 후학들이 주도했다는 것을 말해 준다. 또 이른바 실학자로 알려진 조선 후기 서울 근교 남인들이나 북학파들도 그 뿌리를 캐 보면 이이와 성혼의 영향을 받은 이가 적지 않다. 따라서 문묘 배향자들의 학풍이 실학이나 북학과 반대된다는 생각은 잘못이다.

9 조선 후기 정치에 성혼이 미친 영향

○○ 영조 대의 성혼 추앙

　문묘에 배향되면 서울에서는 성균관에서 공식적으로 제사를 지내면서 추앙하고 지방에서는 향교의 문묘에서도 제사를 지냈으므로 문묘 배향자들은 전국적인 선비의 추앙의 대상이 되었다. 이 밖에 개인이 설립한 서원에서도 위패를 모시고 제사하는 곳이 적지 않았으므로, 공교육과 사교육 전체에서 전국적인 추앙을 받게 된 것이다. 그러나 이러한 형식적인 제사를 떠나서 실제 정치에 미친 영향이 더욱 중요하다. 조선 후기 역대 임금들은 이이나 성혼의 후손들에게 특별히 벼슬을 내리라거나 그들의 학문을 본받으라는 신하들의 말을 많이 따랐다. 여기서는 성혼에 관한 일만 소개하기로 한다.

　먼저 1735년(영조 11년) 윤4월에는 성혼의 외손인 조유(曺逾)에게 벼슬을 증직했으며, 1740년(영조 16년) 8월에는 임금이 파주를 거쳐 개성에 가다가 성혼의 묘를 보고 교자 안에서 허리를 굽혀 예를 표했다. 그리고 제문 두 구를 지었는데, "지금 나의 고심(苦心)은 바로 선정(先正)의 마음이다. 길가 교자 안에서 허리 굽히니 감개한 마음 한없이 깊도다."라고 쓰고, 이 글을 제문에 첨가하라고 말했다. 1742년(영조 18년) 12월에는 우윤(右尹, 종2품) 이주진(李周鎭)이 상소하면서 "옛날에 주희는 임금에게 권면하기를 '정신을 보전하고 아끼며, 심신을 수습하는 것이 제일의 도리로 삼아 한다.'라고 말했는데, 선정신 성혼이 바로 이 말을 선조 임금께 했습니다."라고 하면서 임금이 '보석정신 수습심신(保惜精神 收拾心身, 정신을 보호하고 아껴서 몸과 마음을 단속한다.)'이라는 여덟 글자에 힘쓰라."라고 건의했다. 1765년(영조 41년) 12월에는 성혼의 제사를 받들고 있는 봉사손(奉祀孫)에게 벼슬을 주라고 명했다.

그 뒤에 1767년(영조 43년)에는 성혼의 사당을 서울 장동(壯洞)의 고택(古宅, 옛 청송당)으로 옮겼는데, 이때 임금은 신하들의 건의를 받아들여 4언절구로 된 제문을 지어 보냈다. 이를 소개하면 다음과 같다.

아, 경은 훌륭하도다
창녕의 거족(巨族)이었네
조선 초기로부터
이미 세덕(世德)이 드러났네
청송 선생의 아드님으로
그 학문을 이어받았고
어려서부터 성학에 뜻을 두어
과거에 오름을 원하지 않았네

성스러운 임금의 예우(禮遇)가

문성공과 똑같았네

마음은 공평했고

행실은 매우 독실했네

성현의 가르침을 배우면서

평소에 늘 탄복하였네

내 마음 이와 같으나

지하에 계신 경을 만날 길 없네

문성공의 사우(祠宇, 사당)는

이미 서울에 모셔졌는데

그 뒤 오 년 만에

경의 사우도 서울에 모셔질 줄이야

더더욱 기이한 것은

두 분의 사우가 지척에 있네

옛날 두 분의 동지(同志)가

우연히 지금 서로 합했네

내 비록 정성이 부족하나

존경하고 사모하는 마음은 똑같네

문성공의 『성학집요』를 교재로 하여

문성공의 가르침을 엎드려 읽었는데

이제 이 소식을 들으니

아, 속히 모셔 오기 바라네

생전과 생후가 어찌 다르겠는가

덕스러운 모습 보는 듯하네

내 어찌 날짜를 넘기겠는가

제문을 즉시 지었네

담당관이 제사 음식 펼쳐 놓고

왕명을 받들어 술잔을 올리네

백 년이 지난 지금

경에 대한 그리움 더욱 간절하네

세상에 드문 감회 일어나니

영령이시어, 내려와 드소서

이 제문은 물론 신하가 대신 지은 것이지만, 영조가 성혼을 이이와 쌍벽으로 높이 추앙하고 있었음을 볼 수 있다. 그런데 성혼의 위패가 청송당으로 모셔지기 5년 전에 이이의 위패도 서울의 옛집으로 옮겨졌는데, 두 사당의 거리가 지척이어서 살아서도 한 몸 같은 동지요, 죽어서도 한 몸 같은 동지가 되었다는 것을 기이한 일이라고 말하고 있다.

○○ 정조 대의 성혼 추앙

정조 때에는 1784년(정조 8년) 2월에 사도 세자를 옹호하던 시파(時派)의 한 사람인 영의정 정존겸(鄭存謙)이 차자를 올려 임금이 마음가짐을 먼저 잘 다스려야 한다고 강조하였다. 옛날에 성혼이 선조 임금에게 '보석정신 수습심신'의 여덟 글자를 바쳤다는 사실을 상기시키면서 모든 정치는 여기서부터 출발한다고 말했다. 정조는 이 말을 듣고 비답하기를 "'보석정신 수습심신'이라는 여덟 글자는 돌아보고 살피는 천금 같은 좋은 방법이며, 안과 밖을 다스리는 공부가 모두 여기에 달려 있으니, 경이 나에게 베푼 것이 많다. 바야흐로 좌우에 두고 보고 살피는 데에 도움으로 삼으려 한다."라고 대답했다. 정조는 성인 군주답게 영조보다도 더 적극적으로 성혼의 학문을 받아들이고 있음을 볼 수 있다.

같은 해 8월에 정조는 이이를 모신 파주의 자운서원과 성혼을 모신 파산서원에 승지를 보내 제사를 지내라고 명했다. 개인의 서원에 임금이 승지를 보내 제사하는 일은 예사로운 대접이 아닌 것이다.

1786년(정조 10년) 1월에는 이조 판서 김노진(金魯鎭)이 임금에게 아뢰기를 "일찍이 선정신 성혼이 일국(一局)을 설치하여 혁폐도감으로 이름 붙이고 그 주관을 대신에게 맡기고, 폐단을 바로잡는 일은 여러 당상을 선출하여 중앙의 서울로부터 지방의 백성의 폐막에 이르기까지 하나하나 상의하여 변통하자고 청한 일이 있다."라면서 이를 본받아 지금 설치한 공시 당상(貢市堂上)은 서울의 문제만 다루고 구관 당상(句管堂上)은 지방의 문제를 다루자고 건의했다. 임금은 비답하기를 "아뢴 바가 옳으니 묘당에서 신칙하게 하라."라고 명했다. 여기서 성혼이 공납 문제의 해결을 위해 혁폐도감 설치를 주장한 사례를 귀감으로 삼고 있는 것을 볼 수 있다.

1789년(정조 13년) 2월 정조가 파주에 거둥했을 때 이곳에 이이와 성혼의 묘가 있다는 것을 알고 승지를 보내 제사를 지내라고 명했으며, 제문은 자신이 직접 짓겠다고 말했다. 앞서 영조가 성혼의 무덤을 지나면서 교자 안에서 허리를 굽혀 예를 표하고 스스로 두 구의 글을 지어 제문에 첨가하라고 명한 것보다 더 적극적인 예를 표하고 있는 것이다.

정조는 성혼의 후손에 대해서도 우대해야 한다는 생각을 가지고 1796년(정조 20년) 3월에 명신의 후예들을 천거하라고 명했다. 충청도 관찰사에 성혼의 7대손으로 충청도 신창(新昌)에 사는 성시주(成時柱)를 천거하여 임금이 직접 만나 보기도 했다.

○○ 헌종, 철종 대 성근묵의 등용

성혼의 직계 후손 가운데 가장 명성을 떨친 이는 헌종 대 성근묵(成根默, 1784~1852년)이다. 그는 진사를 거쳐 음관으로 헌종 대 양근 군수를 지냈다. 성근묵은 성씨 집안의 가풍을 계승하여 학문이 높고, 청렴 검소하고 강직한 인물로 소문이 나서, 1838년(헌종 4년)에 경연관으로 발탁되어 임금의 정치를 자문하는 역할을 맡았다. 뒤에 사헌부 장령을 거쳐 집의에 올랐으며, 철종 대에는 부사직의 군직을 거쳐 1852년(철종 3년)에는 형조 참의에까지 올랐다가 이해 3월에 세상을 떠났다. 죽은 뒤에 판서를 추증하고 문경(文敬)이라는 시호를 받았다. 임금은 그를 경연관으로 삼으려고 생각하고 있었는데 세상을 떠나자 아쉬움을 표하면서 상장(喪葬)에 필요한 물품과 인력을 국가에서 내려 주었다.

성혼의 후손들은 대부분 청렴한 가풍을 계승하여 가난하게 살면서도 벼슬에 관심을 두지 않았으며, 국가에서 내려 주는 낮은 음직(蔭職)을 받는 것으로 만족했다. 1859년(철종 10년)에는 성혼의 봉사손이 너무 가난하여 제사를 지낼 여력이 없자 나라에서 수령에 상당하는 벼슬을 주어 제사를 이어 가도록 했다.

○○ 노론, 소론 분당 이후 성혼에 대한 평가

서인이 노론과 소론으로 갈라진 것은 1680년(숙종 6년)의 경신환국으로 서인이 정권을 장악한 이후부터이다. 그러나 그 시작은 현종 초로 거슬러 올라간다. 효종이 죽고 현종이 즉위하자 인조의 계비인 자의 대비의 상복을 둘러싸고 송시열은 1년복을 주장하고, 윤휴 등은 3년복을 주장했는데, 송시열의 주장이 채택되었다. 그 뒤 숙종 초에 효종비 인선 왕후가 사망하자 또 시어머니인 자의 대비의 복상이 문제되었는데, 이때는 9개월을 주장한 송시열의 주장이 패배하고 1년복을 주장한 윤휴 등 남인의 주장이 채택되어 남인 정권이 수립되었다.

윤휴는 본래 성혼의 문인으로 송시열도 그의 학문을 높이 평가했으나, 뒤에는 남인이 되어 두 차례에 걸친 복상 논쟁을 거치면서 사이가 극히 나빠졌다. 게다가 윤휴는 주자의 학설을 독자적으로 해석하여 송시열은 그를 사문난적(斯文亂賊)으로 비판했다.

그런데 송시열의 문인이자 성혼의 외증손인 윤증이 아버지 윤선거가 세상을 떠나자 송시열에게 찾아가 묘갈명을 부탁했다. 송시열은 이때 윤증이 가지고 온 자료 가운데 윤선거가 윤휴를 칭찬한 글을 읽고 기분이 상해, 좋지 않은 내용의 묘갈명을 써 주었다. 송시열은 복상 논쟁으로 윤휴와 사이가 나빠져 있었기 때문이다. 묘갈명에서는 윤선거가 호란 때 강화도에서 있었던 일을 소개하면서 윤선거가 절의가 없는 인물이라고 평했다. 그러나 윤증은 아버지의 행동이 부모에 대한 효에서 나왔으므로 절의를 배신한 것은 아니라고 주장했다. 이 일로 스승과 제자 사이에 큰 틈이 벌어지면서 노론과 소론으로 분열된 것이다.

송시열과 윤증의 사이가 더 나빠지게 된 것은 1680년(숙종 6년)에 경신환국으로 서인이 집권하자 남인에 대한 처벌을 둘러싸고 강경파와 온건파가 갈라졌는데, 송시열은 강경파, 윤증은 온건파에 속했다. 이때부터 강경파를 노론, 온건파를 소론으로 불렀다. 송시열은 남인에 속한 윤휴에 대한 감정이 좋지 않았기 때문에 남인에 대한 강경책을 따랐던 것이다.

송시열과 윤증의 갈등은 성혼에 대한 평가에도 영향을 주었다. 송시열은 성혼이 왜란 때 강화를 주장한 것도 절의에 어긋나는 행위로 평가했으나, 윤증은 당시의 상황이 급박하여 부득이한 권도에서 나온 것이라고 반박했다. 다시 말해 송시열은 실리보다 대의명분을 존중한 반면에, 윤증은 대의명분도 중요하지만 때에 따라서는 실리를 추구하는 권도를 따를 수도 있다는 입장을 취한 것이다. 이런 두 입장은 그 뒤에도 노론과 소론의 중요한 정책 차이로 이어졌다.

실제로 성혼의 학문을 보면 선비의 개인적 처신에 있어서는 실리보다는 명분과 의리를 더 존중했지만, 국가 운영에 있어서는 개인적 의리나 명분만 가지고는 어려운 경우가 있다고 보았다. 그래서 강화를 반대하던 제자 황신이 편지를 보내 강화를 받아들일 바에는 차라리 죽겠다고 했을 때, 성혼은 그런 행동은 개인적으로는 찬양할 일이지만 국가를 위한 행동은 아니라고 질타했던 것이다. 그런 점에서 보면 송시열이 성혼의 강화론을 부정적으로 비판한 것은 지나친 것이라고 할 수 있다.

서인이 노론과 소론으로 갈리면서 소론이 더 적극적으로 성혼의 적통(嫡統)을 자처하고, 노론은 이이의 적통을 자처하는 모습으로 전개되었다. 하지만 이이가 의리와 명분만을 추구했다고 보기는 어렵고, 오히려 경제가 안정되어야 예의 도덕이 꽃필 수 있다고 한 것을 보면 성혼보다도 더 실리를 존중했다. 따라서 적통을 자처하는 노론이나 소론이 스승의 학문을 가장 정통적으로 계승했다고 단정하기는 어렵다. 따라서 노론과 소론의 갈등을 스승의 학문적 차이로 돌리는 것은 문제가 있다고 하겠다. 오히려 노론과 소론은 자신들이 처한 정치 상황의 필요에 의해 스승을 등에 업고 자신들이 필요한 기치를 내걸고 이를 정당화했다고 보는 것이 옳을 것이다.

그리고 그런 상황은 이황을 종주로 삼았던 남인의 경우도 예외가 아니라고 본다. 남인도 근기 남인과 영남 남인으로 갈라져서 근기 남인은 이른바 실학을 발전시키고, 영남 남인은 뒤에 이일원론(理一元論)으로 기울어진다. 이런 학풍이 과연 이황의 학풍과 얼마나 일치하는가는 별개 문제이다. 그래서 조선 시대 사상사를 이해할 때 도통론에 지나치게 매달리는 것은 조심할 필요가 있다고 본다.

종과 횡으로 들여다본 성혼의 삶과 학문

사람은 누구나 일생을 살아가면서 크게 두 가지 영향을 받는다. 하나는 부모나 가풍에서 받는 영향으로 유년기에 특징적으로 그런 영향이 나타난다. 그래서 부모를 닮는다고 말한다. 그러나 나이가 들고 친구가 생기고 사회 활동을 하면서 주변 사람들의 영향을 받기도 하고, 또 영향을 주기도 한다. 전자가 종적인 영향이라면 후자는 횡적인 영향이다. 그런데 종적인 영향은 죽을 때까지 근본적으로는 변하지 않지만, 횡적인 영향은 그 근본적인 특성에 적지 않은 변화를 가져다준다. 그래서 시간이 흐르면서 생각이나 행동 양식이 많이 달라지는 것이고, 그런 변화를 보고 사람들은 그 사람이 참 많이 변했다고 말한다.

한 사람의 평전을 쓸 때 가장 유념해야 할 것이 바로 이 두 가지 측면이다. 나는 우계 성혼의 평전을 쓰면서, 이 두 가지 측면을 놓치지 않으려 애썼다. 그래서 성혼의 가계와 가풍에 먼저 주목했고, 나이가 들면서 누구와 교류하고, 교류하면서 어떤 영향을 주변 사람들에게서 받았으며, 또 어떤 영향을 그들에게 주었는가를 세밀히 살폈다. 그러다 보니 그가 살았던 16세기 중후반기만이 아니라 그가 세상을 떠난 후 수백 년의 정치사와 학문사까지 시야에 들어오고, 그 큰 흐름을 담는 일이 녹록지 않았다. 아마 이 책을 읽으면서 독자들은 다소 복잡하고 지루한 느낌도 가질 수 있을 것이고, 또 지나치게 세밀한 이야기를 담았다고 투정할지도 모른다. 하지만 그렇게 된 이유는 성혼의 인생과 학문을 종횡(縱橫)으로 엮어 보려 한 나의 고심의 결과이다.

나는 성혼이라는 평범하지 않은 인물을 그저 위인이라는 측면에서만 바라보지 않았다. 종과 횡으로 얽힌 인간관계 속에서 살아간 성혼의 현실적인 삶이 어떠했는지, 그가 살면서 느낀 인간으로서의 희로애락이 무엇이었는지, 그런 생활 환경과 정서 생활 속에서 어떻게 대응하고 자신의 학문과 가치를 지켰는지 알고 싶었다. 인생의 목표나 학문도 일상생활과 동떨어진 것이 아니므로 생활이 없는 학문은 없다.

성혼의 종횡 관계에서 가장 중요한 위치에 있는 사람은 종적으로는 아버지 성수침이고, 횡적으로는 친구 율곡 이이였다. 성혼은 아버지의 영향으로 성리학 전도사이자 자기완성을 지향하는 도인의 경지에 이르렀고, 율곡 이이의 영향으로 이기설의 새로운 경지와 나라를 경영하는 경세를 터득했다. 하지만 역으로 이이의 호방함과 자만함이 성혼으로 인하여 다듬어졌다고 할 수 있다. 이이가 자평했듯이, 도덕과 행실은 성혼이 앞섰고, 경세와 학문은 이이가 앞섰다.

하지만 두 사람은 현실을 토붕와해의 위기로 진단했고, '민생이 안정된 도덕국가의 재건'이라는 꿈을 향한 종착점이 같았다. 때문에 이해로 뭉친 친구가 아니라 도덕적 가치로 뭉친 동지적 결합 관계이자 가차없이 상대방의 약점을 보완해 주는 수평적 관계였다. 곧 성혼은 이이의 스승이었고, 이이는 성혼의 스승이었다.

이이의 호방함과 자만심이 몇 차례 실수를 가져와 위기에 처했을 때 몸을 던져 도와주고, 이이와 생사를 같이하겠다고 다짐하면서 평생을 산 것이 성혼이었다. 한편 성혼을 정치판에 추천하여 수차례의 주옥같은 소장을 통해 임금 선조를 계도하도록 밀어준 것이 이이였다.

성혼과 이이는 한 번도 자신의 부귀영화를 위해 외도를 한 일이 없었고, 오직 나라와 백성을 사랑하는 마음으로만 몸과 마음을 불사르면서 임금을 섬겼으며, 같은 마음으로 후학을 길러 냈다는 점에서 만세 선비의 사표가 되었다. 따라서 그 후학들이 두 사람을 하나로 묶어 100년 뒤에 문묘의 제사를 받들도록 한 것은 지극히 당연한 일이었다. 다만 100년 동안 끌면서 있지도 않은 흠을 만들어 성혼과 이이를 헐뜯어 행적과 학문을 깎아내리기에 여념이 없었던 일부 과격한 동인의 행태는 지나침이 있었다. 붕당 정치가 정치의 민주화를 가져온 긍정적인 측면이 있지만, 두 사람의 행적을 둘러싼 100년간의 논쟁은 당리당략의 부정적인 모습을 극복하지 못했다.

16세기 후반기에 파주에서 성리학의 두 거두가 출현하고, 여기에 송익필까지 합세하여 이른바 '삼현시대'를 연 것은 우연한 일이 아니었다. 거시적으로 보면 조선 초기 15세기 성리학은 서울의 임금과 관각(館閣)의 신하들이 주도하면서 치인(治人)에 치중하여 새 국가 건설의 제도적 틀을 만들었는데, 16세기 이후 기득권 세력이 보수화하면서 이를 정화시키려는 성리학의 새바람이 일어났다. 서울에서 조광조가 나타나 성리학의 방향을 치인에서 수기(修己)를 위한 심학(心學)으로 바꿔 새바람을 일으킨 것이다. 이에 부응하여 개성에서 정몽주의 여풍이 불어오고, 서경덕이 나타나 자연 과학에 가까운 상수역학(象數易學)인 기철학(氣哲學)의 새바람을 일으켜 임진강을 건너 서울에 들어왔다. 16세기 중엽에는 영남 안동에서 이황이 극대화시킨 수기의 심학이 서울에 진입했다. 이 시기 호남에서도 김인후와 기대승이 주돈이와 장재를 닮은 새로운 성리학을 일으켰고, 김해에서 조식이 성리학과 노장학을 결합시킨 새바람도 남풍을 타고 올라왔다. 이렇게 남북의 새바람이 만나는 지점에 파주가 있었다.

파주는 서울과 개성의 중간 지점에 있었고 임진강을 끼고 있어 남북의 인재들이 모여들기 좋은 입지적 조건을 가지고 있었다. 남북에서 일어난 성리학의 새바람이 16세기 후반에 이르러 파주에서 집대성된 이유가 여기에 있었다. 파주는 삼현을 동시에 만날 수 있는 성리학의 성지(聖地)와 같았으므로 기라성 같은 전국의 인재들이 이곳에 모여들었다. 이들을 묶어 '파주학파', '임진강학파' 또는 '우율구학파(牛栗龜學派)'로 불러도 좋을 듯하다.

다만 이이는 이기설에 있어서는 서경덕과 기대승의 영향을 크게 받았고, 성혼은 이황의 영향을 크게 받은 것이 출발점에서 다소 다른 점이다. 이후 두 사람의 교유와 토론이 이어지면서 거리가 좁아져서 거의 하나로 귀일되었다. 이기설에 있어서 이이는 기가 발하면 이가 올라탄다는 기발이승설을 주장하여 이와 기를 둘이면서 하나로 해석했는데, 성혼은 이황의 이기호발설에서 출발했다가 이이와 토론하는 가운데 이와 기가 각기 동시에 발한다는 이기일발설 또는 주리주기설로 수정했다.

이 두 주장 가운데 어느 것이 맞느냐는 존재론 및 인성론과 연결되어 있어서 쉽게 판단할 수 있는 문제가 아니다. 다만 이이가 우주의 보편적 존재론에서 출발하여 인성론으로 들어왔다면, 성혼은 반대로 선악이 분명히 드러나는 인성론에서 출발하여 우주의 존재론을 해석했다고 말할 수 있을 것이다. 다시 말해 이이가 자연 과학적 접근법을 따랐다면, 성혼은 윤리적 접근법을 따랐다고 할 수 있다.

원래 우주의 자연 현상에는 선과 악이 분명하게 나뉘어 있다고 보기 어려우며, 오히려 도덕적으로 본다면 모든 만물이 생명을 낳고 키우는 착함이 우주 질서의 본질이다. 그래서 인을 우주의 법칙으로 보려는 것이 유교의 출발점이요, 그것이 바로 성선설이다. 따라서 이런 기준으로 인간 사회를 바라보면 인간은 절대선(絶對善)도 없고 절대악(絶對惡)도 없다. 선 속에도 악이 있고, 악 속에도 선이 있는 것이다. 따라서 선악을 확연히 갈라놓고 악을 다스리려는 행위는 오히려 인간 사회를 분열과 갈등으로 몰고 갈 위험이 있다. 이이의 이기설이 이기합일(理氣合一)을 강조한 것은 바로 이런 특성을 가졌다고 말할 수 있는데, 동인과 서인의 갈등을 보합하려는 이이의 노력도 여기서 출발한 것으로 볼 수 있다.

그런데 이이의 이기설과 실천성에도 약점이 있다. 선악 관념이 모호해지면 악을 다스리려는 적극성이 부족해진다. 그래서 악과의 투쟁을 적극적으로 하려면 선과 악을 분명하게 나누어 악을 버리고 선으로 나아가려는 노력이 필요하다. 이런 시각에서 우주와 인간을 바라보면 선을 구현하는 이와 선악을 겸비한 기를 일단 둘로 나누어 보고, 이의 적극적 능동성을 강조할 필요가 있는 것이다. 그래야 선을 추구하는 적극적 행동이 발휘될 수 있다. 성혼이 '주리주기설' 또는 '이기일발설'을 내세워 이의 독자적 능동성을 인정하려는 이유가 바로 여기에 있다. 따라서 이런 학설은 우주자연을 과학적으로 설명하는 데는 다소 약점을 보이지만 인간 사회를 정화시키려는 윤리적 의지는 매우 크다고 할 수 있다. 따라서 성혼과 이이의 차이점을 요즘 말로 하자면 윤리 철학과 과학 철학의 차이와 비슷하다고 할 수 있다.

다음으로 성혼과 이이의 경세론(經世論)을 비교해 보면, 성혼은 혁폐도감을 통한 개혁을 주장했고, 이이는 경제사를 통한 경장을 주장했다. 하지만 두 사람 모두 당시 현실을 담이 무너지고 기와가 깨진 집에 비유하여 토붕와해의 위기로 진단했으며, 공납을 비롯한 세금 제도의 개혁에 초점을 맞추었다. 이런 점에서 성혼과 이이는 다같이 학문의 실천성을 강조했다는 점에서 수기와 치인이 합쳐진 명실상부한 무실(務實)의 실학자(實學者)라 할 수 있다.

하지만 수기와 치인 가운데 어느 쪽에 더 무게를 두었느냐의 관점에서 살펴본다면, 성혼은 수기 쪽, 이이는 치인 쪽이라 말할 수 있을 것이다. 이이가 성혼과 자신을 비교하여 "선을 좋아하는 행실은 성혼이 앞서고, 학문은 이이가 앞섰다."라고 선조에게 말한 것이나, 또는 "사람은 재주가 각기 달라서 경세제민(經世濟民)의 책임을 맡을 수 있는 자가 있고, 선을 좋아하여 여러 사람의 재주를 쓸 수 있는 자가 있습니다. 성혼의 재주는 홀로 경세제민의 책임을 맡을 수 있다고 말한다면 지나치지만, 사람됨이 선을 좋아하니, 선을 좋아하는 것은 천하를 다스리는 데에도 충분합니다."라고 말한 것도 마찬가지다. 이이가 치인, 곧 경세제민에 관련한 저술을 많이 낸 것과 달리 성혼은 평생 수기를 위한 사색과 후진 교육에 치중한 것을 보더라도 그렇다.

그러나 성혼과 이이의 후학들은 두 현인에게 함께 배우면서 수기치인의 실학을 모두 배울 수 있었다. 여기에 서경덕의 학풍이 함께 합쳐지면서 17세기 초에 서울로 입성하여 성시산림(城市山林)으로 불리는 침류대학사(枕流臺學士)로 이어졌고, 한효순. 이수광, 한백겸(韓百謙), 유몽인, 허균, 장유, 이식, 이정귀, 신흠 등이 나타나서 '서울 실학'을 꽃피웠다.[1] 전라도로 낙향한 유형원(柳馨遠) 실학의 뿌리도 이러한 서울 실학에 있었다. 침류대학사들 가운데에는 뒷날 이수광, 한백겸, 유몽인, 허균 같은 동인에 가까운 사람도 나오고, 장유, 이식, 이정귀, 신흠 같은 서인에 가까운 사람도 나와서 정치적으로 대립하는 모습도 나타났지만, 학풍상으로 본다면 동인 안에도 우율을 따르는 이가 적지 않았다. 동인 가운데 두 현인을 심하게 배척한 것은 이들이 아니라 경상도 학자 조식 문하에서 성장한 정인홍 일파였다.

17세기 후반기에 이르러 노론, 소론, 남인의 갈등이 커지면서 각기 자기 당파의 종사를 따로 모시는 풍조가 나타났다. 그 결과 노론은 이이, 소론은 성혼, 서울 남인은 서경덕, 영남 남인은 이황을 떠받들고 나서면서 기호학파, 영남학파, 율곡학파, 우계학파 등의 기치를 내걸었다. 하지만, 그것은 어디까지나 정치적 갈등에서 정통성을 세우기 위한 성격이 강하며, 실제로는 당파를 초월한 학문적 교류가 활발하여 각기 그 시대에 맞는 실학이 중앙과 재야 선비 사회에서 발달했다. 그러므로 각 당파가 내건 종사론(宗師論)에 구애되어 성혼과 이이와 이황이 마치 학문적으로 서로 심하게 차이를 보인 것처럼 바라볼 필요는 없다. 조선 후기 역대 임금들이 지향했던 탕평 정치는 당파만 탕평한 것이 아니라 사상과 지역의 탕평도 병행했음에 유의할 필요가 있다.

서울 및 근기 남인이나 노론 북학파, 소론파의 실학을 보면 왕권 위주냐 신권 위주냐의 권력 구조에 대한 차이, 농업 위주냐 상공업 위주냐의 차이점, 명분 위주냐 실리 위주냐의 차이를 보인다. 그런 차이점에는 당파적 특성이 없는 것이 아니지만, 그보다는 시대적 차이점이 더 크다고 보아야 한다.

그래서 17세기 초 동인 유몽인이나 17세기 말 소론 유수원의 사상에서는 노론 북학파의 사상이 이미 싹트고 있었으며, 18세기 초 남인 이익의 실학은 이황을 종사로 삼고 있지만 이황과는 많이 다르고, 18세기 말 남인 정약용의 실학에서는 북학도 이미 흡수되어 있음을 볼 수 있다. 즉 노론, 소론, 남인이 처음부터 끝까지 같은 이념을 가지고 300년을 이어 간 것이 아니라 시대에 맞추어 변화했다는 말이다.

원래 인간적 사승관계(師承關係)와 학문적 사승관계는 반드시 일치하는 것이 아니다. 그래서 성혼과 이이의 문하에 출입한 사람 가운데에도 정여립이나 정인홍, 허봉, 윤휴 같은 배신자가 나왔고, 김자점 같은 반역자도 나왔다. 반대로 스승의 정통을 계승했다고 자처하는 사람들의 학풍도 시대에 따라 바뀌었다. 예를 들어 송시열이 이이의 적통을 자처했다 해서 두 사람의 학풍이 똑같다고 할 수 없으며, 윤증이 성혼의 적통을 자처했다 해서 윤증의 사상이 성혼과 똑같다고 말하기 어렵다.

그래서 이이나 성혼이나 이황의 학문과 사상은 바로 그들이 살았던 16세기의 역사적 상황에서 투시하는 것이 가장 객관적인 시각이라 믿는다. 후세인들이 만든 도통론에 얽매이는 것은 조선 시대 사상사의 진정한 모습을 보는 데 장애가 될 수도 있음을 유념해야 할 것이다.

들어가면서

1   한영우, 『율곡 이이 평전』(민음사, 2013) 참고.

1 학문과 도덕을 겸비한 가풍

1   졸기는 당상관 이상의 높은 벼슬아치가 죽었을 때, 그 사람의 평생의 경
력과 업적을 간단하게 정리하여 실록에 기록한 것을 말한다. 그러나 성
혼의 아버지 성수침의 경우처럼 벼슬이 없어도 행실이 뛰어난 사람에게
도 졸기를 실록에 실어 주는 경우가 있었다.

2   성달생의 아들은 성승(成勝)이고, 성승의 아들이 바로 성삼문이다.

3   성석번은 창녕 성씨 13파 가운데 하나인 낭장공파의 파조(派祖)가 되
었다.

4   성엄의 후손 가운데 성염조(成念祖, 판한성부사), 성봉조(成奉祖, 우의정), 성
임(成任, 대제학), 성현(成俔, 대제학), 성준(成俊, 영의정), 성세창(成世昌, 좌의
정) 등 명신이 배출되었다.

5   성억의 큰아들은 성득식이고, 둘째 아들은 성중식(成重識)으로 군수를
지냈다.

6   성충달의 큰아들은 성세신(成世臣, 문과, 종부령), 둘째 아들은 성세준(成世
俊, 문과, 대사성), 셋째 아들은 성세정(成世貞, 문과, 대사헌), 넷째 아들이 성
세순이다. 성세준의 아들은 방외 처사로 유명한 성운이다.

7   성수침의 어머니는 광산 김씨 좌의정 김국광의 손녀이자 강화 부사 김
     극니(金克尼)의 딸이다.

8   성수침이 세상을 떠난 시기는 『명종실록』과 『우계집』「연보」의 기록이
     서로 달라 혼란스럽다. 『명종실록』에는 1563년(명종 18년) 12월 26일로
     되어 있고, 그의 졸기까지 실려 있다. 그러나 「연보」에는 그다음 해인
     1564년(명종 19년) 1월로 되어 있다. 달수로는 불과 한 달 차이에 지나지
     않지만 햇수로는 1년의 차이가 난다. 왜 이런 차이가 나타났는지 정확히
     는 알 수 없으나, 아마도 12월 26일에 사망한 것이 맞는 듯하다. 그런데
     5개월장을 행하려면 그해 장례를 치를 수 없어 부득이 해를 넘겨야 하
     는데 이렇게 되면 1년장을 치르는 것이 되니 부득이 사망 일자를 다음
     해 1월로 바꾼 것이 아닌가 추측된다.

9   파산서원은 그 뒤 퇴락하여 현재는 위패를 모신 사묘(祠廟)만 남아 있으
     며, 경기도 문화재자료 제10호로 지정되어 있다. 사묘에는 성수침을 주
     벽(主壁)으로 하고, 좌우에 성수종, 백인걸, 성혼을 배향하고 있으며, 매
     년 봄, 가을에 제사를 지내고 있다.

2 청년 시절, 평생의 지우를 만나다

1   성혼의 부인 신씨는 본관이 고령(高靈)이고 성혼보다 네 살 연상이다.
     1615년(광해군 7년) 85세에 별세하여 성혼의 무덤이 있던 파주 향양리에
     서 수십 리 떨어진 파주시 적성면 장좌리에 안장되었다. 성혼과 합장하
     지 않은 것은 풍수가의 말을 따른 것이며, 주희의 아버지와 어머니가 무
     덤을 따로 쓴 전례를 따른 것이기도 했다.

2   성수침의 사망 일자가 『명종실록』에는 1563년(명종 18년) 12월 26일로
     되어 있음은 앞에서 이미 설명했다.

3 우계서실을 세우고 학문도 깊어지다

1   성혼이 적성 현감에 제수된 시기는 『선조수정실록』에는 2월로 되어 있

고, 『우계집』「연보」에는 6월로 되어 있어 혼란스럽다. 그러나 「연보」의 내용을 따르기로 한다.

2 　『선조실록』에는 사헌부 지평의 벼슬을 받은 것이 12월 30일로 되어 있으나, 『선조수정실록』에는 11월 1일로 되어 있다. 날짜에 관한 기록은 대부분 『선조실록』이 『선조수정실록』보다 사실에 맞기 때문에 『선조실록』을 따른다.

3 　우계서실은 우계정사(牛溪精舍) 또는 파산서실(坡山書室)로도 불렸다. 우계서실에 관해서는 박균섭, 「우계서실의 문도 교육에 관한 교육사적 고찰」, 우계문화재단 단행본(2009) 참고.

4 　은병정사의 학규는 한영우, 『율곡 이이 평전』(민음사, 2013) 참고.

5 　이형성, 「우계 성혼 문인조사에 의한 우계학 계승성 연구」, 『우계 성혼의 우계서실과 그 문인들』(우계문화재단, 2013) 참고.

6 　『선조수정실록』에는 성혼이 최영경을 만난 것이 선조 6년 5월 1일로 되어 있는데, 월일은 정확하지 않다.

7 　『우계집 속집』「간독(簡牘)」.

4 불러들이는 선조, 은거를 고집한 성혼

1 　『선조실록』 선조 7년 2월 29일 갑술. 『선조수정실록』에는 2월 1일로 되어 있으나 이는 잘못이다.

2 　『선조실록』 선조 17년 2월 10일 정사.

3 　『선조실록』 선조 14년 1월 10일 기해 및 1월 16일 신사조. 그러나 『우계집』에는 2월 13일에 상소를 올렸다고 되어 있다.

4 　성혼이 경연에 참여한 시기는 『우계집 속집』「장소」에 8월로 되어 있다. 그런데 『우계집』「연보」에는 10월로 되어 있다. 후자는 잘못된 기록으로 보인다.

5 　『선조실록』에는 1583년(선조 16년) 5월 12일에 성혼이 호군에 제수되었다고 되어 있으나, 『선조수정실록』의 7월 1일 경진조(실제는 7월 15일)에는

성혼의 직함이 대호군(大護軍, 정3품)으로 되어 있어 서로 다르다.

6 『선조실록』에는 7월 15일로 되어 있고, 『선조수정실록』에는 7월 1일로
   되어 있는데 전자가 맞다. 『선조수정실록』에는 모든 수정된 사건이 '모월
   1일'로 되어 있어 사실과 다르다. 그러나 『선조실록』에는 성혼의 상소문
   이 간략하게 요약되어 있고, 『선조수정실록』에는 상소문 전문이 자세히
   실려 있다.

7 생육신은 김시습(金時習), 조여(趙旅), 성담수, 이맹전(李孟專), 원호(元昊),
   남효온을 가리킨다.

8 『옥호빙』은 명나라 도목(都穆, 1458~1525년)이 한나라부터 명나라 초까지의
   여러 전적 중에서 뛰어난 문장이나 고사를 가려 뽑아 실은 필기집이다.

5 벗과의 이별, 미증유의 전란

1 여기서 인용한 서익의 상소문과 임금의 비답은 『선조수정실록』에 보이
   는 것인데, 『선조실록』에는 그 내용이 다소 다르다. 즉 상소문의 본문이
   보이지 않고, 임금의 비답 가운데는 "유성룡도 한 군자이다. 나는 그를
   당금의 대현(大賢)이라 불러도 좋으리라 여긴다. 그 사람을 보고 그와 더
   불어 이야기하다 보면 깨닫지 못하는 사이에 심복할 때가 많다."라고 한
   부분도 있다. 『선조실록』은 동인들이 편찬했으므로 유성룡에 대해 우호
   적으로 서술한 것이다.

2 『선조수정실록』에는 조헌에 대하여 다음과 같은 기록을 남겼다. 조헌은
   본래 고려 충신 원수(元帥) 조천주(趙天柱)의 후손으로 가세가 중간에 한
   미해졌다. 부친 조응지(趙應祉)는 김포현의 교생이었는데, 집이 가난하여
   스스로 농사를 지었다. 조헌은 유년기에 자력으로 글을 배워 나이 다섯
   살 때 여러 어린이들과 임정(林亭)에서 글을 읽고 있었는데, 높은 벼슬아
   치의 행차가 호창(呼唱)을 하면서 그 아래로 지나갔다. 아이들이 모두 일
   어나서 보려고 다투었는데도 조헌만은 돌아보지도 않았다. 열 살 때 부
   친상을 당하자 복 입는 예절을 어른처럼 했다. 계모가 그를 매정하게 대

우하고 외조모가 조헌에게 계모를 비방하자 조헌이 대답하지 않고는 몇 달 뒤에야 외조모를 뵈었다. 외조모가 "왜 오래도록 오지 않았는가?" 하니 대답하기를, "지난번에 모친의 일을 말씀하셨는데, 자식 된 입장에서는 차마 듣지 못할 것이기에 오래도록 오지 못했습니다." 했다. 조헌이 정성을 다하여 계모를 모시자 계모도 감화되어 "이 아이가 참으로 내 아들이다."라고 말했다.

선조 즉위년에 과거에 급제했을 때 문벌에 막혀 청선(淸選)에 들지 못하고, 교서관 정자(正字, 정9품)가 되었다. 성혼에게 종유하면서 배웠던 관계로 이발, 김우옹이 번갈아 칭찬하고 천거하여 장차 시종의 반열에 참여하게 될 것이 기대되었으나 남달리 고립되고 직선적이라는 이유로 거부당하고 지방관으로 나갔다. 조헌은 이이와 성혼을 스승으로 섬겼지만, 정철의 사람됨은 좋아하지 않았다. 전라도 도사(都事)가 되었을 때 정철이 관찰사로 부임하여 그 막하에 있게 되자 부끄럽게 여겨 벼슬을 버리고 떠나려 했다. 정철은 "나에 대해 모를 텐데 어떻게 내가 소인이라는 것을 아는가? 잠시 만나 보고 내가 참으로 옳지 못함을 알고 떠나도 늦지 않을 것이다." 하니 조헌이 마침내 돌아와서 "처음에 내가 남에게 오도되어 하마터면 공을 잃을 뻔했다."라고 말했다.

그 뒤 성혼과 이이가 무함을 당하자 조헌은 더욱 정철과 가깝게 지내고 이발 등과는 엄격히 교제를 끊었다. 이 때문에 당인(黨人)들이 원수처럼 여기게 되었으며, 서로 알고 아끼는 사람까지도 그의 언론이 과격하고 처신이 괴벽한 것을 보고는 오활하다고 했다. 다만 이지함만은 그가 안빈낙도하고 명예와 이익을 털어 버리고 지극한 정성으로 임금을 사랑하고 나라를 걱정하는 보기 드문 인재라고 격찬했다. 조헌은 정여립이 틀림없이 모반하리라는 것을 미리 예견했는데, 얼마 되지 않아 그의 예견이 들어맞았다.

3 묘지명이란 무덤 속에 넣는 죽은 사람의 일생 경력을 말한다. 그 글을 도자기에 써서 구워 무덤 속에 넣었다. 묘지명은 대개 죽은 뒤에 다른

사람이 쓰는 것이 관례인데, 간혹 본인이 생전에 써 놓고 죽는 경우도 있었다. 이를 '자찬묘지명'이라고 한다.

4 『선조수정실록』에는 정여립에 관해 다음과 같이 기록했다. 본관은 동래 (東萊)이고, 선조 때부터 전주 동문 밖에서 살았는데 가세(家世)가 한미 했다. 아버지 정희증이 처음으로 문과에 올랐으나 벼슬이 첨정에 머물렀 다. 정여립은 커 가면서 체구가 장중하고 얼굴빛이 검푸렀다. 나이 일고 여덟 살에 아이들과 장난하고 놀면서 칼로 까치 새끼를 부리에서 발톱 까지 토막 냈다. 아버지가 누가 한 짓이냐고 묻자 그의 집 어린 여종이 정여립이라고 말했다. 그날 밤 그 아이의 부모가 이웃집에 방아 찧으러 나간 사이 정여립은 칼을 들고 몰래 들어가 그 아이를 찔러 피투성이를 만들었다. 과거에 오른 뒤에는 명사들과 두루 사귀고, 이이의 문하에 드 나들었다. 총명하고 논변을 잘하여 오로지 널리 종합 정리하는 것에 힘 썼으며, 특히 『시경』의 훈고와 물명(物名)을 많이 알았다. 이이와 성혼이 불시에 만나 간혹 그와 이야기를 나누었는데, 그의 박식함을 좋아하여 조정에 천거하니 드디어 이발 등과 교분을 맺었다. 그런데 성혼의 문인 신응구, 오윤겸 등은 그와 함께 거처하면서 마음이 불측한 것을 알고 거 리를 두었으나, 이이는 그의 인품을 깨닫지 못했다. 조헌도 처음에 그와 사귀었는데, 나중에는 그가 반드시 역적질할 것이라고 말했다. 어떤 사 람이 너무 큰소리라고 의심하니, 조헌이 말하기를 "나는 그가 비록 사 우(師友)를 배반한 것만 가지고 그르게 여기는 것이 아니다. 그가 임금 앞에 앉아 있을 때 말과 기색이 패악하고 오만하다는 말을 자세히 들 었는데, 반드시 역심이 있어서 그런 것이다."라고 말했다. 아전과 집종이 낳은 딸이 예쁜 것을 알고 그녀를 강제로 빼앗아 첩으로 삼기도 했다.

5 선릉과 정릉은 지금 서울시 강남구 삼성동에 위치하는데, 두 왕릉이 있 는 산을 소나무가 많다 하여 송산으로 불렀다.

6 강진승은 강종경(姜宗慶)의 둘째 아들인데, 강종경은 성혼의 손윗동서이 자 친구였다. 강종경이 서른여덟 살에 일찍 죽자 세 아들의 장래를 염려

하여 큰아들 강진휘(姜晉暉, 1566~1595년)는 김여물에게 맡기고, 둘째 아들 강진승은 성혼이 맡아 친자식처럼 키웠다. 강진승은 전란 중 성혼을 수행했다.

7 박여룡은 본관이 면천으로 부호군 박수의의 아들이다. 이이가 해주 석담에 있을 때 그 문하에서 공부하다가 생원, 진사시를 거쳐 후릉 참봉이 되었다. 임진왜란이 일어나자 해주에서 의병 500명을 모아 임금을 호종하여, 그 공으로 사옹원 직장, 현감을 거쳐 공조 정랑에 이르렀으며, 뒤에 호종1등공신이 되었다. 『율곡전서』를 편찬하는 데 가장 주동적으로 참여하여 문집계를 만들어 비용을 모아 1611년에 간행했다. 죽은 뒤에 문온(文溫)이라는 시호를 받았다.

6 쓰라린 삶을 뒤로하고 영면하다

1 『우계집』에는 남궁명이 성혼의 생질이라고 되어 있으나,『창녕성씨족보』를 보면 남궁명은 성혼의 큰사위로 되어 있어 이를 따르기로 한다.

2 성문준의 세 아들은 성억, 성익(成杙), 성직(成櫻)이고, 세 딸은 각기 신민일(申敏一), 안후지(安厚之), 윤정득(尹正得)에게 시집갔다.

3 성혼이 세상을 떠난 날짜는 기록에 따라 다르다. 『선조실록』에는 6월 7일, 『선조수정실록』에는 6월 1일, 『우계집』에는 6월 6일로 되어 있는데, 여기서는 『우계집』의 기록을 따르기로 한다. 『선조수정실록』은 성혼에 관한 모든 사건이 매달 1일자로 되어 있어서 믿을 수 없다.

8 문묘에 종사되다

1 14명의 명단은 김굉필, 정여창, 조광조, 이언적, 김인후, 이황, 이이, 성혼, 조헌, 김장생, 김집, 송시열, 송준길, 박세채 등이다.

나가면서

1 한영우,『실학의 선구자 이수광』(경세원, 2007) 참고.

_____ 1535년(중종 30년)

6월 25일, 한성부 순화방(順化坊)에서 부친 성수침(成守琛)과 모친 파평 윤씨의 외아들로 태어나다.(1남 1녀)

_____ 1544년(중종 39년, 10세)

9월, 청송당 성수침이 서울에서 파산(파주)의 우계(牛溪, 쇠내, 현재 파주시 파평면 눌노리)로 내려와 복거(卜居)하다.

_____ 1549년(명종 4년, 15세)

재상 상진(尙震)이 성수침에게 편지를 보내, 성혼의 학문이 순정하고 글을 잘하는 기남(奇男)이라고 칭찬하다.

_____ 1551년(명종 6년, 17세)

7월, 평안도 순천군(順川郡)에 사는 고령 신씨(高靈申氏)를 아내로 맞이하다. 장인 신여량(申汝樑)이 당시 순천 군수를 지내다.

생원시와 진사시 초시에 급제했으나 질병으로 복시에 불참하다. 그 뒤로 과업을 포기하고 학문에만 전념하다.
겨울, 부친의 권유로 휴암(休庵) 백인걸(白仁傑)에게 학문을 배우기 시작하다.

_____ 1553년(명종 8년, 19세)
맏아들 문영(文泳)이 태어나다.

_____ 1554년(명종 9년, 20세)
율곡(栗谷) 이이(李珥)와 도의지교(道義之交)를 맺다.

_____ 1555년(명종 10년, 21세)
큰 병을 얻은 뒤로 비위가 약하여 결국 고질병이 되다.
부친 성수침이 가사를 돌보지 않아 성혼이 가사를 전담하면서 농사짓고, 고기 잡아 맛있는 음식을 공양하면서 과로로 병을 얻다.

_____ 1559년(명종 14년, 25세)
둘째 아들 문준(文濬)이 태어나다.

_____ 1561년(명종 16년, 27세)
12월, 모친 파평 윤씨가 별세하다.

_____ 1563(명종 18년, 29세)
2월, 모친 삼년상을 마치다.
겨울, 부친의 풍질(風疾)이 악화되자 장단지를 베어 피를 뽑아 약에 섞어 드리니 병이 차도가 있었다. 주야로 허리띠를 풀지 않고 부친의 곁을 떠나지 않았으며, 밤이 깊어 부친이 물러가라고 하면 문밖에서 기다리고 자기 방으로 들어가지 않았다.

___ 1564년(명종 19년, 30세)
1월, 부친 성수침이 향년 72세로 별세하다. 상제(喪祭)는 모두 『주자가례(朱子家禮)』를 따르다.
4월, 파산 향양리(向陽里) 선산 남쪽에 안장하다. 이어 묘 아래에서 시묘하다. 율곡 이이에게 행장(行狀)을 청탁하다.

___ 1566년(명종 21년, 32세)
3월, 삼년상을 마치고 궤연(几筵)을 우계의 집으로 모셔오다. 외조부 윤판관이 적자(嫡子)가 없자 성수침이 요청하여 얼자(孽子)로 하여금 제사를 받들게 했는데, 또 후사를 얻지 못하자 성혼이 외가의 사당을 따로 짓고 제사를 지냈다. 그 뒤로 외손봉사가 계속 이어졌다.

___ 1567년(명종 22년, 33세)
고봉 기대승에게 부친 성추침의 묘지(墓誌)를 청탁하다.

___ 1568년(선조 원년, 34세)
2월, 유일(遺逸)을 천거하라는 명에 따라 경기 감사 윤현이 성혼을 천거하여 전생서 참봉(종9품)에 제수되다. 이이는 그런 하찮은 자리에 나가는 것은 나라에 도움이 되지 않는다고 만류하다.
5월, 이이와 더불어 '중(中)'과 '지선(至善)'에 대하여 토론하다.
가을, 퇴계 이황을 존경하여 시골로 낙향하기 전에 인사드리려고 서울에 갔으나 이미 이황이 떠나 만나지 못했다. 파주향교 교수로 있던 중봉(重峯) 조헌(趙憲)이 찾아와서 배움을 청하다.

____ 1569년(선조 2년, 35세)

8월, 목청전 참봉에 제수되었으나 임금에게 사은하고 돌아오다.

12월, 장원서 장원(정6품)에 제수되었으나 부임하지 않다. 이황에게 성수침에 대한 묘갈명을 청탁하다.

____ 1570년(선조 3년, 36세)

6월, 적성 현감(종6품)에 제수되다. 7월에 임금에게 사은하고 돌아오다.

____ 1571년(선조 4년, 37세)

봄, 우계서실(牛溪書室)을 짓고, 「서실의(書室儀)」 22조를 걸어 놓고 제자들을 가르치다.

가을, 『주자대전』과 『주자어류』에서 글을 뽑아 『위학지방(爲學之方)』을 만들어 제자들을 가르치다.

9월, 천마산을 유람하고 서경덕(徐敬德)이 살던 집을 찾아가다.

겨울, 맏아들 문영(文泳)이 19세로 죽다.

____ 1572년(선조 5년, 38세)

여름, 이이와 사단칠정(四端七情), 이기설(理氣說)을 놓고 토론하다.

____ 1573년(선조 6년, 39세)

2월, 공조 좌랑(정6품)에 제수되었으나 나아가지 않다.

7월, 장원서 장원에 다시 제수되었으나 나아가지 않다.

12월, 사헌부 지평(정5품)에 제수되다.

____ 1574년(선조 7년, 40세)

1월, 통례원 인의(종6품), 공조 정랑(정5품), 사헌부 지평에 잇달아 제수되었으나 모두 부임하지 않다.

2월, 전생서 주부(종6품), 사헌부 지평에 세 번째로 제수되었으나 나아가지 않다.

3월, 공조 정랑에 제수되었으나 나아가지 않다.

_____ 1575년(선조 8년, 41세)

2월, 설선의 『독서록』의 후서(後序)를 쓰다.

6월, 사헌부 지평에 네 번째로 제수되었으나 질병을 이유로 사퇴하다. 임금이 의원을 보내 진료하고 약을 지어 보내다.

7월, 공조 정랑에 두 번째로 제수되었다.

8월, 사헌부 지평에 다섯 번째로 제수되었으나 사양하자, 다시 공조 정랑에 세 번째로 제수되다.

9월, 대궐에 가서 사직 상소를 올리고 집으로 돌아오자 12월에 체직되었다.

_____ 1576년(선조 9년, 42세)

10월, 사헌부 지평에 여섯 번째 제수되었으나 사직 상소를 올리자, 통례원 인의에 두 번째로 제수되다.

_____ 1577년(선조 10년, 43세)

4월, 송익필(宋翼弼)에게 편지를 보내 이이가 사당에서 제사 지낼 때 서모(庶母)를 형수인 며느리 곽씨보다 위에 올려 놓은 것이 예에 어긋난다고 지적하다.

10월, 최영경(崔永慶)과 정인홍(鄭仁弘)에게 편지를 보내 남명 조식을 퇴계 이황보다 높게 평가하는 것은 잘못이라고 지적하다.

_____ 1578년(선조 11년, 44세)

5월, 사헌부 지평에 일곱 번째 제수되었으나 사임하자, 조지서 사지(종6

품)에 제수되다.

8월, 사헌부 지평에 여덟 번째 제수되고, 이어 조지서 사지에 두 번째 제수되다.

11월, 사헌부 지평에 아홉 번째 제수되었으나 사직하자 예빈시 판관(종5품)에 제수되다.

_____ 1579년(선조 12년, 45세)

2월, 사헌부 지평에 열 번째 제수되었으나 부임하지 않자 종묘서 령(종5품)에 제수되다.

3월, 사헌부 지평에 열한 번째 제수되었으나 사직소를 올리고 나아가지 않다. 임금이 허락하지 않다.

4월, 사직소를 올려 체직되고 장흥고 주부(注簿, 종6품)를 제수하다.

5월, 서울로 오던 중 병이 심하여 체직되다. 임금이 병을 조리한 뒤 올라오라고 이르다. 종묘서 령에 다시 제수되다.

7월, 사헌부 지평에 열두 번째 제수되었으나 사직하자, 다시 광흥창 주부(종6품)에 제수되다. 봉사(封事, 「기묘봉사」)를 지어 올려 임금이 지켜야 할 군도(君道)에 대해 논하다.

8월, 전생서 주부(종6품)에 제수되다. 종형인 대곡(大谷) 성운(成運)이 죽자 곡하다. 스승 백인걸이 죽자 곡하고, 행장(行狀)을 짓다.

_____ 1580년(선조 13년, 46세)

7월, 이이가 편찬한 『소학집주(小學集註)』에 발문(跋文)을 쓰다.

8월, 사헌부 장령(정4품)에 제수되었으나 병으로 사양하다. 임금이 다시 부르자 서울로 가던 도중 병이 악화되어 체차되다. 장악원 첨정(종4품)에 제수되다.

12월, 사헌부 장령에 두 번째로 제수되었으나 병으로 사직하자, 임금이 말이나 가마를 타고 올라오라고 명했다. 그래도 사직을 청했으나 임금이 허락하지 않다. 이때 대사간 이이가 임금에게 성혼은 건강이 좋지 않고 경륜이 뛰어난 사람은 아니므로 실직을 수행하기는 어려우나, 사람이 매우 착하므로 한직(閒職)을 주고 경연(經筵)에 참석하게 해 달라고 요청하다.

_____ 1581년(선조 14년, 47세)

1월, 사헌부 장령을 그만두고, 종묘서 령에 다시 제수되다. 서울에 올라와서 병을 이유로 사직하다.

2월, 대궐에 가서 사직 상소를 올리니 임금이 경복궁 사정전(思政殿)에서 성혼을 처음 만나보고 가르침을 달라고 청하다. 임금의 도리, 일치일난, 시무득실, 민생 해결책 등을 광범위하게 논의하다. 임금은 호조에 명하여 식량을 주라고 하자, 사양하는 소를 올렸으나 사양하지 말라고 하여 부득이 받다가 친척과 이웃에 나누어 주었다.

3월, 사헌부 장령을 세 번째 내렸으나 병을 이유로 사양하자, 내섬시 첨정(종4품)을 제수했다.

4월, 봉사(「신사봉사」)를 또 올리다. 2월에 임금과 만나 나눈 대화에 미진한 점이 있어 더 자세한 시정책을 갖추어 올리다. 공조 정랑(정5품)을 제수하자 병을 이유로 사양하다.

5월, 임금이 들어와서 만나자고 하자 병으로 가지 못했다. 임금이 다시 호조에 명하여 식량을 지급하라고 했으나, 벼슬도 없이 녹을 받는 것은 불가하다고 하면서 사양하다. 임금은 이이를 만난 자리에서 성혼의 상소가 이이의 주장과 비슷하다고 말하자, 이이는 평소에 생각이 같으니 상소도 같다고 대답하다. 임금이 내섬시 첨정(종4품)을 다시 제수하자 병으로 사직하다.

6월, 임금이 의관을 보내 약을 하사하자, 전리(田里)로 돌아가게 해 달라고 상소했으나 불허하다. 풍저창 수(정4품)를 제수하다.

8월, 경복궁 사정전에서 임금을 다시 만나다. 임금이 경연(經筵)에 출입하라고 명하매 시골로 돌아가겠다고 상소했으나 불허하다. 전설사 수(정 4품)를 제수하다.

9월, 다섯 번이나 사직 상소를 올렸으나 불허하다.

10월, 임금을 만나 경연에 참석할 수 없다고 말하다. 여섯 번이나 거듭 불허하고, 겨울철 땔감을 지급하다. 용양위 상호군(정3품 당하관)으로 승급하자 사양하고 시골로 돌아가겠다고 청했으나 불허하다. 영서촌사(迎曙村舍)로 나가다.

12월, 임금이 편지를 내려 부르다. 부득이 서울로 돌아와서 대궐에 나아가 창덕궁 선정전에서 임금을 만나 돌아가기를 청하자 허락하다. 드디어 파산으로 돌아오다.

_____ 1582년(선조 15년, 48세)

2월, 사헌부 집의(종3품)를 제수하다.

3월, 집의를 사양하자 사옹원 정(정3품 당하관)을 제수했으나, 병으로 체차하다.

5월, 다시 사옹원 정을 제수하고 불렀으나 사직 상소를 올리다. 그러나 임금이 불허하다. 임금이 하사한 『농사직설(農事直說)』에 대한 후서(後序)를 쓰다.

9월, 사옹원 정을 제수했다가 사재감 정(정3품 당하관)으로 바꾸다. 그러나 병으로 체차하다.

_____ 1583년(선조 16년, 49세)

1월, 사헌부 집의를 다시 제수하다.

2월, 사섬시 정(정3품 당하관)을 제수하다.

3월, 통정대부와 병조 참지(정3품 당상관)를 특별히 제수하다. 처음으로 당상관(堂上官)에 오르다. 당시 이이는 병조 판서로 재직하여 두 사람이 호흡을 맞추다.

4월, 사직 상소를 올렸으나 불허하다.

5월, 서울에 올라왔으나 병으로 사은(謝恩)하지 못하다. 호군(정4품)에 제수하다. 병조 참지를 그만두고 이조 참의(정3품 당상관)를 제수하고 은(銀)으로 만든 허리띠를 하사하다.

6월, 이조 참의를 철회했으나 시골로 내려가는 것은 불허하다. 호군에 제수하고 경연관(經筵官)을 겸하라고 명하다. 경연관의 겸대를 사양했으나 불허하다.

7월, 삼사가 병조 판서 이이를 탄핵하고 나서자 이이를 구원하는 소를 올리고 시골로 내려가기를 청했으나 불허하다. 사헌부와 사간원이 성혼을 탄핵하자 파산으로 돌아가다. 임금이 동인 박근원, 송응개, 허봉을 삼간(三奸)으로 지목하고 귀양 보내다. 동인 언관들이 이이와 성혼이 서인이라면서 비판하자, 임금은 "내가 이이와 성혼의 당(서인)에 들어가고 싶다."라고 말하다.

9월, 이조 참의에 두 번째 제수하고 부르자 사직 상소를 올렸으나 불허하다. 당시 이조 판서는 이이로서 임금이 두 사람의 힘을 합쳐 주려고 하다. 그러나 10월에도 사직 상소를 계속 올리다.

11월, 특별히 가선대부로 이조 참판(종2품)을 제수하다. 사직 상소를 올렸으나 불허하다.

12월, 사은하다.

—— 1584년(선조 17년, 50세)

1월, 이이가 사망하자 곡하다. 이이의 이기설(理氣說)과 애군우국(愛君憂國) 정신을 높이 칭송하다.

3월, 병으로 이조 참판을 사임하다. 이이의 제문(祭文)을 짓다.

4월, 동지중추부사(종2품)를 제수하다. 다시 이조 참판을 제수하다. 사직하자 동지중추부사를 제수하다.

6월, 시골에 가서 분황(焚黃, 조상 무덤에 가서 추증된 벼슬을 적은 종이를 태워 알림)

하기를 청하자 임금이 가을까지 휴가를 주겠다고 하여 낙향하다.

8월, 상소하여 사직을 청했으나 임금이 불허하다.

9월, 임금이 올라오라고 명하자 사직 상소를 올리다. 임금이 몸을 조리하고 올라오라고 이르다.

11월, 사직 상소를 올리자 겸대한 제조(提調)의 직책만 풀어 주다.

12월, 임금이 파주 군수에게 명하여 문안하고 식량을 지급하라고 이르다.

____ 1785년(선조 18년, 51세)

1월, 『소학』을 수정하고, 사서(四書)를 번역하는 찬집청(撰集廳)의 당상으로 불렸으나 병으로 사직하다.

3월, 이이의 묘에 성묘하다.

6월, 찬집청 당상을 사직하다.

7월, 동지중추부사를 다시 제수하다. 사직소를 올렸으나 불허하다.

9월, 양사(사헌부와 사간원)의 탄핵 상소를 받고 스스로 탄핵하는 상소를 올리다. 동인 언관들이 이이와 성혼을 맹렬히 비판하다.

____ 1787년(선조 20년, 53세)

2월, 조헌에게 편지를 보내다. 이때 조헌이 이이와 성혼의 학술을 옹호하면서 동인을 공격하자 이를 만류하는 편지를 보내다.

7월, 스스로 묘지명(墓誌銘)을 짓다. '창령성혼묘'라는 다섯 글자만 적으라고 자식들에게 부탁하다.

8월, 문인 오윤겸(吳允謙)과 황신(黃愼)에게 시를 지어 보내다.

____ 1589년(선조 22년, 55세)

7월, 길주로 귀양간 조헌에게 위로의 편지를 보내다. 사암(思庵) 박순(朴淳)이 죽자 곡하다.

8월, 이이 후생들이 해주 석담서원에 이이를 배향하려고 하자 송익필에게 편지를 보내 너무 성급하다고 지적하다.

11월, 이조 참판에 세 번째로 제수되다. 이해 10월에 정여립 사건이 터져 동인들이 큰 화를 입고 쫓겨나자 임금이 다시 서인들을 기용하다. 성혼은 정여립과도 교류가 있었다고 하면서 사직을 청하다.

12월, 질병으로 체차되고, 동지중추부사에 제수되다.

_____ 1590년(선조 23년, 56세)

봄, 성균관 대사성으로 임명하려 했으나 대신들의 의견이 나뉘어 그만두다.

4월, 봉사(경인봉사)를 올려 백성을 기르고 나라를 보호하고 어진 이를 등용할 것 등을 건의하다. 그러나 임금을 만나지 못하고 실의에 빠져 휴가를 받고 사퇴하다.

5월, 대궐에 가서 사은하고 파산으로 돌아오다.

9월, 친구인 좌의정 정철(鄭澈)에게 편지를 보내 최영경(崔永慶)이 옥중에서 죽은 것에 대한 유감을 표현하다. 당시 정철은 정여립 사건에 관여된 인사들을 심판하는 책임자였다.

11월, 이이의 문인 박여룡(朴汝龍)이 성혼에게 편지를 보내 이이와 성혼을 비난한 최영경에 대해 지나치게 관대하다고 항의하자 답장을 보내다. 첨지중추부사(정3품 당상관)에 제수되다.

_____ 1591년(선조 24년, 57세)

봄, 송익필과 상의하여 『율곡선생전서』의 편찬 방향을 정하다.

4월, 왜란이 일어난다면 어떻게 거취할 것인가를 문인 김장생(金長生)과 논의하다. 죄를 짓고 관직에 있지 않으므로 참여하지 않겠다고 말하다.

7월, 정철이 광해군을 세자로 책봉할 것을 임금에게 건의했다가 미움을 받아 강계(江界)로 귀양 가자 임진 나루에서 송별하다. 서인이 몰락하고 동인이 집권하다.

_____ 1592년(선조 25년, 58세)

4월 초, 왜란을 예견하고 군사들을 사열했으나, 재야에 있어 참석하지
않다.

4월 12일, 임진왜란이 발발하다. 4월 30일 밤에 임금이 피란길에 오르
다.

5월, 왜군을 피하여 산골로 피신하다.

7월, 세자(광해군)가 이천에서 성혼을 부르자 병을 이유로 가지 않고 15개
항의 시무(時務)를 써서 올리다. 병이 조금 나아 의병장 김지(金漬)의 군중
(軍中)으로 들어가다.

8월, 세자의 명을 받아 개성 유수 이정형(李廷馨)의 군중으로 들어가다.

10월, 평안도 성천(成川)에 가서 세자를 만나다. 다시 의주(義州)로 떠나
다. 좌의정 윤두수(尹斗壽)의 추천으로 자헌대부 의정부 우참찬(정2품)에
제수되다.

11월, 평안도 순천(順川)에 도착하여 사위 윤황(尹煌)에게 후사를 부탁하
는 편지를 보내다. 의주(義州)에 도착하여 임금을 만나, 임금이 임진강을
건너는 사실을 모르고 문안을 드리지 못한 죄를 청하다. 우참찬 벼슬을
사양했으나 불허하다.

12월, 「편의시무(便宜時務)」 9조를 임금에게 올리다. 사헌부 대사헌(종2품)
에 제수되었다가 병으로 체차되어 다시 우참찬에 제수되다.

_____ 1593년(선조 26년, 59세)

1월, 두 번째 대사헌에 제수되었다가 다시 우참찬에 제수되다. 임금이
정주(定州)로 떠나자 며칠 뒤에 뒤따라 정주로 가다. 명나라 병부 주사
(兵部主事) 원황(袁黃)이 조선의 학문이 양명학을 모르고 주자학을 하고
있다고 비판하자 답변서를 보내 반박하다. 영유(永柔)에 이르러 임금에게

어가를 즉시 따라가지 못하고 병 때문에 뒤처지는 죄를 청하다. 임금은 성혼이 세자에게 양위하기를 바란다는 소문을 듣고 불쾌감을 갖다.

5월, 서울이 수복되다. 대사헌에 제수되었다가 다시 지중추부사(정2품)에 제수되다. 왕명을 받고 왜군이 발굴하여 시신을 훼손한 선릉(宣陵, 성종 능)과 정릉(靖陵, 중종 능)을 봉심하기 위해 최흥원(崔興源) 등과 더불어 적성(積城)과 마전(麻田)을 거쳐 파주에 가서 폐허가 된 옛 집터를 보고나서 양주(楊州)의 송산(松山)으로 가서 시신을 먼저 봉심하고, 이어 선릉과 정릉을 봉심했다. 이 두 능은 지금 강남구 삼성동에 있다.

7월, 봉심을 마치고 폐허가 된 서울에 들어와 참상을 목격하고, 황해도 재령(載寧)에 이르러 병이 악화되어 더 이상 올라가지 못하다.

9월, 황해도 해주로 내려온 임금에게 그동안 본 서울과 연로의 상황을 글로 보고하다. 임금이 서울로 떠났으나 병으로 어가를 따라가지 못하고 재령에서 해주로 가서 머무르다.

10월, 이이가 만든 해주의 석담정사(石潭精舍)에 머무르면서 이이의 제자들을 만나다. 상호군(上護軍)에 제수되다.

12월, 친구 정철이 강화에서 죽었다는 소문을 듣고 곡하다.

_____ 1594년(선조 27년, 60세)

2월, 석담을 출발하여 서울로 향하다.

3월, 서울에 들어와 대궐에 나아가 임금이 왜란 직후 임진강을 건널 때 문안하지 못하고, 어가를 즉시 수행하지 못한 죄를 다시 청하다. 임금이 임진강을 건느면서 성혼의 집이 어디에 있느냐고 묻자 이홍로(李弘老)가 앞에 있는 작은 언덕을 가리키며 저 아래 동네에 있다고 하자 임금이 그렇다면 왜 나와서 배웅하지 않느냐고 하면서 서운하게 여겼다. 그러나 실제 성혼의 집은 나루에서 20리 정도 떨어진 곳에 있었는데 이홍로가 거짓말을 한 것이다. 또 당시 성혼은 임금이 갑자기 밤에 도강한 사실을 모르고 있었다.

5월, 의정부 좌참찬(정2품)에 제수되다. 「시무 14조」를 올리다.

6월, 스스로 탄핵하는 상소를 올리다. 당시 명나라는 일본과 강화(講和)를 교섭하고 있었는데, 임금은 이를 절대 반대했다. 조정의 신하들은 강화를 하여 시간을 벌면서 힘을 기르자는 주장과 끝까지 싸우자는 주장이 맞섰는데, 전라 감사 이정암(李廷馣)이 강화를 찬성하는 소를 올렸다. 조정에서는 그의 목을 베자는 주장이 일어나자 성혼은 그가 충신임을 알고 있어 그의 상소가 나라를 위하여 복절사의(腹節死義)하는 마음에서 한 말이라고 변호했다. 그러자 임금이 크게 노하여 강화가 어찌 복절사의냐고 힐문했다. 성혼은 강화가 그렇다는 것이 아니고 그의 마음이 그렇다고 변명하면서 실언한 죄를 청하다. 이 일로 임금은 성혼을 의심하기 시작하다.

성혼은 좌참찬과 비변사 당상을 사직하는 소를 올렸으나 불허하다.

7월, 또 스스로 탄핵하면서 병으로 물러나겠다고 상소하자 임금이 허락하다.

8월, 파주의 본가가 폐허가 되어 용산(龍山)의 서강(西江)에서 배를 사서 타고 황해도 연안(延安)의 각산(角山)으로 가서 우거하다.

_____ 1595년(선조 28년, 61세)

2월, 연안 각산에서 파산으로 돌아오다. 사찰에서 밥을 얻어 먹다.

6월, 부호군(종4품)에 제수되다.

_____ 1598년(선조 31년, 64세)

6월 6일, 파산의 우계 집에서 세상을 떠나다.

8월 19일, 파산 향양리(向陽里)의 부친 묘소 뒤에 안장하다.

_____ 1602년(선조 35년)

2월, 정인홍 일파의 주장으로 관작(官爵)이 추탈당하다.

_____ 1611년(광해 3년)

후생들이 파산에 서원을 세웠다. 일찍이 율곡 이이가 여러 선비들을 이끌고 우계에 청송서원(聽松書院)을 세웠는데, 왜란 때 불탔다. 이에 여러 후생들이 옛터에 서원을 중창하고 성수침과 성혼을 함께 제사 지냈다.

_____ 1623년(인조 원년)

3월, 이정귀(李廷龜)와 오윤겸(吳允謙)의 주장을 따라 성혼의 관작을 회복시켰다.

_____ 1628년(인조 6년)

10월, 이보다 앞서 후생들이 성수침, 백인걸, 이이, 성혼을 함께 제사하기 위해 다른 곳에 서원을 세우려고 했으나, 위차 문제로 이견이 생겨 다시 우계 옛터에 파산서원(坡山書院)을 세우고 성수침과 성혼만을 제사했다.

_____ 1629년(인조 7년)

4월, 대광보국숭록대부 의정부좌의정 겸영경연감춘추관사 세자부(大匡輔國崇祿大夫 議政府左議政 兼領經筵監春秋館事 世子傅)에 추증되다.

_____ 1633년(인조 11년)

문간(文簡)이라는 시호를 내리다.

_____ 1650년(효종 원년)

7월, 파산서원에 사액(賜額, 임금이 액자를 하사)하고 예관을 보내 제사하다.

_____ 1682년(숙종 8년)

5월, 경신환국으로 서인이 집권하자 이이와 함께 성균관 문묘에 배향(配

享)되다.

___ 1689년(숙종 15년)

3월, 기사환국으로 남인이 집권하자 율곡과 함께 문묘에서 폐출되다.

___ 1694년(숙종 20년)

6월, 갑술환국으로 서인이 다시 집권하자 이이와 함께 문묘 배향이 회복되다.

찾아보기

가

각산(角山) 294~296, 299, 412

감정(甘丁) 60, 190

갑술환국(甲戌換局) 357, 366, 414

강만리(姜萬里) 230

강진승(姜晉昇) 269, 275, 396, 397

『격몽요결(擊蒙要訣)』 76, 337

경신환국(庚申換局) 357, 359, 363, 377, 378, 413

「경인봉사(庚寅封事)」 219

경제사(經濟司) 22, 23, 132, 386

경회루(慶會樓) 268

계미삼찬(癸未三竄) 158

고경리(高敬履) 322, 323

고경명(高敬命) 66, 229, 245, 256

고세장(高世章) 362

고양겸(顧養謙) 284, 285, 290

공납(貢納) 22, 130, 136, 145, 222, 241, 254, 375, 386

공빈 김씨(恭嬪金氏) 228

곽재우(郭再祐) 326~328

광해군(光海君) 10, 13, 15, 39, 155, 206, 208, 228~230, 237~239, 308, 313, 321~330, 332, 333, 336, 360, 392, 409, 410

권극례(權克禮) 200

권상하(權尙夏) 355, 356

권해(權瑎) 364

근기 남인(近畿南人) 379, 388

기대승(奇大升) 63, 70, 79~82, 84, 344, 384, 401

「기묘봉사(己卯封事)」 101, 105, 124

기발이승(氣發理乘) 29, 31, 84, 89~91, 93, 385

기사환국(己巳換局) 357, 363, 414

『기자지(箕子志)』 258

기자헌(奇自獻) 319

기질지성(氣質之性) 79, 87, 89

기축옥사(己丑獄事) → 정여립 모반 사건

『기효신서(紀效新書)』 288

길삼봉(吉三峰) 96, 216, 217

김경여(金慶餘) 341, 342

김계휘(金繼輝) 180, 186, 187, 197

김공량(金公諒) 228, 229, 258, 282

김굉필(金宏弼) 6, 323, 336, 359, 397

김권(金權) 248

김귀영(金貴榮) 150

김덕령(金德齡) 77

김만균(金萬均) 353

김사군(金使君) 215

김상용(金尙容) 338, 342

김세겸(金世謙) 216

김수(金睟) 122, 285, 286

김수항(金壽恒) 355, 359, 360, 364

김여물(金汝岉) 330, 397

김연광(金練光) 256

김우옹(金宇顒) 95, 101, 102, 111,
    122, 154, 189, 198, 289, 395

김유(金壼) 330

김육(金堉) 326, 342

김응남(金應南) 200, 217

김익희(金益熙) 341~343, 353

김인후(金麟厚) 6, 70, 384, 397

김자점(金自點) 77, 330, 388

김장생(金長生) 6, 61, 77, 114, 191,
    229, 230, 234, 304, 311, 312, 322,
    341~343, 348, 351, 353, 355,
    370, 397, 409

김종유(金宗儒) 192

김지(金漬) 242, 410

김집(金集) 6, 6 1, 77, 304, 312, 342,
    358, 370, 397

김행(金行) 55, 210

김홍민(金弘敏) 158, 198

김효원(金孝元) 98, 104, 152, 195

나

나흠순(羅欽順) 85

남궁명(南宮蓂) 301, 397

남언경(南彦經) 167, 217

남용익(南龍翼) 352

남인(南人) 6, 14, 166, 317, 321, 329,
    330, 341~343, 345, 349, 350,
    352~354, 357~359, 361, 363,
    364, 366, 369, 370, 377~379,
    387, 388, 414

노론(老論) 6, 7, 14, 39, 293, 356,
    358, 366, 369, 377~379, 387,
    388

노수신(盧守愼) 133, 200

노직(盧稙) 199

『농사직설(農事直說)』 141, 406

니탕개(泥湯介) 143, 145, 146

다

대동계(大同契) 215, 216

대동법(大同法) 136

대동사상(大同思想) 216

대북(大北) 321, 322, 328, 330

『대학연의(大學衍義)』 29, 32, 337

도굴(道窟) 114, 302

도심(道心) 78, 84, 85, 87, 88, 91, 92, 351

독서당(讀書堂) 70

『독서록(讀書錄)』 111, 403

『동의보감(東醫寶鑑)』 293

『동호문답(東湖問答)』 22, 32, 112, 337, 361

마

「만언봉사(萬言封事)」 13, 22, 32, 104, 112

맹자(孟子) 62, 66, 78, 88~90, 106, 231, 258, 332, 362, 368

묵암병사(黙菴病士) 162, 163

문간공(文簡公) 333, 336~338, 362, 367, 368

문경호(文景虎) 318, 329

문성공(文成公) 333, 336~338, 362, 367, 368, 373

민순(閔純) 186

민암(閔黯) 366

민정중(閔鼎重) 354, 358, 359

민준(閔濬) 294

바

박근원(朴謹元) 147, 151, 152, 156, 158, 179, 185, 199, 407

박서(朴遾) 341

박성의(朴性義) 361

박세채(朴世采) 6, 77, 364, 366, 370, 397

박순(朴淳) 12, 66, 133, 138, 142, 147, 150, 153~155, 167, 180, 182, 183, 186, 187, 210, 213~215, 226, 235, 349, 408

박여룡(朴汝龍) 185, 210, 225, 229, 272, 273, 295, 397, 409

박연령(朴延齡) 216

박점(朴漸) 180, 186, 187

박지화(朴枝華) 229

박진(朴晋) 245

박충간(朴忠侃) 215

방납(防納) 131, 221, 222

백광훈(白光勳) 61, 213

백운암(白雲庵) 208

백유양(白惟讓) 183, 199, 200, 217, 307, 313, 314

백유함(白惟咸) 208~210, 227, 232

백인걸(白仁傑) 16, 49, 52, 53, 55, 56, 105, 169, 170, 183, 187, 208, 232, 235, 392, 400, 404, 413

변경윤(邊慶胤) 311

변사정(邊士禎) 156, 157, 185

변응정(邊應井) 256

변이중(邊以中) 299

변취정(邊就正) 326

본연지성(本然之性) 79, 87, 89

북인(北人) 14, 206, 317, 320, 321, 322, 325, 329, 330, 345

사

사단(四端) 29, 30, 62, 78~82, 84, 85, 115, 314, 337, 351, 402

사문난적(斯文亂賊) 377

「사미인곡(思美人曲)」 207

삼당시인(三唐詩人) 213

삼수병(三手兵) 289

『삼현수간(三賢手簡)』 25

상진(尙震) 51, 54, 364, 399

서경덕(徐敬德) 66, 112, 118, 151, 186, 213, 384, 402

서성(徐渻) 61

「서실의(書室儀)」 73, 76, 402

서얼 금고(庶孽禁錮) 240

서울 수복 253, 260, 261, 263, 264, 283, 411

서익(徐益) 184, 185, 394

서인(西人) 6, 7, 11~15, 24, 39, 55, 61, 71, 95~97, 100, 104, 105, 111, 136, 137, 145, 153, 154, 157, 159, 170, 179, 180, 187~189, 192, 195~199, 205, 207, 212, 214~218, 227, 229, 231, 233~235, 243, 246, 253, 273, 274, 296, 303, 304, 308, 314, 317~321, 330~332, 337, 341~343, 347, 349~354, 356~361, 363, 364, 366, 377~379, 385, 387, 407, 409, 413, 414

서인원(徐仁元) 200

서태수(徐台壽) 157

「석담구곡가(石潭九曲歌)」 271

석담정사(石潭精舍) → 은병정사

석장군(石將軍) 209, 210

선릉(宣陵) 264, 267, 302, 396, 411

설선(薛宣) 111

성개(成槩) 42, 43

성근묵(成根默) 376

성낙(成洛) 153

성달생(成達生) 42, 43, 391

성담수(成聃壽) 28, 43, 163, 164, 394

성득식(成得識) 43, 44, 46, 391

성몽정(成夢井) 164

성문영(成文泳) 36, 55, 400, 402

성문준(成文濬) 36, 55, 96, 170, 177, 189, 218, 223, 247, 297, 307, 309, 310, 315, 397, 400

성삼문(成三問) 28, 163, 391

성석린(成石璘) 42, 43

성석용(成石瑢) 42

성석인(成石因) 43, 46

성세순(成世純) 44~47, 49, 391

성수근(成守謹) 45

성수영(成守瑛) 45

성수종(成守琮) 45~47, 49, 392

성수침(成守琛) 16, 28, 35, 45~51,
53~55, 57, 58, 62, 63, 65, 67,
72, 102, 143, 162, 188, 226, 232,
314, 315, 333, 359, 382, 391, 392,
399~402, 413

성시주(成時柱) 376

성억(成抑) 43, 44, 46, 391, 397

성엄(成掩) 43, 391

성여완(成汝完) 41, 42, 46

성운(成運) 28, 168, 391, 404

성인보(成仁輔) 41, 46

성충달(成忠達) 44, 46, 391

『성학십도(聖學十圖)』 68, 344

『성학집요(聖學輯要)』 22, 29, 32, 112,
152, 337, 361, 373

성허(成栩) 43

소론(少論) 6, 10, 14, 15, 39, 247,
293, 356, 358, 363, 366, 369,
377~379, 387, 388

소서행장(小西行長, 고니시 유키나가) 303

「속미인곡(續美人曲)」 207

송기수(宋麒壽) 151

송사련(宋祀連) 26, 60, 61, 190, 191

송산(松山) 264~269, 396, 411

송상인(宋象仁) 332

송순(宋純) 70

송시열(宋時烈) 6, 77, 342, 352~354,
356, 358, 360, 361, 363, 364, 370,
377~379, 389, 397

송시형(宋時瑩) 336~339

송언신(宋言愼) 186, 199, 253

송영구(宋英耈) 328

송응개(宋應漑) 147, 151~154, 157,
158, 179, 183, 185, 199, 344, 407

송응창(承應昌) 284, 291

송익필(宋翼弼) 10, 25~27, 31, 36,
56, 60~62, 68, 77, 109~117,
123, 137, 140, 141, 144, 146,
147, 161, 181, 184, 189~192,
210, 212~215, 218, 219, 229,
235~237, 264, 294, 300, 301,
304, 312, 383, 403, 409

송준길(宋浚吉) 6, 77, 342, 348, 349,
351~353, 355, 356, 358, 370, 397

송한필(宋翰弼) 191

『쇄미록(瑣尾錄)』 205

숙빈 최씨(淑嬪崔氏) 366

순창(淳昌) 36, 215, 270

「시무(時務) 14조」 275, 280, 282, 412

「시무편의(時務便宜)」 234, 239, 242

신급(申礏) 156

신립(申砬) 237

신명화(申命和) 28

「신사봉사(辛巳封事)」 122~124,
131~136, 139, 140, 142, 405

신석형(申碩亨) 344, 345

신성군(信城君) 228~230, 250, 309

신여량(申汝樑) 54, 399

신응구(申應榘) 166, 248, 290, 321,
324, 325, 342, 396

신응시(辛應時) 180, 186, 187

신흠(申欽) 330, 387

신희도(辛喜道) 340

심강(沈鋼) 99

심경(沈憬) 143, 181, 348

심대(沈岱) 186, 200

심덕부(沈德符) 99

심연원(沈連源) 99, 188

심예겸(沈禮謙) 94, 95, 97~100,
　　117~119

심유경(沈惟敬) 205, 300, 303, 305

심의겸(沈義謙) 95, 98~100, 104, 118,
　　137, 153, 154, 179, 180, 186~189,
　　195~199, 210, 226, 227, 325

심지원(沈之源) 340, 341

심충겸(沈忠謙) 98, 99

심통원(沈通源) 99

10만 양병설 145

쌍미륵 → 석장군

아

안경열(安景說) 210

안담(安曇) 65, 232

안당(安瑭) 60, 190

안돈후(安敦厚) 26, 60, 190

안민학(安敏學) 65, 66, 95, 98, 117,
　　232, 233

안방준(安邦俊) 230, 231

안진백(安進伯) 192

안창(安昶) 229, 230, 309, 326

안처겸(安處謙) 60, 61, 190, 191

안홍중(安弘重) 326

암천사(巖泉寺) 238

양대박(梁大樸) 77

양명학(陽明學) 260, 261, 410

양방형(楊邦亨) 303

양시정(楊時鼎) 326

양홍주(梁弘澍) 97, 166

어몽린(魚夢鱗) 312

영남 남인(嶺南南人) 361, 379

오건(吳健) 95

오도일(吳道一) 205, 360, 361, 368

오윤겸(吳允謙) 205, 248, 315, 331,
　　339, 342, 361, 368, 396, 408, 413

오첨(吳瀸) 336

오희문(吳希文) 205

『옥호빙(玉壺氷)』 171

우계서실(牛溪書室) 10, 16, 23, 36, 65,
　　72, 73, 76, 77, 165, 166, 184, 211,
　　392, 393, 402

우계정사(牛溪精舍) → 우계서실

「우계행장(牛溪行狀)」 57

우복룡(禹伏龍) 245

우성전(禹性傳) 187, 217

우피포(牛皮浦) 276

원사안(元士安) 167

원황(袁黃) 260, 261, 264, 410

『위학지방(爲學之方)』 24, 76, 402

유계(兪棨) 351, 353

유공진(柳拱辰) 155, 156
유극량(劉克良) 241, 256
유대진(兪大進) 248
유대춘(柳大春) 157
유명천(柳命天) 358
유몽인(柳夢寅) 321, 387, 388
유몽정(柳夢井) 217
유복춘(柳復春) 211
유성룡(柳成龍) 26, 66, 145, 183, 185,
　189, 198, 216, 228, 235, 243, 262,
　273, 276, 284, 293, 296, 303, 317,
　329, 330, 394
유수원(柳壽垣) 8, 388
유영경(柳永慶) 325, 329
유영길(柳永吉) 252, 253
유응태(兪應台) 340
유직(柳稷) 343~345, 347, 353, 367
유형원(柳馨遠) 6, 387
윤경(尹暻) 200
윤구(尹坵) 340
윤근수(尹根壽) 180, 186, 187, 196,
　300, 331, 346
윤두수(尹斗壽) 180, 186, 187, 196,
　218, 243, 246, 247, 252, 253, 258,
　262, 273, 274, 296, 308, 330, 331,
　340, 341, 410
윤민일(尹民逸) 318
윤방(尹昉) 308, 330, 338, 340~342
윤삼빙(尹三聘) 181
윤선거(尹宣擧) 14, 247, 293, 356,
　377, 378
윤선도(尹善道) 342, 350
윤원형(尹元衡) 27, 55, 70, 151, 152,
　155, 169, 293
윤의중(尹毅中) 199
윤증(尹拯) 14, 39, 247, 293, 356,
　377, 378, 389
윤항(尹抗) 351
윤현(尹鉉) 67, 68, 196, 401
윤홍민(尹弘敏) 340
윤황(尹煌) 10, 14, 77, 247, 269, 342,
　356, 410
윤훤(尹暄) 308
윤휴(尹鑴) 350, 358, 377, 378, 388
은병정사(隱屛精舍) 23, 73, 76, 270,
　271, 393, 411
「은병정사학규(隱屛精舍學規)」 73, 76
의병(義兵) 77, 97, 193, 240~242,
　244~246, 254, 255, 324, 326,
　328, 397, 410
이가환(李家煥) 7
이경로(李景魯) 207
이경석(李景奭) 342
이경여(李敬輿) 345, 361
이귀(李貴) 77, 180, 188, 194, 199,
　200, 248, 320, 326, 330, 332, 333,
　341, 342
이기(李芑) 27, 88, 155, 293
이기(李堅) 147
이기일발설(理氣一發說) 10, 30, 83, 85,

87, 89, 94, 385, 386

이기호발설(理氣互發說) 30, 31, 79, 80,
    82, 85, 88, 89, 92, 385

이길(李洁) 200, 217, 313, 314

이단하(李端夏) 359

이달(李達) 208, 213

이대원(李大源) 241

이덕기(李德基) 322

이목(李粲) 257, 322

이민서(李敏敍) 361

이발(李潑) 183, 185, 186, 188, 189,
    196, 200, 216, 226, 307, 313, 314,
    395, 396

이배달(李培達) 300

이산보(李山甫) 246

이산해(李山海) 61, 191, 199, 200,
    214, 216, 228, 229, 237, 243

이상진(李尙眞) 364

이선장(李善長) 322

이성중(李誠中) 228

이수준(李壽俊) 192, 231, 233, 234,
    307

이순신(李舜臣) 61, 306

이시언(李時彦) 186

이식(李拭) 186, 387

이양중(李養中) 186, 200

이언적(李彦迪) 6, 336, 339, 359, 397

이여송(李如松) 253, 260, 284

이연보(李延普) 360, 365

이영춘(李榮春) 168

이원수(李元秀) 27

이원익(李元翼) 330

이유인(李裕仁) 186

이의건(李義健) 236, 237, 294, 301,
    311, 313

이의징(李義徵) 366

이이(李珥) 6~16, 21~39, 49,
    54~56, 58~60, 62~64,
    66~70, 72, 73, 76~78, 82~98,
    101~105, 108~117, 122~124,
    131~134, 136, 137, 140~153,
    413, 153~162, 164, 169, 170,
    173~189, 192~200, 203, 205,
    206, 213~215, 226, 227, 229,
    231, 234~236, 268, 270~272,
    275, 294, 295, 300, 307, 314,
    320~322, 325, 330~333,
    335~351, 353~371, 374,
    375, 379, 382~389, 391, 393,
    395~397, 400~409, 411, 413,
    414

이이첨(李爾瞻) 206, 208, 321, 328

이익(李瀷) 6, 128, 135, 171, 222,
    272, 347, 388, 395

이정귀(李廷龜) 57, 331, 333, 387, 413

이정암(李廷馣) 12, 283, 286~288,
    290, 293, 412

이정형(李廷馨) 242, 249, 324, 410

이제신(李濟臣) 110, 119~121, 141,
    142, 192, 231, 307, 326

이주(李澍) 153, 157, 372

이중호(李仲虎) 186

이중환(李重煥) 7

이축(李軸) 215

이춘영(李春英) 227, 232

이통(李侗) 352, 356, 360

이통기국(理通氣局) 90

이항복(李恒福) 318, 320, 352

이해수(李海壽) 180, 186, 187, 227,
    228, 232, 258, 273, 275, 276,
    294, 295, 299, 301, 303, 307, 308

이현령(李玄齡) 364, 367, 368

이호민(李好閔) 302, 303

이홍로(李弘老) 12, 253, 314, 319,
    321, 322, 328, 329, 337, 344, 349,
    367, 411

이황(李滉) 6, 7, 26, 28, 30, 31, 34,
    63, 67~69, 71, 73, 79~82, 84,
    85, 88~90, 92, 95, 97, 98, 110,
    112, 116, 132, 166, 168, 169, 187,
    213, 217, 314, 317, 323, 325, 330,
    331, 333, 336, 340, 343~345,
    348, 349, 353~355, 358, 359,
    379, 384, 385, 387~389, 397,
    401~403

이후빈(李後彬) 346

이희삼(李希參) 210, 212, 214, 236,
    237

인빈 김씨(仁嬪金氏) 228, 258, 282,
    329

인심(人心) 78, 84, 85, 87, 88, 91, 92,
    94, 106, 131, 159, 166, 175, 263,
    311, 351

인현 왕후(仁顯王后) 363, 364, 366

임해군(臨海君) 155, 228, 244

자

자사(子思) 89, 169

「자서지(自書誌)」 202, 396

자운서원(紫雲書院) 15, 375

자찬묘지명(自撰墓誌銘) → 「자서지」

장재(張載) 89, 344, 384

『정감록(鄭鑑錄)』 215

정개청(鄭介淸) 217

정구(鄭逑) 95, 110, 111, 160, 223

정릉(靖陵) 264, 265, 267, 276, 299,
    302, 396, 411

정사위(鄭士偉) 166

정설(鄭渫) 180, 343

정숙남(鄭淑男) 186

정순붕(鄭順朋) 293

정약용(丁若鏞) 7, 388

정언신(鄭彦信) 200, 217

정여립(鄭汝立) 11, 61, 71, 77, 96,
    160, 182~186, 189, 208, 212,
    213, 215~219, 222, 226, 227,
    229, 235, 274, 289, 307, 313, 314,
    323~325, 353, 388, 395, 396,
    409

정여립 모반 사건 11, 71, 96, 186, 189, 208, 212, 213, 215~219, 227, 229, 235, 274, 289, 307, 313, 314, 323, 324, 409

정여창(鄭汝昌) 6, 323, 336, 359, 397

정염(鄭磏) 293

정엽(鄭曄) 61, 77, 342

정유길(鄭惟吉) 200

정인홍(鄭仁弘) 94~97, 137, 154, 165, 166, 205, 206, 217, 226, 317, 318, 320, 321, 328, 331, 336, 337, 344, 353, 367, 387, 388, 403, 412

정자(程子) 48, 85, 89, 212, 344, 352, 367, 368

정작(鄭碏) 235, 293, 301

정존겸(鄭存謙) 374

정종명(鄭宗溟) 258, 259, 301, 307, 308, 309, 342

정지연(鄭芝衍) 142

정창연(鄭昌衍) 217, 246

정철(鄭澈) 11, 66, 70, 71, 95, 96, 137, 148, 180, 186, 187, 191, 197, 205, 207, 208, 210, 213, 214, 216~218, 224, 226,~229, 231, 233, 235, 242, 243, 245, 246, 251~253, 258, 259, 273, 274, 301, 303, 307~309, 313, 314, 320, 323, 324, 330, 332, 395, 409, 411

정홍명(鄭弘溟) 61

조광조(趙光祖) 6, 28, 45~47, 51, 55, 63, 70, 151, 169, 190, 323, 332, 336, 339, 355, 359, 384, 397

조광현(趙光玹) 188, 194, 199

조구(趙球) 216, 351, 352

조구석(趙龜錫) 351, 352

조복양(趙復陽) 346, 348

조석윤(趙錫胤) 340, 343

조수륜(趙守倫) 332

조식(曺植) 48, 51, 95~97, 102, 110, 111, 116, 137, 154, 166, 217, 317, 330, 336, 345, 384, 387, 403

조유(曺逾) 371

조인득(趙仁得) 186

조종도(趙宗道) 95

조헌(趙憲) 6, 72, 77, 192~195, 198~201, 210, 212~214, 219, 224, 245, 256, 359, 370, 394~397, 401, 408

주돈이(周敦頤) 85, 91, 344

주리주기설(主理主氣說) 10, 30, 83, 89, 93, 94, 386

『주문지결(朱門旨訣)』 76

죽우당(竹雨堂) 35, 36, 48, 72, 265

지봉휘(池鳳輝) 326

진덕수(眞德秀) 29, 231, 337

진린(陳璘) 306

진상(進上) 220, 221, 254, 280, 319

진주성 공격 261

424

홍처윤(洪處尹) 345, 346

황신(黃愼) 205, 227, 232, 248, 291,
292, 299, 300, 303, 304, 312,
313, 315, 318~320, 326~329,
379, 408

황정식(黃廷式) 153

차

채수(債帥) 221

채제공(蔡濟恭) 7

채진후(蔡振後) 337, 338, 340, 353, 367

척계광(戚繼光) 288

『청강쇄어(淸江瑣語)』 121

최경창(崔慶昌) 61, 213

최기남(崔起南) 322, 323, 325, 330

최명길(崔鳴吉) 323, 330, 342

최영경(崔永慶) 11, 94~96, 166, 186, 217, 218, 224~226, 274, 313, 314, 317, 318, 320, 322, 324, 327, 329, 331, 393, 403, 409

최흥원(崔興源) 243, 260, 264, 273, 303, 411

칠정(七情) 29, 30, 62, 78~82, 84, 85, 115, 314, 337, 351, 402

파

파산서원(坡山書院) 16, 49, 333, 346, 375, 392, 413

「편의시무(便宜時務)」 254, 282, 410

평양 탈환 260, 262, 283

풍신수길(豊臣秀吉, 도요토미 히데요시) 224, 283, 289, 305, 306

『풍애집(楓崖集)』 66

하

하낙(河洛) 155, 156

한교(韓嶠) 248, 326, 328, 329, 330

한명회(韓明澮) 328

한백겸(韓百謙) 387

한순계(韓順繼) 170

한옹(韓顒) 186

한응인(韓應寅) 215

한준(韓準) 215

한효상(韓孝祥) 320

한효순(韓孝純) 8, 387

향양리(向陽里) 36, 45, 48, 49, 63, 110, 178, 201, 315, 392, 401, 412

허균(許筠) 151, 387

허목(許穆) 350, 358

허봉(許篈) 147, 151, 152, 158, 160, 179, 185, 200, 388, 407

허엽(許曄) 151, 152

허적(許積) 342, 349, 357~359

허준(許浚) 207, 293

허초희(許楚姬) 151

혁폐도감(革弊都監) 13, 22, 23, 130, 132, 359, 375, 386

현소(玄素) 200

호택(胡澤) 290

홍가신(洪可臣) 200

홍만용(洪萬容) 353

홍인헌(洪仁憲) 186

홍종록(洪宗祿) 217

차

채수(債帥) 221
채제공(蔡濟恭) 7
채진후(蔡振後) 337, 338, 340, 353,
　367
척계광(戚繼光) 288
『청강쇄어(淸江瑣語)』 121
최경창(崔慶昌) 61, 213
최기남(崔起南) 322, 323, 325, 330
최명길(崔鳴吉) 323, 330, 342
최영경(崔永慶) 11, 94~96, 166, 186,
　217, 218, 224~226, 274, 313, 314,
　317, 318, 320, 322, 324, 327, 329,
　331, 393, 403, 409
최흥원(崔興源) 243, 260, 264, 273,
　303, 411
칠정(七情) 29, 30, 62, 78~82, 84,
　85, 115, 314, 337, 351, 402

파

파산서원(坡山書院) 16, 49, 333, 346,
　375, 392, 413
「편의시무(便宜時務)」 254, 282, 410
평양 탈환 260, 262, 283
풍신수길(豊臣秀吉, 도요토미 히데요시)
　224, 283, 289, 305, 306
『풍애집(楓崖集)』 66

하

하낙(河洛) 155, 156
한교(韓嶠) 248, 326, 328, 329, 330
한명회(韓明澮) 328
한백겸(韓百謙) 387
한순계(韓順繼) 170
한옹(韓顒) 186
한응인(韓應寅) 215
한준(韓準) 215
한효상(韓孝祥) 320
한효순(韓孝純) 8, 387
향양리(向陽里) 36, 45, 48, 49, 63,
　110, 178, 201, 315, 392, 401, 412
허균(許筠) 151, 387
허목(許穆) 350, 358
허봉(許篈) 147, 151, 152, 158, 160,
　179, 185, 200, 388, 407
허엽(許曄) 151, 152
허적(許積) 342, 349, 357~359
허준(許浚) 207, 293
허초희(許楚姬) 151
혁폐도감(革弊都監) 13, 22, 23, 130,
　132, 359, 375, 386
현소(玄素) 200
호택(胡澤) 290
홍가신(洪可臣) 200
홍만용(洪萬容) 353
홍인헌(洪仁憲) 186
홍종록(洪宗祿) 217

홍처윤(洪處尹) 345, 346

황신(黃愼) 205, 227, 232, 248, 291,
    292, 299, 300, 303, 304, 312,
    313, 315, 318~320, 326~329,
    379, 408

황정식(黃廷式) 153

한영우

1938년에 태어나 서울대학교 문리과대학 사학과를 졸업하고 동 대학교에서 박사학위를 받았다. 1967년부터 서울대학교 문리과대학 인문대학에 재직하였고 2003년 정년퇴직 후 현재까지 서울대학교 명예교수로 있다. 서울대학교 한국문화연소장,. 규장각관장, 인문대학장을 지냈으며 문화재위원회 사적분과위원장, 한국사연구회장, 국사편찬위원, 한림대학교 한림과학원 특임교수, 이화여대 이화학술원 석좌교수 겸 이화학술원장을 역임했다. 경암학술상, 수당학술상, 민세안재홍상 등 학술상을 아홉 차례 수상했다.

저서로는 『정도전 사상의 연구』, 『조선 전기 사학사 연구』, 『조선 전기 사회 경제 연구』, 『조선 후기 사학사 연구』, 『한국 민족주의 역사학』, 『다시 찾는 우리 역사』(한국어본, 영어본, 일어본, 러시아본), 『조선 시대 신분사 연구』, 『정조의 화성 행차 그 8일』, 『왕조의 설계자 정도전』, 『역사학의 역사』, 『조선 왕조 의궤』, 『명성황후, 제국을 일으키다』, 『조선의 집 동궐에 들다』, 『실학의 선구자 이수광』, 『꿈과 반역의 실학자 유수원』, 『조선 수성기의 제갈량 양성지』, 『규장각 — 문화 정치의 산실』, 『한국 선비지성사』(한국어본, 영어본), 『과거, 출세의 사다리 — 족보를 통해 본 조선 문과 급제자의 신분 이동』(1~4), 『율곡 이이 평전』, 『미래와 만나는 한국의 선비 문화』, 『미래를 여는 우리 근현대사』, 『나라에 사람이 있구나 — 월탄 한효순 이야기』 등 총 57권이 있다.

우계 성혼 평전

1판 1쇄 찍음 2016년 12월 10일
1판 1쇄 펴냄 2016년 12월 20일

지은이 한영우
발행인 박근섭 · 박상준
펴낸곳 (주)민음사

출판등록 1966. 5. 19. 제16-490호
주소   서울특별시 강남구 도산대로1길 62(신사동) 강남출판문화센터 5층
        (우편번호 06027)
대표전화 515-2000 | 팩시밀리 515-2007
홈페이지 www.minumsa.com